21世纪高等教育系列规划教材·中文类

写作学教程（第三版）

XIEZUOXUE JIAOCHENG

芮 瑞　黄建成/主编

图书在版编目(CIP)数据

写作学教程/芮瑞,黄建成主编.—3版.—合肥:安徽大学出版社,2017.6(2022.7重印)

ISBN 978-7-5664-1415-1

Ⅰ.①写… Ⅱ.①芮… ②黄… Ⅲ.①汉语—写作学—高等师范院校—教材 Ⅳ.①H193.6

中国版本图书馆CIP数据核字(2017)第140482号

写作学教程(第3版) 芮 瑞 黄建成 主编

出版发行:北京师范大学出版集团
安 徽 大 学 出 版 社
(安徽省合肥市肥西路3号 邮编230039)
www.bnupg.com.cn
www.ahupress.com.cn

印 刷:安徽昶颉包装印务有限责任公司
经 销:全国新华书店
开 本:170mm×240mm
印 张:21
字 数:365千字
版 次:2017年6月第3版
印 次:2022年7月第4次印刷
定 价:36.00元
ISBN 978-7-5664-1415-1

策划编辑:朱丽琴 卢 坡
责任编辑:刘婷婷 苗 锐 卢 坡
责任印制:陈 如

装帧设计:李 军
美术编辑:李 军

第3版前言

《写作学教程》于2002年11月初版，2009年9月再版，前后已达15年。为了对读者负责，也为了更好地适应教学的需要，我们在分析学科发展状况、总结教学实践经验的基础上，对教材进行了修订。这次修订的目标是，发扬本书初版和再版的优点，进一步提升理论表达水平，更加贴近高等师范院校学生的写作现状，满足学生的学习需要。

本书适于作高等师范院校写作课程教材，也适用于《中学作文教学》课程，还可以供社会读者自学之用。其特点主要体现在以下方面：

一、专业性。作为主要在高等师范院校使用的写作教材，本书根据高等师范院校写作课程的培养目标拟制体例，确定内容。本书上编为“写作基础理论”，中编为“写作文体知识”，侧重于培养学生“会写”的能力；下编为“中学作文教学”，侧重于培养学生“会教”的能力。三管齐下，双面出击，能够较为全面地满足高等师范院校写作课程的需要。

二、简明性。在内容上，本书所介绍的写作及作文教学的理论和知识，均为高等师范院校学生所应该掌握的基本理论和基本文体。在形式上，尽量做到体例明晰、表述准确、要言不烦、通俗易懂。

三、适教性。考虑到写作课程教学理论与实践结合的特点，我们精心设计了各章的“思考与练习”。这些思考题和练习题取材多样，内容丰富，尤其切合目前高等院校学生的能力实际，不仅可以帮助学生理解、巩固知识，更着眼于能力的迁移，且便于在教学中操作。

四、新颖性。本书的初版，即重视内容的创新，介绍了当时其他教材没有的一些文体，对中学作文教学的训练文体做了新的界定和区分，时至今日，仍有新意。第3版力求与时俱进，更新了部分例文和各章“思考与练习”中的材料，增强了可读性。

本书在编写过程中参考了一些资料、教材和专著。在此衷心向各位作者和专家表示诚挚的谢意，并向为本书修订工作做出突出贡献的责任编辑卢坡致以特别的感谢。此外，书中难免有不足之处，敬请读者批评指正，以便及时修改，不断完善创新！

编　者

2017 年 6 月

目　录

下　编　中学作文教学

绪 论

一、写作的性质

所谓“写作”，最简单的理解就是写文章。那么什么是文章呢？陈望道先生在《作文法讲义》中下了这样的定义：“用文字传达意思的制作，就是文章。”唐弢先生在《文章修养》中解释道：“人类大概都有表现的欲望，用文字的技巧来实践这种表现的，这就是文章了。”《辞海》在“文章”词条下有一义项释为：“今通称独立成篇的、有组织的文字为文章。”从上述关于文章含义的表述可以看出，写作文章，离不开文字(即书面语言，也包括符号)这一媒介，而且这种文字，又必须讲究运用的技巧，有一定的组织规律，能表达相对完整的意思。海阔天空地闲聊自然不能称为写作；即便运用文字，却又胡乱地或随意地书写，同样也不能算是写作。

写作乃是一种运用书面语言符号表现心中积蓄、传达意思和信息的复杂的精神劳动。

与物质生产劳动和其他的精神劳动相比，写作具有自身的特殊性。

第一，写作具有综合性。

写作是完成传递观念、感情、信息的精神产品——文章的过程，是一种综合性的脑力劳动。在完成一篇文章的整个写作行为过程中，写作者的写作能力，诸如感知事物的能力、炼意选材的能力、联想拓展和概括聚敛的能力、谋篇布局与用语运技的能力等等，都可能对文章的质量产生影响。此外，写作者的人格修养、知识素养、个性特点、社会阅历等，也左右着写作活动。写作活动联系着写作者的才(才情)、学(学养)、胆(胆略)、识(识见)、力(风骨)，一篇文章可以说是对写作者综合素质的考察和检测。正因为写作具有综合性的特点，所以才会有古代的“以文取仕”和今天的各类考试要考作文，也才会出现“虽并属文，参差万品”(晋·葛洪《抱朴子·外篇》)，以及“同作一题文，各自擅其妙”(清·赵翼《闲居读书》)的现象。也正因为写作具有综合性的特点，所以，学习写作，提高写作能力，特别强调积学储宝。

第二，写作具有创造性。

写作活动本质上是一种创造性的精神劳动。每一件写作劳动的产品——文章，都不同程度地带有创造的成分。

艺术的生命在于创造。美国美学理论家苏珊·朗格说："艺术家的工作，习惯上被称之为'创造'，画家'创造'绘画……诗人'创造'诗篇。""对于砖瓦、铝壶、牙刷等东西，人们通常也不是说被'创造'出来的，而说被'制造'出来的；但对于艺术品来说，人们总是说'创造'出来的。"（《艺术问题》）文章是语言的艺术，所有的写作都是创造性的。一个写作者的所有写作和文章都不会是重复自己的，更不应该是重复别人的。即使是写作入门阶段的模仿，也不是依样画葫芦，而是在模仿中寓有创造，才能于提高写作能力有所补益。

写作的创造性，与写作既是一种综合性又是一种个性化的脑力劳动有关。如前所述，写作具有明显的综合性，但这种综合性反映在不同的写作者个体身上，其得力点不尽一致。之所以文章写作"各自擅其妙"，正是源于得力点的不一。

同时，写作又往往以个体活动的方式进行，主动写作是如此，就是被动写作，最终也要转化为写作个体的自觉行为。这就是说，写作具有不可替代性，文章常常带上写作者个性化的特殊"印记"。每一个写作者都有不同的心理体验、不同的思维方式、不同的审美观念和习惯、不同的语言风格，这就必然使写作活动呈现出不同的个性色彩，使文章具有个体性，从而具有创造性。面对同一题目、同一题材、同一体裁，不同写作者可以写出各具特色的文章；甚至，同一写作者第一遍写作与第二遍写作的文章也不可能完全一样。

总之，写作活动的全过程，自始至终充满着艰辛和创造，只有经过艰苦的创造性劳动而获得的成功的欢乐，才是保持旺盛的写作热情和促进写作欲望的不竭原动力。

第三，写作具有自悟性。

所谓"自悟"，指的是依赖自身的努力，获得对事物、事理的认识和理解，并进而掌握规律，形成能力。在学习写作的过程中，了解一些知识，懂得一些理论，或者得到书本和老师的指导，确是必要的。但写作活动和写作水平所反映的，主要的不是知识和理论，而是技巧和能力。文章写作之难，提高写作水平之难，难就难在从理论、知识向能力和技巧的转化。这种转化，就是写作悟性的获得，就是写作能力的长进。这种转化，需要进行长期、反复、刻苦的写作历练，并经过写作者自身从历练中不断地体会、揣摩，悟而得法，悟而得巧。

写作有规律，但写作也无规律。说写作有规律，因为写作具有一些共通的原理和要求，有关写作的理论书籍，大多传授的就是这种"大体须有"的理论和知识。说写作无规律，因为写作"定体则无"，写作内容的林林总总，写作手段的千变万化，常常需要因文而异，因人而异。迄今为止的写作之道，大多属于个人的经验之谈，其原因盖基于此。掌握规律、熟悉规矩，可以解决“不会写”的问题。至于写得好不好、巧不巧，这其中的奥秘，并无既有的规律可循。孟子说：“梓匠轮舆能与人规矩，不能使人巧。”(《孟子·尽心下》)用于写作，其理相通。所以，鲁迅在谈及“作文秘诀”时指出：“做医生的有秘方，做厨子的有秘法，开点心铺子的有秘传……但是，作文却好像偏偏并无秘诀。假使有，每个作家一定是传给子孙的了，然而祖传的作家却很少见。”(《作文秘诀》)他还说：“因为创作并没有什么秘诀，能交头接耳，一句话就传给别一个的。倘不然，只要有这秘诀，就真可以登广告，收学费，开一个三天包成文豪的学校了。”(《不应该那么写》)一切现成的理论和方法，起到的只是朱自清所说的夜行的“电棒”的作用，真正要获得写作的“秘诀”，只有靠习作者在写作实践中去自悟。

对写作性质的认识，还包括从横向综合上对写作系统中构成因素和从纵向联系上对写作行为过程中各环节的了解。

从写作的生成和传播系统来看，写作活动由写作主体(谁来写)、写作客体(写什么)、写作受体(为谁写)和写作载体(怎样写)等因素构成。它们是写作赖以发生、存在和发展的条件，缺一不可。其中，主体在写作过程中起统摄、主导作用，是写作活动的实施者，也是其他构成因素合而为一的归宿。客体是写作的基础和本源，它既制约写作主体又受制于写作主体。载体是写作的成品、写作行为实施的结果，它负载着写作主体所要传递的各种信息，成为沟通写作主体与写作受体的媒介。受体是写作主体诉诸的对象和写作载体的接受对象，是写作活动的先导起因和自然延伸。写作活动中的为什么写、写什么、怎么写，常常受到受体的影响。它作为主体意识的一部分渗入写作过程，而且在接受过程中可以对载体进行“二次写作”。

从写作的行为过程来看，写作是一个动态的递变渐进过程，一次写作活动要经历“感知积累”“内孕耽思”“外化表现”的双重转化。“任何一篇文章或一部作品的诞生，都要完成这样一种‘双重转化’。首先是现实生活、客观事物向认识主体即作者头脑的转化，它要依据‘反映论’的精神，能动地、本质地、真实地将现实生活、客观事物转化为作者的认识(观念或情感)。这是由事物到认识的第一重转化；然后是作者的观念、情感向文字表现的转化，它要遵循‘表现论’的原则，有‘理’有‘物’并有‘序’有‘文’地将头脑所获得的意识、情感转化为书面的语言(思想的‘外衣’)。这是由认识到表现的第二重转化。由‘事物’到‘认识’，再由‘认识’到‘表现’——这就是‘写作’过程所必须完成的所谓‘双重转化’。”(刘锡庆《语文读本》)无论是作家创作，还是学生习作，无论是文学创作，还是实用写作，每一次写作活动，都必须完成“物—意—文”的“双重转化”；写作过程中的聚材、炼意、谋篇、用语、运技、润改等各个环节，是实现“双重转化”的具体行为。

二、学习写作的意义

写作是社会成员间交流、传播信息、传承文明的重要工作，也是人类认识、改造客观世界和人类自身的重要手段。作为写作活动的产品的文章在社会生活中发挥着多方面的作用，诸如认知作用、教育作用、审美作用、据以办事的作用和消遣娱乐作用，等等。因此，学习写作、学会写作，对于个人和社会都有十分重要的意义。

大而言之，写作可以促进社会的发展。人类的文明离不开文字，文字是“记录和传达语言的书写符号，扩大语言在时间和空间上的交际功用的文化工具，对人类文明的促进起很大的作用”(《辞海》)。有了文字，也就有了真正意义上的写作，有了载负和传承人类文明的文章。所以，一部人类文明的发展史，也是写作的发展史。

写作是一种特殊的社会实践活动。它源于社会生活，又反作用于社会生活。对写作的社会功能，我国古人早就有所认识。孔子说：“诗可以兴，可以观，可以群，可以怨。”(《论语·阳货》)所谓“兴”，就是启发鼓舞作用；所谓“观”，就是考察认识作用；所谓“群”，就是互相感化作用；所谓“怨”，就是讽喻批评作用。曹丕在《典论·论文》中也指出：“盖文章，经国之大业，不朽之盛事。年寿有时而终，荣乐止乎其身，二者必至之常期，未若文章之无穷。”人类社会的一切活动，政治的、经济的、文化的，无不与写作发生密切联系。社会愈发展、科学愈昌明，文章的作用就愈突出，写作的地位就愈重要。

小而言之，写作又是一个人的人生中须臾不可缺少的工具。鲁迅先生曾这样的强调：“故文章之于人生，其为用绝不次于衣食，宫室，宗教，道德。”(《摩罗诗力说》)他所说的文章之用，主要侧重于怡情养性。实际上，在现实生活中，写作对人生的影响远不止于此。写作已成为一个人“常常用得着的基础工具”(毛泽东语)，写作能力是一个人能力结构的重要组成部分。有人将 21 世纪称为“外语时代”“电脑时代”“写作时代”，显然，这三者是一个人生存于现代社会必备的工具，是适应现代社会所需和求得自身发展的基础。

三、学好写作的主要条件

(一)“做人”是写作之本

文如其人，文品如人品。文章总是直接或间接地反映着写作者的人生观、价值观、道德观、审美观。正如近代学者王国维所言:“故无高尚伟大之人格,而有高尚伟大之文章者,殆未之有也。”(《文学小言》)学好写作,首先须学好“做人”。

(二)积累是写作之源

生活的积累和知识的积累,是写作的源泉,积之愈厚,发之愈佳。古人主张的“读万卷书,行万里路”,强调的就是这两种积累。写作的综合性特征,决定了这两种积累的必要性。一方面,写作客体主要取之于生活和书本;另一方面,写作载体的表现手段,如语言、技法等,也主要在这两种积累中获得。生活的积累,靠的是平日勤于观察和善于观察;知识的积累,靠的是平日多读书和会“用”所读之书。

(三)勤练是写作之径

如前所述,写作具有自悟性。写作之道的获得,写作技巧的掌握,写作能力的提高,有赖于养成“勤于写”和“用功写”的良好习惯。叶圣陶在《记写作教学》中早就明确指出:“国文科写作教学的目的,在于养成学生两种习惯:(一)有所积蓄,须尽量用文字发表;(二)每逢用文字发表,须尽力在技术上用功夫。”前一种习惯,强调的是“勤于写”,一有所见所闻,所思所感,就要用文字去表达出来;后一种习惯强调的是“用功写”,每写一篇,务必认真写好,每写一篇必有所获。学习写作,熟能生巧,多为自工。自然,这勤练多为中,包含有写时用功写,写后用心改的要求。须知,润改也是提高写作能力的重要途径。所谓“知一重非,进一重境”(清·袁枚《勇改》),说的就是这个道理。

思考与练习

一、请联系实际,谈谈自己写作的经验或教训。

二、在各种类型的考试中,常常要考作文。请说说其原因何在?

三、据报载,1932 年清华大学新生的入学考试,语文学科的作文题是提供一副对联的上联:“孙行者”,要求学生拟制下联。命题者为著名的国学大师陈寅恪,他预设的答案为“祖冲之”。在阅卷过程中,发现有一学生所对下联为“胡适之”。陈先生大喜过望,许诺该生可以任选清华大学的专业,并预言该生“必成大器”。该生即为后来的著名语言学家周祖谟先生。

请就上述这件事,谈谈写作之道。

四、宋代诗人陆游有诗云“文章本天成,妙手偶得之”(《剑南诗稿·文章》),

有人据此认为文章是“天成”的，一个人能不能写出好文章，能不能成为诗人、作家，是上天的安排，与经验、技巧无关，写作训练完全没有意义。对此，你有什么看法？

五、相传宋代诗人潘大临工诗，临川谢无逸以书问有新作否。潘答书曰：“秋来景物，件件是佳句，恨为俗氛所蔽翳。昨日闲卧，闻搅林风雨，欣然起，题其壁曰：‘满城风雨近重阳。’忽催租人至，遂败意，止此一句奉寄。”据说待催租差吏走后，潘再也想不起其余诗句，一首绝句成了独句。后人多有试续后三句者，却难合整体意境。（事见宋·释惠洪《冷斋夜话》）请就这一写作现象，谈谈自己的认识。

六、当代作家张承志在随笔《美文的沙漠》中认为“所谓美文是一头突入沙漠的骆驼”“对于一种真正的美文来说，有时孤独是难免的”。然后，他写了这样一段话：

> 如果作品真的是那样的美文，那么作家就会在疲惫中得到安慰、自豪和激动。他会觉得这样的作品比生活更美，比自己更美，他会觉得此生因追寻过这样的作品而毫无遗憾，他在感受着自己生命的火焰渐渐黯淡的同时，也满意地看到这生命又在那些作品中活泼地闪跳起来。在那里活着的生命不再是微弱的和暴露的，在水帘一般透明而又难以穿透的语言背后，在真正的文学艺术的躯体内部，他觉得那生命奇异地强大了。

请你找到《美文的沙漠》读一读，结合所学的写作知识，谈一谈对于这段话的看法？

写作基础理论

第一章　写作的系统

第一节　写作主体

一、写作主体的含义

写作主体，就是进入写作状态、实施写作行为的人。

一个人，由于受到外界的刺激，产生了写作的欲望并拿起笔来，就进入了写作行为过程。随着他由日常状态进入写作状态，这个人自身也由常态的人转化为写作主体。当他写完搁笔，此次写作行为宣告结束，写作状态随即消失，他又由写作主体转化为常态的人，直到进入下一次写作行为过程。

因此，“写作主体”这一概念与“作家”“作者”的概念有所区别。“写作主体”与“写作行为”紧密关联，更加强调当下所处的行为状态。而“作家”指“文学上有成就的人”(《辞海》)，“作者”的概念则比较强调作品的归属。

二、写作主体是写作系统的核心

一切有关写作的心理的、思维的活动和行为，都是由写作主体发出的。在整个的写作系统中，写作主体始终处于核心位置，写作系统的其他组成部分都受到写作主体的制约，并围绕着写作主体展开。

写作主体成就写作客体。“客体”的概念本来就是相对于“主体”而存在的，没有“主体”，就无所谓“客体”。一处自然景观再优美，只要它没有成为写作主体观照的对象，就不能称作写作客体。也就是说，写作主体是写作客体赖以存在的前提。

写作主体控制写作载体。写作载体中的内容和形式要素都是写作主体赋予的，文体的确定、主旨的提炼、材料的选取、结构的营建、语言的运用，都离不开写作主体的思维活动。

写作主体影响写作受体。写作受体接受的对象是写作主体通过写作活动生产的产品——文章，受体的接受活动是在阅读文章的基础上进行和实现的。写作主体通过自己的写作对受体施加影响，包括控制受体的阅读方向和阅读方式，引导受体的理解，培养受体的能力和水平等。

三、写作活动体现写作主体的素养和能力

在写作活动中，写作主体始终起着主导作用，他的写作素养、写作能力直接影响写作活动的进行和作品的质量，可以说，写作活动正是写作主体的素养和能力的体现。要提高主体的写作水平，也必须从提高主体的素养和能力入手。

（一）写作主体的素养

1. 写作主体的生活素养

社会生活是写作活动的源泉，生活素养是人们从事写作的根基。写作主体要记述生动的事件、塑造鲜明的形象、抒发对人生的感受、表达对事物的观点，都需要了解生活、研究生活。许多成功的作品，表现的都是作家熟悉的生活，有的还隐含着自己的经历。脱离生活，或某些方面的生活储备不足，写出的东西就会内容干瘪失实、缺乏生活气息，或者根本无法写作。

写作主体要具有一定的生活素养，不仅要求写作主体有丰富的阅历、广阔的视野，更要有对生活的热情与投入。很难想象，一个对外界事物漠然处之、毫不关心的人会成为优秀的写作者。写作主体只有带着一颗热爱生活、关注社会的心去看、去听、去感受，才能够扩大视野、丰富阅历，加深对事物的认识，使感性和理性的积累得到充实，写起文章来才会得心应手、左右逢源。

2. 写作主体的文化知识素养

写作需要有文化知识方面的储备，知识储备越丰富，视野和思路就越开阔。并且，写作往往需要多学科知识的组合和运用，写作主体也就既要有历史方面的知识，又要有现实方面的知识；既要有社会科学、人文科学知识，又要有自然科学知识。《红楼梦》之所以被称为中国社会的“百科全书”，就是因为这部巨著几乎涉及了社会生活各个方面的知识，除了故事情节外，大凡诗词歌赋、琴棋书画、建筑装饰、花鸟鱼虫、医药占卜、官场皇室、酒家商肆、三教九流，无不应有尽有。没有深厚的文化知识素养，曹雪芹就无法写出这样的皇皇巨著。

3. 写作主体的思想素养

思想素养包括思想水平和理论水平两个方面。思想水平涉及世界观、人生观、价值观、生死观、幸福观和责任感、义务感等一系列内容。从选材立意到文章格调，写作主体的思想水平影响和制约着整个写作过程和文章的各个方面。

理论水平是对客观事物进行科学的分析、评价，以及对思想观念加以理论表述的水平。文章的价值往往在于独到、深刻的见解，写作主体具有较高的理论水准，能够透过事物的现象看到本质，超越单一的事物和事物的单一方面看到联系，可以极大地提高文章的质量和品位。

4.写作主体的审美素养

文章的内容和形式都直接或间接地反映着写作主体创造美的意图和创造美的能力，以审美为本位的文学性文体，如诗歌、小说、散文如此，一般的议论文、说明文、应用文也包含着美的属性，是写作主体"按照美的规律"创造的结果，写作活动的过程也就是创造美的过程。

写作主体的审美素养包括审美理想、审美情趣、审美感受能力、审美表现能力等。比起一般人，优秀的写作者应该能够摆脱日常俗务、平庸观念的困扰，勇敢地追求美，能够更加敏锐地发现生活中美的事物，能够用自己的生花妙笔刻画出美的形象。

（二）写作主体的能力

写作能力指的是写作主体通过写作这种实践活动去认识、反映并表现客体，同时传达出自己的思想和情感的能力。

写作能力可以分为认知能力和操作能力两个大的部分。认知能力是感受、认识、研究、把握客观事物的能力，其中，观察能力、感受能力、思维能力、想象能力是最重要的四种能力。操作能力是借助工具制造成品的能力，写作活动的操作能力主要指语言文字的运用能力，即语言能力。

1.观察能力

（1）观察的含义

观察，是主体凭借自己的感觉器官或借助某些仪器有目的、有意识地认知客观事物，从外界摄取信息、感受刺激的过程。

观察是人们认识客观世界的重要方法，观察能力是写作的能力系统中最基本的一种能力。鲁迅说："如要创作，第一需观察。"（《致董永舒》）观察对于写作的意义在于：它是搜集写作材料的基本途径；它能够激发写作动机和灵感；它可以提高写作主体的写作素养，尤其是生活素养。

（2）观察的要求

①全面细致。全面，指要观察事物的总体，了解事物的全貌，把握事物的各组成部分及其相互关系，以及该事物和其他事物的关系。细致，指要抓住事物的细节，看到事物的一些隐蔽的细微的特征。正如朱自清说的那样，观察时"于一言一动之微，一沙一石之细，都不轻轻放过"（《山野掇拾》），将全面和细致结

合起来，既能通观全局，又能把握重点，可以对事物有深入的了解。

②抓住特点。特点，是一个事物区别于其他事物的标志。在观察的过程中，既要由表及里，透过现象看本质，又要由此及彼，将观察对象与同类的其他事物做比较，这样才能够抓住观察对象的与众不同之处。

2.感受能力

(1)感受的含义

感受是主体受到各种外界物的刺激而产生的相应的感觉、知觉所呈现的富有情感和个性的心理活动，是在感知的基础上，进一步启动记忆、情感、思维、联想、想象，对客体做出的更深层的认识和体验。

感受在写作过程中的作用主要在于：它可以诱发写作灵感，提供写作契机；它是写作主体积累材料、积蓄情感的重要途径；它帮助写作主体加深对客体的认识，开掘文章意蕴。

(2)感受的特点

①主体与客体沟通。任何感受都是主体的思想、情感与客体相沟通的产物，离开具体的客观事物，主体无所谓感受，没有主体心灵的参与，感受也无法形成。因此，感受是内情与外物的统一，主观与客观的统一。主体受到客观事物的刺激，情感被激发，并有所感悟，然后主体又将这些情感、感悟投入客体(也就是我们常说的移情)，于是，主体与客体融合为一。这种精神与物质的合一，情感与物象的交融，自然促使主体产生与众不同的感受。

②情感与理性并重。任何感受都伴随着一定的情感活动，都带有感情色彩。人接受外界物的刺激，伴随感觉就产生相应的情感；随着感觉转化为知觉，人与物的关系更加明晰，感情更加丰富、细腻；最后，主体凭借想象、联想、通感、移情等方法，将情感融于物，便是感受的体现。

同时，感受又是一种认识活动，具有一定的理性深度。因为，感受意味着主体对客体一定层次的理解，表现为主体能够从中领悟到一种发现，一种确证——不仅确证对象，而且确证自身，真正独特而新鲜的感受必定如此。虽然感受中的理性认识，往往不像科学的、逻辑的认识那样清晰、明确，它常常是隐晦的、只可意会不可言传的，但仍可以达到对事物本质的理解和把握，而不需要任何分析、推理的过程。

3.思维能力

(1)思维的含义

思维是人脑借助语言所实现的对客观世界的间接反映，它以感觉、知觉、表象为工具，通过由此及彼、由表及里的分析、综合、概括等形式，揭示事物的本质和规律。思维贯穿于整个写作过程，写作活动的每一个环节，都离不开主体的思维活动。

(2)思维的种类

①形象思维,是运用形象进行的思维形式,在思维过程中始终不舍弃具体的感性形象,并以表象为工具,通过再现、联想、想象来组成形象、画面。它自始至终伴随着写作主体强烈的情感活动和审美体验,是创作文艺作品的主要思维形式。

②抽象思维,又叫逻辑思维,是以概念、判断、推理为方法,以分析、综合、比较、抽象、概括为基本过程的思维形式。它与形象思维相反,是舍弃感性形象的思维,以抽象性、间接性为特点,通过科学的抽象,揭示出一般、本质、必然,飞跃到理性的认识,形成一定的理论。它是评论性、实用性文体写作的重要思维形式。

③灵感思维,又叫顿悟思维,指的是人们在专注、紧张的思考中,思路顿开,突然产生某些新想法、新形象的思维活动。在写作活动中,灵感指写作主体突然出现文思泉涌、豁然贯通,以及强烈的写作冲动的心理现象。它的特点是突如其来,不期而至,能使写作主体迅速捕捉到独特的艺术形象、最佳的构思或美妙的语句。灵感思维是艺术创作中最重要的思维形式之一。

这三种思维形式在写作中相互联系、相互交叉、共同作用。在这三种思维形式的基础上展开创造性思维,能够提高思维的深度和广度,使写作主体突破思维定式的消极影响而有所发现和创新,从而写出具有独创性的文章。因此,思维能力是写作的能力系统中重要的一种能力,写作主体应该努力培养和提高自己的思维能力。

4.想象能力

(1)想象的含义

想象是人脑在过去感知的基础上对表象进行加工、改造,创造出新的形象的心理过程。

想象可以帮助人们的智能得以创造性的发挥,而写作活动更离不开想象。刘勰这样形象地强调想象对写作的意义:“文之思也,其神远矣。故寂然凝虑,思接千载;悄然动容,视通万里。吟咏之间,吐纳珠玉之声;眉睫之前,舒卷风云之色。”(《文心雕龙·神思》)想象在写作中的作用是多方面的,它能够使写作主体清楚地“看到”要描绘的形象,“预见”作品的未来;它能够帮助写作主体突破时空、经历的界限;它可以使写作主体创造出从未有过的崭新形象。

(2)想象的种类

①再造想象,是依据语言、文字、图形、符号或别人对某一事物的描述,在头脑中唤起相应的新形象的心理过程。

②创造想象，是不以现成资料的描述和图片的显示为依据，而是根据自己头脑中原有的记忆表象，进行加工改造，从而独立创造新形象的过程。

③幻想，是愿望支配下的不与现实生活直接相结合的想象。写作中的幻想主要表现在神话、童话、诗歌和科学幻想小说等的创作中。

5.语言能力

语言能力就是写作主体按照逻辑规则和语法规则，正确地遣词造句和运用各种修辞手法，把看到的、听到的、感受到的情况，把构思的成果鲜明生动地表达出来的能力。

语言可以分为内部语言和外部语言(包括口语和书面语)。在写作活动中，语言既是思维的工具，又是表达的工具。内部语言和外部语言共同发生作用，促进写作活动的顺利进行。

(1)内部语言能力与写作构思

写作构思过程离不开语言的参与，思维和语言是不可分的。没有语言，就不可能有人的理性的思维；同样，没有思维，也就不需要作为手段的语言。语言一开始就是作为思维的物质外壳出现的，思维的内容主要是通过语言的手段、言语的活动表达出来的。因此，写作构思活动是语言积极参与、异常活跃的一种思维活动。离开语言，思维活动无法实现，写作构思活动也难以想象。在一定意义上讲，写作构思可以视为运用语言这种工具进行内部语言活动的过程。它为下一步的书面语言行为做着积极的准备。因此，内部语言能力的高低直接影响构思的质量，影响外化阶段书面语言行为的实施。

(2)书面语言能力与写作外化

写作外化的过程就是写作主体运用书面语言符号记录下构思结果的过程。写作主体把自己的思想感情诉诸书面语言符号，形成篇章，写作活动才算告一段落。写作主体通过构思，已经在头脑中形成了基本成熟的形象、意念，能不能将构思的结果准确地形诸文字，取决于写作主体运用书面语言符号的能力的高低。

第二节　写作客体

一、写作客体的含义

“客体”是与“主体”相对应的概念，指主体的认识对象，因此，没有或离开主体认识的事物不能称作客体。写作客体，即与写作主体发生对应关系、写作主体认识视野中的一切对象。它包括被写作主体认识、描摹、评价的物质世界与精神世界、外部世界与主观世界。

写作客体近似于人们说的“社会生活”，但又与它不尽相同。存在于写作主体之外的社会生活，在与写作主体发生对应关系之前，只是一种不以人的意志为转移的客观存在，只有进入写作主体的认识视野，成为写作活动对象的社会生活才是写作客体。因此，写作客体相对于社会生活的概念，其外延比较狭窄，是“对象化了的社会生活”。

写作客体又不能等同于“客观存在”，因为写作客体不仅包括作为主体认识对象的客观存在，也包括作为主体认识对象的精神世界。

“没有被反映者，就不能有反映”（列宁《唯物主义与经验批判主义》），作为被反映、被描述的对象，写作客体是构成写作系统的基本因素，是写作行为赖以发生、存在和发展的前提条件。

二、写作客体的构成

凡写作主体面对的一切写作对象，无论主观、客观，精神、物质，都可以作为写作客体出现在写作活动中。

（一）自然景物

“文章者，所以表天地万物之情状也。”（清·叶燮《原诗》）自然界中的山川草木、日月星辰，一方面为写作主体提供了无限丰富的写作材料；另一方面，又是写作主体感情的触发物，认识深入的通道，所谓“人心之动，物使之然也”，“其本在人心之感于物也”（《礼记·乐记》），写作主体因景生情，由物感兴，而产生写作的欲望和冲动，又通过对事物的分析、综合等思维活动达到认识的新高度。

（二）社会生活

人们在社会中生活，人的各种观念、情感都是社会存在在人脑中的反映。写作活动就是一种重要的反映方式，因此社会生活构成了写作活动的本源，成为重要的写作客体。文学作品是对社会生活的艺术化的反映；议论文论述的观点来源于社会生活；说明文介绍的除自然现象外，也涉及社会生产和事物的原理；应用文所要解决的也都是社会生活中的问题。

（三）精神文化

精神文化是指人们生产出来用于精神消费的产品，即精神产品，如书籍、音乐、绘画、雕塑、影视等。事实上，精神文化是对自然景观、社会生活、主观世界以及其他精神产品等客体进行反映的产物，是外化了的精神世界。当精神文化产品成为写作主体感知、构思、表现的对象时，就成为了写作客体。

（四）主观世界

主观世界是相对于客观存在而言的一类写作客体，既包括他人的主观内心世界，也包括写作主体自己的主观内心世界。在写作活动中，当写作主体需要反观内视，描摹自己的内心状态、抒发自己的情感、对自己进行评述时，就暂时、有条件地转化为写作客体。

主观世界作为写作客体是一个特殊的门类，无论怎样表现他人或自己的情绪、情感、潜意识、无意识，仍然需要将它放置到社会生活的大背景中去考察。

三、写作客体的功能

写作客体是产生写作活动的基础，它对写作行为的影响，表现在如下方面。

（一）写作客体是触发主体写作动机和欲望的诱因

写作客体的实际存在是感知的前提，任何写作主体都不能超越社会、时代、环境的各种实际存在而凭空进行想象和推理。人们“遵四时以叹逝，瞻万物而思纷，悲落叶于劲秋，喜柔条于芳春”（晋·陆机《文赋》），没有“四时”“万物”“落叶”“柔条”的客观存在并被主体感知，“叹”“思”“悲”“喜”的情绪体验便不可能发生。正是写作客体把写作主体的情思、生活和知识积累等调动起来，使之全力投入写作。

（二）写作客体是主体获取写作材料的源泉

一切形式的写作活动，都必须以包括自然景观、社会生活、精神产品、主观世界在内的写作客体为获取写作材料的源泉。作为写作材料的来源，写作客体是无限丰富、不可穷尽的。而任何一个写作客体，从横向来看，其角度和侧面是无限的；从纵向来看，它发展变化的层次是无限的；它与世界、与其他写作客体的联系又有着无限的可能。因此，正如人类对世界的认识和探索不断持续，写作客体作为写作材料的源泉，永远不可能枯竭，写作主体对写作客体的描述、评价永远不可能穷尽。

（三）写作客体是主体延展写作构思的凭借

作为主体的对象的写作客体，它要求写作构思的轨迹“随物以宛转”（《文心雕龙·物色》），即沿着生活原来的样子和应当的样子去运行。“描写生活像实际上所有的那样真实”(契诃夫),已经成为无论实用写作还是文学写作共同遵守的原则。实用写作要求符合事实的真实,它的构思,从通篇的结构到细节的安排,都必须忠实于描述对象,来不得半点虚构、夸张。文学写作讲究虚构,它要摆脱真人真事的束缚,但在延展构思时,也仍然要忠实于生活的逻辑和艺术的真实。

第三节 写作载体

一、写作载体的含义

人类通过相互传递信息进行社会交往,载体就是传播过程中信息的物质存在方式。

写作载体就是写作主体将其写作构思转化为可以用来进行交流和传播的文本时所使用的物质媒介系统。

二、写作载体的构成要素

写作载体是写作成品——文章的内质与外形的统一体,也就是内容和形式的统一体,它包括以下基本组成因素:主旨和材料是内容要素,结构和语言是形式要素。

(一)主旨

主旨,即写作主体在文章中所表达的中心意向。它是写作载体的核心和灵魂,它始终制约、规定着写作载体的其他构成因素。

(二)材料

材料,即文章所包含的与描述对象相关的具体内容。材料是写作载体中基本的部分,写作主体正是用它来传达自己的意图,说服写作受体的。

(三)结构

结构指文章各部分按照一定的组合关系联结而成的序列形式。写作载体作为一个组织的系统,结构就是用来描述其组织方式的概念,即写作载体的总体框架。

(四)语言

写作载体以语言文字为信息传递的物质存在方式。任何在写作载体中所要表现的内容总是要转换为书面语言符号的有组织的序列才成为可能。

主旨、材料、结构、语言，是构成写作载体的四个基本因素。写作载体的这四个基本构成要素及其内部关系是写作主体在写作过程中要逐一解决的基本问题。作为内容要素的主旨和材料要达到统一，作为形式要素的结构和语言要达到统一，内容与形式之间也要做到和谐一致。

三、写作载体在写作中的作用

从表面上来看，写作载体作为文章的物质存在方式，只在写作活动的外化阶段起作用，实际上，写作载体的作用是贯穿于写作活动的全过程的。

(一)写作载体在写作感知阶段的作用

在写作感知阶段，写作主体就已经对已有的定型载体和企图建立的尚未定型的载体有了一种自觉的意识，并能够在心理上加以比较，认识到写作载体的特性及其与感知对象的联系。文学性文体的写作感知侧重于对对象的感性形象的接纳，议论文体的写作感知侧重于对理性概念的汲取。如果在写作感知过程中忽略了载体的特性，不顾它的存在，写作的预期目标就难以实现。

(二)写作载体在写作构思阶段的作用

在构思阶段，写作主体根据构思对象的特性在心理上为其形体进行预构和设计，尽管构思的结果还只是文章的意念化的雏形，但已经具备了写作载体的必要构成因素。

(三)写作载体在写作外化阶段的作用

写作载体是外化阶段的关键性因素。写作主体必须根据已经确定的体式取材，并选用符合其特性和要求的表达方式与方法。应用写作内容尚实，形式相对稳定，语言质朴；文学写作内容可以虚构，形式富于变化，语言优美。

写作载体为外化提供了具体的模式，直接地影响着外化。比如，同样是写人物，如果写的是真实人物，必然要寻找实用的模式，这种实用的模式会在“真”“实”“准”方面影响外化；如果所写的人物是“杂取种种，合成一个”的，必然要寻找文学的模式，文学的模式又必然在“虚构”“想象”“塑造”方面影响行文。

第四节　写作受体

一、写作受体的含义

写作受体即写作行为活动的接受对象，也就是读者。

从信息传播的角度来看，受体是信息传递的必要组成部分。一个信息传递过程是以预先设定的交际双方作为前提和基础的。信息传递的主体把信息置入一定的载体传递出去，直到受体把信息从这个载体中转换出来，传递过程才算完成。这表明，尽管传递信息是主体独自决定的行为，但这一行为的付诸实现，却必须在交际的另一方——受体愿意且又可能进入交际过程的前提下才具有现实性。这使受体在交际过程中获得了不可或缺的地位，使受体与主体构成相反相成的伙伴关系。在这种关系中，受体在主体通过载体发出信息之后成为完全主动的一方，他可以自由选择如何处理主体发出的信息。主体只能在传递信息的同时，在信息载体中为受体尽可能充分地接受信息提供某些条件，除此之外，别无他法。

写作，也是一种信息传播活动，写作受体（读者）就是从这种活动中接受信息的人，其存在与否关系到写作活动能否最终完成，因此写作受体是写作系统中不可或缺的要素。

二、写作受体在写作中的地位和作用

（一）写作受体是写作的参与者和推动者

从信息传播的角度来看，如果没有写作受体“接力”，写作行为就不可能达到终点。纵观写作活动的全过程，写作受体一直在直接或间接地起着调节、修正、激励的作用。在写作感知阶段，写作受体影响写作主体对写作客体和写作体式的选择；在写作构思阶段，写作受体是写作主体在构思过程中有意无意关注的重要侧面；在写作外化阶段，写作受体通过写作载体干预外化的进行。因此，读者实际上以隐蔽或公开的身份参与写作，不断推动着写作，并最后促使写作活动顺利完成。

（二）写作受体是文章价值的实现者

被人诵读的诗才是诗，被人接受的小说才是小说，否则它们仅仅是一堆印刷符号。当然,这些印刷符号具有潜在价值,但是只有当它被读者感知并引起反应时,其中蕴涵的写作主体的思想感情才会得以显现和激活,从而转化为现实的价值和效果。没有写作受体的阅读,文章的价值就无法实现。

(三)写作受体是文章的再生产者

接受理论的创始人之一伊瑟尔认为,写作受体的接受活动不是一种简单的还原、再现、复制的活动,受体不是被动地接受写作主体的观点,而是积极、能动、建设性的活动。写作受体用自己的方式去理解文本,凭自己的经验去还原并丰富原文的含义,从而产生新的认识。所以,通过读者的阅读,文章的价值不仅没有损耗,反而不断出新。所谓"一千个读者心中有一千个哈姆雷特",正是丰富了原作的底蕴。

三、写作主体应该具有读者意识

写作主体在实施写作行为之前和之中,要主观地去设想读者将来如何阅读,这种阅读将会产生怎样的效果,这个效果与自己的写作动机是否能够协调等等,并以此来调整写作的行为。这种写作主体预先设想读者阅读方式、过程、效果等的意识,就是读者意识。

(一)写作主体具有双重身份,承担双重职能

从根本上说,写作主体具有写作主体和写作受体的双重身份,同时执行写作主体与写作受体的双重职能。在写作过程中,写作主体不仅要以写作者的身份考虑要写什么、怎么写,而且要以读者的身份去"阅读"自己正在写的东西,从读者的角度设想其阅读的效果。以便判断读者是否感兴趣,是否容易理解,是否会积极地参与其中。然后,又以自己"阅读"的结果来评判自己的写作,并相应地做出调整。正如萨特所说:"写作活动包括一种不言而喻的准阅读在内……"(《论文学》)这种"准阅读",构成写作活动中的一个"前反馈"调节机制,使写作活动中写作主体与写作受体的交流具备了良好的基础和条件,使彼此的矛盾有可能逐渐趋于调和。

(二)写作主体要具备读者知识

首先,写作主体应该了解:读者在接收信息之前,已经具备了一定的知识、理论、经验,同时拥有丰富的感情和活跃的情绪。这种事先的了解除了能明确写作主体所要传递的信息能否成为写作受体的需要,还可以成为提高传递效果的有利手段。在写作中常说的留下想象的空间、思考的余地,实际上就是利用

读者的知识、理论、经验，一方面诱使读者更主动更积极地介入，另一方面又达到“以少胜多”的表达效果。

其次，读者知识还包括接受心理、接受习惯、接受能力等。接受心理指接受的心理状态，它包括由一定的民族、地域等相对固定的文化所形成的心理，一定的社会生活状况所形成的心理，一定的文学传统、文章传统所形成的心理。接受习惯指一定的接受心理所派生出来的比较表层的东西，比如行文的拘谨和狂放、印刷的横排和竖排、层段的标记等。接受能力，指读者接受主体传达的信息的能力，也就是主体传达和读者接受的差距，以及不同读者之间的差距。

(三)写作主体的顺应读者与引导读者

写作主体时时强化自己的读者意识，调动和运用所掌握的读者知识，实际上体现出了写作主体对读者的某种程度的顺应。写作主体一旦承认读者是构成写作活动的一个不可或缺的部分，只有读者才能把信息从语言符号的系统中转换出来，就会在题材选择、意旨表达、材料组织、语言技巧等多方面进行退让和妥协。

然而，写作主体顺应读者的目的最终还是为了征服读者。当读者接受某个信息，并把它储存在自己的信息库中时，就已经被写作主体改造、征服了。因为读者欣赏作品而在情感、情绪上受到影响，都表明他已经在一定程度上被写作主体俘虏，而写作主体也因此达到传递信息的目的。就此而言，对读者的征服显然是以对读者的顺应作为交换条件的。越是理解读者、考虑读者、顺应读者，往往越是能够获得好的征服效果。

四、影响读者接受的因素

写作要取得好的效果，写作主体必须研究读者的阅读心理，力求对读者有透彻的了解，从而在写作中顺应之、引导之。

影响读者接受信息的因素主要有以下几方面。

(一)语言知识

读者必须具有和写作主体共有的一套书面语言系统。写作主体不是直接把信息传递给读者，而是要转换为书面语言符号的组织系统，阅读活动实际上就是读者对写作载体施行的一种逆转换，即重新把信息从书面语言符号的组织系统中转换出来。可见，读者对信息的接受，是建立在语言认知的基础上的，是通过他对这一书面语言符号的组织系统所进行的认知进行操作的。语言知识的共有，使信息与符号系统之间的可逆性转换成为可能。当今世界写作科学、大众传播领域中的“可懂性”研究就是专门研究怎样使文本浅显易懂，减少信息交流过程中文字理解上的困难。鲁迅先生说:"文艺本来就有一个对象的界限。譬如文学,原是以懂得文字的读者为对象的,懂得文字的多少有不同,文章当然要有深浅。而主张用字要平常,作文要明白,自然也还是作者的本分。"(《"彻底"的底子》)

(二)文化素养

读者具有的文化素养,包括文化水平、智力水准、知识面等,对他们选择、理解、接受读物的影响是比较大的。马克思说:"如果你想得到艺术的享受,你就必须是一个有艺术修养的人。"(《1844 年经济学哲学手稿》)有较高的专业知识和文化素养的读者,所需的往往是"阳春白雪",偏重于比较高深的东西,对有启迪性和创造性的文章作品有所偏爱,而最不喜欢平庸的见解和陈旧的形式。中等文化水平的读者层,兴趣多样,他们的阅读,有些是为了满足求知求美的欲望,企图通过阅读上升到高一层次中去,有的则凭兴趣阅读,对满足他们精神方面需求的东西表现出较大的热情。具有初等文化水平的通俗读者层对阅读的要求往往注重于普及的知识性和娱乐性,较多的人看书读文章是为了实用的需要或者消遣,他们要求的东西往往是通俗读物——基础知识介绍、通俗文艺、科普读物等。

(三)文化传统

这里的"文化",指的是一种积淀,是知识、经验、信仰、价值观、时间观念,以及物质财富等等的积淀,它持久、永恒、无所不在,包括了人们生活中接受的全部习得性行为。人们在自己所处的文化环境中成长,特定文化的影响渗透于人们的意识中,时时处处对人们的思维和言行发生作用,阅读也不例外。一方面,读者在固有的文化背景下形成了阅读活动中的"可接受范围",在这个范围内,传播内容不会受到回避和抵制,有时还会因为与其固有的观念相似、相近而被接受。我国的读者比较容易接受有大团圆结局的小说、戏剧,就是基于我们特定的文化传统。另一方面,一定的文化背景孕育了读者一定的阅读习惯。就文章的形式而言,由于受传统文化思想、审美观念以及文章学理论的影响,我国一般读者习惯阅读有头有尾、层次分明、来龙去脉交代清楚、整体结构完整匀称的文章;对于小说、戏剧中的人物形象,则习惯于通过作品对人物外在行为的描述去理解,而不习惯欣赏大段的独白和内在心理活动的描写。

(四)时代意识形态

文化传统会受到时代的影响而向前发展,这也会直接间接地影响到读者的阅读心理,在社会发生巨大变革时尤为明显。21世纪的读者的社会视野、文明程度、心理素质、价值观念、生活方式、美学趣味都和以往大不相同,他们对写作也提出了新的要求,这种要求既包括内容方面,也包括形式方面。

思考与练习

一、托尔斯泰在构思《复活》时,开始想以聂赫留朵夫与玛丝洛娃结婚为结局,但后来却改变了初衷,只是让聂赫留朵夫到狱中看望玛丝洛娃。这种情况在其他写作者身上也发生过,使得作家们感叹人物命运和情节发展不受自己控制了。请解释这种现象。

二、英国侦探小说家、"福尔摩斯之父"阿瑟·柯南道尔(1857—1930)在29岁时写出第一部侦探小说《血字的研究》,把歇洛克·福尔摩斯与华生医生介绍给读者,并通过之后的一系列创作使福尔摩斯在英国读者中成了妇孺皆知的英雄人物。1894年,柯南道尔决定停止写侦探小说,他在《最后一案》中让福尔摩斯在一次搏斗中坠入激流死去。这引起了广大读者的愤慨和抗议。在读者的呼吁中,柯南道尔又在1901年写出反映福尔摩斯早期生活《巴斯克维尔的猎犬》。1903年,柯南道尔写出了《空屋》,让福尔摩斯死而复活,并先后写出了《归来记》《恐怖谷》《最后致意》等侦探故事。

柯南道尔让福尔摩斯死而复生的创作经历对你认识写作受体在写作系统中的地位和作用有什么启发?

三、阅读台湾作家余光中的散文《猛虎和蔷薇》,思考文后问题。

猛虎和蔷薇

余光中

英国当代诗人西格夫里·萨松(Siegfried Sassoon 1886—1967)曾写过一行不朽的警句:"In me the tiger sniffs the rose."勉强把这译成中文,便是:"我心里有猛虎在细嗅蔷薇。"

如果一行诗句可以代表一种诗派(有一本英国文学史曾举柯立治《忽必烈汗》中的三行诗句:"好一处蛮荒的所在!如此的圣洁、鬼怪,/像在那残月之下,/有一个女人在哭她幽冥的欢爱!"作为浪漫诗派的代表),我就愿举这行诗为象征诗派艺术的代表。每次念及,我不禁想起法国现代画家亨利·卢梭(Henri Rousseau,1844—1910)的杰作《沉睡的吉普赛人》。假使卢梭当日所画的不是雄狮逼视着梦中的浪子,而是猛虎在细嗅含苞的蔷薇,我相信,这幅画同样会成为杰作。惜乎卢梭逝世,而萨松尚未成名。

我说这行诗是象征诗派的代表，因为它具体而又微妙地表现出许多哲学家所无法说清的话；它表现出人性里两种相对的本质，但同时更表现出那两种相对的本质的调和。假使他把原诗写成了“我心里有猛虎雄踞在花旁”，那就会显得呆笨，死板，徒然加强了人性的内在矛盾。只有原诗才算恰到好处，因为猛虎象征人性的一方面，蔷薇象征人性的另一面，而“细嗅”刚刚象征着两者的关系，两者的调和与统一。

原来人性含有两面：其一是男性的，其一是女性的；其一如苍鹰，如飞瀑，如怒马；其一如夜莺，如静池，如驯羊。所谓雄伟和秀美，所谓外向和内向，所谓戏剧型的和图画型的，所谓戴奥尼苏斯艺术和阿波罗艺术，所谓“金刚怒目，菩萨低眉”，所谓“静如处女，动如脱兔”，所谓“骏马秋风冀北，杏花春雨江南”，所谓“杨柳岸，晓风残月”和“大江东去”，一句话，姚姬传所谓的阳刚和阴柔，都无非是这两种气质的注脚。两者粗看若相反，实则乃相成。实际上每个人多多少少都兼有这两种气质，只是比例不同而已。

东坡有幕士，尝谓柳永词只合十七八女郎，执红牙板，歌“杨柳岸，晓风残月”；东坡词须关西大汉，铜琵琶，铁棹板，唱“大江东去”。东坡为之“绝倒”。他显然因此种阳刚和阴柔之分而感到自豪。其实东坡之词何尝都是“大江东去”？“笑渐不闻声渐杳，多情却被无情恼”；“绣帘开，一点明月窥人”，这些词句，恐怕也只合十七八女郎曼声低唱吧？而柳永的词句：“长安古道马迟迟，高柳乱蝉嘶”，以及“渡万壑千岩，越溪深处。怒涛渐息，樵风乍起；更闻商旅相呼，片帆高举。”又是何等境界！就是晓风残月的上半阕那一句“暮霭沉沉楚天阔”，谁能说它竟是阴柔？他如王维以清淡胜，却写过“一身转战三千里，一剑曾当百万师”的诗句；辛弃疾以沉雄胜，却写过“罗帐灯昏，哽咽梦中语”的词句。再如浪漫诗人济慈和雪莱，无疑地都是阴柔的了，可是清啭的夜莺也曾唱过：“或是像精壮的科德慈，怒着鹰眼，凝视在太平洋上。”就是在那阴柔到了极点的《夜莺曲》里，也还有这样的句子：“同样的歌声时常——迷住了神怪的长窗——那荒僻妖土的长窗——俯临在惊险的海上。”至于那只云雀，他那《西风歌》里所蕴藏的力量，简直是排山倒海，雷霆万钧！还有那一首十四行诗《阿西曼地亚斯》(Ozymandias)，除了表现艺术不朽的思想不说，只其气象之伟大，魅力之雄浑，已可匹敌太白的“西风残照，汉家陵阙”。

也就是因为人性里面，多多少少地含有这相对的两种气质，许多人才能够欣赏和自己气质不尽相同，甚至大不相同的人。例如在英国，华兹华斯欣赏米尔顿；拜伦欣赏颇普；夏绿蒂·白朗戴欣赏萨克瑞；史哥德欣赏简·奥斯丁；史云朋欣赏兰道；兰道欣赏白朗宁。在我国，辛弃疾的欣赏李清照也是一个最好的例子。

但是平时为什么我们提起一个人，就觉得他是阳刚，而提起另一个人，又觉得他是阴柔呢？这是因为各人心里的猛虎和蔷薇所成的形势不同。有人的心原是虎穴，穴口的几朵蔷薇免不了猛虎的践踏；有人的心原是花园，园中的猛虎不免给那一片香潮醉倒。所以前者气质近于阳刚，而后者气质近于阴柔。然而踏碎了的蔷薇犹能盛开，醉倒了的猛虎有时醒来。所以霸王有时悲歌，弱女有时杀贼，梅村、子山晚作悲凉，萨松在第一次大战后出版了低调的《心旅》(The Heart's Journey)。

“我心里有猛虎在细嗅蔷薇。”人生原是战场，有猛虎才能在逆流里立定脚跟，在逆风里把握方向，做暴风雨中的海燕，做不改颜色的孤星。有猛虎，才能创造慷慨悲歌的英雄事业；涵蕴耿介拔俗的志士胸怀，才能做到孟郊所谓的“镜破不改光，兰死不改香！”同时人生又是幽谷，有蔷薇才能烛隐显幽，体贴入微；有蔷薇才能看到苍蝇搓脚，蜘蛛吐丝，才能听到暮色潜动，春草萌芽，才能做到“一沙一世界，一花一天国”。在人性的国度里，一只真正的猛虎应该能充分地欣赏蔷薇，而一朵真正的蔷薇也应该能充分地尊敬猛虎；微蔷薇，猛虎变成了菲力斯丁(Philistine)；微猛虎，蔷薇变成了懦夫。韩黎诗：“受尽了命运那巨棒的痛打，我的头在流血，但不曾垂下！”华兹华斯诗：“最微小的花朵对于我，能激起非泪水所能表现的深思。”完整的人生应该兼有这两种至高的境界。一个人到了这种境界，他能动也能静，能屈也能伸，能微笑也能痛哭，能像二十世纪人一样的复杂，也能像亚当、夏娃一样的纯真，一句话，他心里已有猛虎在细嗅蔷薇。

1.从这篇文章的内容来看，写作主体发挥了他的什么长处，写作主体的素养和能力在写作中有怎样的作用？

2.这篇文章的写作客体属于哪种类型？

3.这篇文章的主旨、材料、结构、语言各有什么特点？它们与写作客体之间的关系如何？

4.结合你在阅读这篇文章时的接受心理，谈一谈读者的接受会受到哪些因素的影响。

四、下面是一组不同作家描写日出景象的文字，请比较它们的异同，并说说我们可以从中得到哪些启发。

(一) 四望白云迷漫一色，平铺峰下，诸峰朵朵，仅露一顶，日光映之，如冰壶瑶界，不辨海陆，然海中玉环一抹，若可俯而拾也。

(明·徐霞客《游雁荡山日记》)

(二) ……坐日观亭待日出。大风扬积雪击面。亭东至足下皆云漫。

稍见云中白若樗蒱数十立者，山也。极天云一线异色，须臾成五彩，日上正赤如丹，下有红光动摇承之。或曰，此东海也。回视日观以西峰，或得日，或否，绛皜驳色，而皆若偻。

（清·姚鼐《登泰山记》）

（三）果然过了一会儿，在那个地方出现了太阳的小半边脸，红是真红，却没有亮光。这个太阳好像负着重荷似的一步一步、慢慢地努力上升，到了最后，终于冲破了云霞，完全跳出了海面，颜色红得非常可爱。一刹那间，这个深红的圆东西，忽然发出了夺目的亮光，射得人眼睛发痛，它旁边的云片也突然有了光彩。

（巴金《海上日出》）

（四）等着，等着，天色由黎明的鱼肚白色，渐渐呈淡蓝色。大家全神贯注地凝视对面的山峰，中央山脉的顶峰亮了，接着一片霞光四射，只一眨眼，如轮的旭日跃升而出。先是一角、半圆、全圆，霎时万道金光投向大地，山林亮了，幽谷亮了，溪水也亮了，四野青翠欲滴，阳光普照大地，又是崭新的一天。

（鲍晓晖《阿里山今昔》）

（五）缥缈峰下一声鸡鸣，把湖和山都喊醒了。太阳惊醒后，还来不及跳出湖面，先把白的、橘黄的、玫瑰红的各种耀眼的光彩，飞快辐射到高空的云层上。一霎间，湖山的上空，陡然铺展了万道霞光。耀花眼的云雀，从香樟树上飞起，像陀螺样打转转，往朝霞万里的高空飞旋。在沙滩边和岩石下宿夜的鸳鸯、野鸭，也冲开朝霞，成群成队地向湖心深水处飞去。

（艾煊《碧螺春讯》）

五、作家贾平凹说过："没有想象的作品我不知道该怎么写？世上恐怕没有好作品是缺乏想象的。我不会写那种实而又实的作品。我写作中常在虚幻一切，包括人物及场景。当然，想象建立在广见广闻的基础上，阅历越丰富，想象的翅膀扇得越高。想象应该是一堆木柴上的火焰，想象应该是素材的变异。"请谈谈你对这段话的理解。

六、作为一名大学新生，你每天的学习、生活是怎样的？如果要求你写出反映自己学习、生活情况的文章，你会采用什么样的文体形式？为什么？

七、把你的习作给老师和同学看看，倾听他们对你文章的意见和建议，分析、思考自己在写作方面存在的优点和不足；并回顾自己学习写作的经历，想一想还需要在哪些方面进行努力。

第二章　写作的行为过程

从事物进入写作主体的视野，被认定为写作的客体，直到文章产出，其间要经过一个动态的递变过程。

郑板桥对绘画过程有这样一段描述：

> 江馆清秋，晨起看竹，烟光日影露气，皆浮动于疏枝密叶之间。胸中勃勃遂有画意。其实胸中之竹，并不是眼中之竹也。因而磨墨展纸，落笔倏作变相，手中之竹又不是胸中之竹也。总之，意在笔先者，定则也；趣在法外者，化机也。独画云乎哉？(《板桥题画诗跋集》)

在郑板桥看来，主体观照“自然之竹”(客观自在之物)而起“画意”(创作冲动)，“眼中之竹”(感知之物)由“自然之竹”而来，由于主体是带着主观精神、情感进行观照的，这时的竹已经不全是“自然之竹”的客观原生态，这是艺术创作的感知积蓄阶段。经过艺术家审美意识的熔铸加工，“眼中之竹”变成“胸中之竹”(艺术形象的雏形)，这一步，即内孕构思。最后，艺术家利用艺术技巧将头脑中艺术形象的雏形加以物化，使之成为“手中之竹”(再造之物)，也就完成了艺术作品的外化表现。

正如郑板桥所言，感知—构思—外化的动态递变过程，并非绘画的独家专利，它是艺术创作的行为过程，也是写作的行为过程。

从整体来看，写作活动是主体操作下的整体性活动。感知、构思、外化是很难截然分开的整体心理结构的不同层次，它们相互交叉存在，并非简单的线形因果流程，其中有反复、有逆转。但在具体的过程中，写作活动却表现出阶段性的特征。写作行为由感知活动开始，主体经过长期的潜移默化的积累或有意识的积蓄活动，当信息积累到一定程度时，主体写作意识受到激发，写作便必然引向和转化为构思。构思活动是对信息的加工过程，被加工的信息在头脑中变化流动，在变化流动中排列、组合，孕育精神胚胎。当构思成熟，写作即进入外化阶段，写作主体运用书面语言符号赋予构思结果物质形态，文章便产出了。

第一节　感　知

一、写作感知的含义

感知是人脑对直接作用于感觉器官的客观事物的反映，是人类认识过程的初级阶段。

感知一般可以分为实用感知、科学感知和艺术感知三类。实用感知，即出于实用目的需要的感知。比如品尝食物，是为了满足生理需要，调动味觉进行的感知。实用感知，是常人在一般情况下用得最多的认识事物的方式。

与写作有关的是科学感知和艺术感知，我们可以把它们叫作写作感知。

科学感知，即运用科学的方法去了解认识事物，比如实地测量某建筑物的高度，这样获得的数字是比较精确的，使人可以对此有科学的了解。我们在写一般性的文章时要经常使用这类感知方式。比如写一篇说明文，如果不依靠科学的感知手段，不掌握准确的数据资料，就无法写出正确的说明文字。

艺术感知，又叫审美感知，是主体用审美的眼光从有利于创作的角度来感知客观世界。对于文学作品的或带有文学色彩的文章的创作来说，这是最重要的感知形式。文学创作并不以反映现实为目的，写作主体通过对现实生活的描绘所要表现的是他对生活的态度和情感变化，作品其实是他的丰富的内心世界的展示和表现。因此他在感知外界事物时，所根据的标准不是实用、科学，而是个人的感情需要和审美需要。

二、感知在写作中的意义

（一）感知是写作主体获取材料的唯一途径

感知是人的认识过程的初级阶段，是认识客观世界的起点。感知所积累的丰富的感性材料，是形象思维和逻辑思维的基础，没有感知就无法进行科学研究和艺术创造。在写作活动中，所有的写作客体都要通过感知获取。

（二）感知是引发写作冲动的契机

写作主体在社会生活中经过长期的感知、积累，许多生活经验、人物形象贮存在大脑里，这些记忆表象是若隐若现的，彼此间的联系若即若离。一旦受到某些偶然事件的激发，原来缺少联系的表象贯穿了起来，写作主体进入创作构思，在激情的驱使下，开动思维机器，不断地在感知积累的信息之间驰骋想象。这时，崭新的艺术构思、生动的艺术形象便脱颖而出。在生活中感知到的偶然事件的触发，就是引发写作冲动的契机。

（三）感知可以培养写作主体的心理能力

感知的过程是大脑储存表象和情感记忆的过程，同时也是培养写作主体的写作心理能力的过程。因为人们在深入观察认识社会、自然时，必然会出现一系列的情感、记忆、联想和想象、思维等心理活动，随着积累活动的不断进行，这些心理活动也在不断变化发展，逐步变得更能适应观察、认识外界事物的要求，从而提高了主体的认知能力、思维能力、感受能力等心理能力。

三、写作感知的特点

写作活动中使用的感知方式有两种：科学感知和艺术感知。科学感知是通过运用科学的手段和方法，获得对事物客观属性的认识。因此，科学感知具有科学性、客观性、准确性等特点。艺术感知的特点相对比较复杂，主要表现为以下几方面：

（一）主观情感性

艺术感知不同于一般感知的首要之处在于它是带有写作主体的主观感情色彩的感知，当写作主体感知某个对象时，感情总会渗透到客观对象方面去，感知的结果往往随主体的主观好恶、情感变化而定。刘勰所谓“登山则情满于山，观海则意溢于海”（《文心雕龙·神思》）和瑞士学者阿米尔所谓“一片自然风景是一个心灵的境界”（宗白华《美学散步》）都是对这一特点的诗一般的描述。

当一位伐木工人看一棵树时，出于实用的目的，他注意的是这棵树的材质、围度、高度和适合做成什么样的东西，一般不会带有感情色彩。而一位诗人去看一棵树，会运用联想和想象，把它拟人化，赋予它人的感情。他可以让柳树具有惜别怀远之意（“此夜曲中闻折柳，何人不起故园情”，李白《春夜洛城闻笛》）；让松柏成为独立孤高的象征（“连林人不觉，独树众乃奇”，陶渊明《饮酒（二十首）》）；让白杨带上忧愁的面目（“白杨多悲风，萧萧愁煞人”，汉《古诗十九首》）……这都有赖于写作主体将主观感情带入感知，使客观对象和感知活动打上了主观情感的烙印。对于文学写作的主体来说，在感知外界事物时，能否带着主观感情是非常重要的。

(二)个体差异性

艺术感知带有主观色彩,写作主体的生活环境、文化素养、个性气质甚至身体状况等都可能对他的感知活动产生影响,所以,在感知中出现个体差异是必然的。朱自清和俞平伯同游秦淮河,但是我们在他们二人写的两篇《桨声灯影里的秦淮河》里却看到迥异的秦淮河景致,写作感知的个体差异性由此可见一斑。

艺术感知的这一特点,使是否能够从日常事物中获得与众不同的感知结果,成为衡量写作主体感知能力的一个重要标准。英国诗人雪莱说:"如果我生来有什么与众不同的地方,那就是我能辨识感觉的细致微妙之处,这种感觉与外界的自然有关,或者与我们周围的人们有关;同时我能把审察整个精神或物质世界所得的思想表达出来。"(转引自《写作心理学》,明天出版社,1989 年版)为了获得新鲜、独特的写作感知,写作主体应该尽量摆脱传统的束缚,"在别人司空见惯的地方发现出美来"(罗丹语)。

(三)对象选择性

当主体感知外界事物时,他并不是对进入感官能力范围的一切事物都加以注意,而是要将对象从混沌杂乱的事物中选择出来。写作主体在进行写作感知时,受主体需要和写作意识的影响,往往把眼光投射在那些引起他兴趣的目标上。凡是符合写作意图,对写作有一定作用,能够激发情感、引发想象的信息,主体就倾向于选择和接受;反之,则会熟视无睹、充耳不闻。

同时,艺术感知过程要求写作主体专注于对象的感性形式,而对象的感性形式又是千姿百态、生动活泼而富于变化的,因此更要求主体具有特别敏锐的选择能力,善于捕捉对象在每一瞬间所给予的印象,以及对象在运动中的每一精微变化。

四、写作感知的方法

写作感知的方法有观察、调查、阅读等。

第二节 构　思

感知阶段完成后,写作行为就进入了构思阶段。如果说写作主体通过感知获得的表象、感受还可能是片断的、零碎的、缺乏明确目的的,那么,构思作为感知的继续和深化，则不但体现着对感受的系统化、条理化，而且为外化表现提供着最直接的摹本。

一、构思决定着文章的质量和命运

在写作活动中，构思作为作品的心理孕育过程，是对写作的感受积蓄阶段的自然而自觉的承接，是为写作的外化表现所做的准备，是写作心理流程的中介环节。

构思是决定写作质量的关键。文章整体上的主旨提炼、材料选择、结构组织，局部的层次段落安排、细节的处理、句子的生成，都要依靠构思活动来完成。

二、写作构思的特性

（一）内向凝聚性

内向凝聚性，是指写作主体在构思时，由于自我调节或控制，可以达到精神和思维的相对稳定状态的品质。它要求主体排除一切外在的、内在的干扰，心无二用。只有这样，写作主体才能够聚气凝神，全身心地投入构思。

主体在进行创作时的心境一直为我国古代的文艺理论家们所重视。陆机在《文赋》一开头就说："伫中区以玄览，颐情志于典坟"，刘勰在《文心雕龙·神思》篇里也引用《庄子·知北游》中的话，说："是以陶钧文思，贵在虚静；疏瀹五脏，澡雪精神"。他们所说的"伫中区""颐情志"以及"疏瀹五脏，澡雪精神"，都要求主体排除外界干扰，摒弃内心杂念，以虚静空明的心境进行写作构思。

（二）目标指向性

目标指向性，是指写作主体一旦进入构思状态和构思活动，其思维就要按照一定的方向、朝着一定的目标行进，并受到目标的制约。这目标，在评论性文章中，或许是可望通过判断、推理得出的结论；在文学性文体中，或许是具有某种象征意义的形象，一幅充满生机的画面；在实用性文体中，或许是一种需要解释的实际情况……

（三）动态多变性

动态多变性，是指写作构思是一个变化多端、发展行进的动态过程。在构思中，写作主体通过感知得来的各种信息在大脑中不断地融会、碰撞、解体又重新组合，以往零星得来的发现都要在此时得以检验、连缀、整合和升华。千万个念头突然出现又转瞬即逝，紧接着又有千万个念头蜂拥而至。写作主体绞尽脑汁，冥思苦想，就是为了于思维的瞬息万变中发现最有价值的“闪光点”，使构思由模糊走向清晰。

三、写作构思的方式

（一）发散型构思

发散型构思，就是写作主体有目的地围绕一点生发，或受外界信息（形象的或理念的）刺激，引起思维向四面八方扩散，造成想象和联想，使信息沟通和联结起来，进行形象和理念的创造，产生新的形象性和观念性的信息。

发散的方法主要有想象和联想两种。

1. 想象

想象以观察为前提，以表象为基础，以知识和经验为跳板，以情感为动力。想象开始于大脑中再现的生活表象，在现实的和非现实的领域跳跃，积极地补充思维链条中的空缺，把不同的事物神奇地联结起来。文学创作和实用写作都需要想象，但二者有重大区别。前者强化构思对象的个性特征，要融合主体的主观情志，可以虚拟，以创造性想象为主；后者要抽象出共性特征，排除主观随意性，必须符合事实和逻辑，以再造想象为主。

2. 联想

跨越两个事物或两个概念之间的相关度差距，由此想到彼，把二者联结起来的思考，就是联想。取其事物间的相关、相似或相反，进行接近、类比或对比的联想，大致有三种方式：链环式，由甲想到乙，由乙想到丙，由丙想到丁……像环环相扣的锁链；辐射式，由甲想到乙，由甲想到丙，由甲想到丁……以甲为中心向四处生发；跨越式，由甲发想，越过乙、丙，直接与丁联系起来。

（二）收敛型构思

收敛型构思，就是集中、回拢构思的对象性客体，经过思维的筛选，摒弃与构思目的无关的信息，对有关的尤其是主要的信息进行分析与综合，归纳与概括。其过程是：先从发散中收缩思维，寻找和确立一个中心，再围绕这个中心收敛思维。

确立一个中心就是一次从不定向（思维的空间广、思路多）到定向（找到中心物）的收缩。此时，主体的思维已回到最能体现写作意图的中心物上来了。之后，主体还要围绕这一中心筛选和择取能够为其服务的信息材料，这又是一次从不定向（材料来自四面八方并具有可替换性）到定向（围绕中心）的收缩。至此，构思已渐趋成熟。

收敛的方法有分析和综合两种。心理学的观点认为，思维的过程首先是分析、综合和概括，构思为寻找处于中心地位的东西，完成两次收缩，靠的是分析基础上的综合，因为收敛和发散同时发生，分析和综合相互依存。无论哪类文体的构思都需要通过对构思对象各个部分的分析，然后才能在整体上进行把握。没有综合，无法收缩；没有分析，就没有综合，综合以分析为基础，没有综合，也就没有分析，分析又总是以综合为前导。

1. 分析

从不同的角度，对人、事、物、意、理、情的各方面进行解剖，拓展思路，为综合和收缩创造条件，推进构思。

2. 综合

感性材料的抽象化和抽象材料的感性化都是综合。确立一个概念，做出一个判断，需要综合；把分解的形象细节进行“拼凑”和粘连，需要综合；对各类文体的各种构思对象的梳理、认识和加工，也需要综合。构思综合的最基本形态是判断推理，在心理上用内部语言组成有意义的句式。

(三)突现型构思

突现型构思是一种豁然顿悟的构思。它的进程是：苦思—搁置—继续思考—潜意识思考—机遇—脱颖而出(即顿悟)。

1. 深思

深思是突现的起点，也是突现的酝酿和准备阶段。当深思经过发散和收敛仍没有产生写作的最佳方案时，主体就把这思虑暂时丢开，间或想一想，各种信息伴随着感知、情感、想象等心理活动由意识层转入潜意识层，等待突发的时机。

2. 机遇

机遇是经过深思产生顿悟的媒介，是导致构思创造性新发现的意外事件，是潜意识向显意识转化的外因条件。机遇以内心接受为前提，它是一种客观存在的东西，稍纵即逝，需要用心灵的智慧去捕捉。

3. 顿悟

顿悟是长期辛勤劳动的结晶。有机遇，可以顿悟；没有机遇，在有意识和“无意识”的苦苦思索中也可以顿悟。不管有没有机遇的引发，顿悟之前总有紧张的思维活动，而且并不十分清晰，直至灵光突现，就是构思突然顿悟的时候。

四、写作构思的过程

一般来说，写作构思的过程可以分为三个阶段：萌发阶段、孕育阶段、定型阶段。

(一)构思的萌发

作为写作构思活动的开端，构思的萌发阶段包含着密切相连的两个内容：写作欲望的产生、写作目的的初步确立。由写作欲望的产生到写作目的的初步确立，是构思萌发阶段的心理活动的基本轨迹。

写作主体通过感知，从生活中获得了大量的积累，当积累达到一定的限度时，就必然发生质变，促使写作欲望的产生。

从现象上看，写作的欲望和冲动的产生往往来自于某一感性客观事物的刺激。莱茵河畔一幢小楼里向外眺望的老太婆和少女成为屠格涅夫构思《阿霞》的契机；托尔斯泰看到大道旁的一株牛蒡花，引起《哈泽·穆拉特》的创作构想；王蒙的小说《如歌的行板》来自柴可夫斯基第一弦乐四重奏第二乐章《如歌的行板》……

尽管客观事物的刺激常常是写作欲望萌发的"酵母"，但写作主体的生活经历、思想水平、审美情趣等主体因素，才是构思能否产生的内在原因和基础。杜勃罗留波夫曾经写到："诗人的感应，常常会给某一对象的一种什么品质所吸引去，于是他就到处努力呼召和搜寻这一品质……这样，艺术家就使自己灵魂里的内在世界跟外部现象的世界交融在一起，能够通过统治着他们的精神的三棱镜来观察全部生活和自然。"(《杜勃罗留波夫选集》)这就说明了，客观外物之所以能够成为启动构思的契机，就在于它们与主体的内在世界产生了呼应，否则，生活中的人、事、景、物只是过眼云烟，转瞬即逝。在写作构思中，看似偶然的"触发"，却是写作主体长期积累的结果。正如王蒙所说："听一次《如歌的行板》，用了五分钟。而《如歌的行板》的人物、情节、感情我已经积累了四十年，这积累的代价有血、有泪，更有一万四千六百个日日夜夜。"(《王蒙谈创作》)

写作欲望和冲动一旦产生，将支配思维活动的深化和具体化，它促使写作主体的思维围绕着某一特定对象展开并深入下去，要求主体透过事物的外表去探究其内蕴，去寻觅生活现象之间的联系，其结果，必然是写作目的和意图的诞生。它包括对写作体裁的确定以及对"写什么"和"为什么写"的思考。只有确定了"写什么""为什么写"，构思才能够走向对"怎么写"的探索。

(二)构思的孕育

作为构思活动的开端，构思萌发阶段中的写作主体心理具有明显的探索、尝试的不稳定性，构思内容具有片断性、浅表性的特点，浮现在写作主体眼前的生活现象或现实印象，还是片断、零散的，其中包含的激发文思的某种深层的、本质的东西，也仅为他模糊地意识到，或者仅感觉到一个追踪、捕捉的基本走向。

在构思的孕育阶段，写作主体的主要任务将是进一步感受、理解、认识材料，使之更加清晰、完整，并在此基础上，发掘出其中所蕴涵的关于社会与人生的“情”和“理”。在文学创作中，还要努力创造出新的审美形象，把“情”和“理”熔铸其中。

构思孕育阶段的思维活动主要在两个方向上同步展开。一方面是横向的拓展，写作主体借助活跃的联想和想象，打破时空界线，由原先的片断形象延衍开去，把各种各样指向一定方向的经验、意象、感受串联起来，不断丰富构思的格局。陆机在《文赋》中说“其始也，皆收视反听，耽思旁讯，精骛八极，心游万仞”，讲的就是这一时期的特点和要求。另一方面，纵向的掘进同时进行，写作主体积极地对对象进行再认知，努力透过外表了解对象未被弄清、未被意识把握的性质和特点。

同步展开的横向拓展和纵向掘进，处于一种互为因果的互动状态：联想的展开，现象的组合，是写作主体思想深化的结果，同时又为在新的组合层上做再掘进提供了可能；而再掘进的结果又导致更广阔的联想，唤起记忆中更多的储存，构成新的联结。

构思的孕育阶段是构思中最艰苦的时期。在构思的萌发阶段，写作主体往往兴致勃勃，对未来的作品充满希望和信心。进入构思的孕育阶段后，写作主体要从纷乱的感受和感性、理性材料中提炼出思想，就要经历一番复杂的精神劳动，这使写作主体感到焦虑、彷徨、烦闷、困惑，而陷入难以自拔的痛苦之中。所以才有福楼拜构思《包法利夫人》时近乎绝望的呐喊：“艺术！艺术！你究竟是什么恶魔，要咀嚼我的心呢！为什么呢？”（周昌忠编译《创造心理学》）“衣带渐宽终不悔，为伊消得人憔悴”，只有经历了压抑、苦闷和思而不得的痛苦，甚至绝望，才可能“柳暗花明又一村”，取得构思的飞跃性发展。

（三）构思的定型

构思的定型阶段是构思活动的最后环节，它的主要功能在于修正、调整前阶段构思的内容和成果，赋予它某种特定的形式。

这一阶段，写作主体既要从宏观上把握作品，使文章的主旨、结构、人物、环境等形成完整的体系，又要从微观上思考其细节。经过思维的定型化处理，文章的主旨逐渐清晰，情节基本定型，人物呼之欲出，景象纷至沓来，语言风格也初具雏形，如陆机所说：“情曈昽而弥鲜，物昭晰而互进。”（《文赋》）写作主体凭借它，不但已经可以进入外化阶段，而且有望完成文章的写作。

但这一阶段的“定型”仍然属于思维范畴，从构思角度看，它已经成熟；但从整个写作行为的角度看，它还只是一种“假设”，还有待于用文字符号将其外化，才能成为现实。因此，这种“定型”还是相对而言的。事实上，主旨、人物、情节都还有模糊或疏漏之处。写作主体在外化表现过程中，随时可作调整。但最终完成的文章与定型阶段的构思已经没有根本出入了。

五、写作构思的内容

(一)整体构思

1. 立意

写作构思中的“意”是一个十分活跃的不稳定的因素，它不等同于已经具形化的文章主旨。在没有认准和敲定之前，它处在一种变化、发展的状态。而立意的过程关键就在于“意”的发想和深化。

2. 定体

体，即文章的“体裁”“体制”，是文章的“式样”或“模式”。定体就是构思中对文体的辨析和选定，是为文章选定“模式”的过程。它与主体的文体意识有关，又具有动态可塑的特点。

3. 选材

在构思活动中，生活素材经过选择以及综合、改造等一系列加工，转化为作品中的材料。这一过程是围绕表现主旨的中心环节展开的。

4. 结构

结构，即安排文章内容的组织和排列形式，具体表现为根据主旨的表现，将材料组织成完整有序的篇章。

(二)局部构思

1. 思考层段

层次、段落是文章在结构意义上的概念，它在构思过程中表现为思维的阶段性、信息流动中的层次性和连贯中的间歇。构思中，段落是基本的思考单元，层次是较大的思考单元，层次与段落转折推进的地方，是思考的重点。

2. 推敲细节

层段推敲是纵向的线形的局部构思，细节推敲是横向的平面的局部构思。文体不同，细节推敲的侧重点也不同，如记叙文体的细节不仅要从生活中寻找，还要经过心灵感化；实用文体的材料看重的是对照衡量；抒情文体更注重感受的启动、变化、发展。

3. 生成句子

当构思由整体到局部、由大到小向前推进时，最终要进行生成句子的心理操作，这样才能使构思向行文转化。

第三节　外　化

外化，指的就是写作主体在完成构思之后用书面语言符号来传达构思成果，使之物化的实践性操作过程。

一、外化是继构思之后直接达成文章的心理活动

外化不仅是一种行为，归根结底，它是一项思维活动，是一个心理过程，它在构思活动之后进行，并直接达成写作的最终目标——文章。写作主体在构思阶段完成后，头脑中已经有了文章的雏形，外化活动就是要在构思告一段落的基础上继续前进。这一阶段的思维，不同于构思阶段的重在对文章整体的把握，由整体到局部再到句子逐渐成熟，而是恰恰相反，着重于局部的思维，由句子到局部再到整体，即《文心雕龙·章句》中所说的"夫人之立言，因字而生句，积句而成章，积章而成篇"，通过周密的局部思维，一字一句系统地组合在一起，形成血肉丰满的文章。

外化是一个符号化的过程。由构思到外化，写作主体需要经历两种语言的更迭。在写作构思阶段，写作主体运用的是内部语言。在写作外化阶段，内部语言与外部语言都在进行活动，准确地说，写作的外化就是写作主体将内部语言转化为外部语言的符号化活动。因此写作外化的技巧贯穿在由内部语言转化为外部语言以及外部语言的艺术性处理这两个层面上，而且最终具体体现于后者。

外化是受制于一定文体框架的创造性活动。"写，不仅仅是把想好的东西记录下来，固定下来，写，是创造的最重要的阶段。"（王蒙《谈短篇小说的创作技巧》）外化并不等于写作主体单纯地用书面语言符号将贮存于大脑的形象及情思移译到纸上，而是一个较为具体、细致、精微的语言投射过程，是构思在细节上的深入和延续。外化的过程正是在感知、构思活动的前提下，把想好的东西创造性地进行物化的过程。同时，外化必须在感知和构思的基础上实实在在敲定一种文体，并在这个文体的框架中运用书面语言符号进行编码，也即符合一定文体要求的运墨行文和表情达意。

二、外化的表述方法

外化的表述方法有叙述、描写、抒情、议论、说明。

三、外化的表述模式

(一)文句模式

1. 叙述句

直接叙写和陈述事实,不加任何渲染和烘托。

> 当夜,我就离开那山村,再也没有听见那小姑娘和她母亲的消息。
>
> (冰心《小橘灯》)

2. 描写句

通过修饰和形容,生动、传神地描绘事物。

> 海在我们脚下沉吟着,诗人一般。那声音像是朦胧的月光和玫瑰花间的晨雾那样的温柔,像是情人的蜜语那样的甜美。低低的,轻轻的,像微风拂过琴弦,像落花飘到水上。
>
> (鲁彦《听潮》)

3. 议论句

用表明看法的判断语构成句子,给人肯定、不容置疑的信念,语言庄重,以辨析、明理为主。

> 历史的道路,不全是平坦的,有时走到艰难险阻的境界。这是全靠雄健的精神才能够冲过去的。
>
> (李大钊《艰难的国运与雄健的国民》)

4. 说明句

语言明白、客观,句势平缓。

> 当风速达到每秒五米以上的时候,沙丘迎风面的沙粒就成批地随风移动,从沙丘的底部移到顶端,过了顶部,由于风速减弱,就在背风面的坡上落下。
>
> (竺可桢《向沙漠进军》)

(二)层段模式

1. 记叙文体的典型段落——场面

场面,是由特定时空中人物的行为和心理活动、事物的状貌和情态构成。场面的四要素是时间、空间、人物、事物。作为记叙文体的典型段落,场面的建构主要从时空的推移、人物行为和物象的变化着眼。

2.议论文体的典型段落——论层

在论述过程中,论层是一个完整、独立的论证单元,具有最基本的论证功能。它的构成形式、包含的基本要素与一篇议论文大致相同。一篇议论文由一个或几个论层组成。

3.说明文体的典型段落——释项

释项是对解说对象的成因、特征、作用等的专项阐释。释项是说明文的基本构成单位,有时它与论层结合,出现在议论文中;有时与描述结合,出现在记叙文中。

(三)篇章模式

1. 记叙文的篇章模式一般为"开端—发展—结局"

行为、事态、情感呈现流动变化的过程。

2. 议论文的篇章模式一般为"引论—本论—结论"

事理呈现论证和逻辑推导的过程。

3. 说明文的篇章模式一般为"概说—分说—总说"

事物呈现客观展现的过程。

文句、层段、篇章的模式只是同类相似的表述建构,是一种经验概括,在外化表述过程中应灵活掌握运用,不可被框框束缚。

思考与练习

一、选择校园中的一处风景,分别用科学和审美的态度对它进行感知,比较感知过程和结果的差异。

二、进入大学以来,你一定有很多见闻和感受,请回忆入学以来的学习和生活,完成以下任务:

(一)一段时间以来,你印象最深、感受最强烈的一件事是什么?请以此写作一篇记叙文。

(二)回忆上述文章的写作,结合教材中的相关内容,记录写作的过程,内容可以包括:

1. 你写的是什么事?为什么在入学以来的众多事件中选择了它?

2. 你想通过对这件事的记叙表达什么样的思想或感情?这一目的达到了吗?

3. 你的写作构思(主要是思维的拓展和掘进)进行得顺利吗?这与写作目的的达成(或未达成)有没有关系?

4. 在写作的外化阶段，你为更好地表达思想或感情，都做了哪些努力？结果如何？

三、下面是一篇中学生习作，请在阅读后完成练习。

老屋忆事

外婆虽然离开了我们，但一幕幕往事仿佛就在眼前。

记得，每每去外婆家，我一走到楼梯口就大喊："外婆，外婆，我来了。"外婆总是笑盈盈地走出来，笑得比阳光还要灿烂，那种笑声是世界上最美妙的声音。到后，我们做的第一件事，就是在外婆的带领下进行大扫除，我们总是将小屋打扫得干干净净，装扮得热热闹闹。

外公是当地有名的"才子"，三十晚上，都会办一个特别的"赛诗会"。我们姐妹们总是在老人家的引领下，兴致勃勃地背起美丽的诗歌。听外公背诗，真是一种享受。大年初一，我，姐姐和妹妹们，都会起个大早，给外公、外婆拜年，不仅可以得到压岁钱，还能得到一个装有十元钱的小红包。压岁钱是"四人头"的，要交公，小红包就可以自由支配，买些零食、爆竹之类的。

正月里，我们会弄些焰火棒、彩珠筒在那个并不宽敞的阳台上燃放。我胆子大，专门负责点火。姐姐一般是拿着彩珠筒，妹妹们太小，不准参与实际操作，只有在一旁看的份。当彩珠冲出筒子，在空中绽放成五光十色的烟火时，妹妹们总是乐得大叫。妹妹们最爱玩焰火棒，因为这是她们唯一能够自己燃放的爆竹。

看鬼片，是一道必不可少的点心。事实上，除了姐姐不怕，我和妹妹们都害怕得要命。我通常会蒙起一张大棉被，和妹妹们挤在一起，时不时地偷瞄一下片子，反正是没看过一个完整的鬼片。姐姐一拿这件事取笑我，我就会去捉飞蛾或者螳螂，在她面前晃，保证会被吓得边跑边喊救命，我则会在原地拼命地捧腹大笑……

作业是不能不做的。外公很细心，每天对我们的作业都会进行检查，虽然有些知识他不太懂，但不允许谁有半点马虎，看到谁不用心，总要念上几句，见我们态度好，总是一脸的笑容。

如今，站在老屋的门口，再也看不到那张洋溢着慈祥的笑脸，再也听不到那串令人窝心的笑声，唯有那满树的槐花在静静地绽放。

1. 这篇文章的主要缺点是什么？请从写作构思的角度分析造成问题的原因。

2. 文章有没用优点？你认为应该怎样进行修改，才能够扬长避短？

四、阅读下边的文字并做练习。

据作家汪曾祺在《〈大淖记事〉是怎样写出来的》一文中介绍："小锡匠那回事是有的。像我这个年龄的人都还记得。我那时还在上学，听说一个小锡匠因为和一个保安队的兵的'人'要好，被保安队打死了，后来用尿碱救过来了。我跑到出事地点去看，只看见几只尿桶。……我去看了'巧云'(我不知道她的真名叫什么)，门半掩着，里面很黑，床上坐着一个年轻女人，我没有看清她的模样，只是无端地觉得她很美。过了两天，我看见锡匠们在大街上游行。这些都给我留下很深的印象，使我很向往。我当时还很小，但我的向往是真实的。我当时还不懂'高尚的品质，优美的情操'这一套，我有的只是一点向往。这点向往是朦胧的，但也是强烈的。这点向往在我心里存留了四十多年，终于促使我写了这篇小说。"

作家说，真实生活里的巧云的父亲也不是挑夫。街里的人对挑夫是看不起的，称之为"挑箩把担"的。有一个姓戴的挑夫，得了血丝虫病——象腿病。"他的老婆，我每天都看见，原来是个有点邋遢的女人，头发黄黄的，很少梳得整齐的时候，她大概身体不太好，总不大有精神。丈夫得了这种病，她怎么办呢？有一天我看见她，真是焕然一新！她完全变成了另外一个人，头发梳得光光，衣服很整齐，显得很挺拔，很精神。尤其使我惊奇的，是她原来还挺好看。她当了挑夫了！一百五十斤的担子挑起来嚓嚓地走，和别的男女挑夫走在一列，比谁也不弱。"

正是这个挑夫女人的形象使作家很惊奇。"经过四十年，神差鬼使，终于使我把她的品行性格移到我原来所知甚少的巧云身上，挑夫们因此也搬了家。这样原来比较模糊的巧云的形象就比较充实，比较丰满了。"

这样，作家说："一篇小说就酝酿成熟了。我的向往和惊奇也就有了着落。至于这篇小说是怎样写出来的，那真是说不清，只能说是神差鬼使，像鲁迅所说'思想中有了鬼似的'。我只是坐在沙发里东想想，西想想，想了几天，一切都比较明确起来了，所需用的语言、节奏也是自然形成了。一篇小说已经有在那里，我只要把它抄出来就行了。但是写出来的契因，还是那点向往，那点惊奇。我以为没有那一点东西是不行的。"

(《读书》1982年第8期)

请找来《大淖记事》，对照作家上面的介绍文字进行阅读。

1. 分析作家写这篇小说的感知、构思、外化的过程。

2. 作家所说的那一点朦胧而强烈的向往，有什么样的意义？如何理解"写出来的契因，还是那点向往"，"我以为没有那一点东西是不行的"？

3.“一篇小说已经有在那里，我只要把它抄出来就行了”指的是什么意思，你对此有何评价？

4.从构思孕育阶段思维的横向拓展和纵向推进的角度分析巧云的形象是如何由模糊变得充实、丰满的？

五、以“春”为题，进行如下写作练习：

1.按照关于“文句模式”的要求，分别写出关于春的一个叙述句、一个描写句、一个议论句和一个说明句；

2.按照关于“段落模式”的要求，分别写出关于春的一个场面、一个论层、一个释项。

3.按照“行文合体”和“篇章模式”的要求，分别写出关于春的一篇实用文章，一篇文学作品。

第三章　写作的环节(上)

第一节　聚　材

一、聚材的意义

聚材就是采集和储存材料。它是写作主体带着目的主动地聚积写作素材、输入信息的活动。聚材是整个写作过程中的最初的,也是极其重要的一环,它对写作的意义在于:

(一)聚材是文章言之有物的保证

材料是构成文章的基本要素之一。“立言之要,在于有物”(章学诚《文史通义·文理》),“言之有物”是写文章最基本的要求,“物”是文章的内容,它要靠材料来体现。写作者要做到“有话可说”,最根本的办法就是在写作的初始环节上下功夫,多多采集写作素材,建立起自己丰富的“材料仓库”。

(二)聚材的过程能激发写作欲望,保持和增强写作热情

在写作这一精神劳动中,写作主体是在特有的“心理定势”基础上自觉地去感知客体、认识客体的。这种感知是写作主体一种主动的意识活动。写作主体全身心地投入到对对象的感知中去,在感情的催动下,萌发出写作的意图和要求,产生了写作欲望,即所谓“由物生情、情动欲言”。当然,从“情动欲言”到“执笔成文”要有一个过程。要做到不断保持和增强写作欲望,就必须沿着产生冲动的思路,继续采集相关的材料。在不断采集的过程中,使写作热情得以不断的加强,逐步走向“执笔成文”的最终目标。

二、聚材的途径

(一)观察

1.观察的意义

观察是人认识事物的基础,是采集写作素材的最重要、最基本的途径。写作中的观察是对客观事物的特殊感知;这种感知是有目的、有计划的,是比较持久的;这种观察是“五官”充分开放,总是和人的思维感觉及心理活动有机地结合起来的,唯其如此,才能获得对对象的并全面、细致的认识。

2.观察的方法

(1)定位观察法

我们观察事物时,首先要解决观察点的问题。所谓“观察点”就是主体观察事物所处的位置和所选取的角度。定点观察是指站在一定的位置上,从特定的角度去观察。运用定点观察法,首先要选择好观察点。观察同一事物,由于立足点不同,观察的“方位”和“角度”不同,观察的结果也不同。“横看成岭侧成峰,远近高低各不同”,为了获得对事物的全面印象,多层次多侧面地反映事物的形貌、动态,更好地揭示事物的本质特征,我们应该放开视野,既要多角度去观察事物,又要充分利用最佳观察点,选择最佳视角去观察事物。

(2)分割观察法

所谓“分割观察”就是把整体的观察对象,按一定顺序分割、剖析为若干部分,然后分别加以观察。如观察一个剧场,可以依空间顺序将它分割为舞台和观众席,舞台又可分割为前台和后台,然后一一加以观察。运用分割观察还要注意全面,即分割观察和合成观察要相互配合,分割,可以保证观察的具体、细致;合成,才能给人以全面完整的印象。

(3)比较观察法

观察事物要捕捉对象的特点,要注意事物之间的差异。抓特点、找差异是我们认识事物的目的,而特点和差别是在比较中显现出来的。因此,比较法是观察者常用的方法之一。比较可以分为“自比”与“他比”。“自比”就是对观察对象自身的不同阶段、不同角度或不同层面表现的比较。“他比”是对不同观察对象的比较。采用比较观察,不能满足于表面上的显而易见的区别,而是要努力发现观察对象细微的、内在的差异和联系。

3.观察能力的培养

观察能力是一种能动地发现客观事物的特点和变化的能力。它不是一般人所具有的那种遇到外界某种刺激就会出现的生理机能性的感觉能力,而是包含着多种因素的智力结构，是可以后天培养的。要从事写作，就必须培养健全的观察力。

(1)要有高度的观察事物的自觉性

观察的自觉性表现在对观察对象的有意注意或观察的持久性上。观察绝不是走马观花式的张望、漫不经心的浏览，而是要一边目不转睛地看(注视)，一边全神贯注地想(揣摩)。眼脑并用，才能促进观察能力的提高。

(2)要善于观察自我

写作主体在观察外物时，他的内心活动是瞬息万变，复杂细腻的。我们要注意观察自我的内心世界，捕捉和挖掘灵魂深处的颤动。车尔尼雪夫斯基在评价托尔斯泰时说:"自我观察一般地会使他的观察力特别尖锐，使他学会以敏锐的眼光观察别人。"(《列夫·托尔斯泰的〈童年〉、〈少年〉和战争小说》)

(二)调查

1.调查的意义

调查是以口头语言和书面语言的交流为采集方式，通过向他人了解情况获得材料的方式。调查所获，兼有第一手材料和第二手材料。调查的过程是突破个人感知局限的过程，也是认识不断深化的过程。古今中外，大量的写作实践告诉我们:调查不仅为作家的文学创作提供了丰富的写作素材，也为科学家和研究人员提供了进行科学研究的对象和撰写论文的材料，为记者提供了新闻报道的材料。在今天这样一个信息时代，人们更需要运用调查的手段来扩大对社会的了解和认识，在这种了解和认识的过程中来获取和核实写作的材料。

2.调查的方法

调查可以分为口头调查和书面调查(问卷式)两种形式。口头调查又可分为专人谈话和开座谈会两种方式。新闻和文学工作者把专人谈话的方式称为采访。无论是口头调查还是书面调查，都要注意以下几方面的问题。

(1)做好调查前的准备

成功的调查，来自认真的准备。调查前要做以下几方面的准备工作:①了解被调查对象的情况，尽可能地搜集一切直接或间接涉及调查对象的材料和线索，充分掌握对调查对象的不同评价。②拟订调查计划、采访提纲或设计问卷。调查计划包括调查的对象、目的、时间、地点、步骤等等。采访提纲是对采访谈话内容及程序的一个总体设计。而问卷是书面调查的形式，要发放到被调查者手中的，其设计行文要比提纲更加具体、严密、科学。

(2)注意谈话艺术

谈话是口头调查的基本手段。谈话是一门艺术，掌握谈话艺术的人，三言两语就能诱导对方打开话匣子。要想获得调查的成功,就必须注意谈话的技巧,力求做到“心相近、语相通、善应变、不离宗”。

(3)写好采访笔记

采访笔记并不是要求我们一字不漏地记下对方的谈话(那是录音机的功能),笔记可以着重记以下五种材料:①关键点。如人物的主要事迹、事物发展的关键处、重要背景材料,以及人物个性化的神态和语言等。②易忘点。如时间、地点、人名、数字和专用术语等。③疑问点。比如不够详尽的材料,与已掌握的情况不同的材料等。④闪光点。如被采访者谈话中所表达的最能体现其思想和精神的观点、见解等。⑤感想点。如“这个材料好,可再挖”“这不错,只是浅了些”等采访者的评点。

3.调查能力的培养

(1)养成热情、爽朗、健谈的性格,善于同各种各样的人打交道。

(2)学习积累广博的知识,以利于开阔视野,发现、判断、收集更多有价值的写作材料。

(3)锻炼灵活多变、条理清晰的思维,具有较强的抓住对方谈话要点的“提要”能力。只有这样,才能与人很好地交流,才能准确地概括所得材料,不断提高调查的能力。

(三)阅读

1.阅读的意义

从学习写作的角度看,阅读有两种类型:一种是专题性阅读。专题阅读的目标单一明确,或是直接为写某一篇文章而收集材料,或是以学习为唯一目的。另一种是日常性阅读。日常阅读不是以撷取材料为直接目的的。它的主要意义在扩展阅读者的知识面,提高阅读者的文化素养,并为专题阅读发现线索。

就聚材而言,当今这个信息量极大的世界,要求写作者能更迅速、更广阔地反映现实。而阅读能使写作者在有限时间内最大限度地获得信息,为写作提供源泉。对学习写作的大学生来说,获取材料的主要途径是阅读。阅读所获取的为第二手材料。

2.阅读的方法

要能在有效时间内,尽可能多地收集材料,就要掌握一定的阅读技巧,根据不同的阅读目的、阅读材料、阅读环境选用不同的阅读方法。

按照阅读的深浅程度,阅读可以分为精读、略读和浏览。

(1)精读

精读就是按照材料的顺序一字一句地仔细阅读。要透彻把握阅读内容,精读往往不是读一遍，而是反复多次。在阅读中常常要查阅别的资料、读物，翻检工具书，对读物进行参照、对比、分析、评价。以学习为目的的专题性阅读应该用精读法。

(2)略读

略读也称为“跳读”“粗读”“泛读”，它不像精读那样追求全面深入的理解材料，不一定要逐字逐句阅读，大多是速度较快的一次性完成的阅读。它对那些一般性、辅助性的材料和具体过程，往往是跳过去，略去不看，注重的是那些表达重要观点的材料。这种阅读方法可以扩大阅读量，提高阅读能力。以采集材料为目的的专题性阅读适宜于采用略读法，略读之后，对重要的材料可以重新精读。

(3)浏览

浏览是日常性阅读多采用的方法，是比略读速度更快的行云流水似的感知方式。它常常是“一目十行”或“随手翻翻”，对没兴趣的地方一扫而过，但发现有兴趣或有用的地方就放慢速度仔细琢磨，还可以剪贴、摘录。浏览阅读可以用较少的时间从大量的材料中采集到有用的信息。对于今天生活在文字信息海洋里的写作者而言，掌握有效的浏览阅读法有益于学习和写作。

3.阅读能力的培养

(1)学会查阅资料

文字资料浩繁如海，这就要求读者学会检索文献资料。文献检索工具种类繁多，各种类型的检索工具总是根据文献资料的形式特征或内容特征组织编写的。形式特征是指文献资料的篇名、著者姓名、文献编号、文种、发表年月、出版地点等。内容特征是指文献所研究的内容属于什么学科分支，所研究的问题属于什么主题，文献中的关键词语等。文献的检索，要根据读者学习或研究的需要，利用检索工具，按照一定的方法和途径进行。

(2)学写阅读笔记

要提高阅读效率，就要把阅读所获得的知识和产生的感想记录下来。阅读笔记的写法有多种形式。一是批注式，用标点符号和文字在书的空白处随时记下阅读的感想和思考。二是摘录式，将资料中的有关材料抄录下来。三是提纲式，用概括的语言提纲式地记录原文中的观点、事件、情节梗概等。四是心得式，用自己的语言记下对某一问题的思考、认识、评价。五是索引式，对篇幅较长的材料写下归属的类别、书名、题目、页码、版本，便于用时查找。

第二节 炼 意

一、炼意的意义

所谓“意”，就是指文章的主旨。炼意，就是提炼文章的主旨。主旨是写作主体通过文章的内容所表现出来的一种贯穿全文的意向。它是写作主体对客观事物的感受、认识、理解的集中体现，具有控制全篇，决定文章成败的重要作用。

主旨包含不同的类型：可以是某种对客观事物的具有审美价值的感受或印象；可以是某种情感和情绪；可以是情趣；也可以是基本思想和中心思想，一般称之为主题；在评论性文体中，主旨表现为中心论点；而对一些应用文体来说，写作的目的、缘由就是文章的主旨。

主旨是一篇文章的灵魂和统帅，在文章中占首要地位。杜牧在《答庄充书》中说“凡为文以意为主”，主旨是衡量一篇文章质量高低优劣的主要尺度。主旨又决定着文章材料的取舍、结构的安排、表达方式的选择、语言的运用、文章的修改润色。古今中外的文章大家对主旨的重要性向来是十分重视的。王夫之说：“无论诗歌与长行文字，俱以意为主。意犹帅也，无帅之兵，谓之乌合。”（《夕堂永日绪论》）列夫·托尔斯泰说：“艺术品中最重要的东西是应当有一个焦点才行，就是说应当有一点，所有的光集中在这一点上，或者从这一点放射出去。这一艺术焦点就是主题。”（《西方古典作家谈文艺创作》）总之，主旨在文章中能够起到贯穿全文、统领全文、制约全局、规范总体的作用。因此，确定什么主旨，就成为写作过程中的根本环节。

确定主旨的过程，被称为“炼意”。这是因为文章的主旨不是贴附在材料表面的现象，而是蕴涵在写作材料内部的精髓，需要我们像从矿石中提取金属一样，反复熔炼。从写作角度看，炼意的过程就是写作主体对客观事物的“由表及里”的认识过程。文章要“立意”，就必须“炼意”，没有提炼，就不可能得到一个好的主旨。

二、炼意的原则

（一）以丰富的材料为基础炼意

主旨具有客观性，主旨是写作主体对全部材料意义的高度的、准确的概括，它是蕴藏在材料之中的。材料是提炼主旨的基础和依据，它对主旨的提炼有着客观的制约性。主旨绝不是外在的、游离于材料之外的东西，也不是可以随心所欲人为地贴上去的东西。提炼主旨要求写作主体从掌握的材料中发掘出其所固有的内涵。因此，提炼的主旨必须和材料有内在的统一性，不能超出材料所能表达的意义范围。

（二）以先进的世界观指导炼意

主旨具有主观性，文章的主旨虽然产生于全部材料之中，但是写作主体的世界观、人生观、价值观和立场、观点、思想感情对主旨的提炼起着重要的"烛照"作用。主旨不是纯客观的，它是主客观相统一的产物。主旨作为一种思想观念的形态，它虽然是现实生活在人们头脑中的反映，但这种反映绝不是消极的、被动的，而是一种积极的、能动的反映。对同一题材，不同的写作者，所做出的判断，确立的主旨往往不尽相同，正如鲁迅说的："就是写咖啡馆跳舞场罢，少爷们和革命者的作品，绝不会一样。"（《致萧军》）

唐代大诗人元稹和白居易是好朋友，他们都曾用新乐府的形式，以上阳宫嫔妃为题材各自写了题为"上阳白发人"的诗。从诗的主旨来看，元稹站在封建帝王的立场上，慨叹唐肃宗没有儿子，嫔妃虽多也无用，认为"此辈贱嫔何足言"。而白居易站在同情这些被剥夺了青春的妇女立场上，用鲜明的形象控诉了嫔妃制度的惨无人道，他在诗中充分描述了这些女子的悲惨遭遇，写得感人至深，催人泪下。从艺术表现能力上说，元稹与白居易不相上下，为什么在写《上阳白发人》时差距如此之大，原因只有一个，是思想和观念上的差距，影响着艺术技巧的发挥。以正确的、先进的世界观指导炼意，才能提炼出有意义、有深度的主旨来。

三、炼意的要求

清人姚鼐说"诗文美者，命意必善"，也就是说只有"意"善，文才能美。善"意"应具备怎样的品质呢？

（一）主旨要集中

主旨是文章的统帅，必须集中。清人刘熙载说"立意要纯，一而贯摄"（《艺概》），就是说主旨要集中、单纯。一篇文章无论长短，都应围绕一个中心，"贯一为拯乱之药"（刘勰《文心雕龙》）。主旨集中单纯，表意才能明确，也才能向纵深发展，把问题谈深说透。有的长篇巨著，内容复杂，写作主体表达的意向可能是多层次多方位的，呈现的是"复合型主题"，如《红楼梦》，但"复合型主题"也是由一基本主题和多个副主题构成，而且副主题是紧紧围绕着基本主题展开的。

要使主旨集中，必须注意两点：一是下笔前，先确立好主旨，“意在笔先，然后着墨”；二是贴紧主旨行文。

（二）主旨要正确

正确，是指文章提炼出的“意”要符合客观世界的本质，符合科学规律。正确的主旨，在认识上具有客观真实性，能经受起实践的检验。只有立意正确，才能帮助读者正确认识客观世界，引导人们积极向上，才能起到教育人、鼓舞人的作用。

（三）主旨要深刻

深刻，就是指立意要有思想深度。有思想深度的文章，分析问题不停留在对事物做表面文章，而是能直入核心，把握关键。古今中外的写作实践告诉我们，文章立意的关键不在于写什么，而在于“怎样写”。鲁迅写辫子、写狗、写猫、写蚊子，冰心写樱花，杨朔写茶花，曹靖华写小米，吴伯箫写菜园等等，都写得寓意深刻，引人深思。因此，要使主旨深刻，就必须对材料进行深入的开掘，善于思考，有自己独到的体悟，善于抓住事物的关键，把问题想深、想透。

（四）主旨要新颖

新颖之意，就是指确立的主旨要有独创性，是写作主体独特的感受、新的认识、新的见解，能给人以新的启迪。陆机说“虽杼轴于予怀，怵他人之我先”（《文赋》），新颖的旨意就是要去陈言，不要重复别人的观点，要有创新。

要使文章的主旨新颖，写作主体必须根植于现实生活的土壤，在生活的激流中汲取新的营养、新的思想，获得新的发现。

第三节　谋　篇

一、谋篇的意义

谋篇，就是对篇章结构进行谋划，按照一定的“模式”为文塑体，它在写作过程中是不可缺少的重要环节，也是比较困难的一项工作。

通过炼意，文章的主旨得以确立。写作主体下一步要做的，就是根据主旨表现的需要，以一定的方式，选择和组织材料，使之形成文章，这一过程，就是谋篇。谋篇之所以复杂困难，主要原因在于它处于思维信息转化为物质信息，即“意”转化为“言”的中介环节，它更多地受到文字表达规律和体裁样式的限制，“意”与“言”之间往往不尽协调。谋篇承担的任务，就是使这个转换尽可能地达到完善、理想的境地。

二、谋篇的基本要求

(一)完整

完整，即文章结构的几个基本组成部分不可残缺不全。亚里士多德对篇章的“完整”曾做过明晰的解释：“所谓‘完整’，指事之有头、有身、有尾。所谓‘头’，指事之不必然上承他事，但自然引起他事发生者；所谓‘尾’，恰与此相反，指事之按照必然律成常规自然的上承某事者，但无他事继其后；所谓‘身’，指事之承前启后者。所以结构的完美的布局不能随便起讫，而必须遵照此处所说的方式。”(《诗学》)一篇文章必须有头、有身、有尾，并且有一股贯注全篇的生气，使文章成为一个有机的整体。

(二)连贯

连贯，指的是文章结构各部分之间要脉络贯通。层次与层次之间，段落与段落之间，句子与句子之间，要顺次展开，自然相连。文章的思想、情感通过这些层次、段落的延续得以充分表现，至于那些起联络作用的过渡段、过渡句等，也都是以内容的连贯为其存在的前提的。

(三)严密

严密，指的是文章结构各部分之间不仅要脉络贯通，而且要联系紧密，浑然一体。就像亚里士多德说的那样：“里面的事件要有紧密的组织，任何部分一经挪动或删削，就会使整体松动脱节。要是某一部分可有可无，并不引起显著的差异，那就不是整体中的有机部分。”(《诗学》)严密性首先要从事物内部的逻辑着眼，同时又要用形式予以体现。

三、谋篇中的材料选择——选材

在文章写作的聚材阶段，写作主体通过各种方式搜集了大量材料(广义“材料”)，这些材料是炼意的基础，但是它们不能都被用到文章中去；而写进文章的材料(狭义“材料”)是写作主体从广义“材料”中精心选择的结果。所以，谋篇中的选材与聚材的要求是不同的。聚材时要突出一个“多”字，要“博采”，多多益善；选材时突出的是一个"严"字，要"约取"，以一当十。

谋篇中材料的选择要遵守以下几个原则：

(一)选择能够表现主旨的材料

写进文章中的所有材料都应该是能够为主旨的表现服务的，写作主体应该根据表现主旨的需要决定材料的取舍和主次、详略，不能以自己的"偏好"作为选材的标准。如果把一些单独看很吸引人但与主旨毫无关系的材料塞进文章，必然会破坏主旨的集中表现。

(二)选择典型的材料

典型材料，就是能够最充分反映事物本质特征、表达写作者意图的，有代表性、有强大说服力的材料。选择材料要善于从可以表现主旨的众多材料中选出能最充分最深刻表现主旨的典型材料。鉴别一个材料是否典型，必须对材料进行由表及里的分析，恰当地估计它的意义。柳宗元的《捕蛇者说》，记述的是一个祖父两代都死于蛇的人，明知捕蛇危险，却仍然选择了这一职业，这是深思熟虑后无可奈何的唯一选择。用这个材料来说明"苛政猛于虎"的主旨非常具有震撼力，这个材料就是十分典型的。

(三)选择真实可靠的材料

真实可靠的材料就是符合客观实际情况，能够反映事物本质和主流的材料。只有材料真实可靠，文章才能恰当地反映客观事物，帮助读者正确认识生活；虚假的材料，必然导致错误的结论。所以选材时要"去伪存真"，认真辨别材料的真伪和可靠程度。

材料的真实，不应只是现象的真实，而应是本质的真实。既要符合客观实际情况，还要反映客观事物的本质和主流。因此，选材时要注意区分事物的偶然和必然、个别和一般、现象和本质、支流和主流，从事物的总体及其相互的联系上去挖掘事物本质的真实性。

不同的文体对真实性的要求和表现也不尽相同。一般地说，评论性文体、新闻性文体和实用性文体等必须选取真人真事，不允许添枝加叶，移花接木；而文学作品可以运用典型化的方法，对生活进行艺术的加工虚构，以达到"艺术的真实"，这种真实也符合社会生活的本质真实。

(四)选择新颖的材料

新颖的材料，就是新鲜、生动、有特色的材料。所谓"新"，有这样几种情况：

首先是指最新的信息；其次是指别人没有或很少使用的材料；三是巧用老材料，即对旧材料，改变角度写出新意来。

（五）选择适应文体特点的材料

选材应考虑文章体裁的要求。不同体式的文章使用的材料有所不同，文学作品选材注重材料的形象性和感染性，材料主要是各种人物、事件、景物等；评论性文章选材注重理论性和权威性，材料主要是各种事实和道理；新闻性文体选材强调"真"与"新"；应用性文体选材要求实用性、针对性，注意选用能解说事物特征、阐明事理本质的材料。

（六）选择适应文章篇幅容量的材料

运用材料，还要考虑文章的篇幅容量。篇幅短的，材料相对少一些，更强调材料的典型性；篇幅长，材料可以多些，充足些，可以选用不同角度、不同侧面的材料。

三、谋篇中的材料组织——结构

文章的结构就是文章内部的组织和构造，是安排、组织材料的方式，是文章表现形式的重要构成部分。

（一）结构的原则

1.合理：正确反映客观事物的发展规律和内在联系，符合人的认识规律

文章是客观事物的反映，而一切客观事物本来就是相互联系和具有内在规律的，那么，文章只有按照事物的发展规律和内在联系来安排结构，才能正确地反映客观事物，才能有条理、有次序地表达出文章的内容。例如，任何事件都有一个发生、发展的过程，这一过程就是一切记叙性文章（包括小说、戏剧、散文等）情节展开的客观依据。而人们对一个问题的认识和处理是按照观察、揭示、分析、解决这一顺序展开的，与此相适应，以议事论理为主的议论性文章，也就自然形成了"提出问题—分析问题—解决问题"的结构形式。

2.达旨：服从于表现主旨的需要

主旨是文章的灵魂、统帅，是结构的内在轴心，结构必须紧紧围绕主旨，为表现主旨服务。古人说："作文以主意为将军，转换开阖，如行军之必由将军号令。"（程端礼《程氏家塾读书分年日程》）"转换开阖"就是结构，就是"行军"的路线，这些都要听从主旨这个"将军"的号令，不能擅自行动。因此，主旨一经确立，文章的材料组织就要紧扣这个轴心进行，层次的确定、段落的划分，以及怎

样开头、如何结尾，都必须根据表现主旨的需要加以酌定，使主旨得以充分的表现和突出。

3. 适体：体现不同体裁的特点

不同体裁的作品，具有各不相同的篇章形式，各有自己的功能和特点，适应表现一定的写作内容，它们各自在结构形式上也有一些特殊的要求。例如，诗歌在外形上分行分节，写情节和行动少，写主观感受多，因而没有复杂的结构。小说主要是写人，有复杂的情节，结构时要考虑主旨、人物、情节等因素，要根据主旨的需要，安排人物的主次，确定情节的主线、辅线和场景的配置，使作品构成一个中心突出、严密和谐而又富于变化的艺术整体。戏剧则要根据戏剧冲突和人物性格来安排情节，一般表现为序幕、开端、发展、高潮、结局这样一个过程。议论文的基本结构形式是提出问题、分析问题、解决问题的三段式。像消息等新闻文体和公文等应用文体在结构上就更加特殊。总之，安排文章结构要因体而异，体现不同体裁的特点。

（二）结构的基本内容

1. 层次和段落

层次和段落是文章结构的重要构成要素。文章的条理性，主要是通过层次和段落的安排表现出来的。层次和段落既有联系，又有区别。层次着眼于思想内容的划分，段落侧重于文字表达的需要。一般来说，层次大于段落，或等于段落。

(1)层次

层次，也叫结构意义段，它是文章内容安排的次序。事物发展有不同的阶段，矛盾有不同的方面，人们的认识有不同的步骤，层次就是这种阶段、方面、步骤在文章中的反映。

划分层次是文章谋篇布局的核心问题，写作时，要根据所反映的客观事物或事理的内部联系、主旨的表现或文章的体裁，把有关内容分为若干部分，并按照部分与整体、部分与部分的逻辑关系，确定每个部分的次序，把它们组成有机的整体。

① 记叙文体划分层次的方法

A. 事件发展式，即按照事物发生、发展的过程安排文章层次。这是有情节的叙事性文章最基本的结构形态，也称为“纵式结构”。

B. 空间转换式，即按照空间的变化安排文章层次。采用这种结构方法的主要是游记、写景状物的文章，以及一些没有完整的情节或是有情节但头绪多、线索复杂的记叙文。

C. 情感变化式，即根据写作主体或作品人物的认识、感情变化和情绪走向安排文章层次。这是一些抒情散文和写人叙事的作品常见的结构形态，它要求写作主体依据感情变化，既写出层次，又写出层次中复杂的情感。

D. 意识流动式，即以人物的心灵为聚光点和结构轴心，以人物的意识流动为辐射线，跳跃式地组织材料。它常用内心独白、自由联想、象征、暗示等手法来显示人物流动的意识，可以突破时空的限制，多层次、多角度、多变化地反映人物的内心世界，扩充作品的容量。因为这种方法一反传统的“线”式结构，呈现出辐射状的“圆圈形”，所以又称“圆圈形结构”。正如王蒙所说：“满天开化，放射性线条，一方面是尽情联想，闪电般的变化，互相切入，无边无际，一方面，却是万变不离其宗，放出去都能收回来，所有的射线都有一个端点。”（《关于“春之声”的通信》）

E. 镜头剪接式，即借用电影的“蒙太奇”手法，根据主旨表现的需要，把不同场景、画面紧凑巧妙地组合在一起，而不强调“过渡”“照应”的结构形态。

F. 性质归类式，即将有关材料归纳分类，不同的类别、不同的侧面构成文章的不同层次。

②议论文划分层次的方法

A. 总分式（分—总或总—分—总），即各层次之间是总说和分说的关系。一般是先提出论题或论点，然后条分缕析，最后加以综合。这是议论文安排层次的基本方式。前面的“总”是“引论”部分，“分”指“本论”部分的分析论证，后面的“总”是“结论”部分。

B. 并列式，即各层次之间呈现的是一种并列、平行的关系。但各层之间并不是互不相连的，它们是一个问题的不同方面，最后都统一在文章主旨上。

C. 递进式，层次与层次之间是层层推进、步步深入、一环扣一环向前推进的关系。以这种方式安排材料，文章的内容是向纵深发展，层次前后的顺序具有严密的逻辑性，不能随意颠倒。如韩愈的《师说》就充分体现了这一方式的运用，文章正反相承，层层推进，论述十分周严细密。

③规格式划分层次的方法

这主要指某些应用文体的安排层次的方式。如公文、规章、消息等。它们大多具有固定的格式，文章内容安排要符合它的特定的格式要求。例如公文的主体由标题、主送机关、正文、发文机关、成文日期等几部分组成，而标题、正文等又各有特定的格式要求。

（2）段落

段落，即我们习惯上说的“自然段”，它代表文章表达上的一个步骤，表示思路发展中的停顿和间歇，有换行提头的明显标志。

分段的主要目的是使文章眉目清楚、条理清晰，还可以起到强调、转折、过渡以及表达感情色彩的作用，是为文章内容服务的。

划分段落要注意：

第一，段落具有单一性，一个段落只表达一个独立的意思，不要把很多意思都塞进一个段落里，造成臃肿混乱；

第二，段落具有完整性，一个段落应表达一个完整的意思，不能将一个完整的意思分割为几个段落，使表达的意思分散零乱、残缺不全；

第三，段落之间具有连续性，各个段落都是全篇的有机组成部分，要自然衔接，上下呼应；

第四，段落要匀称得当，长短适宜，分段要从总的表达效果出发，符合文章内容和表达的需要，该长则长，该短则短。

2.过渡和照应

文章在划分层次和段落以后，还要将各个层次、段落紧密地联系起来，使文章前后连贯，形成整体，这就需要运用过渡和照应。过渡和照应是使文章贯通的重要手段。

(1)过渡

过渡是上下文之间的衔接、转换。它是连接上下文的纽带，起到一种承上启下、穿针引线的作用，使全篇内容组织严密，浑然一体。过渡是层次、段落之间的内在联系的表现形式，要用好过渡，必须首先对层次、段落之间的内在联系十分明确，要确定是否要用过渡，然后再考虑用什么方法过渡，这样才有利于思路的顺利发展。

文章在什么情况下需要过渡呢？一般来说有以下两种情况：一是文章内容转换时。例如，由一件事的叙述转到另一件事的叙述时，论述问题由一个方面转到另一个方面时。二是文章的表达方式变化时。如叙述事件采用倒叙、插叙的手段，由倒叙转为顺叙时，插叙开始和结束时都要注意过渡，以免造成混乱；文章由叙述、描写转为抒情、议论，或由议论、抒情转为叙述、描写；论述问题由总到分，由分到总时，都要注意过渡。

过渡的方法主要有三种：一是过渡段，专门用一个承上启下的段落连接上下文的意思；二是过渡句，在上一段的结尾或下一段的开头，用富有提示性的句子加以过渡；三是用关联词语或词组过渡等等。具体采用哪种过渡方法，要根据上下文之间的关系来决定。

(2)照应

照应是指前后内容上的关照和呼应。写文章要瞻前顾后，首尾相衔。前面提到的，后面要有着落，后面要说的，前面要有交代。照应得好，可以使文章脉络贯通、结构严谨，给读者以完整、深刻的印象。照应是前有伏笔，后有应笔。在写作中，前面某处写的内容，如一个人、一件事、一种东西或一个问题，暂时有意不加详说，只简单做一交代，这就是伏笔；到后面适当的地方，再对前面相应的内容加以详述或点明，这就是应笔。

照应的方法主要有以下三种：一是首尾照应，即开头和结尾的照应。二是文题照应，即内容和标题的照应。三是前后照应，即行文中的照应。

运用照应时要注意：第一，前面的伏笔要设得必要、合理，要根据文章内容的需要确定，不要随意乱设，只有这样，后面的应笔才有意义。第二，要伏而有应，前面如有伏笔，后面一定要有应笔。如果伏而无应，就会造成文章内容的残缺和结构的脱落散乱。第三，照应不等于重复，应该通过一次次照应，使内容一层层深入，使文章的主旨更加鲜明、强烈。

3. 开头和结尾

开头和结尾是文章的有机组成部分。古人称为“起笔”和“收笔”，在结构上占有重要的地位，历来为人们重视。古人说文章应是“凤头、猪肚、豹尾”，“起句如爆竹，骤响易彻”“结句当如撞钟，清音有余”。开头和结尾只有紧扣主旨，活泼得体，才能抓住读者的注意力，激发读者的兴趣，引导读者领会全文。

(1)开头

开头是文章的起点，就是指从哪儿下笔，从什么问题写起，它是全篇的第一步。考虑怎样开头，实际上就要考虑整个文章的布局，可见，开头在结构中是十分重要的。高尔基说：“最难的是开始，就是第一句话，如同音乐上一样，全曲的音调都是它给予的，平常得好久去寻找它。”(《我的创作经验》)文章的开头要像“凤头”一样俊美，富有吸引人的艺术魅力。

开头的写法灵活多样，富于变化。归纳起来，不外简、繁两种类型。所谓“简”者，就是“开门见山”；所谓“繁”者，即“曲径通幽”，就是在开头根据写作目的，首先运用一些文字作些铺垫，如制造气氛，描写环境，引用诗词谚语，交代一些必要的背景材料、线索等等，然后再进入中心内容。

开头最忌陈词滥调，或者离题太远。

(2)结尾

结尾是文章内容发展的必然结果，或是问题的解决，或是故事的完结。结尾在文章的结构中也具有重要作用。古人说的“豹尾”就是对结尾的一个形象说明，好的结尾要有力，能使读者回味无穷。“为人重晚节，行文看结穴”(林纾)，我们要重视对结尾的用笔与经营。

结尾的方式也是多种多样的，没有固定的程式，但主要有以下三种类型：一是自然结尾，行文完了也就自然结束。二是束前结尾，它是对文章前面所写的内容进行收束，或做一结论，或叙述终局，或表示赞美等等，通常用一个独立的段落来显示。第三是推后结尾，运用抒情、议论、描写、类比、联想等手法进行篇末点题，含蓄委婉，余味无穷。

结尾切忌草草了事，虎头蛇尾；或者画蛇添足，当断不断。

思考与练习

一、阅读下面的散文：

江行的晨暮

朱　湘

美在任何地方，即使在古老的城外，一个轮船码头上面。

等船，在划子上，暮秋夜里九点钟的时候，有一点冷的风。天与江，都暗了；不过，仔细地看去，江水浮着黄色，中间所横着的一条深黑，那是江的两岸。

在众星的点缀里，长庚星闪耀得像一盏较远的电灯，一条水银色的光带晃动在江水之上，看得见一盏红色的渔灯。

岸上的房屋是一排黑的轮廓。

一条趸船在四五丈以外的地点，模糊的电灯，平时令人不快的，在这时候，在这条趸船上，反而，不仅悦目，简直是美了。在它的光围下面，聚集着有一些人形的轮廓。不过，并听不见人声，像这条划子上这样。

忽然间，在前面江心里，有一些黝黯的帆顺流向下，没有声音，像一些巨大的鸟。

一个商埠旁边的清晨。

太阳升上了有二十度；覆碗的月亮与地平线还有四十度的距离。几大片鳞云黏在浅碧的天空里；看来，云好像是在太阳的后面，并且远了不少。

山岭披着古铜色的衣，褶痕是大有画意的。水汽腾上有两尺多高，有几只肥大的鸥鸟，它们，在阳光之内暂时的内白。

月亮是在左舷的这边。

水汽腾上有一尺多高；在这边，它是时隐时现的，在船影之内，它简直是看不见了。

颜色十分清润的，是远洲上的列树，水平线上的帆船。江水由船边的黄到中心的铁青到岸边的银灰色。有几只小轮在喷吐着煤烟：在烟囱的端际，它是墨色，在船影里，淡青、米色、苍白；在斜映着的阳光里，棕黄。

这篇散文运用定点描写的方法，成功地复现了一江秋水暮、晨的不同景色。作者通过仔细观察，凭敏锐的色彩感，用细致的笔法描绘出秋水绚丽缤纷的颜色。文章似一幅成功的山水画，表达了作者对美的独特感受。文章体现出的是一种明快、热烈的美，是一种富于新鲜感的充满生机的美。

请在你生活中选择目标，运用定点观察的方法，写出观察笔记。如：校园的清晨、日落、家乡某地的景色等等。

二、阅读下面的文章：

地　震

蒲松龄

康熙七年六月十七日戌刻，地大震。余适客稷下，方与表兄李笃之对烛饮，忽闻有声如雷，自东南来，向西北去。众骇异，不解其故，俄而几案摆簸，酒杯倾覆；屋梁椽柱，错折有声。相顾失色。久之，方知地震，各疾趋去，见楼阁房舍，仆而复起；墙倾屋塌之声，与儿啼女号，喧如鼎沸。人眩晕不能立，坐地上，随地转侧。河水倾泼丈余，鸡鸣犬吠满城中。逾一时许，始稍定。视街上，则男女裸体相聚，竞相告语，并忘其未衣也。后闻某处井倾侧，不可汲；某家楼台南北易向；栖霞山裂；沂水陷穴，广数亩。此真非常之奇变也。

学习上文，运用分割法观察校园、家乡、超市等，准确写出他们的总体格局和各部分的不同情调。

三、高尔基在一篇回忆托尔斯泰的文章中记叙了他看到托尔斯泰坐在海边岩石上时产生的感受：

这是一个还没有晴定的日子，云的影子在岩石上面移动，在岩石上面同这个老人身上的颜色交替地时明时暗。岩石都是很大的，都有裂痕，而且上面都长满了气味很浓的海草，前一天刚起过很高的潮。我觉得他好像也是一块古老的、成了精的岩石，他知道一切的开端和一切的目标，他在思索石头和地上的草木、海水和人，还有从岩石起到太阳为止的整个宇宙什么时候完结而且怎样完结。海是他的灵魂的一部分，他周围的一切都是从他那儿来的，从他的身体里出来的，在这老人的沉思不动的姿势中。我相信我看见一种预言的魔术的东西，它同时下沉到黑暗里去，又探求地上升到地上蓝空的最顶、好像就是他——他的集中的意志——在把海浪引来推去，在指挥云的移动，在支配那些影子，影子好像在摇动岩石想把它们唤醒。

上面的这段文字是一篇内外观察融为一体的典范。作者借助联想和幻想，使感受步步深化。作者对自己的感受的体验是那么细腻、丰富和强烈，字里行间体现了作者对托尔斯泰的认识、理解和评价。

请以《校园漫步》为题，去寻找校园中的美，写出你的独特的感受和体验。

四、就你所在学校学生的学习态度(或择业观、恋爱观、个人理想、消费状况、道德素质等)情况设计一份问卷，在班内或校内做书面调查，并写出调查报告。

五、到图书馆查找古人刘勰、曹丕论写作的文章资料，并制作读书笔记。

六、请在阅读下列材料后完成任务。

材料：

(一)中国新闻出版研究院18日公布了第十四次全国国民阅读调查的主要情况。调查显示，2016年我国成年国民各媒介综合阅读率为79.9%，较2015年的79.6%略有提升，数字化阅读方式的接触率为68.2%，较2015年的64.0%上升了4.2个百分点，图书阅读率为58.8%，较2015年的58.4%上升了0.4个百分点。2016年我国成年国民人均图书阅读量为7.86本，较2015年增加了0.02本。2016年手机阅读率达到66.1%，已经连续8年增长。

在国民对个人阅读数量评价中，只有1.7%的人认为自己的阅读数量很多，6.6%的人认为自己的阅读数量比较多，有36.0%的人认为自己的阅读数量一般，45.2%的人认为自己的阅读数量很少或比较少。

从成年国民对各类出版物阅读量的考察看，2016年我国成年国民人均图书阅读量的7.86本中，纸质图书阅读量为4.65本，电子书阅读量为3.21本。报纸和期刊的人均阅读量分别为44.66期(份)和3.44期(份)，分别低于2015年的54.76期(份)和4.91期(份)。

对我国国民倾向的阅读形式的研究发现，51.6%的成年国民更倾向于“拿一本纸质图书阅读”，有9.8%的国民更倾向于“网络在线阅读”，有33.8%的国民倾向于“手机阅读”，有3.8%的人倾向于“在电子阅读器上阅读”，1.0%的国民“习惯从网上下载并打印下来阅读”。

在数字化阅读已经很发达的今天，纸质图书仍受到一半多读者的青睐。对这一现象，国民阅读研究与促进中心主任徐升国认为，这说明传统的纸质图书仍然具有生命力。“回归纸质图书是一个世界性的潮流，美国、英国、法国目前都出现了类似的趋势，这些国家电子书的销售放缓，而纸质图书的销售稳步增长，中国也同样如此。数字化阅读虽然具有快捷方便的特点，但只适合快速的碎片化的浅阅读，传统的纸质阅读更适于系统的体系化的深阅读。读者对深阅读的需求不会消失,因此纸质图书就不会消失。在相当长的一段时间里面,传统纸质图书和数字化阅读的方式仍将会并存。”

我国成年国民每天接触新兴媒介的时长整体上有不同程度的提升。手机接触时长增长显著,人均每天微信阅读时长为26.00分钟;传统媒介中,除纸质图书阅读时长外,纸质报刊阅读时长均有不同程度下降。

调查显示,不同人口特征群体的手机阅读接触率存在一定差异。城镇成年居民、男性成年居民的手机阅读接触率分别高于对应群体;成年人中,年龄越小的群体,手机阅读接触率越高,18—29岁群体的手机阅读接触率最高,为92.8%;其次为30—39岁群体,该群体的手机阅读接触率为87.3%。60岁以上群体的手机阅读接触率与中青年群体差距较大。

对于手机阅读率的快速增长,徐升国认为这和手机便于携带、适应碎片化阅读的特点有直接的关系。“在今后数字化阅读的发展趋势当中,手机很有可能取代其他所有终端而成为第一大数字化阅读载体。中国有7亿多手机用户,因此手机阅读的群体将非常庞大。这是中国与其他国家非常不一样的地方,也是我们开展手机阅读的良好条件。”

(《人民日报》2017年4月19日)

(二)数据显示,2016年全年,国人人均读书消费480元,比上年增长24%。根据国家新闻出版广电总局2015年数据,图书平均定价为55.15元,相当于人均购买8.7本书。那么大家买的这些书都看了吗?53.4%的被调查者一年读书数量不足5本,更有16%的被调查者连一本书也没有看完。

手机电子书APP的风靡,文艺青年的标配kindle的出现,这些都成为了现代人接触电子书的渠道。数据显示,7成人有阅读电子书的习惯,其中90后对电子书的依赖程度最高。

值得注意的是,在购书人群中,90后的人均图书消费仅为183元。相较于70、80后,读书消费金额垫底。但近三年90后买书的人数增长率,远超前辈们,另一方面,90后的阅读时间也丝毫不输于70、80后。

分析人士认为:90后购书金额较少的原因有两方面,首先,随着电子书的兴起,价格低廉和获取速度快这两个优点得到了新潮的90后的青睐;另一方面,图书已经不是唯一的获取知识的形式了,更多元地获取知识的形式层出不穷,也分散了90后在书本上的注意力。

关于90后,还有一个特别的现象,在90后人群中存在两极分化的两群人,19%的90后一年阅读不完一本书,这个占比是在各年龄层占比最高的；另一方面，一年阅读量大于10本书的人群占比也高达19%，不输前辈。

分析人士认为：阅读的两极分化或成为未来读书的一个发展方向。爱读书的人越读越多，不爱读书的人却一年读不完一本书，这近似于一种马太效应，而互联网从某种程度上放大了这种马太效应，传统的知识载体——书籍上的图钉被网络撬开了，知识成为碎片化的存在。网络放大了这些信息碎片，进而改变了人们的阅读心态，有人在追求快速、碎片化的阅读方式上越走越远，也有人在深度阅读的领域挖掘得越来越深。

关于读什么书，在诸多图书品类中，励志、成功类图书独占鳌头，52%的人曾在过去一年买过这一类图书。分析人士认为：励志类图书的大卖，反映了在机会无处不在的社会环境下，人们对于寻求成功之道的渴望极高。

对比一线城市和其他城市，一线城市人在童书、养生图书上的购买热情不及其他城市。

分析人士表示这个数据非常有意思，从某种程度上体现了大家对于下一代成长和自身未来健康状况的倾注的注意力。在生活节奏较慢、生活压力较小的二三线城市，人们对下一代和对健康等长远问题倾注的注意力更多一些；而在竞争激烈的一线城市，人们对教辅类、人文社科类的图书更感兴趣，更注重高效地提升自我的方式。

此外，不同省市对图书品类的偏爱各有不同。上海是买书读书量最高的城市，73%的上海人一年买书10本以上，74%的上海人一周读书5小时以上。广东人对励志类图书的需求最大，64%的调查者在去年购买了励志类图书。半数江苏人去年购买过童书。北京对教辅类图书的需求最大。浙江人对人文社科类图书情有独钟。

（据南报网2017年4月20日）

（三）联合国教科文组织的一项调查数据显示：全世界每年阅读书籍数量排名第一的是犹太人，他们平均每人一年读书64本，北欧国家24本，欧美国家年人均阅读量约为16本。犹太人不止读书数量多，而且读书质量也很高。其成功教育模式源于“教子三宝”：第一是熟读经典，第二是保护孩子的创造力，第三是培养良好的习惯。其中，熟读经典被列为首要的教育内容，他们认为经典是智慧和经验的结晶，任何教育只有深深地扎根于本民族的优秀文化中才能显现出生机与活力。因此，犹太民族只占世界人口的0.2%，却获得过29%的诺贝尔奖，在各领域都大师辈出，群星灿烂。其原因之一就是犹太人把经典阅读作为传承教育的主要手段，犹太民族被誉为“读书的民族”“教育的民族”“记忆的民族”以及“学习和思考的民族”。

（四）国家新闻出版广电总局在发布的《全民阅读“十三五”时期发展规划》中指出：“坚持重在内容，提升质量。全民阅读的核心是阅读内容。”其意在于提升内容质量，在于读经典。2017年春节前夕，中办、国办印发了《关于实施中华优秀传统文化传承发展工程的意见》，这是第一次以中央文件形式专题阐述中华优秀传统文化传承发展工作，提出了建设社会主义文化强国的重大战略任务，并明确指导思想：“坚持创造性转化、创新性发展，坚守中华文化立场、传承中华文化基因，不忘本来、吸收外来、面向未来，汲取中国智慧、弘扬中国精神、传播中国价值，不断增强中华优秀传统文化的生命力和影响力，创造中华文化新辉煌。”

（五）一份出自华东师范大学第二附属中学高二学生所作的“上海中学生阅读偏向性导向原因”调查显示，学校熏陶、社会舆论和家庭教育是对学生阅读产生影响的三大要素，73.75％的中学会对学生阅读做一定的引导；在校学生对书籍的了解除了来自教科书、教师，近50％的人会跟着同龄人读书，只有11％的学生从家长那里得到过阅读指导。

（六）目前，很多大学生的书架上摆放的往往都是英语、计算机类以及一些考研、考公务员、考证等辅导书，实用阅读是大学生阅读的主要内容。在阅读倾向上，多数同学的阅读与就业有关、与进一步深造有关，且能以快餐式方式阅读的读物成为大学生的首选。针对大学生阅读向功利化转变的现状，有专业人士认为其原因在于社会的整体大背景，大学生们要摆脱阅读功利化、快餐化倾向，需要社会给大学生提供一个良好的读书环境，可现在严峻的就业形势很难让学生安心于象牙塔中，社会在批评大学生阅读倾向的同时，也该反思如何为大学生卸下更多的后顾之忧。

任务：

1. 请进一步搜集相关材料，并在此基础上，谈一谈聚材对写作的意义。

2. 分析研究上述材料和你自己搜集的材料，能够得出哪些不同的结论？

3. 考察不同的材料组合与最终得出的结论之间的关系。

4. 以某一结论为主旨，写作一篇文章。

七、阅读文章时，认真体会写作者的立意，概括和归纳文章的主旨，不仅可以加深我们对主旨的理解，而且能提高我们分析问题的能力，不断提高和增强写作时的立意能力。阅读下面的微型小说和诗歌，用简洁的语言归纳出它们的主旨，并说明它们的主旨各属于哪一类型。

爱的心弦

郑明安

同在一个厂里，久了，不管怎么说，我和她还是有那么一点意思的。她虽然很大方，但毕竟是一个少女；我呢，虽然是个男人，但毕竟很羞涩。所以这点意思只是若明若暗的，长久地深藏在各人的心里。

关系不明朗，也就无法约会。她很聪明，我也不傻，于是，仿佛是有意无意之间，我有事没事寻她，她无话找话问我，在一起的时间倒也不少。

一天黄昏，我经过她家门前，碰到她从外面归来。

“到哪里去呀?”她问。

“找朋友。”我答。

“男的?”

“女的。”

“谁?”

“你……你不认识。”

“那……能不能跟我介绍一下?”

“行，那就跟我走吧!”

……

在通往公园的江畔路上，我们史无前例地并肩而行。“其实，我要找的就是你……”我虽然很羞涩，但毕竟是男人。

“其实，我也早就知道了。”她垂下头，虽然很大方，但毕竟是少女。

上阳白发人

白居易

上阳人，红颜暗老白发新，
绿衣监使守宫门，一闭上阳多少春。
玄宗末岁初选入，入时十六今六十。
同时采择百余人，零落年深残此身。
忆昔吞悲别亲族，扶入车中不教哭；
皆云入内便承恩，脸似芙蓉胸似玉。
未容君王得见面，已被杨妃遥侧目。
妒令潜配上阳宫，一生遂向空房宿。
宿空房，秋夜长，夜长无寐天不明；
耿耿残灯背壁影，萧萧暗雨打窗声。

春日迟，日迟独坐天难暮；
宫莺百啭愁厌闻，梁燕双栖老休妒。
莺归燕去长悄然，春往秋来不记年。
唯向深宫望明月，东西四五百回圆。
今日宫中年最老，大家遥赐尚书号。
小头鞋履窄衣裳，青黛点眉眉细长；
外人不见见应笑，天宝末年时世妆。
上阳人，苦最多。少亦苦，老亦苦，少苦老苦两如何？
君不见昔时吕向美人赋，又不见今日上阳白发歌！

细 雨

朱自清

东风里，
掠过我脸边，
星呀星的细雨，
是春天的绒毛呢。

八、鲁迅1919年写了一篇散文《我的兄弟》，又于1925年1月24日写了一篇《风筝》，阅读并比较这两篇文章，谈谈你对主旨的提炼和表现的认识。

我的兄弟

我是不喜欢放风筝的，我的一个小兄弟是喜欢放风筝的。

我的父亲死去之后，家里没有钱了。我的兄弟无论怎么热心，也得不到一个风筝了。

一天午后，我走到一间从来不用的屋子里，看见我的兄弟正躲在里面糊风筝，有几支竹丝，是自己削的，几张皮纸，是自己买的，有四个风轮，已经糊好了。

我是不喜欢风筝的，也最讨厌他放风筝，我便生气，踏破了风轮，折了竹丝，将纸也撕了。

我的兄弟哭着出去了，悄然的在廊下坐着，以后怎样，我那时没有理会，都不知道了。

我后来悟到了我的错处，我的兄弟却将我这错处全忘了，他总是很好的叫我“哥哥”。

我很抱歉，将这事说给他听，他却连影子都记不起了，他仍是很要好的叫“哥哥”。

啊！我的兄弟，你没有记得我的错处，我能请你原谅吗？

然而，还是请你原谅罢！

（《人民日报》1980年5月5日）

风　筝

北京的冬季，地上还有积雪，灰黑色的秃树枝丫杈于晴朗的天空中，而远处有一二风筝浮动，在我是一种惊异和悲哀。

故乡的风筝时节，是春二月，倘听到沙沙的风轮声，仰头便能看见一个淡墨色的蟹风筝或嫩蓝色的蜈蚣风筝。还有寂寞的瓦片风筝，没有风轮，又放得很低，伶仃地显出憔悴可怜模样。但此时地上的杨柳已经发芽，早的山桃也多吐蕾，和孩子们的天上的点缀相照应，打成一片春日的温和。我现在在哪里呢？四面都还是严冬的肃杀，而久经诀别的故乡的久经逝去的春天，却就在这天空中荡漾了。

但我是向来不爱放风筝的，不但不爱，并且嫌恶它，因为我以为这是没出息孩子所做的玩艺。和我相反的是我的小兄弟，他那时大概十岁内外罢，多病，瘦得不堪，然而最喜欢风筝，自己买不起，我又不许放，他只得张着小嘴，呆看着空中出神，有时竟至于小半日。远处的蟹风筝突然落下来了，他惊呼；两个瓦片风筝的缠绕解开了，他高兴得跳跃。他的这些，在我看来都是笑柄，可鄙的。

有一天，我忽然想起，似乎多日不很看见他了，但记得曾见他在后园拾枯竹。我恍然大悟似的，便跑向少有人去的一间堆积杂物的小屋去，推开门，果然就在尘封的什物堆中发现了他。他向着大方凳，坐在小凳上；便很惊惶地站了起来，失了色瑟缩着。大方凳旁靠着一个蝴蝶风筝的竹骨，还没有糊上纸，凳上是一对做眼睛用的小风轮，正用红纸条装饰着，将要完工了。我在破获秘密的满足中，又很愤怒他的瞒了我的眼睛，这样苦心孤诣地来偷做没出息孩子的玩艺。我即刻伸手折断了蝴蝶的一支翅骨，又将风轮掷在地下，踏扁了。论长幼，论力气，他是都敌不过我的，我当然得到完全的胜利，于是傲然走出，留他绝望地站在小屋里。后来他怎样，我不知道，也没有留心。

然而我的惩罚终于轮到了，在我们离别得很久之后，我已经是中年。我不幸偶尔看到了一本外国的讲论儿童的书，才知道游戏是儿童最正当的行为，玩具是儿童的天使。于是二十年来毫不忆及的幼小时候对于精神的虐杀的这一幕，忽地在眼前展开，而我的心也仿佛同时变了铅块，很重很重地堕下去了。

但心又不竟堕下去而至于断绝，它只是很重很重地堕着，堕着。

我也知道补过的方法的：送他风筝，赞成他放，劝他放，我和他一同放。我们嚷着，跑着，笑着——然而他其时已经和我一样，早已有了胡子了。

我也知道还有一个补过的方法的：去讨他的宽恕，等他说，"我可是毫不怪你呵。"那么，我的心一定就轻松了，这确是一个可行的方法。有一回，我们会面的时候，是脸上都已添刻了许多"生"的辛苦的条纹，而我的心很沉重。我们渐渐谈起儿时的旧事来，我便叙述到这一节，自说少年时代的糊涂。"我可是毫不怪你呵。"我想，他要说了，我即刻便受了宽恕，我的心从此也宽松了罢。

"有过这样的事么？"他惊异地笑着说，就像旁听着别人的故事一样。他什么也记不得了。

全然忘却，毫无怨恨，又有什么宽恕可言呢？无怨的恕，说谎罢了。

我还能希求什么呢？我的心只得沉重着。

现在，故乡的春天又在这异地的空中了，既给我久经逝去的儿时的回忆，而一并也带着无可把握的悲哀。我倒不如躲到肃杀的严冬中去罢，——但是，四面又明明是严冬，正给我非常的寒威和冷气。

一九二五年一月二十四日

九、阅读下面的文章，概括它的主旨，并谈一谈它所使用的"植物的种子分开头盖骨"这一材料是否恰当。

野　草

夏　衍

有这样一个故事。

有人问：世界上什么东西的气力最大？回答纷纭的很，有的说"象"，

有的说"狮"，有人开玩笑似的说：是"金刚"，金刚有多少气力，当然大家全不知道。

结果，这一切答案完全不对，世界上气力最大的，是植物的种子。一粒种子所可以显现出来的力，简直是超越一切。这儿又是一个故事。

人的头盖骨，结合得非常致密与坚固，生理学家和解剖学者用尽了一切的方法，要把它完整地分出来，都没有这种力气。后来忽然有人发明了一个方法，就是把一些植物的种子放在要剖析的头盖骨里，给它以温度与湿度，使它发芽，一发芽，这些种子便以可怕的力量，将一切机械力所不能分开的骨骼，完整地分开了，植物种子力量之大，如此如此。

这，也许特殊了一点、常人不容易理解，那么，你看见笋的成长吗？你

看见过被压在瓦砾和石块下面的一棵小草的生成吗？他为着向往阳光，为着达成它的生之意志，不管上面的石块如何重，石块与石块之间如何狭，它必定要曲曲折折地，但是顽强不屈地透到地面上来，它的根往土壤钻，它的芽往地面挺，这是一种不可抗的力，阻止它的石块，结果也被它掀翻，一粒种子的力量的大，如此如此。

没有一个人将小草叫作"大力士"，但是它的力量之大，的确是世界无比。这种力，是一般人看不见的生命力，只要生命存在，这种力就要显现，上面的石块，丝毫不足以阻挡，因为它是一种"长期抗战"的力，有弹性，能屈能伸的力，有韧性，不达目的不止的力。

种子不落在肥土而落在瓦砾中，有生命力的种子绝不会悲观和叹气，因为有了阻力才有磨炼。生命开始的一瞬间就带了斗争来的草，才是坚韧的草，也只有这种草，才可为傲然地对那些玻璃棚中养育着的盆花哄笑。

十、阅读下面的微型小说，谈一谈材料的组合对主旨表现的意义。

古老的传说

那家佐

一

落叶，孤桥，古刹。

一个小脚女人，背着个孩子，一个女孩儿。跪于送子观音面前。她虔诚地祈祷，盼着生下个男孩儿。孩儿她爸已经纳了妾，只因她没能生下个男孩儿。这是她外婆的外婆。

二

枯藤，老树，农家。

一个绾髻女人，抱着个孩子，一个女孩儿。久久伫立于古道，翘首等待着离家远走的孩儿她爸，只因她没能生下个男孩儿。这是她妈妈的妈妈。

三

柳丝，清泉，小镇。

一个短发女人，牵着个孩子，一个女孩儿。抽泣着回到娘家，一头扑在母亲的怀抱，诉说着丈夫的打骂，只因她没能生下个男孩儿。这是她的妈妈。

四

霓虹灯，立交桥，城市。

一个披肩长发的女人，疯了似的在跑，身后跟了个娃娃，一个女娃。妈妈给她讲了妈妈的故事，还有外婆的以及外婆的外婆的故事。她笑了，笑着笑着，又伤心地流出泪来。难道自己也是这个古老传说中的她……

十一、阅读下面的微型小说，谈一谈结构是如何为主旨的表现服务的。

打错了

（香港）刘以鬯

一

电话铃响的时候，陈熙躺在床上看天花板。电话是吴丽嫦打来的。吴丽嫦约他到“利舞台”去看五点半那一场的电影。他的情绪顿时振奋起来，以敏捷的动作剃须、梳头、更换衣服。更换衣服时，嘘嘘地用口哨吹奏“勇敢的中国人”。换好衣服，站在衣柜前端详镜子里的自己，觉得有必要买一件名厂的运动衫了。他爱丽嫦，丽嫦也爱他。只要找到工作，就可以到婚姻注册处去登记。他刚从美国回来，虽已拿到学位，找工作，仍须依靠运气。运气好，很快就可以找到；运气不好，可能还要等一个时期。他已寄出七八封应征信，这几天应有回音。正因为这样，这几天他老是呆在家里等那些机构的职员打电话来，非必要，不出街。不过，丽嫦打电话来约他去看电影，他是一定要去的。现在已是四点五十分，必须尽快赶去“利舞台”。迟到，丽嫦会生气。于是大踏步走去拉开大门，拉开铁闸，走到外边，转过身来，关上大门，关上铁闸，搭电梯，下楼，走出大厦，怀着轻松的心情朝巴士站走去。刚走到巴士站，一辆巴士疾驶而来。巴士在不受控制的情况下冲向巴士站，撞倒陈熙、一个老妇人和一个女童后，将他们压成肉酱。

二

电话铃响的时候，陈熙躺在床上看天花板。电话是吴丽嫦打来的。吴丽嫦约他到“利舞台”去看五点半那一场的电影。他的情绪顿时振奋起来，以敏捷的动作剃须、梳头、更换衣服。更换衣服时，嘘嘘地用口哨吹奏“勇敢的中国人”。换好衣服，站在衣柜前端详镜子里的自己，觉得有必要买一件名厂的运动衫了。他爱丽嫦，丽嫦也爱他。只要找到工作，就可以到婚姻注册处去登记。他刚从美国回来，虽已拿到学位，找工作，仍须依靠运气。运气好，很快就可以找到，运气不好，可能还要等一个时期。他已寄出七八封应征信，这几天应有回音。正因为这样，这几天他老是呆在家里等那些机构的职员打电话来，非必要，不出街。不过，丽嫦打电话来约他去看电影，他是一定要去的。现在已是四点五十分，必须尽快赶去“利舞台”。迟到，丽嫦会生气，于是，大踏步走去拉开大门……

电话铃又响。

以为是什么机构的职员打来的，掉转身，疾步走去接听。

听筒中传来一个女人的声音：

"请大伯听电话。"

"谁?"

"大伯。"

"没有这个人。"

"大伯母在不在?"

"你要打的电话号码是……?"

"三——九七五……"

"你想打去九龙?"

"是的。"

"打错了！这里是港岛!"

陈熙将听筒掷在电话机上，大踏步走去拉开铁闸，走到外边，转过身来，关上大门，关上铁闸，搭电梯，下楼，走出大厦，怀着轻松的心情朝巴士站走去。走到距离巴士站不足五十码的地方，意外地见到一辆疾驶而来的巴士在不受控制的情况下冲向巴士站，撞倒一个老妇人和一个女童后，将她们压成肉酱。

(一九八三年四月二十二日作。是日报载太古城巴士站发生死亡车祸。)

(选自《刘以鬯小说自选集》，百花文艺出版社，2001年版)

十二、阅读下面的微型小说《红嘴儿》，这篇小说构思十分精巧，在写法上很有特点，采用了古典小说常用的"草蛇灰线"的传统技法(所谓"草蛇灰线法"，就是指作者在安排故事情节和处理人物关系时，既有一条主线，但在叙写时又运用"暗伏""遥应"等手法，使这条主线上的人物、事件时隐时现)，运用抒情的笔调，在轻松的氛围中显示了小镇的变化。请具体分析作者是如何运用"草蛇灰线"这种似断实连的技法来安排情节、结构全篇的。

红　嘴　儿

欧湘林

小镇远离闹市，晚上还点着原始的桐油灯。古朴的小镇人日子过得很平静，生老病死，婚丧嫁娶，一切都依着老一辈的法子办，老人都活到七老八十的，一点也不比城里人阳寿短。

小镇三四十户人家百十来口人，开了些店铺，专门收购山货，然后让城里人买走，如木耳、蘑菇、茶油、山果、蛇皮、药材之类。每月逢三六九的赶场日子就是小镇人的节日，在这些天里，小镇人的口袋里就会装满票子，这是小镇的骄傲。

小镇人的骄傲是靠小镇有一条河通大江，有一条南北大道连着四里八乡，小镇人因此很满足。可小镇人万万没有想到的是，平静的日子却给一个从城里来的女人给扰乱了。

那是去年秋天，小镇人惊奇地看到镇子上来了一个收购药材的女人。女人也像爷们一样跑生意？小镇人感到好奇怪。但见这女人三十来岁，不但人长得漂亮，还涂了口红画了眉眼。尽管小镇上的老人看不顺眼，但年轻人的眼光却被她吸了过去，特别是姑娘们觉得新鲜。这天，那个收购药材的女人看中了何老二家的货就留下来同何老二谈生意，当晚同何老二家闺女睡，第二天就雇了船将何老二家中的所有药材都买走了。临走时把一盒口红忘在了房里。

何老二的闺女叫桂桂。桂桂胆小，拿了那女人的口红不敢往唇上抹，就找了几个小姐妹商量。几个小姐妹认为不抹白不抹，但不能像那个女人那样抹成猴屁眼，那太艳太打眼，只能淡淡地抹点。于是，几个小姐妹就怂恿胆大的冬芸先抹了，淡淡的像天生的红嘴儿一般，冬芸一下就显得比以前水灵多了。一高兴，几个鬼丫头就拉了冬芸往有人的地方走，开始也没太引人注意。第二天，终于有人说话了：嗐！这闺女出落得花儿朵儿似的了。冬芸听了心里像灌了蜜。

可是有一天，冬芸和小姐妹们聚在一起的时候差点哭了起来，说建国欺侮她，搂着她亲嘴儿，那会儿差点把她憋死。鬼丫头们听了一个个哈哈大笑起来，肚子都笑痛了，谁都知道建国是冬芸的对象，就住在下河村，他们年底就结婚。那天冬芸抹了口红去看建国还不是诚心送上门去的？

几天后，小镇上的鬼丫头们几乎在一天之内都成了红嘴儿，只是淡淡的更撩逗人。老人们想管一管，但管不住，骂过几次后就泄气了。因为当他们认真地打量了一会自己的宝贝女儿后，又确实觉得那淡淡的红嘴皮儿比原先那没血色的白嘴皮儿要好看得多，而且又不妖不媚的，也就只好不再吭声了。

随着红嘴儿的招摇过镇，小镇上跟着又出现了粉脸画眉，这都是那个收购药材的女人第二次来小镇时带进来销售的，好会赚钱的女人！

到了夏天的时候，小镇上的鬼丫头们中又出现了健美裤（老人们叫它巴皮裤）和短裙子（老人们叫它露腿围子），冬芸的上衣领口开得好低，隐隐约约看得见乳峰间那条沟儿……

唉，一切都在变，都受了城里人的影响啊！这世界是年轻人的，老人们叹息一阵后也没法子了。但他们又不得不在打瞌睡的时候从眼缝里瞄一眼那些追赶城市文明的姑娘们。

十三、请为下面的短文划分层次，并归纳出每个层次的意义。

思索是一把剪刀

沈东子

如果说烦忧的心绪是一团乱麻，那么思索就是一把剪刀。这把剪刀是否锋锐，取决于思索者的头脑是否敏锐。

我们所生活的现代社会，据说正处于连锁性知识爆炸的过程中，爆炸的碎片铺天盖地。那些碎片又叫作硅片，虽说只有手指头一般大小，里面所储存的信息，却相当于一座图书馆。

大地上有密集的高速公路，电脑里有神奇的联络网，后者的密度绝不亚于前者，所载的信息日夜川流不息，无论速度还是数量，都远胜过形形色色的汽车。

这就是我们所生活的现代社会，这就是人类于世纪初所热盼的现代文明。

信息的增多固然是社会进步的重要标志，但是信息的增多同样也会使人心乱如麻，不知所措，因为信息构成网络，同时也构成罗网。

面对各种如流感一般在人群中迅速传播开来的新潮观念，比如男人想一夜之间变成巨富，女人想隆鼻隆胸成美人，老者想练出仙功长生不死，青年想离开祖国越远越好，等等，我们时常会陷入困境，不知道是该迎合呢还是该回避？

迎合对自己未必有益，可是回避内心又会倍感孤单。那份苍茫和落寞，就像是站在马路旁的孤独的旅人，面对如梭的车辆却不知该搭乘哪一辆。

这时候思索的力量就开始显现出来了。

那些具有思索能力的人，如同手执巨剪的勇士，一路披荆斩棘行进在思想的丛林里，冲破信息的重重乱麻，重见生命的阳光。

若是没有思索这把剪刀，人就会变成一只无头苍蝇，无力地粘在信息的罗网上，等待那只命运的蜘蛛慢慢爬来。

第四章　写作的环节(下)

第一节　用　语

马克思说:“语言是思想的直接现实。”思想是不能脱离语言而存在的,离开了语言这件“外衣”,也就形成不了文章。所谓“用语”,就是运用书面语言符号使文章物质化,它包括两个方面,一是语言的表达方式的运用;二是语言的锤炼。

一、语言表达方式的运用

具体的写作活动受制于一定的文体规范,而一定的文体规范,通过炼意、谋篇等环节的思维活动,又对表达做了进一步的限制,使表达只能在特定范围,以特定的方式进行。经过人类长期的写作实践,逐渐形成一些常见的较为固定的表达方式。因此,表达方式是文章构成的因素之一,它是由表达目的决定的使用语言的手段,最能体现文体的特点。

最基本的表达方式有五种:叙述、描写、抒情、议论、说明。

(一)叙述

1.叙述的含义

叙述是一种记人叙事并陈述其来龙去脉的表达方式。具体地说,叙述就是把人物的经历、行为和事情发生、发展、变化表述出来。叙述是写作中最基本、最常见的一种表达方式,几乎各种文体都要运用它。

2.叙述的种类

(1)根据叙述的详略,叙述可以分为概括叙述和具体叙述。

概括叙述是一种快节奏、“浓缩型”的叙述,是抓住事情的一些关键点进行的叙述。而具体叙述是对事物做细致的陈述,是一种慢节奏的叙述。

(2)根据叙述的立足点(或称叙述人的身份),叙述可以分为第一人称叙述和第三人称叙述。

第一人称叙述,即写作主体以“我”的身份出现,叙述“我”的经历或所见所闻。用第一人称叙述能给人以一种真实、亲切的感觉。但也有局限性,即叙述的内容不能超过“我”耳闻目睹和亲身经历的范围,比如不能直接叙述他人的内心活动,不容易表现同一时间不同地点所发生的事件等。

第三人称叙述是写作主体以“局外人”的身份叙述,它不受时间、空间的限制,反映生活比较灵活自由,便于展现比较复杂的内容。但它不如第一人称那样具有亲切感和便于直接表达写作主体自己的思想感情。

(3)根据叙述顺序的不同,叙述有顺叙、倒叙、插叙、补叙、平叙等。

①顺叙,就是按照事件发生、发展的顺序进行叙述。用顺叙方式进行的叙述,层次段落的安排与事件发展的过程、时间先后的次序基本上是一致的。顺叙是最基本的叙述方式,能使事件有头有尾,文章条理清晰。要使顺叙用得好,必须做到详略得当,不要不分主次、平铺直叙,使人感到平淡乏味,只有叙述得波澜起伏才能引人入胜。

②倒叙,就是把事件的结局或最突出的片断提到开头来写,然后再按事件发展的顺序进行叙述,又叫“倒插笔”。倒叙能制造悬念,引起读者阅读的兴趣,使文章开卷生波。但要注意不能为了倒叙而倒叙,同时要注意倒叙与顺叙部分的衔接和过渡。

③插叙,就是在叙述过程中,暂时中断叙述的线索,插入另一些内容的叙述,插叙完了,仍按原线索继续叙述。运用插叙,可以丰富文章的内容,使叙述疏密有致,富于变化,但必须服从主旨的需要,保证主线的突出,不节外生枝,喧宾夺主。

④补叙,就是在叙述的一定阶段上,对前面未具体交代的情况做某些补充叙述。运用补叙,有助于文章的结构严谨,照应周密。

补叙与插叙容易混淆。两者的根本区别是:插叙插入的不是基本事件的组成部分,去掉它并不影响事件本身的完整性;而补叙补入的是事件本身的有机组成部分,去掉它会影响事件的完整性。另外,补叙可以补在篇中或篇末,而插叙只能插在篇中,不能在篇末。

⑤分叙,也叫平叙,就是对同一时间内所发生的两件或两件以上的事的叙述。俗话“花开两朵,各表一枝”,说的就是分叙这种方式。分叙用得好,可以把头绪纷繁、错综复杂的事情写得眉目清楚、有条不紊。分叙的方法,在非单线发展的长文章中比较常见,运用时要注意把事件发生、发展的起讫时间交代清楚。

3. 运用叙述的要求

(1)头绪清楚

叙述头绪不清，文章的结构就混乱，读者就看不明白。要做到头绪清楚，就要注意叙述的线索，即根据主旨和材料，确定一条贯穿全文的线索，并围绕这条主线来组织材料，进行叙述。

(2)交代明白

叙述事件，必须交代明确，讲清六要素(即时间、地点、人物、事件、原因、结果)，使读者掌握事件的全貌。交代的方式也须灵活多样，可以直接交代，也可以采用间接的方法，如通过人物之口点明事件的来龙去脉。

(3)详略得当

叙述要有详有略，这样才能突出文章重点，更好地表现主旨。一般来说，重要的地方要详细，可以铺开陈述；次要的地方略写或一笔带过。详叙时，要注意详而不杂，细而不芜，轻重有致；略叙时，要注意略而不空，简而不陋，精练扎实。

(4)波澜起伏

这是叙述的高要求。“文似看山不喜平”，写文章没有起伏，就会减弱表达的效果。我们可以运用抑扬、断续、张弛、离合等手法兴波，使文章写得起伏跌宕。

(二)描写

1. 描写的含义

描写是一种“形神兼备”的表达方式。它要求用色彩鲜明、立体感强的文字对对象进行具体化、形象化的刻画。描写和叙述一样，都是常用的表达方式，二者往往结合起来运用，很难将它们截然分开。它们的区别是：叙述注重对人物、事件的介绍交代，使之清楚明了，让人了解；而描写注重对人物、景物的描绘和刻画，使之生动形象，给人以栩栩如生和身临其境的真实感受。

2. 描写的种类

(1)根据描写的对象，描写可以分为人物描写、景物描写和场面描写。

①人物描写，是刻画人物形象的主要手段，它的任务就是表现人物的性格特征和精神面貌，而人物的性格特征和精神面貌可以从多方面进行描写。

A. 肖像描写，是描写人物的体态、容貌、神情、服饰等外貌特征。千人千面，每个人的外貌都不会相同，有意识地突出人物区别于他人的独特之处，往往能反映出人物思想性格和精神世界的特点，起到传神的作用。

B. 语言描写，就是对人物语言，包括人物的独白和对白的描写。“言为心声”，语言是展示人物性格特征的镜子，是袒露人物内心世界的窗口。什么人说什么话，语言描写要符合人物的地位、年龄、经历、气质、文化修养、习惯爱好等。

C. 行动描写，就是对人物行为动作的描写。动作描写是描写人物的一举一动；行为描写是对人物一连串动作构成的行为的描写。人物的性格可以通过人物本身的行动来体现。描写人物富于特征性的具体行动，可以使人物的形象鲜明生动，给读者留下深刻的印象。行动描写往往和语言描写结合在一起。

D. 心理描写，就是对人物在特定环境下思想活动的描写。心理描写能将人物的内心世界展现在读者面前。心理描写的方法多种多样，可以从写作主体的角度直接揭示，也可以由人物自己倾吐，还可以通过对人物的梦境、幻觉和语言行动的描写来间接表现。

②景物描写，就是写景状物。它具有多方面的作用，可以交代时代背景，提供事件发生的时间地点，描写风土人情，展现地域风貌，深化文章的主旨，衬托人物的心情，表现人物性格，预示和推动情节的发展等等。景物描写包括自然环境描写和社会环境描写。

A. 自然环境描写，是对山川草木等自然风光的描写，它在文章中能起到烘托环境、寄托写作主体的思想感情、推动情节发展的作用。描写自然风景要注意确定观察点，选好描写角度。

B. 社会环境描写，就是对时代背景、社会风俗以及人物活动场所等方面的描写。人总是在一定的社会环境中生活的，描写了这个环境，就交代了人物活动的背景，写明了事件发生的时间地点，同时也渲染了环境气氛，增强了文章的真实性。社会环境描写的内容较广，包括人物活动的场所（城镇、农村、学校、厂矿等）、住宅内外的装饰、地方风土人情、人与人之间的关系等等。

③场面描写，就是对一个特定时间、地点内，众多人物活动的总貌的描写。如劳动场面、战斗场面、娱乐场面、运动场面、会议场面等。场面描写是自然景色、社会环境与人物活动等描写手段的集中表现。场面描写以写“动”为主，在动态中求特征。

（2）根据描写的风格，描写可以分为白描和细描

①细描，就是用极细致的笔法，精细地描绘人物和事物，犹如绘画里的工笔画，一笔一画地进行刻画，重在细腻逼真。细描文字绚丽，色彩斑斓，在描写中常运用比喻、拟人、夸张等修辞手法。

②白描，就是对描写对象做粗线条的勾勒。“白描”一词源于绘画，是绘画中用墨线勾勒、不着颜色、不加渲染的画法。白描不尚修饰，而是以质朴的文字，寥寥几笔就描绘出对象的主要特征。它的特点就是简洁传神，鲁迅概括为“有真意，去粉饰，少做作，勿卖弄”（《作文秘诀》）。

(3)根据描写的角度,描写可以分为直接描写和间接描写

①直接描写又叫正面描写,就是写作主体直接面对描写对象,做正面的刻画。较之于间接描写,直接描写的方法运用得更普遍。

②间接描写又叫侧面描写,它是通过对与描写对象有关的人、事、景物的描写,间接表现描写对象的一种方法。古人说:"山之精神写不出,以烟霞写之;春之精神写不出,以草树写之。"(刘熙载《艺载》)这一"烘云托月"法,就是间接描写。间接描写可以把不易或不必直接描写的某些内容表现出来,从多方面表现描写对象,从而丰富文章的内容,激起读者的想象和共鸣,增强文章的艺术效果。

3. 运用描写的要求

(1)目的明确

描写一定要有明确的目的,为刻画人物,表现主旨服务,切不可为描写而描写。

(2)特点突出

描写出对象的特点,形象才能鲜明突出。如果泛泛而写,即使写得具体、细致,也不能给人留下深刻的印象。

(3)形神兼备

描写事物,不仅要形似,而且要神似。"形",是指事物外在的状貌、特点;"神",是指事物内在的精神、实质。在描写中,要注意将两者有机地结合起来,做到形神兼备。

(三)抒情

1. 抒情的含义

抒情就是抒发感情。写作主体对所要表现的对象产生了一定的感情,把这些感情抒发出来,诉诸文字,就是抒情。白居易说"感人心者,莫先乎情",抒情的作用在于以情动人,引起读者的共鸣,增强文章的艺术感染力。

各类文章都离不开抒情,只是抒情的情况和方式有所不同。鲁迅说"能爱能憎才能文",但这并不意味着写作主体只要有了爱憎分明的感情,他的感情就可以感染人,引起人们的共鸣。在写作中,我们要根据文章样式的特点和内容的需要,选择恰当的方法来抒发感情,做到文情并茂,情理统一。

2. 抒情的种类

(1)直接抒情

直接抒情就是直抒胸臆。它不借助任何附着物,不讲含蓄委婉,只是把感情直截了当、毫无遮掩地倾泻出来。直接抒情在诗歌中用得较多。在一般文章

中，通常是要做些铺垫后再直接袒露浓烈的情感，通篇都是直接抒情的文章是极少见的。

(2)间接抒情

间接抒情是依附于事、依附于景、依附于理的抒情，指在叙述、描写、议论中渗透着感情，使感情自然地流露出来。它不是停下叙述、描写和议论，插入写作主体的抒情，而是让情感融入字里行间。间接抒情有以下三种方式：

①依附于事的抒情，即通过叙述来抒情，寓情于事，叙中含情。融入了抒情的叙述，不像一般叙述那样对事件的介绍比较完整、详细。由于因事而动情，以情行文，因此，它不重事件的精细、完整，对事件的叙述往往是粗略的轮廓。

②依附于景的抒情，即通过描写来抒情，把写景与抒情结合起来，寓情于景，情景交融。“一切景语皆情语”，这种抒情方式是描写和抒情两种表达方式的结合，是为了给无情的景物涂上主观感情色彩，使抽象的感情容易被人理解和接受。

③依附于理的抒情，即通过议论来抒情的，其特点是“情”和“理”的统一。人们常说的“抒情性议论”，指的就是这种抒情方式。它与一般的议论不同，通常不需要交代论据，不要进行论证，只是带有感情色彩和哲理意味的片断。

直接抒情和间接抒情比较起来，文章中更多的是运用间接抒情。这是因为人的感情是抽象的，直接抒情容易失之空泛，难以引起读者的共鸣，而间接抒情则将感情依附于叙述、描写、议论中，使抽象的感情成为可以被人再体验、再理解、再认识的事物，因而比直接抒情的效果要好。

3.运用抒情的要求

(1)感情健康

文章中抒发的虽然是个人的喜、怒、哀、乐，但文章是写给人看的，必须考虑社会效果。再者，并不是所有的真情都是健康的，文章要以高尚的情操去感化人、陶冶人。

(2)真挚自然

抒情是手段，不是目的。要使抒情能够达到感染人、激励人、教育人的目的，写作主体抒写的必须是发自内心的真情实感，并且这些感情是自然而然地流露出来的。文章所抒发的感情越真挚自然，就越能收到感人的效果。虚假和矫饰的感情是抒情的致命伤。

(3)服从主旨的需要

在文章中，抒发什么样的感情，用什么方式抒情，要根据文章的内容和表现主旨的需要确定，抒情应是势在必吐，不吐不快，不要为文造情。

（四）议论

1.议论的含义

议论就是对客观事物进行评论，以表明作者的观点和态度，就是我们平常说的讲道理、论是非。议论是议论文体的主要表达方式，在记叙文体和说明文体中，有时也兼用议论。但是这两种议论属于不同性质。在议论文中，议论是一种主要的行文方式，要求论点明确、论据充分、论证周密。在记叙文体和说明文体中，议论只在叙述、描写、说明的过程中画龙点睛式地出现，而且要直接表达态度、观点，不需要进行证明。

2.议论的要素

一段完整的议论常常包含着论点、论据和论证三要素。

（1）论点

论点也叫论断，是写作主体对论述的问题提出的主张、看法和表示的态度，它解决“证明什么”的问题。论点是议论的核心和目的。

（2）论据

论据是用来证明观点的材料，它解决的是“用什么证明”的问题。常用的论据有事实和理论两大类，事实论据包括重要史实、典型事件、统计数据等；理论论据包括经典言论、科学原理以及格言、警句等。

论点要靠论据来证明。一个论点，只有被充分证明了的时候，才能被认为是正确的，才能具有说服力，因此，议论必须认真选择论据。选择论据要注意恰当地处理好两个问题：无论是事实论据，还是理论论据，都必须是经证明真实无误的；论点和论据之间必须有必然的本质的联系。

（3）论证

论证是运用论据证明论点的过程和方法，它解决的是“怎样证明”的问题，要按照一定的逻辑关系，把论点和论据组织起来，证明论点是正确的。论证也是论述的方法，即采用各种方法具体说明论点与论据的内在联系，使观点和材料得以统一。

3.论证的方法

（1）例证法

例证法是用事实作论据，举例证明的论证方法，类似于逻辑推理中的归纳推理。“事实胜于雄辩”，运用例证法，要注意：所举的事实必须是真实、典型的，能为人所理解和接受；要对事实进行必要的分析；不可堆砌材料。

（2）引证法

引证法是引用理论论据来证明论点的论证方法，类似于逻辑推理中的演绎推理。运用引证法,可以使议论具有权威性,能收到令人信服的效果。运用引证法要注意引用不宜过长;不能以别人的观点来代替自己的论述;要准确,不要断章取义;要与举例、分析结合起来,这样可以取得更好的效果。

(3) 对比法

对比法是通过事物之间的比较来论证问题的方法。对比法能突出事物的本质,给人以鲜明的印象和有益的启迪。对比可以"横比",即两种对立的事物的比较;也可以"纵比",即同一事物的前后比较。运用对比法要注意:比较的双方应该是性质截然不同的事物或道理,以形成鲜明的对照。

(4) 类比法

对比法是根据已知事物的某种特点,证明类似的另一种事物也会有某种特点的论证方法,类似于逻辑推理中的类比推理。类比法富于启发性,它深入浅出,能起到触类旁通的作用,使读者易于领悟抽象的道理,可使文章写得简洁、生动。运用类比法要注意:必须是同类事物进行类比;所比的类似点,必须属于事物的本质属性。

类比与比喻不同,比喻的双方是完全不同类的事物,两者之间没有本质的内在联系,仅仅在某一点上有相似之处;类比的双方则是同类事物,两者具有本质上的相同点。

(5) 反证法

反证法是从相反方面建立新的论点来进行论证的方法,属间接证明。在立论中,反证法是通过证明与自己论点相反的论点的错误,来表明自己论点的正确。在驳论中,反证法则是通过证明与对方论点相反的论点的正确,来指出对方论点的错误。运用反证法要注意:在议论中必须有两个完全对立的观点,否则就无法从反面进行论证。

(6) 归谬法

归谬法又称"引申法",就是先假设对方的论点能够成立,然后加以引申,结果得出一个荒谬的结论,从而证明对方的论点是错误的。它在驳论中经常使用,是一种间接反驳论点的方法。归谬法的特点是欲擒故纵,对一些似是而非的论点的批驳,有时比正面论证更为有力。

4. 运用议论的要求

(1)以论点为核心

论点是写作主体对所论述的问题做出的判断,是议论的核心和目的,在议论的"三要素"中居于中心地位。议论要始终围绕论点选择论据、进行论证。

确立论点应做到:准确,即言之在理,切合实际;深刻,即能揭示事物的本质和深层意义,新颖,即意必己出,有独到见解。

(2)选择典型论据

典型论据，即有代表性、有说服力的论据。论据当然要证明论点，但是不能满足于能够证明论点，而是要能够有力地证明论点。因此，需要精心挑选具有普遍意义的论据，以求一而当十。

(3)合理分析论证

论证固然有多种方法，但是议论中的论证并非简单地运用论证方法的问题。所有的论证过程，都是具体分析的过程，就是把所要论述的问题分成若干部分，找出这些部分的本质属性和彼此之间的关系。在运用论据证明论点时，也要通过对论据，特别是重点论据的具体分析，使论据与论点紧密结合。

(五)说明

1.说明的含义

说明，就是用简洁明了的文字，对事物的形状、性质、特征、成因、关系、功用等进行解说介绍的表达方式。

在说明文中，说明是主要的表达方法；在记叙文中，说明一般被用来介绍背景、人物经历、事物的特点、用途等；在议论文中，说明被用来对一些知识概念进行注释性的介绍。说明的对象可以是具体的事物，也可以是抽象的事理。

2.说明的方法

(1)定义说明

定义说明是对于一种事物的本质特征或一个概念的内涵与外延的确切而简要的说明。这是一种比较科学、严密的说明方法，它既说明了对象的本质特征，也确定了该事物的范围与界限，使它与别的事物区分开来。下定义要注意，不能用比喻，不能用否定形式，不能同语反复。

(2)诠释说明

诠释说明就是对事物做简要概括的解释，诠释说明不像下定义那样要求揭示概念的全部内涵，它只要揭示概念的部分内涵，在用语上不像下定义那样要求高度的概括和准确，而是比较自由灵活，因而在说明文中被较多地采用，与定义说明互为补充。

(3)举例说明

举例说明就是举实例来说明事物。它能把抽象、复杂、深奥的事物或事理通过具体事例变得明晰浅显，使人容易理解。采用举例说明的方法要注意所举例子要典型，能够充分说明问题，并力求生动、具体，有一定的启发性。

(4)分类说明

分类说明是将事物按一定的标准划分成不同的类别，分别加以解说的方法。分类说明法既可以使人对事物的概貌有所了解，又能说明对象的各个局部。运用分类说明方法要注意，分类要有统一的标准，每次分类只能用一个标准，不能随意变换；由类所分出的种之间的关系应为并列关系，不能互相包容，而且不能遗漏。

(5)比较说明

比较说明就是运用比较的方法来解说事物的特征。对一些比较复杂或不为人所熟知的事物，进行直接的说明，往往会使人感到抽象，而用比较法，可以收到事半功倍的效果。将两种可以做比的事物相比，显示其特征，叫“横比”；将同一事物的不同阶段、时期的情况做比较是“纵比”。运用比较说明要注意：拿来进行比较的事物，彼此之间一定要有可比之处。

(6)数字说明

有些事物或事理可以从数量上表现出它的特征和本质，运用数字说明能收到既科学、精确地解说事物，又使读者获得具体、明确的认识的效果。运用数字说明时，确切的数字应该做到准确无误，来源可靠；估计的数字也要有根据，要力求近似。

3.运用说明的要求

(1)善于抓住重点

什么是说明的重点？首先，说明的重点在于对象的客观属性，说明的目的是传授知识，这就决定了它摄取材料的角度具有客观性，摄取的重点对象是反映事物事理客观属性的材料。其次，说明的重点在于该事物区别于其他事物的本质特征，这部分需要详写，其他的非本质的东西应该略写。

(2)合理安排顺序

针对不同的对象进行说明，需要遵循不同的顺序。说明实物和程序，多以自然顺序为主，如按照空间变换、时间推移、整体到局部、外观到内部等的顺序进行。说明事理，多以逻辑顺序为主，如按照因果、主次、并列等的顺序进行。

二、锤炼语言

锤炼语言，就是对语言进行精心选择和加工。选择加工语言的目的就是为了准确鲜明地反映事物，得心应手地表达思想感情。要提高驾驭语言的能力，就必须在写作中不断对语言进行锤炼，正如作家孙犁所说：“从事写作的人，应当像追求真理一样去追求语言，应当把语言大量贮积起来，应当经常把你的语言放在纸上，放在你的心里，用纸的砧，心的锤来锤炼它们。”(《文艺学习》)

锤炼语言的基本要求是：准确、简洁、生动。

（一）准确

语言的准确指的是语言表达与对象基本一致、互相吻合，即“词意相符”。语言的准确性，是运用语言的最基本的要求。福楼拜教授莫泊桑的“一字说”就是从准确性的角度对语言提出的要求。他说：“你所要说的事物，都只有一个词来表达，只有一个动词来表示它的行动，只有一个形容词来形容它。因此就应该去寻找，直到发现这个词，这个动词和这个形容词，而绝不满足于‘差不多’……”

怎样才能使语言准确呢？

1.用语要贴切

（1）正确认识对象

动笔前要将写的内容想清楚，正确认识所要反映的客观事物，把握对象的基本特征。

（2）仔细辨析词义

汉语的词汇是十分丰富的，它的丰富性，尤其体现在近义词的丰富。那些意义相同或相近的词，差别十分细微，甚至仅有语意轻重程度不同或者感情色彩等方面的区别。这就需要仔细分辨它们之间的细微差别，选择贴切的词语来表意。如果用得不得当，就会影响思想感情的表达。

（3）切合语体特点

所谓“语体”，是指语言在不同体裁的文章中长期形成的体式特征。书面语言在不同的文体中，有不同的语体色彩，如新闻语体、文艺语体、政论语体、科技语体、公文语体等等。写作时，应根据所写的文体来正确选用词语。

（4）不要生造和滥用词语

生造是指任意杜撰现代汉语中没有的、谁也不懂的词语；滥用是指对词义不理解或误解而胡乱使用，这样都会造成用语不准确的错误。

2.语言要合语法

语法是遣词造句的法则，文章是由许多词语排列组合而成的，这些组合是否合乎规范、合乎法则，对文章表现的内容有至关重要的作用。只有结构完整、搭配得当、语序合理、关系明确的语言组合，才能准确地表达完整的思想。反之，如果语言组合颠倒错乱，不合规范，表意就不会准确。

3.语言要合逻辑

逻辑是人们思维的规律，合乎逻辑，就是要符合思维的规律，符合事理。有些语言，虽然无语法错误，但不合事理，同样也会使语言出现毛病。

(二)简洁

语言的简洁指的是用最少的文字表达尽可能多的内容，就是古人所说的“文约而事丰”。语言不简洁，拖泥带水，不仅令人生厌，而且妨碍文章思维内容的表达，破坏了文章的可读性。

怎样才能使语言简洁呢？

1. 下笔前多思考

文章语言要简洁，绝不只是“笔”头的功夫，关键还是在“想”上。只有想得清楚，才能写得精粹；只有想得透彻，才能写得简洁。因此要使语言简洁，就必须注意思维的训练。

2. 行文时反复推敲

要尽量节省用字，提炼最精粹、最富有表现力的词语，用在最恰当的地方，注意选用含蓄的词语，不要把话说尽。可以适当地选用一些有生气的、表现力强的文言词语和成语典故，使文章语言简洁、干练。

3. 写完后多加修改

鲁迅说：“写完后至少看两遍，竭力将可有可无的字、句、段删去，毫不可惜。”（《答北斗杂志社问》）

(三)生动

语言的生动指的是语言新鲜活泼，形象具体，遣词造句富于变化，具有吸引人的魅力，能把事物写活。古人说：“言之无文，行而不远。”（《左传》）语言生动有文采，才能吸引人、感染人。

那么怎样才能使语言生动呢？

1. 注意词语的形象化

注意多选用具体形象化的词语绘声绘色地反映事物，如选用动态的词语，能够具体生动地反映客观事物，给读者以真切的感受。

2. 语言要富于变化

用词上要避免重复，应根据表情达意的需要，活用词语，增强语言的表现力。如活用词义，活用词类，扩展成语等。句式要富于变化，根据不同的内容选用不同的句式，这样可以使语言生动、活泼，有起伏，有变化，增强文章的表现力。

3. 注意运用群众的语言

群众的语言包括口语、俗语、谚语、歇后语等。这些语言生动活泼，富有表现力。应当认真向人民群众学习语言，像鲁迅所说的：“将活人的唇舌作为源

泉，使文章更加接近口语，更加有生气。”（《写在〈坟〉后面》）

4.适当运用修辞手法

在文章中，适当地运用比喻、夸张、拟人等修辞手法也可以使文章生动活泼。使用修辞格式，要注意两点，一是要注意不同的辞格的不同要求，如比喻要求新颖贴切；夸张要求合情合理；二是不能滥用，“要老老实实先把话写清楚了，然后再要求生动。要少用修辞，非到不用不可的时候才用”（老舍《关于文学的语言问题》）。

总之，“工欲善其事，必先利其器”。要想写好文章，就必须努力提高语言素养，熟练地掌握和运用语言这一工具。

第二节　运　技

一、运技的含义

运技，指的是为了更好地表情达意，运用一些具体的写作技法，并表现出一定的写作技巧。

技法和技巧是互相关联，又是属于不同层次要求的两个概念。写作的技法指的是文章表达的技术和方法，而技巧则是运用写作技法所体现的精巧的技能。从特征来说，写作技法具有相对的稳定性和公用性。一种技法一经形成后，便可以在文章写作中反复地使用，可以在不同的文章里运用。相同的内容可以运用不同的技法去表现，相同的技法也可以表现不同的内容。技法是在众多写作主体不断的借鉴、反复的运用中逐渐趋于成熟和稳固，成为大家乐于遵循和使用的原则和方法的。技法的这种可重复使用以及被普遍运用的特性就是它的稳定性和公用性。而写作的技巧关键是一个“巧”字。所以它更多地体现为创造性和个性化。写作的技巧是写作主体创造性思维的产物，是对写作的技法，经过反复的写作实践后熟练地掌握并灵活艺术地运用的技能。任何一种技法可以由大家共用，但一种技法运用的熟练程度和巧拙程度，却是一个写作主体个性化的创造，也是写作主体长期的写作经验积累的结果。同样，写作的技巧也是写作主体丰富的生活经验、长期的写作实践以及艺术才能和智慧的高度集中的表现。例如“含蓄”，这是传统文论中所谓的“隐”和“藏”，是一种重要的艺术手法。含蓄不是把对生活的感受和深刻的思想直叙于笔端，而是在叙述、描写中将写作主体的观点、态度寄寓进去，就是司马光《温公续诗话》中所说的“古人为诗，贵于意在言外，使人思而得之”。鲁迅将这种含蓄的手法称为曲笔，古今中外许多作家都常用这种技法。但在鲁迅的文章中，这一技法可以说已成为一种“鲁迅笔法”。

总之，明确写作的技法、技巧这两者的联系和区别，可以使我们懂得：一方面，技法是可以通过借鉴和模仿习得的，要有意识地运用于文章写作中；另一方面，写作不能墨守成规，一味因袭前人的技法，必须在写作实践中创造性地运用技法，在历练中形成技巧。

二、常用技法举隅

（一）传统技法

传统技法是我国古代文章写作和文学创作所惯用的，至今仍具有艺术表现力而被人们所广泛使用的技法，是中华民族几千年文明史中极其宝贵的民族文化遗产。学习写作，如果没有对传统技法的学习和借鉴，是不可能学好的。传统技法存在于各种文体的写作过程中，炼意、谋篇、描写、叙述、抒情、议论、语言表达等都有多种多样的技法，各种文体也有各自的写作技法。下面简单介绍几种：

1. 比兴

比兴是我国古代诗歌创作常用的传统技法。所谓“比”也就是比喻；所谓“兴”，按朱熹的话就是“先言他物以引起所咏之物也”，常用于诗歌或诗节的开头。有时比兴也用在散文和杂文的写作中，就是我们常说的“托物言志”的手法。运用比兴的手法，可以创造寓意深刻的意境；比兴的形象可以作为文章构思的焦点，抒情写意的依据，谋篇布局的线索脉络。

2. 文眼

文眼是文章思想内容的核心，围绕文眼炼意谋篇，可以使主旨更为深刻，选材更为集中。文眼也称之为“一字立骨法”，如李密的《陈情表》立足一个“孝”字，柳宗元的《捕蛇者说》揭示一个“毒”字，欧阳修的《秋声赋》抒写一个“悲”字。

3. 指点

指点是对文章的旨意或某些内容直接、间接地予以说明、点染，表现、揭示文章主旨的一种艺术手法，也称点睛法。指点有明确指点、含蓄指点、反复指点三种方式。运用指点法，要注意点睛之笔必须文字精练，含意深邃，富有概括力、表现力和启发性。

4. 烘托

烘托原是中国的一种传统画法，如画月亮往往用云彩加以映衬，因此也叫“烘云托月”法。烘托法一般用于描写，是一种侧面描写的方法。烘托法可分为这样几种类型：一是对照，即把两种事物或一种事物的两种状态放在一起，通过比较差异，使描写的对象得到烘托和强调。如《故乡》中将活泼、英俊的少年闰土形象与眼睛红肿、表情麻木的中年闰土对照。二是反衬，即从相反相逆的方面将事物进行对照，比较衬托，形成鲜明的反差。如“蝉噪林愈静，鸟鸣山更幽”，以动写静，以动显静。三是陪衬，即俗话说的红花虽好还要绿叶衬。它是用一两个事物或更多的事物去对某一事物进行特别的渲染与强调。

5. 悬念

悬念是叙事性作品和文章中常用的一种结构形式。在古典小说中称之为“扣子”和“关子”，是用设悬置疑的方法来处理情节结构。运用悬念能使文章波澜起伏，引起读者阅读和思考的浓厚兴趣，从而取得“出奇制胜”的艺术效果。

（二）写作中的辩证艺术

写作的辩证艺术是辩证法和对立统一规律在写作中的运用。它构成文章的各方面，贯穿在写作过程中的各个环节。例如：立意上的正与反、虚与实、隐与显；选材上的点与面、多与少；结构的张与弛、曲与直；叙述的疏与密、断与续；议论中的破与立；笔调上的哀与乐、冷与热，风格上的刚与柔、雅与俗等等。我国传统写作非常讲究辩证艺术，历代文论家都做过很多研究和论述。学习写作的人，必须懂点辩证法，学习和掌握写作的辩证艺术。下面选几种主要的加以简单的介绍。

1. 虚与实

虚与实是一切文学艺术广为运用的艺术表现手法，也是美学领域里重点研究的课题之一，是我国传统美学思想中运用、探讨得较多的一对概念。简单地说虚写就是抽象地写，即采用侧面烘托、暗示等方法抽象地表现事物，为读者留下广阔的想象空间；实写就是对反映对象做正面的直接的叙述和描写。

虚写与实写，是相反相成、相辅相生的。在一般情况下，以实的手法写出实有，以虚的手法写出虚拟。虚与实所关涉的具体表现手法是多方面的。比如有与无、静与动、繁与简、隐与显、形与神等都体现了虚实之间的关系。在写作中，虚实都是结合在一起互衬为用的，可以采取“以虚写实”“化虚为实”，或者“以实写虚”“化实为虚”的写法，使文章收到更好的艺术效果。

在运用“虚实结合”法时要注意，虚写要以实写为基础，如果只是一味地虚写，没有对事物的实写，就会使文章流于空泛；实写要与虚写相结合，如果一切事物都做实写，就容易使文章写得呆板平淡，缺少变化。只有虚实相结合，文章才能显出多姿多彩、富于变化的艺术魅力。

2. 点与面

点与面的关系体现的是局部与整体、一般与个别的辩证关系，就是指既要注意对整体的面的表现，又要有局部的点的刻画，使二者互相补充、和谐统一。因此，在运用点面结合的写作技法时，要注意二者之间的辩证关系，要注意在面的整体中写点，在点的基础上写面，切不可点面游离相间，互不相关或相互抵触；要注意选择富有特征的局部来表现整体，使文章的总体神韵与全文的主旨得以充分的显现。

3. 疏与密

疏与密体现的是表达的详略问题。疏就是略写，即对表现对象的形貌和状态做简略的勾勒。密就是详写，即对表现对象精雕细刻，细致描述。疏与密的辩证艺术在写作中表现为疏密相间，详略配置得当，安排合理，疏而不散，密而不滞，疏中有密，密中见疏，二者相互映衬，相得益彰。

运用疏密法要注意：必须从表现文章主旨的需要出发，要根据材料的主次轻重来确定详略。疏密配置合理，才能使主旨突出，形象丰满，达到错落有致、匀称和谐的艺术境界。

4. 抑与扬

人们对客观事物的认识总是有一个由表及里、由现象到本质的过程，这是人认识事物的规律，而抑扬互用的技法就是人们这种认识规律的体现。

抑，就是压低、贬斥；扬就是抬高、褒扬，抑扬法即通过对表现对象的褒贬感情之间的互相转化，表达出作者或褒或贬、或爱或憎的思想感情。抑扬法主要有两种类型：欲扬先抑，欲抑先扬。

"抑"和"扬"是相辅相成的。前面的抑(扬)是手段，后面的扬(抑)是目的，是本意。只有压得低，才能抬得高；捧得高，才会摔得重。抑扬对立，相互生发，可以使文章曲折多变，波澜起伏，增强文章的艺术效果。另外，由于抑扬陡转，既给人造成强烈印象，又能不断推出新意，增强文章的思想力量。运用抑扬法需要注意前后抑扬的内容要有本质上的联系，要符合生活的逻辑和人们认识事物的规律，只有这样，才能使文章真实可信，生动鲜明。

5. 张与弛

文章的张与弛，是指节奏的紧张与迟缓。张，就是用快速流动的笔法记叙紧张激烈的情节、场面；弛，是用缓慢流动的笔法记叙轻松舒缓的内容。张弛法就是在文章中将张弛两种内容交错穿插，疾缓两种笔法交替使用，使文章的节奏有紧有松，跌宕多姿。

张弛法的产生也是生活对作者的启示。一张一弛，是客观世界的普遍现象。山峰有高低，流水有缓急，事物总是有节奏地向前发展，不可能一张到底，一松到底。在运用张弛法时,要注意张弛相间,松紧适度。

三、技法和技巧的习得

学习研究并运用技法和技巧是从事写作的人一项不能缺少的任务。技法和技巧不是一朝一夕就能掌握的,需要一个较长的学习的过程和通过一定的途径才能获得并掌握。

(一)从生活中习得

文章是现实生活的反映,从根本上说写作的技法和技巧就是反映生活的技法和技巧。正如柳青在《生活是创作的基础》一文中说的:"技巧从哪里来的呢?一般地认为,技巧从别人书里学来的,前人的书或是现代人的书。其实呢?其实,技巧主要地也是从研究生活来的。"技法和技巧的形成和创新主要来自对生活的体验与研究。自然界和社会生活中本身就存在着充满了美感的技法和技巧形式:果实有中心的核,幼芽的花瓣呈对称状,红花是靠绿叶来映衬,云彩烘托了月亮的美,蓝天白云色彩鲜明对照;社会生活中,偶发的事情往往充满了悬念和巧合、幽默和夸张,等等。这一切都要靠我们到生活中去观察、去体验。写作中的技法和技巧首先是由人们对生活的研究而获得的。离开了生活,学习技法和技巧就变成了无源之水。

(二)从优秀范文中习得

借鉴和学习优秀范文,尤其是研究借鉴古今中外文章大家的技法和技巧,是学习技法和技巧的又一条重要途径。前人的写作技法和技巧是他们写作经验的结晶,是一个代代相传、不断丰富发展的艺术传统,学习技法和技巧绝不能割断传统。

在学习古今中外的优秀文章和作品时,要注意从两方面入手,一是要认真研读文章,直接从作品中去体会写作主体运用了什么技法和技巧,是如何运用的。二是要阅读评论家分析、评价的文章。在具体学习研究中将这两种方法结合起来,既学习到了技法和技巧,又提高了自己分析作品的能力。因为学会分析作品也是学习技法和技巧的一个途径。

(三)在写作实践中习得

技法和技巧不仅仅是一种知识,更重要的是一种能力。要把知识转化为能力,唯一的途径就是实践。在反复的写作实践中,学习、掌握运用技法和技巧的基本功。对于技法和技巧的练习,不必先急于写出完整的作品,可以多做各种单项练习。如人物肖像描写中的白描与细描，具有幽默色彩的语言描写，一段观察记录等等。总之，技法和技巧的习得是一个由不会到会，从不熟练到熟练的过程，是一个从必然王国到自由王国的过程。必须经过“生”“熟”两个阶段最后到达“化”的境地。所谓“化”就是能创造性地运用技法，并臻于熟能生“巧”，最后进入到“无技巧”的境界。

第三节　润　改

一、文章润改的重要意义

(一)润改是提高文章质量的重要步骤

文章润改，一般是指初稿写出后直到定稿的一个加工过程，这是写作中不可缺少的环节。这一过程，也是对写作内容不断加深认识，对表现形式不断选择润色的过程。从认识论来说，人对事物的认识，需要经历一个反复研究、逐步深化的过程。这个过程体现在写作中，就是对文章进行反复的润色加工。文章的质量就是在这一次又一次的润改中得以不断提高的。

(二)润改文章是对读者负责的表现

文章是写给人看的，就有一个对读者负责的问题。写文章要考虑文章的社会效果。老舍在《我怎样学习语言》中说：“写完了，狠心地改，不厌其烦地改，字要改、句要改、连标点都要改，毫不留情。对自己宽大便是对读者不负责。”对读者负责就是对社会负责。一个有责任感的作者，绝不会把未经仔细润改加工的文章拿出去发表，而应把优秀的文章献给读者。

(三)润改是提高写作能力的途径

润改的过程，是主体在写作中不断发现问题、解决问题的实践过程。在这实践中，不仅提高了写作主体发现问题、认识问题的能力，也锻炼了写作主体解决问题的能力，所以，润改是提高写作能力的重要途径。

总之，要重视文章的润改。从某种意义上说来，好文章不是写出来的，而是“改”出来的。契诃夫说过：“写得好的本领，就是删掉写得不好的地方的本领。”“披阅十载，增删五次”，《红楼梦》就是曹雪芹一词一句雕琢出来的。

二、文章润改的范围

润改文章，不外乎从两个方面考虑：一是思想内容，二是表现形式。从文章的构成因素来看，润改的范围包括：锤炼主旨、增删材料、调整结构、推敲语言。

（一）锤炼主旨

人的认识总是由浅入深的，文章的主旨的确立也就相应地有一个逐渐深化的过程，这种深化就是一种修改。修改主旨的主要任务就是寻求主旨的完善，使它在原有的基础上更加准确、集中、新颖、深刻。

对主旨的修改和提炼，是一项复杂的工作。在修改中，要注意从全局出发，要从文章的全部材料和整体构思上考虑和开掘，绝不能只见点，不见面，只看局部不看整体。

（二）增删材料

文章的初稿，对材料的运用可能不是十分恰当的，这就需要在润改时进行增删；随着主旨的深化和变动，也需要对材料进行相应的调整。润改文章时，必须认真分析材料的质量和数量，要根据表现和突出主旨的要求，增加必要的材料和删去多余的材料。

（三）调整结构

一篇文章的主旨是否鲜明突出，材料与观点是否和谐统一，内容和形式是否协调一致，这些都与结构安排得是否合理、匀称有关。因此，如果发现结构有残缺不全、松散混乱和次序倒置等情况，就要进行修改，使文章条理更清楚，结构更完整严密。

（四）推敲语言

文章的内容要靠语言表达，要使语言表达得准确、简洁、生动，就必须下功夫推敲语言，咬文嚼字，反复润色修改。语言润色的范围是相当广的。如把不确切的改为精确的；把含糊其辞、啰嗦冗长的改为简洁、明白的；把枯燥干瘪的改为生动形象富于表现力的；把不合语法事理的改为合理通畅的。

三、文章润改的方法

文章润改的方法因人而异，因文而异。但往往都要做到以下四个结合：

(一)整体和局部结合

整体,指文章的全局,即主旨和全文的布局;局部,指文章中的某些材料、段落、语句。修改时,应将整体和局部结合起来考虑,从全局看部分,从部分看全局,不要孤立地看问题。修改主旨,还要看各部分材料是否能体现主旨;修改局部内容,从全文需要出发,把它放在整篇文章具体的语言环境中来考虑,这样才能决定字词句是否有修改的必要。例如,某个段落从全局看是多余的,应该删去,但如不从全局着眼,只是孤立地看到这个段落语言有毛病而加以润色,结果就是白费力气。

(二)润改和再调查相结合

在润改过程中,会有一些问题需要再调查、再研究,调查研究应贯穿于润改的全过程。润改中发现问题,不能凭主观想当然地修改,应把润改和调查结合起来,调查研究之后再润改,才能使问题得到真正的解决。润改是一项艰苦细致的工作,绝不能怕麻烦、图省事,不花功夫是收不到好的效果的。

(三)自己润改和他人润改相结合

润改文章应以自己动手润改为主要表达方式,同时也可以请人帮助润改,两者结合,效果会更好。因为对自己的文章往往是"当局者迷",不易发现问题,而旁观者清,能较快地发现问题。

(四)"热处理"和"冷处理"相结合

"热处理"是初稿写好后,趁热打铁,及时润改;"冷处理"即将初稿写完后,放一段时间,等头脑冷静后,再润改。这两种方法不必截然分开,可以根据个人的写作习惯结合使用。

思考与练习

一、以叙述为主要表达方式,写一篇《我的小传》。

二、指出下列各段文字各属于哪一种表达方式,运用了哪一种具体方法。

(一)他长得很矮,看样子顶多也不过十八岁。圆的脸,大眼睛,下巴上有一道细长的疤痕,显然是子弹掠过时留下的纪念。

(二)雪景是那样庄严,尤其是在黄昏,大地上那种单纯的、无边无际、模模糊糊的白色,会使人的内心变得非常恬静和谐。感情丰富的人,会在这样的时刻产生诗的联想、画的意境、音乐的旋律。以前，每当在这样的时候，我总爱一个人默默地踩着绒毡一样的积雪，在田野里漫无目的地走动，心中充满了喜悦的感情。我常常在黄昏里，面对白皑皑的山峦，不由自主地微笑；或者故意在村前小河积雪的冰面上徜徉，好让自己在不知不觉中滑倒，陶醉在一种难言的舒服之中。

（三）小芹今年十八了，村里的轻薄人说，比她娘年轻时候好得多。青年小伙子们，有事没事，总想跟小芹说句话。小芹去洗衣服，马上青年们也都去洗；小芹上树采野菜，马上青年们也都去采。

（四）天气愈冷了，我不知道柔石在那里有被褥不？我们是有的。洋铁碗可曾收到了没有……但忽然得到一个可靠的消息说柔石和其他二十三人，已于二月七日夜或八日晨，在龙华警备司令部被枪毙，他的身上中了十弹，原来如此！……

（五）他（指刘半农）的浅，却如一条清溪，澄澈见底，纵有多少沉渣和腐草，也不掩其大体的清。倘使装的是烂泥，一时就看不出它的深浅来了；如果是烂泥的深渊呢，那就更不如浅一点的好。

（六）上海的教授对人讲文学，以为文学当描写永久不变的人性，否则便不长久。例如英国莎士比亚和别的一两个人所写的是永久不变的人性，所以至今流传，其余的不是这样，就消灭了云。

这真是所谓"你不说我倒是明白，你越说我越糊涂了"。英国有许多先前的文章不流传，我想，这是总会有的，但竟未想到它们的消灭，乃因为不写永久不变的人性。现在既然知道了这一层，却更不了解它们既已消灭，现在的教授何从看见，却居然断定它们所写的却不是永久不变的人性了。

（七）画家画花独画一枝，总要留点天地，让欣赏者自己去遐想；演员演戏，"三五步走遍天下，七八人百万雄兵"，并不要把什么都搬到台上；诗人作诗，讲究含蓄，"言有尽而意无穷"；音乐家演奏，抑抑扬扬，有时"无声胜有声"。一堂好课，应该兼采画画、演戏、作诗、奏乐的诀窍，言简意赅，给学生留点思考的余地；不越俎代庖，给学生一点自己动手的机会；引而不发，激励学生的勇创精神；再加上生动形象，引起学生浓厚的兴趣。这样，教学就成了一门艺术。

（八）有人说，自然科学本身是有阶级性的，这完全是胡说。自然科学研究的对象是自然界，它的理论、观点、学说、定理以及一切法则，都是自然界运动规律和本质联系的反映。因此，就自然科学本身来说，是没有阶级性的。如果自然科学本身有阶级性的话，那么，无产阶级和资产阶级关于使用电灯的原理、技术就应该截然不同，祖冲之和奥代关于圆周率的发现就应该完全是两样。

（九）城市热岛效应是指当城市发展到一定规模，由于城市下垫面性质的改变、大气污染以及人工废热的排放等使城市温度明显高于郊区，形成类似高温孤岛的现象。城市热岛效应在人口密集、经济活动强度大和建筑物密集的地区表现明显，它提高了城市温度，降低了城市舒适度，影响了城市居民的健康，也增加了居民的经济负担。

三、请指出下列两段议论犯的是什么错误。

（一）当年有人为反对哥白尼的新的天体学说，证明“太阳只能绕地球转”，做了如下的议论：“如果把地球比做一个房子，太阳就是照亮这个房子的火把，人们只能搬动火把去照亮房子，哪有搬动房子让火把照的道理？因此，太阳只能绕地球转。”

（二）鲁迅在《论辩的灵魂》中有段议论：“你说谎，卖国贼是说谎的，所以你是卖国贼。我骂国贼，所以我是爱国的，爱国者的话是有价值的，所以我的话是不错的。我的话既然不错，你就是卖国贼无疑了。”

四、指出下列定义说明不科学之处何在？

（一）形式主义就是形式主义地观察和处理问题。

（二）书籍是人类进步的阶梯。

（三）绝缘材料不是导电物质。

五、以《老实人吃亏吗？》或《知足常乐吗？》为题，各写一篇立论文，再写一篇驳论文。

六、指出下列句子和段落在语言表达上的问题。

（一）一提起县农技员小张，王老汉总是交口称赞，说他帮自己解决了新品种种植的大难题。

（二）作家已经注意到了当前最尖锐的社会问题，反映了时代的需要和群众的心声。

（三）近些年来，国外教育机构不仅在寻求与我国包括民办高校在内的各类学校合作，而且许多人也开始将注意力投向民办教育，并以此作为创业的新起点。

（四）因为没有人是不爱钱的，所以他也经不起金钱的诱惑。

（五）在逆境中积极、顽强、进取的精神，使得苏轼始终以一种欣赏的眼光去拥抱这个大千世界，紧紧关注现实、社会、人生，急于表现现实生活，抒发创造激情，全身心地体验生活，以敏锐的观察力和感受力捕捉事物的形象和创造灵感，深刻反映现实生活。在他所到之处，从所看到的事物中，均能够发现美的存在。无论是政令得失、百姓喜怒哀乐，还是人际间的悲欢离合、是非善恶，都是他抑扬褒贬的对象。苏轼也就便留下了许许多多的传世佳文。他的作品无论是描绘自然，还是描写社会，也都透过了自然与社会，体现了作者对人生的见解。他描写山川景物，日月风光，都是为了捕捉大自然的灵气以充实人的精神世界，使人更显其万物之灵的本色；他一生写了大量的人物传略、铭文、碑记，是为了挖掘与弘扬人的崇高品格，以使人的伟大之处永放光芒；特别在他晚年的时候，遭受严酷的政治迫害和贫穷的折磨，而写下了《雪堂记》《赤壁赋》《菜羹赋》《桄榔庵铭》这些千古之文，更是他对于人的一种崇高价值的赞歌。

（六）当今文化市场竞争日趋激烈，而文化又关系到群众精神素质和社会进步。但目前农村文化教育条件紧缺，农村文化站萎缩，文化工作队伍问题严重，定位于农民的报纸杂志都少之可怜。总之，文化建设就是生产力，必须要抓好。

七、判断以下文字的语体色彩。

（一）中国国家图书馆（国家典籍博物馆）13 日举行新闻发布会，详细介绍了“从莎士比亚到福尔摩斯：大英图书馆的珍宝”展览的主要情况以及配合展览将举办的各类专题活动。据悉，展览由中国国家图书馆与大英图书馆联合举办，将于 4 月 21 日在国家典籍博物馆第一展厅正式开展。

（二）世界一流大学的本质特征，就在于创新能力。走出一条中国特色的世界一流大学创建道路，不仅需要勇气与自信，更需要在办学理念与制度建设上锐意创新，让每一所高校无论规模大小都可以轻装上阵，根据自身优势确定办学方向，办出自己的特色，进而激发每一个细胞的创新原动力。实现这样的目标，松绑减负、破除枷锁、简除烦苛，是必须做在前头的工作。

（三）为全面贯彻党的十八大和十八届三中、四中、五中、六中全会精神，大力实施科教兴国战略、人才强国战略和创新驱动发展战略，国务院决定，对为我国科学技术进步、经济社会发展、国防现代化建设做出突出贡献的科学技术人员和组织给予奖励。

（四）我走在街上，每每见到白发染鬓的老人，我总是联想起果实坠地的老树，想起那飞絮已去的芦苇。她们空了枝头，死了当年曾有过的美丽，像是天上来也匆匆去也匆匆的云霞，像是枯树在田野四向飘零的落叶，但是不同于云霞和落叶的是，大自然永远不知疲惫地周而复始，而人类自身，则无一例外地都要回归到天宇的尽头。

（五）重子是组成宇宙间各种物质的基石，最为人所知的重子是原子核中的质子与中子，这也是最轻的重子。虽然质子与中子构成了现今的大部分已知物质，但在天地之初，大爆炸之后不久的宇宙却充斥着由更重夸克所组成的重子，因此，研究重子相当重要。

（六）本院认为，被告人徐×以非法占有为目的，采用秘密手段多次入室盗窃作案，价值 7000 余元，属数额较大，其行为已构成盗窃罪，公诉机关指控罪名成立。据此，依照《中华人民共和国刑法》第 264 条，第 17 条第 1 款、第 3 款之规定，判决如下：被告人徐×犯盗窃罪，判处有期徒刑二年六个月，并处罚金 7000 元。（刑期自××××年×月×日起至××××年×月×日止，罚金在本判决生效后十日内缴纳）

八、下面的短文存在不足，请对它进行润改，并体会文章润改的意义。

把目光放长远

中国西北某农村来了一个英国摄制组。这些老外找到一个柿农，要买 200 千克柿子，出价为每千克 4 元。柿农大喜，天上掉下个大财神，怎能不叫他惊喜！老外有个条件，要柿农亲自从树上摘柿子，还要演示一下储存柿子的过程。柿农欣然允诺。

柿农爬到树上，用绑有弯钩的长竿，看准熟透的柿子使劲一拧，柿子就掉了下来。他老婆在下面把掉进草丛的柿子逐个捡到竹筐里。两人一个摘，一个捡，一边干活一边拉家常。英国人则在一旁端着摄像机把他们摘柿子、储存柿子的过程全部拍摄下来。

英国人对拍摄效果非常满意，数出 8 张人民币交给柿农，正要走人，柿农突然问一句："你们不带走这些柿子？"老外笑着说："我们买柿子是为了拍片子，这个目的已经达到，柿子就留给你做纪念吧。"

送别老外，柿农对老婆说："咱一个柿子没少，坐地就挣 800 块，这帮老外真傻。"

老外其实不傻。吸引老外的不是柿子，而是西北农民采摘、储存柿子的过程。老外把这个过程摄制成另一种商品——信息产品，利润便相当可观。

上帝赐给沙漠中的甲乙二人两样东西：一根鱼竿和一篓鱼。甲选择了鱼，乙选择了鱼竿，之后分道扬镳。读者也许以为乙比甲目光长远，其实不然。

选择了鱼的甲将鱼烧熟后就狼吞虎咽地吃起来；选择了鱼竿的乙则忍受饥饿的煎熬，步履艰难地向远方的湖泊走去，要用手中的鱼竿去钓鱼充饥，然而，还没等他走到湖边就因饥饿过度毙命途中。不久之后，困在沙漠中的甲，由于将那篓鱼吃光，他还是照样被饿死了。

懂得合作，取长补短，夺取双赢，才是真正的目光远大。假如甲乙在得到上帝的恩赐后，没有各奔东西，而是带着鱼和鱼竿共同去寻找湖泊，就会获得美好的结局。

明智的人总会在放弃微小利益的同时，获得更大的利益，唯有把目光放长远，方能赢得美妙人生。

九、下面这篇短文对材料的安排较混乱，请你将它调整，使之层次清晰。

感谢你的敌人

没有天敌的动物往往是最先灭绝，有天敌的动物则会逐步繁衍壮大。大自然中的这一现象在人类社会也同样存在。汤武因为有残暴的桀纣做敌人而取得了拥护者，刘邦因为项羽而谨小慎微，最后得到了天下。

一位动物学家对生活在非洲大草原奥兰治河两岸的羚羊群进行过研究。他发现东岸羚羊群的繁殖能力比西岸的强，奔跑速度也不一样，每分钟要比西岸的快 13 米。

有一年，他在动物保护协会的协助下，在东西两岸各捉了 10 只羚羊，把它们送往对岸。结果，运到西岸的 10 只一年后繁殖到 14 只，运到东岸的 10 只剩下 3 只，那 7 只全被狼吃了。

对这些差别，这位动物学家百思不得其解，因为这些羚羊的生存环境和属类都是相同的，饲料来源也一样，全以一种叫莺萝的牧草为主。

这位动物学家终于明白了，东岸的羚羊之所以强健，是因为在它们附近生活着一个狼群，西岸的羚羊之所以弱小，正是因为缺少这一群天敌。

十、某次中学作文训练的目标为：选择典型事例、用细节表现人物个性特点。据此，教师要求学生以“读你”为题，选择身边的人，写一篇记人的记叙文，下面是一位学生所写的原稿和经教师指点后的修改稿，请比较阅读两篇文章，说一说修改主要针对的是原稿中的哪些问题，达到了什么样的效果。

读　你(原稿)

自从搬到新校区，便少了那道独特的风景……

每每放学，骑车从校门口走过，总会看到你像一道不变的风景，一个人静静地坐在石阶上，默默地看着经过的行人，抑或低头入迷地看着书，仿佛与世人身处两个世界，恬静而安闲……

我并不知道你的名字，只知道多少年来，你都如此坚持，早已成为我们心中默认的一道平静的风景。

那一天偶然听说你的故事，每天天刚蒙蒙亮，你就早已守候于校园的西门口。你裹紧风衣，将包中的报纸一份份平摊在地上，抹平边角，整理好一切，接着独自静静坐在石阶旁。拿起一份报纸或杂志，埋头阅读，等待着学生顾客。每天放学，当学子蜂拥而出，你并不像平常小贩般吆喝，只是收起手中的书，接过买书的钱。你的收入微薄，还很不稳定，但你从不抬高书价，只为了让学子买到实惠。你为了生计，每天奔波劳碌，中午会去餐馆、饭店售卖报纸，看淡别人投来的鄙夷的目光。或一度很疑惑，为什么你要坚持那么多年，无论刮风还是下雨总是如期出现在门口。后来了解到，你一个人将儿子抚养长大，用日夜的坚守与奔波，用自己的青春和精力，去换取微薄的收入，却撑一个家，支撑起儿子读高中、大学的千斤重担。我忽然明白，你的职业虽然平凡，但却是个不折不扣的令人尊敬的伟大母亲。你从来只卖时事报纸和文摘杂志而不卖小说之类的书，我终于读懂，那是因为你的儿子也是学生，你也不贪图小利，仅仅为了学子们考虑。你用平凡的母爱支撑起无数个艰难的日夜，为了孩子未来的幸福。

那是一个微风的午后，我恰巧路过学校，你穿着风衣，在风沙中等待着。我停下车，慢慢向你走去。你似乎沉醉于书中，而我也不忍心打扰你读书，于是伫立在书摊旁，静候。不一会儿，你似乎突然发现一个身影挡住了面前的阳光，抬头一望，歉意地笑了一声："抱歉，看入迷了。"我笑了笑拿起一本文摘，问道："多少钱？"你说了一个数字，我掏出钱塞入你手中，转身便飞驰而去。听见你在身后大喊："喂，没找你钱呢！"回答的是呼啸的风声。你轻喃了一声谢谢，就再次沉浸于自己的世界。

在你抬头的一霎，我看见了岁月在你脸上抚过的痕迹，也看见了你眼中的欣慰。或许你没有文化，但你有着对知识的渴望；或许你没有丰富的物质财富，却有着世人所没有的精神财富。我暗自想，无论你的儿子出色与否，他一定会被你感动。你的将来会充满美好的希望，你的儿子也必将百倍回报你的恩情。

那道风景始终萦绕在心头，令人感动，令人折服。你的伟大已融于平凡的一点一滴，让每一名学子都怀着敬畏之心。我读懂了你的坚忍勤劳，你的不贪图小利，你的关怀他人，你的质朴母爱。虽然不认识你，却依旧想将祝福送给你，那个卖报的阿姨。

读　你（修改稿）

自从搬到新校区，便再也没见到那道独特的风景。

在老校区，每每骑车从学校西门口经过，总会看见你。矮小单薄的身影，松松地扎着根马尾辫，时常穿着半新不旧的灰灰的衣服，瘦削的脸上架着一副酒瓶底似的大眼镜。一张大大的编织布铺在林荫道旁，整整齐齐地摆放着各种报纸杂志。两个鼓鼓的大书包挎在一辆旧自行车两侧。你一个人，或静静地坐在道旁的石阶上，默默地低头看书，恬静而安闲，或不停地向蜂拥而来的学生递书递报，脸上洋溢着抑制不住的欢喜……

我并不知道你的名字，只知道多少年来，你一直如此默默地坚守在这里，早已成为我们心中一道平凡的风景。从你的忙碌中，我读到了你的辛苦。

我时常想，你总是一个人，形单影只的，你的家人怎么就不能帮你一把？有一天偶然听到你的故事。你早先是一位工人，工厂倒闭，你失去了工作。丈夫弃你而去，你只身带着孩子。万般无奈之下，你选择了卖书报，以此来维持娘儿俩的生活。每天天刚蒙蒙亮，你就去邮局领书报，早早守候于学校的西门口，盼着学生放学来买书报。孩子上学了，家里开销多了。为了生计，你每天除了在学校旁边摆摊，还奔波于饭店宾馆，车站商场，一块钱一份，或者五角钱一份，向顾客推销报纸。我想，你在卖报的过程中，除去辛苦，你一定看惯了别人投来的鄙夷的目光吧。从你的故事中，我读到了你生活的不易。

从此，我经常去你的报摊买书买报，自然和你接触得多了。你总是那样辛苦忙碌。冬天，你裹紧大衣，将报纸杂志摊在编织布上，并抹平边角。整理好一切，你独自静静坐在石阶上，不停地搓着冻得发紫的手。夏天，你坐在树阴下，渴了，喝一口自家带来的白开水。有时午饭都来不及吃，为的是趁中午放学时能多卖几份报纸杂志。我一度很疑惑，为什么你要坚持这么多年，无论刮风还是下雨，无论寒冬还是酷暑，你总是如期而至。后来了解到，你一个人将儿子抚养长大，用日夜的坚守与奔波，去换取微薄的收入，撑起一个家，负担着儿子读书的费用。从你默默地等待中，我读到了你的坚韧。

看到学生放学出来，你不会像很多小贩那样大声地吆喝。光顾你的报摊的，不买你书报的，你也和蔼地点头打招呼。买你书报的，你一手递书，一手接钱，总是感激地笑着，还不忘记说一声“谢谢！”你的收入微薄，而且很不稳定，但你从不抬高书价，也不多收一角钱。你从来只卖时事报纸和文摘杂志，而不卖言情或传奇之类的小说书。有人问你，从地下批发市场多批发那些能吸引学生眼球的书来，不比你卖报纸来钱快？你淡淡地说：“我不会那样做。我的孩子也是学生，如果他看了那种书报，就不会再认真学习了。每个孩子都是家长的希望，他们的背后，都有无数双殷切的目光啊。我卖那种书，不是害人吗？”或许你没读过“幼吾幼，以及人之幼”一类的名言，但你简单的话语，却让我读懂了你作为一位母亲的无私爱心。

有一天，你笑着告诉买书报的每一个人，你的儿子考上大学了，一本的，并且学费是用你卖书报的钱支付的。听到这一消息，每个人都为你高兴。十多年的辛苦劳动终于结出了硕果，你怎能不欣喜异常？你是一位令人尊敬的母亲。从你疲惫而激动的脸上，我读出了你作为一位平凡母亲的自豪。

令我敬佩的卖报阿姨！你虽然平凡，甚至在许多人看来有些卑微，但你却坚忍地有尊严地生活着。好久不见你了，但那道平常而美丽的风景却始终铭刻在我的内心深处。

（选自《学语文》2016年第2期）

写作文体知识

第五章　新闻性文体

第一节　消　息

一、消息概述

（一）消息的含义

消息，是以简明扼要的文字，迅速及时地报道现实生活中新近发生的新闻事件的一种新闻文体。

消息，又称新闻。新闻有广义和狭义之分。广义的新闻，包括报刊、广播、电视和网络中常用的一大类文章体裁，是消息、通讯、特写、新闻评论等诸种新闻体裁的总称。狭义的新闻，则专指本章所谈的“消息”。

（二）消息的特点

1. 时效性

消息的时效性强调消息报道的事实要新，报道的速度要快。很多事件，在一定的时间限度内报道出来，便是新闻，超过这个时间限度便不成其为新闻。而在所有新闻文体中，消息的时效性最强。为了能迅速及时地报道新闻事件，消息的写作者要训练敏锐的新闻嗅觉，做到脑勤、腿勤、手勤，除了某些特殊的情况，消息应力求见事即发。

2. 真实性

消息所报道的事实必须完全真实。这是新闻报道的生命，也是它区别于其他文体最基本的特征。

具体来说，消息的真实性一方面指所报道的事实（包括人名、地名、时间、细节、数字等）必须准确无误，不允许虚构、夸大或缩小，不能把偶然说成必然、把局部说成整体、把计划说成现实；另一方面指消息对事实的判断、说明和评价应符合客观实际，不允许进行任何曲解、掩饰或拔高。

3. 客观性

消息靠事实本身说话，作者不能在文中直接发议论，表明自己的倾向，它表达的是一种“无形的意见”。因为，消息作为一种公开传播的信息，它的本源是事实，受众最想了解的正是世界发生的客观变化。为了体现客观性，在表达方式的使用上，消息主要用客观性较强的叙述；在叙述人称的使用上，用第三人称叙述，而不用第一人称叙述。

4. 简明性

简明性是消息区别于其他新闻体裁的显著特点。一般来说，一则消息通常只有几百字，甚至短至几十字，篇幅相当短小。同时，消息报道要求语言朴实简明，抓住事物的特点，三言两语说明问题，寥寥数语显出精神，概括而不流于抽象，简短而不至于疏漏。

（三）常见的消息种类

根据不同的分类标准，可以将消息分为若干类别：

按篇幅的长短，消息可分为长新闻、短新闻、简讯等；

按传播的手段，消息可分为广播新闻、报刊新闻、电视新闻、网络新闻等；

按报道的事实发生的地域和范围，消息可分为国际新闻、国内新闻和地方新闻等；

按报道的内容，消息可分为政治新闻、经济新闻、文教新闻、科技新闻、军事新闻、体育新闻等。

这里，我们根据消息的写作特点，把消息分为以下四种类型：

1. 动态消息

动态消息又叫动态新闻，它以简短的文字迅速及时地报道国内外新近发生的事件，是消息中最主要的类型。因为动态消息最能反映消息的特点，又被称为“纯消息”“纯新闻”。

2. 综合消息

综合消息指的是综合反映带有全局性的情况、动向、成就和问题的消息。这类消息由于报道面宽、概括性强、范围广泛，因而要求写作时全面、充分地占有典型材料，通过分析、概括来反映问题的本质。围绕一个主题，把不同地方、不同单位的若干同类事实综合起来的报道，是综合消息的最主要形式。此外，某一新闻机构综合其他新闻机构对同一新闻事件的报道，也是综合消息的一种形式。

3.经验消息

经验消息，又称“典型消息”或“典型报道”。它是一种以报道具有普遍意义的典型经验、问题为主的消息。它的典型性强，要向受众报道某地区、某单位在某一方面工作上的典型经验；同时它更具有指导性，要求所叙述的事实、所介绍的经验，能指导实际工作。例如《光明日报》2017 年 2 月 15 日刊载的消息《安徽天长：分级诊疗实现多方共赢》介绍了天长市的医改经验，从“医共体”“预付制”“双处方”三方面总结了天长市如何形成“首诊在基层，治疗在市内，康复回基层的良性循环”，让患者就近看病、看好病的。

经验消息是典型经验的报道，必须具备新闻特征，选取新鲜事实，只是它的时效性不像动态消息要求那么严格。

4.述评消息

述评消息，又叫“记者述评”或“新闻述评”，往往采用边述边评的方式来反映国内外重大事件或问题，是介于纯新闻和评论之间的一种特殊的消息形式，兼有新闻和评论的双重功能。述评消息重在分析新闻事件产生的原因、揭示新闻事件的意义。例如《女大学生求职难 谁是救星（正题）在口诛笔伐性别歧视之余更应克服自身依赖心理（副题）》（《中国青年报》2009 年 3 月 2 日）一文，在概述了女大学生遭受就业歧视的事实的基础上，分析了造成女大学生就业难的主客观原因，鼓励女大学生克服性别自卑、依赖依附、社交恐惧等心理障碍，找准自己的职业切入点和发挥女性自身优势，实现就业。

述评消息虽然可以有“评”的成分，但这种“评”是有节制的。作为消息的一种类型，它仍须用事实说话，在揭示事实发生的原因、阐述事件的意义时，需要运用大量的背景材料作为基础，而不是靠写作者直接发议论。否则，事实一点点，议论一大片，述评消息也就不成其为消息了。

（四）消息的要素

消息的要素是构成消息内容的不可缺少的事实材料。通常，消息的要素有“五要素”和“六要素”两种说法。五要素是指：何时（When）、何地（Where）、何人（Who）、何事（What）、何故（Why），简称为“五 W”或“五何”；“六要素”则要在五要素基础上增加“如何”（How），简称为“五 W＋H”。

一般来说，一篇消息必须具备五要素或六要素。但是某些消息，例如涉及军事或科技等国家机密的消息，可以省略某几个要素。此外，一些简讯有时也会省略部分要素。当然，省略的前提是不能交代不清，不会使受众产生误解。

（五）消息的结构

1. 倒金字塔结构

“倒金字塔结构”发端于19世纪60年代的美国南北战争期间。这是一种按照新闻事实的重要性程度，由主到次安排材料的结构方式，由于类似倒置的埃及金字塔而得名。这种结构形式要求把最重要、最精彩或最新鲜的新闻事实放在消息的导语中，其他事实按照先重后轻、先主后次的顺序来安排。它的长处是有利于记者迅速报道新闻，也给编辑和受众带来了方便。它的局限性是固定单一，标题与导语容易重复，也不适用于故事性强的消息。

2. 金字塔结构

“金字塔结构”是一种按照事件发生发展的时间顺序安排组织材料，最后写出事件的结局或得出结论的结构形式，它是相对于“倒金字塔结构”而言的。在这种结构中，事件的开端就是消息的开头；事件结束，消息也就收尾了。因此，它比较适合那些以情节取胜的篇幅短小的社会新闻。

3. 悬念式结构

“悬念式结构”实际上是把“倒金字塔结构”和“金字塔结构”相互结合、取长补短而成的结构形式，即先用导语概括出最重要的新闻事实，然后按照事件发生发展的顺序展开叙写，一步步引向事件的高潮。它的特点是叙事完整具体，重点突出。

4. 并列式结构

“并列式结构”是指当消息内容中的若干方面同样重要时，则先写一个概括性导语，再把内容的几个方面并列起来写的结构形式。它适合于一些经验消息或公报式消息。

除以上常用的结构形式之外，消息还有其他的结构样式。在消息的具体写作过程中，应根据材料的特点及个人写作习惯，考虑采用恰当的结构形式。

二、消息的写作要领

一篇消息可以由标题、消息头、导语、主体、结尾及背景等部分组成。

（一）精心拟题

1. 标题的类型

标题的类型多种多样，从形式上可分为单一式和复合式两种。

(1)单一式标题

单一式标题只用正题点明消息的主要事实和思想。正题，又叫主标题、主标、主题，是消息的必备的标题，是消息内容的精华所在。例如：

三峡电站累计发电突破1万亿千瓦时

（《光明日报》2017年3月2日）

天舟一号货运飞船发射成功

（《人民日报》2017年4月21日）

（2）复合式标题

复合式标题，常由引题、正题、副题搭配而成，可以是双行、三行或多行。其中，正题是标题的中心，引题和副题服务于正题。

引题，又称眉题、肩题，它的作用是交代背景、烘托气氛和揭示意义。引题必须与正题搭配使用，置于正题之上（横排时）或正题之前（竖排时）以引出正题。

副题，又叫子题、辅题，它的作用是对正题进行补充、说明、印证和注释。副题也必须与正题搭配使用，位于正题之下（横排时）或正题之后（竖排时）。

复合式标题，可以有引＋正、正＋副、引＋正＋副等形式。例如：

从受触动到行动 知识改变命运（引题）

629户人的藏乡走出359名大学生（正题）

（《四川日报》2015年3月26日）

榆林860万亩流沙全部得到治理（正题）

标志着陕西告别"流沙"时代（副题）

（《榆林日报》2015年1月27日）

习近平对载有中国游客的游艇在马来西亚失联作出重要指示（引题）

立即启动应急机制 全力做好搜救工作（正题）

李克强就搜救工作作出批示（副题）

（《人民日报》2017年1月30日）

2.标题拟制的要求

（1）准确、鲜明、生动、简洁

准确，是指标题要如实地表达消息的内容。标题的准确包括事实准确、观点准确、用词准确三方面。例如《人民日报》2017年4月14日刊载的消息《教育部严厉打击自主招生中证书、论文造假（正题）不宜简单以证书、专利、论文等作为报名条件（副题）》报道的是在2017年试点高校自主招生工作开始之际，教育部下发通知，进一步严格自主招生资格审查和考核工作，要求严厉打击自主招生中的证书、发明、专利、论文买卖和造假等违规违纪行为，坚决斩断"利益链条"。消息正题概括核心内容，副题补充有关要求，清晰地传达了基本信息。

鲜明，是指标题中隐含的态度应当是明确的，不能模棱两可。消息具有客观性，写作时不能直接发议论，在标题中“以一字为褒贬”，可以达到表达“无形的意见”的目的。例如《工人日报》2015 年 8 月 6 日刊载的消息《12 元高温津贴竟被克扣 9 元》通过一起劳动者维权诉讼的案例，揭示维护劳动者权益的重大主题，标题中将 12 元和 9 元两个数字进行对比，显示问题的严重，再用一个“竟”表达质疑和愤慨，鲜明地表明了倾向。

生动，要求标题新鲜活泼，朗朗上口，有吸引力。写作中，可采用比喻、借代、双关等修辞或表达手法，并运用民间俗语、谚语及成语，增强标题的形象性。例如《内蒙古日报》蒙文版 2014 年 12 月 22 日刊载的消息《苏尼特牧民：赶着羊群上天猫》，报道的是世世代代在草原上生活的牧民，在政府指导下，转变观念，积极转变经营方式，采用耳标和二维码可溯源认证和显示地理标志，运用网络功能，让全国消费者认可并放心食用无污染苏尼特草原羊肉的新闻。标题里的“赶着羊群上天猫”生动醒目，富有生活气息，很有吸引力。《光明日报》2017 年 2 月 27 日刊载的消息《江南大学：栽好“梧桐树”，引来创新“金凤凰”》报道了江南大学大规模实体化运作校企协同创新实验室，吸引了不少企业主动合作的新闻。标题运用读者熟知的典故，分别用“梧桐树”“金凤凰”比喻协同创新实验室和企业，既准确地概括了新闻事实，又十分生动活泼。

简洁，要求标题文字凝练，能用最少的文字浓缩消息的主要事实。例如《甘肃日报》2015 年 7 月 15 日刊载的消息《流失境外的 32 件珍贵文物回归甘肃》，标题仅用十几个字，就准确地概括了消息最重要的信息。

(2)虚实搭配得当

消息标题中的实题是揭示新闻内容的部分，多用精炼的语句报道事实；虚题是起揭示意义、烘托气氛等作用的部分。标题的实与虚主要根据消息内容决定。一般情况下，单行标题为实题，两行或多行标题虚实相衬。具体来说，正题、副题多为实题，引题可实可虚。例如：

真情演出感动亿万观众　精神盛宴联结全球华人(引题，虚题)

央视春晚引起海内外热烈反响(正题，实题)

(《经济日报》2017 年 1 月 29 日)

(二)写准消息头

报纸上的消息，其开头部分往往有“本报讯”或“某某社某地某年某月某日电”等字样，称为“消息头”。根据传递方式的不同，一般分为“讯”或“电”两种。

消息头具有表明信息来源、标志“版权所有”等作用，它也是消息区别于其他文体的外在标志。

（三）提炼导语

导语，消息的开头部分，它紧承消息头，通常是消息的第一句话或第一段文字，用以交代消息中最重要、最新鲜的事实或概述消息的主要内容和主题。导语是消息的精髓，也是衡量写作者才华的重要尺度。

导语有以下几种常见形式：

1. 直叙式

直叙式导语是最基本、最常见的导语写作方法。它主要采用开门见山的方法，以简明扼要的文字叙述消息中最重要、最新鲜的事实。例如《天津双街村成全国首个“微博村”》一文的导语：

> 昨天下午，北辰区双街村 506 户村民欣喜地拿到了村里专门给他们配备的智能手机，并安装上微博应用软件，全部开通了个人微博，成为全国第一个“微博村”。

（《天津日报》2014 年 7 月 18 日）

2. 描写式

描写式导语以展现事物形象或勾勒场景为主要特征，它通过对新闻事实或现场的简洁生动的描写，给读者以身临其境之感。例如《藏族连长拉巴次仁 3 次人生跨越成就光荣梦想》的导语：

> 五一前夕，太行山麓。震耳的轰鸣声中，3 辆步战车蓦然发动，在某机步旅 12 连连长拉巴次仁指挥下，卷着黄土雄狮般怒吼着冲向敌阵，穿壕沟，绕雷阵，过染毒区……9 个课目演练成绩在全旅领先。这是拉巴次仁继近日获军区“十大青年标兵”后取得的又一成绩。

（《战友报》2013 年 4 月 26 日）

3. 设问式

设问式导语，是将消息报道的主要事实用设问句式提出，引发读者的关注和思考，然后用事实予以回答（回答可在导语中，可在主体中）。例如《怀柔区汤河口镇后安岭村（引题）污水处理站建成三年未见一滴水（正题）》的导语：

> 农村建污水处理站，本是环保的好事。可怀柔区汤河口镇后安岭村村民反映，他们村的污水处理站建成 3 年多，村民家的污水也排了 3 年多，污水站里却始终不见处理过的清水排出来。污水到底去了哪儿？

（《北京日报》2015 年 6 月 29 日）

4.引语式

引语式导语，是把新闻人物的关键性言论、具有吸引力的对话或会议的主要精神等写进导语，以此突出新闻事件的意义或引起受众的兴趣。例如《三一集团关联公司在美起诉奥巴马获胜》的导语：

> 三一集团今天在其官方网站宣布，三一集团起诉奥巴马一案在美国哥伦比亚特区联邦上诉法院胜诉 。
>
> （《湖南日报》2014 年 7 月 17 日）

5.提要式

提要式导语，是对整篇报道内容进行浓缩和概括，即把消息的梗概写入导语。这种导语适用于内容相对复杂、过程曲折的消息。例如《春季植树造林超额完成年度计划》的导语：

> 入春以来，全省各地以开展好第 39 个全民义务植树节活动为抓手，推动春季植树造林形成新热潮。截至 2 月底，全省已完成人工造林 62.14 万亩，占 2017 年度计划任务的 103.56%。
>
> （《安徽日报》2017 年 3 月 7 日）

6.评论式

评论式导语，是在叙述新闻事实的同时，进行画龙点睛式的评论，以揭示事实中蕴涵的因果关系或现实意义。例如《我国科学家在国际上首次“看到”氢键》的导语，先采用引语概括了新闻事实，再进行简要评论揭示新闻事实的重要意义，起到了帮助普通读者理解深奥的科学研究的目的。

> 中科院国家纳米科学中心 22 日宣布，该中心科研人员在国际上首次“拍”到氢键的“照片”，实现了氢键的实空间成像，为“氢键的本质”这一化学界争论了 80 多年的问题提供了直观证据。这不仅将人类对微观世界的认识向前推进了一大步，也为在分子、原子尺度上的研究提供了更精确的方法。
>
> （《光明日报》2013 年 11 月 23 日）

（四）展开主体

主体，是消息的主干部分，承担叙述消息主要事实的职责。它紧承导语，要求用充实、典型的具体材料，展开、印证导语中的新闻事实、提示或结论，回答导语中提出的问题。所以主体是导语内容的具体化，是对导语的解释和补充。

主体展开的方式主要有两种：一是逻辑顺序式，就是按照事物的内在的联系或问题的逻辑关系(例如主次关系、因果关系、并列关系或点面关系等)展开主体、安排材料。这种方式,能反映事物内部的规律,揭示其本质特点与意义。二是时间顺序式,就是按照事件发生发展的先后顺序展开主体。这种形式可以清晰地反映出新闻事件的来龙去脉,揭示其全过程,适于重大事件消息、社会新闻和故事性较强的消息。

主体,是消息的重要组成部分,写作时应围绕主题组织事实材料,做到言之有序、结构合理。一方面主体内容应与导语中的事实保持一致,另一方面写作主体要注意变换角色,避免重复导语。

例如以下获得第二十五届中国新闻奖一等奖的消息作品。

项目审批"长征"698 天

泰豪动漫变"动慢"

本报讯　一个产业项目需闯过 20 道行政许可事项审批关口,涉及 8 个部门及省、市、县三级政府、工业园区,最后完成项目审批时间长达 698 天——3 月 18 日,记者在省政府最近一份调研报告中,看到了泰豪集团"晒"出的行政审批流程图。正是这纷繁复杂的审批"长征",令起步较早的泰豪动漫项目,实施进度缓慢,"'动漫'变成了'动慢'"。

据了解,泰豪动漫产业园一期工程 2010 年 3 月立项,至 2012 年 11 月才获得施工许可证。按法定期限计算,该项目完成各项审批需 392 个工作日,实际办理时间为 200 个工作日,剩余 498 天由以下三部分构成:13 项非行政许可事项耗时 255 天;工程设计、供水、电力等市场有偿服务耗时 100 天;泰豪集团自身消防设计、环评整改、缴纳有关规费耗时 143 天。

"审批事项千头万绪、过于复杂。"据泰豪集团相关负责人介绍,除行政许可事项过多以外,审批前置事项大量存在,是审批过程迁延时日的重要原因。譬如,住建部门在施工许可审批过程中存在规划方案审查、施工图纸审查等;国土部门用地审查要制定失地农民养老保险方案等。由于部分审批前置事项还涉及垄断行业,其较低的工作效率直接拉长了项目审批时间。同时,一些政府部门服务缺乏主动性,未履行事项一次告知义务,导致申报材料、程序重复进行,令项目申报者"一头雾水"。

项目审批遭遇"长征",企业当然着急苦涩。泰豪集团董事局主席黄代放深有感触地说:"市场瞬息万变,机遇稍纵即逝。近两年的审批时间,足以将一个'朝阳'项目拖成'夕阳'项目。一些中小企业,甚至可能因投资风险和成本的增加而倒闭关门。"对审批怪圈感到无奈的,并不只是企业。省发改委专家解析:"作为欠发达省份,江西能不能抓住、用好当前难得的发展机遇，在经济升级中走出一条发展新路，关键看行政效率。”吉安高新区一名基层干部的发问引人深思：“698 天过长，那法定期限 392 个工作日内办结，就说明我们的效率高了吗？200 个审批工作日还能再缩短吗？”

“项目审批‘路漫漫’，吃亏的看似是项目投资者，但最终为低效‘埋单’的，还是地方经济社会发展质量。”省委党校经济社会发展战略研究所所长黄世贤认为，深化行政审批制度改革刻不容缓，当务之急，既要完善顶层设计，又要抓好简政放权。期待经过不懈努力，把江西打造成为中部地区审批事项最少、行政成本最低、发展环境最好的省份。

（《江西日报》2014 年 3 月 19 日）

该消息的第一段是导语，概括的事实是：泰豪集团动漫项目完成审批时间长达 698 天，接下来的主体部分写了项目审批耗时的具体情况，审批过程迁延时日的原因、危害以及解决办法。消息主体紧扣导语即消息的核心事实展开，内容充实、层次分明。

（五）揭示背景

背景，即背景材料，是指与所报道的新闻事实相关的历史、条件和环境材料或用来解释概念、术语等的材料。背景在消息结构中的位置并不固定，但在消息内容中却占有重要地位，它不仅可以使新闻的内容充实生动，富有感染力，而且可以揭示新闻主题，帮助受众理解新闻事实，还便于作者表达观点和见解。

按其在消息中的功能，背景材料可分为以下三种：

1. 说明性背景材料

说明性背景材料，包括历史背景、地理背景、人物背景等。它往往用来说明新闻事实产生的原因、条件、环境、历史演变和新闻人物的身份、特长、经历等。例如《“海峡光缆 1 号”开启两岸通信“直航”新时代》（《福建日报》2013 年 1 月 19 日）报道了首条横跨台湾海峡、大陆直达台湾本岛的海底光缆——“海峡光缆 1 号”开通的消息，消息的末段写道：“100 多年前，清朝台湾首任巡抚刘铭传在台湾与福建间铺设了海底电缆，但早已退出历史舞台。去年 8 月 21 日，厦金光缆建成。这是两岸第一条直通光缆，但未达台湾本岛。‘海峡光缆 1 号’建成，重启了百多年前两岸通信直达业务。”其中一百多年前的海底电缆和 2012 年的厦金光缆这两个历史性材料，就属于说明性背景材料，它们的使用突出了“海峡光缆 1 号”这一两岸“三通”重要成果的里程碑意义。

2. 注释性背景材料

注释性背景材料，是对相关的名词术语、物品性能、科技知识、风土特色等的解释说明，目的是为了化难为易，使所报道的内容深入浅出、通俗生动。例如

《中国新发射卫星有望揭开暗物质之谜》(新华社 2015 年 12 月 17)报道了中国首颗暗物质粒子探测卫星成功升空的消息,其中对“暗物质”这个“现代科学的一大谜团”进行了简要解说,进而引用科学家的说法,说明“揭开暗物质之谜对物理科学和空间科学具有革命性意义,让人类可以更清晰地理解星系和宇宙的历史与未来演变”,从而揭示了新闻事件的重要意义。再如《河南:今秋实现困境儿童 12 年免费教育》(《中国教育报》2017 年 4 月 10 日)在导语之后用一个段落介绍了“困境儿童”所包括的范围,可以帮助读者更好地了解新闻事实。

3. 对比性背景材料

对比性背景材料,是能与新闻事实形成纵比、横比或正反对比的材料,目的是衬托主题,加深读者对新闻事实的认识。例如《上海垃圾分类再出“狠”招(引题)单位垃圾不分类不收运(正题)》(《 人民日报 》2017 年 3 月 18 日),将 2016 年底上海日均末端焚烧、填埋垃圾的数据与 2011 年进行比较,反映了上海垃圾资源化处理利用的成绩,说明上海垃圾分类减量工作效果显著。

背景写作时,应紧扣新闻主题,围绕主要事实;背景材料不宜过多,文字要简约生动;背景材料可以灵活穿插于消息的各个部分,也可以独立成段。

(六)写好结尾

结尾,是消息的结束部分,是主体部分的自然延伸或归结,用以交代新闻事件的结果、发展趋势或揭示新闻事件的意义等。结尾,通常是消息的最后一句话或最后一段话;有的消息没有单独的结尾。常见的消息结尾有小结式、描写式、展望式、背景式、评论式等。

第二节　通　讯

一、通讯概述

(一)通讯的含义

通讯是对具有新闻价值和典型意义的人物、事件和经验等进行详细报道的新闻文体,是一种充分展开了的形象化的新闻。

通讯根据当前的形势及党的工作中心,及时、详尽地报道广大人民群众关注的人物、事件、问题、情况,反映各条战线出现的新人、新事、新气象,积极宣传党的纲领、路线、方针和政策,以促进社会主义建设。同时,它的报道触角还延及国际社会发生的重要事件和世界各国的交流活动，展现国际风云变幻。由于通讯运用形象化手法报道新闻事实，感染力强，为群众所喜爱，因此具有不可低估的社会作用，人们常常把通讯誉为“报纸的明珠”。

（二）通讯的特点

同样作为新闻文体，通讯与消息有许多共同之处：都要求迅速及时地反映客观实际；内容必须真实可靠；题材富于现实意义等等。但是，它们又有着显著的差异：

第一，报道内容不同。

绝大多数消息以报道事件为主，即使存在少量人物消息，其中写人也极其简要，一般只作概括性勾勒；通讯则既可写事也可写人，而且侧重写人，可以围绕主题展开一定的情节描述，内容具体翔实，事实更具典型意义。

第二，时效性不同。

消息和通讯虽然都要求迅速及时地报道新闻事实，但通讯的时效性要求不如消息严格。消息报道的时效性极强，要求见事即发，争分夺秒；通讯由于需要进一步的深入调查和采访，发表可以略晚于消息。有些内容，只要本身仍具有典型意义，时过境迁之后仍可作为通讯的题材。

第三，表现形式的不同。

在结构形式上。消息有特定的结构形式，通讯的结构则灵活多样，不拘一格。

在表达方式上。消息以叙述为主，偶有描写，一般不作抒情、议论；通讯既用叙述，也用描写，还可以灵活地穿插议论和抒情，表达方式多样。就叙述而言，消息一般使用第三人称；通讯则既可运用第三人称，又可以采用第一人称进行叙述，甚至可以进行人称转换。

在语言上。消息的语言通俗、平实、简洁；通讯的语言则生动、形象，富有文采。

在篇幅容量上。消息由于只简要概括地报道事实，容量小、篇幅短；通讯内容丰富，报道深入细致，相比较而言容量大、篇幅长。

我们可以把通讯的特点概括为以下几个方面：

（1）较强的新闻性

新闻文体的新闻性包括两方面，即真实性和时效性。通讯讲究事实内容的真实，无论报道什么样的题材，都要做到实事求是、恰如其分，以真实取信于广大受众，不允许有丝毫虚构，也不允许为了片面追求故事情节的生动性而进行“合理想象”。另一方面，它强调报道要及时，题材要新鲜。虽然通讯的时效性不如消息要求严格，但是比起其他文体，如人物传记、回忆录等，通讯的时效性仍然是突出的。

(2)突出的典型性

通讯的典型性是指它不仅报道事实的存在情况，更注重所报道人物、事件的典型意义。通讯的取材严格，它一般选取人们普遍关心的、具有现实意义的题材，从中挖掘出具有时代性和普遍意义的主题，从而对广大人民群众的思想行为产生积极的影响。对于这些典型题材，通讯可以在客观描述事实的过程中，根据需要发表议论。这种夹叙夹议、由事及理的写法可以更好地揭示典型事例的思想意义，表明作者的观点、评价和倾向，点明主题。

(3)一定的文学性

通讯不仅用事实说话，还可以用形象化的方式表现内容。在保证事实真实性的前提下，通讯中可以采用文学的表现手段，如进行艺术化的构思，运用生动的情节、丰富的联想、富有表现力的画面和语言来展开事实。

(三)常见的通讯类型

通讯的种类，按照内容通常分为五种：

1.人物通讯

人物通讯，是指以真实的典型人物为报道对象的通讯形式。它重在记写人物的言行事迹，表现人物的精神品质，挖掘其中蕴涵的精神财富。

人物通讯可以写个人，如《草原上，有位“喜喜连长”》(《兵团日报》2014 年 6 月 24 日)、《为了纠正亚里士多德的错误——中国学者在一古老数学问题上获重大突破》(《中国科学报》2014 年 5 月 14 日)；也可以写集体或人物群像，如《只追寻有价值的收视率——北京电视台〈生命缘〉妈妈记者团的故事》(《光明日报》2014 年 10 月 15 日)。

人物通讯主要表现先进人物，展现人物的思想之光，教育并鼓舞群众，为他们树立学习的榜样；也可以表现具有一定普遍意义的一般人的喜怒哀乐、成败得失；还可以有选择地报道一些转变型、反面型的人物。

2.事件通讯

事件通讯，是指以某一新闻事件为中心内容和基本线索的通讯形式。它一般报道突发的、为受众所关心的事件，典型的、有普遍教育作用的事件，通过记写事件发展过程中人们的种种心态和表现，展现时代的风貌，或揭示深刻的社会哲理。例如《银川全城接力让抗战纪念章回家》(《新消息报》2015 年 9 月 7 日)写的是 2015 年 9 月 5 日，宁夏抗战老兵高永福不慎将刚刚拿到的抗战胜利 70 周年纪念章遗失，银川全城迅速开启寻找纪念章模式，使纪念章失而复得的故事,彰显了满满的正能量。

事件通讯也可以通过批判揭露消极落后的社会现象和不正之风来警醒世人,发挥舆论监督作用。例如《74 张奖状为何换不来一张申请表?》(《南国都市报》2014 年 7 月 2 日),这篇通讯的背景是 2014 年海南省全面铺开“小升初”新政,实行免试就近划片和指标到校相结合的招生方式,由小学生毕业学校向优质初中推荐人选。但新政的推行带出了“暗箱操作”,引起家长焦虑和社会热议。记者通过一位母亲的奔走过程把问题反映出来:吴勤梅儿子的小学毕业学校迟迟不公布推荐优秀学生的条件,她带着儿子在小学三年级到六年级所得的 74 张奖状(其中包括学习成绩优异所得奖状、获评优秀学生干部所得奖状、参加各类竞赛所得奖状)在学校和教育局之间连续奔走三天,未能领到一张被推荐到优质初中的推荐表。作品直指“暗箱操作”这一弊端,报道引起教育部门的高度重视,其明确表态:“小升初”推荐不能搞暗箱操作,并多次发文,要求各小学对推荐学生情况进行公示,使优秀学生顺利拿到推荐表。通过本报道,海南省 2014 年“小升初”新政得以公平、公开、公正、透明地顺利实施,报道为促进教育公平呼吁,使教育新政在阳光下落实。这是一篇成功的带有建设性的舆论监督报道,直接解决了问题,避免可能因“暗箱操作”带来的社会不良影响。

事件通讯中必然涉及人物,因此要写好与事件相关的人物。但是事件通讯中写人是服务于写事的,写人应利于事件的展开,不能脱离事件而大段描写人物。事件通讯中的人物是“闪电式”“突击式”的人物,写作时必须“写事为主,以事带人”。例如《人民日报》2014 年 4 月 6 日刊发的通讯《PX,一场特殊的“科学保卫战”》介绍了清华大学化工系学生与恶意篡改 PX 网络词条的网友做斗争的全过程,并延伸采访了众多专家,探讨了如何扭转公众对 PX 的误解、社会各界如何承担科普责任等话题。在叙述事件过程的同时,展现了清华学子科学理性、坚持真理、富有责任感的精神品质。

3. 工作通讯

工作通讯,又叫经验通讯,是指以介绍各类工作中的成绩、经验或问题为报道内容的通讯。它通过各种典型事实,反映各地区、各单位贯彻执行党的方针政策的具体方法和经验;提出实际工作中需要解决的各种问题;探讨和研究一些新情况。

工作通讯大多通过对工作中根本问题、典型成绩的具体分析,概括出先进的或具有普遍意义的工作经验,以点带面,指导具体的工作。例如《“三只松鼠”的成功“三级跳”》(《芜湖日报》2014 年 8 月 11 日)报道了仅用 23 个月就从品牌创立到实现月度销售额突破 1.6 亿元,成为国内电商翘楚的安徽三只松鼠电子商务公司的创业经验。“三只松鼠”是互联网时代中国电商的成长样板,具有示范引领作用。作品对“三只松鼠”发展过程中一次次化险为夷、成功突围的创业故事娓娓道来，从资金、渠道、管理三方面，深刻揭示了该品牌短时间内成功崛起背后的秘密。

4.概貌通讯

概貌通讯，又称“风貌通讯”或“旅途通讯”，是指以反映某一地区自然风貌或社会风貌为主的通讯。例如《北京日报》2014 年 12 月 30 日刊发的《仇庄 61 户村民寻家风立家训》，报道了北京通州区仇庄村民通过“立家训”“寻家风”立身处世、持家治业，从而形成了村民团结、乡风朴实的新风尚。

我们在报刊上看到的诸如“巡礼”“见闻录”“新貌”等大多属于概貌通讯。

概貌通讯大多采用点面结合、今昔对比的手法，既要有鸟瞰式的勾勒以展现事物的全貌，又要有特写式的具体叙写以突出事物的重点；既要注意今天情况的着力刻画，又要注意背景情况的交代，以显示事物的发展变化和产生变化的原因。

5.新闻小故事

新闻小故事，又称“小通讯”，是指那些兼具新闻性和故事性（艺术性），短小精悍、情节生动的通讯。它往往反映事物的某一侧面或现实生活的某个片断，表现一人一事，取材单一、线索简单，却能以生动的情节吸引人，可以从小事件中引申出大道理。例如小通讯《车轮上的幸福——福泉市陆坪镇福兴村吴成德家换车记》（《贵州日报》2014 年 6 月 26 日）选取改革开放后的三个时间节点，通过吴成德一家的三次换车（从自行车到摩托车再到汽车）的故事，讲述大时代背景下普通人的生活变迁，折射出人民生活水平的提高、交通条件的改善、产业的更新发展，反映了时代的大变迁，具有强烈的时代感。

在新闻小故事中，事件仍占主导地位，人物服从于事件。它选材严格，事件必须曲折有致，耐人寻味。

二、通讯的写作要领

（一）锻炼“新闻敏感”

新闻敏感，又称“新闻鼻”或“新闻觉”。它是通讯作者必备的一种特殊的职业感知能力和基本素质。我们生活在大千世界中，发生在我们周围的大量平常之事，往往可能包含着新变化的苗头、新事物的萌芽，或者闪光的思想、深邃的道理。作为通讯记者，应该处处时时做有心人，独具慧眼地发现和挖掘、抓住一两条看似不起眼的线索跟踪追击，抓住一星半点片断的现象锲而不舍，善于把小事件放在社会、时代的大背景中来考察，从而发现新闻背后的新闻。

新闻敏感的锻炼贯穿于通讯写作的全过程。从通讯写作前新闻线索的捕捉，到采访中对有价值的材料、特别是重要生活细节的获取，以及写作通讯时从生活素材中提炼出有新意的主题、鉴别出最有价值的事实等等，都得力于作者的新闻敏感性。

例如，《楚天都市报》2015 年 12 月 15 日刊发的通讯《女环卫工 6 年拽回 5 名轻生者》，其写作源自一个微电影剧本。2015 年 10 月，作者从一个名为“我的环卫姐”的微电影剧本中，敏锐地发现在武汉长江大桥上有一位救助轻生者的环卫工。作者先后 3 次前往长江大桥进行深入采访，摸清了环卫工涂晓珍在长江大桥上清扫马路 6 年时间之中共拽回 5 名轻生者的事实。为了找到其中一名获救女子进行核实，作者寻找了一个月之久，先后 2 次找到武昌警方，从 500 多名同名同姓的人中仔细搜寻。该作品将环卫工涂晓珍定格为质朴、真实而又善良的普通人，通过 3 件“拽”人的故事，展现了一位只知拉一把、救一把，而不求任何回报的草根人物形象。这种朴素的精神和价值观，根植于我们每一个人的心中，也是对我们践行和弘扬的社会主义核心价值观最为生动的诠释。作品结尾提到的这名环卫工的遗憾与痛心，可以理解为珍惜生命的善意提示，更是一种对“善”的追逐与向往，让人感动和震撼。

(二)深入调查采访

调查采访，是通讯获取材料的基础和前提。通讯的调查采访，必须深入细致。只有通过深入细致的调查采访，才能掌握大量确凿的材料，才能从中比较、鉴别出最有代表性的材料，才能发掘人物、事件中蕴涵的典型意义。所以，通讯的采访面要尽可能铺得广一些、宽一些，要了解事物的现状及其来龙去脉，还要了解它与周围相关事物的联系，必要时可以进行纵比和横比，并预见其发展趋势；应认真对待采访过程中了解到的每一个细节，有时看似毫不起眼的一句话、一个动作、一个表情、一件事物，往往能够挖掘出极高的新闻价值。调查采访的具体形式很多，可以采取个别采访，可以开座谈会，也可以现场勘察等等。总之，调查采访工作做得越深入细致，搜集到的材料越完备翔实，立意谋篇就可以更加得心应手。

例如，新华社 2013 年 9 月 25 日发表的长篇通讯《“三北”造林记》获得第 24 届中国新闻奖特别奖，并被誉为“一篇史诗般波澜壮阔、具有巨大艺术感染力的新闻精品”。为了倾情讴歌我国生态文明建设中的英雄群像和“三北”人民追逐“中国梦”的时代精神，新华社记者深入基层、深入群众，在一个半月的采访中，行程约 3 万公里，每天从清晨工作到午夜，接触了“三北”地区 8 个省份的造林人，抓到了一大批动人心魄的人物故事。在此基础上，花了一个多月时间，精心写作，九易其稿，终竟全功。广大林业职工认为，新华社记者走进了“三北”人的内心，通讯揭示出了造林人精神世界的深刻变化，展现了从与自然抗争演化为与自然对话交融的升华过程，道出了造林人想说的话，也给林业工作者带来了新的思考和启示。“三北”造林英雄的故事，也感动了大批网友，他们纷纷留言表达心声：“子孙后代将永远铭记这些植树英雄的功劳！”

（三）选好报道角度

角度，通常指观察事物、表现事物的立足点和着眼点。报道角度既是观察、透视新闻事实的“取景窗”，也是从新闻事实的某一侧面揭示、表现主题的“突破口”。对于同一个新闻事实，可以用不同的形式予以表现，既可以从正面写，也可以侧面落笔；既可以实写，也可以虚写。但是，往往只有一个角度，最能准确地表现新闻事实的价值。在通讯报道中，如果作者找到了与新闻题材最相应的角度，就能把经过选择的零星的材料、生活片断有机地组合起来，形成佳构。

报道角度首先体现在主旨的提炼上，即择取哪个侧面或哪个点去把握事物的本质。通讯的主旨来自现实生活，来自所报道的人物和事件，来自对实际材料的综合、分析，是记者调查研究的产物。作为形象化的新闻，通讯的主旨讲究从典型人物或典型事件中提取，反映时代精神。这就要求在主旨的提炼上，必须站在时代的高度，认清发展趋势，分析人物和事件的时代意义；同时关注与广大人民息息相关的问题，反映群众的愿望，展现他们特有的精神风貌。例如获得第二十六届中国新闻奖一等奖的通讯《马氏“兄弟”跨越二十年的诚信》（《河南日报》2015 年 2 月 15 日）写的是河南开封人马保东和新疆哈密人马奋勇借钱还钱、诚信做人的故事，时间跨度为二十年，空间跨度为几千公里（从河南开封到新疆哈密，从新疆哈密再到蒙古国）。作品只有 1300 多字，通过当事人活灵活现的语言，具体生动的细节，向读者突出地传达了诚信的力量。而作者在讲述故事的时候，并没有简单停留在“讲诚信”这一层面，还涵盖了仗义合作、民族团结、一带一路等诸多当下社会公众关注的新闻元素。

报道角度还体现在主题的表现上，即从什么角度入手，更有利、更艺术地表现主题。例如新华社的通讯《寻找 22 年前穿短裙的女孩——一张新华社老照片背后的改革信号》（2013 年 11 月 13 日）：2013 年 11 月，新华社为配合十八届三中全会召开，发表了一张拍摄于 1991 年的老照片，画面上是几位大连市民在街上行走，当中一位身穿短裙美丽时尚的女孩子回眸一笑，动人心弦。大连晚报社找到了照片上的女孩、现年 50 岁的陈晓露，通过她的故事，反映了改革开放对大连普通人的影响，“照片上陈晓露的形象尽管是一位普通中国邻家女孩，但代表的却是中国从封闭走向开放、思想从单一走向多元、生活从贫困走向小康的一个节点，是标记中国改革开放进程的符号之一”。通讯选择了一个巧妙的切入角度，通过引人入胜的故事吸引人、感染人、影响人，在创新正面报道上取得了新突破。

（四）掌握多种笔墨

通讯写作中，必须灵活运用各种表达方式，增强通讯的生动性和文学性。因此，通讯写作虽然以叙述和描写为主，但是也离不开恰当的议论和抒情。

1. 朴实生动的叙述

叙述是通讯最重要的表现手法。通讯中的叙述，具有直接性的特征，要求朴实无华，明白畅达。

2. 直观传神的描写

通讯写作中的描写，应该是直观式的具体描写，使人物、事物、景物栩栩如生地展现在读者面前。

3. 简洁实在的抒情和议论

通讯的行文中离不开必要的抒情和议论。议论和抒情的笔墨都不能够太多、太明显，而且应该融于事实的叙写之中。议论是在叙述事实的基础上，画龙点睛式的发挥，而非纯逻辑的推理；抒情也要紧密结合事实，缘事而发，要言不烦。而且，议论和抒情在通讯中往往是紧密地结合在一起的，有些文字，既是议论，又是抒情。

例如，前面提到的通讯《“三北”造林记》，以雄奇的构思、充沛的情感、多变的手法、飞扬的文采，再现了35年来三北造林人用血汗和智慧，改变亿万人生存环境、改变自然世界的慷慨悲壮的历程。以下是该通讯的节选：

> 一棵重生的树，一棵远古的树，一棵孤独的树——我们的故事，就从这三棵树讲起。
>
> 宁夏盐池，有一片自古叫作“一棵树”的沙窝子。当白春兰33年前举家迁来时，那棵不知年岁、四人合抱的老榆树已被砍掉。风沙依旧茫茫，夫妇俩在原址种下了他们的第一棵树，一棵矮小而坚硬的榆树。
>
> 要种粮，先治沙。挖个浅坑把三岁女儿往里一放，白春兰和丈夫冒贤沿着沙丘种树，娃娃烫了一屁股泡也顾不上。第四年，苗苗终于长成小树，树旁的三亩地居然也打出了四麻袋小麦。
>
> 这可是能磨出白面的麦子啊！夫妇俩喜笑颜开，赶着驴车把麦子运回家。
>
> “粮食种出来了！”每见到路边一丛灌木，丈夫都要大声吼叫；路过一块石头，他还要再吼，驴却抢先吼了一嗓子。

两个“疯子”，一头老驴。那一天，寂静的荒漠上，笑声与吼声随风远去。

第二棵是来自远古的杉树——

2003年夏天，造林人在陕西神木挖沙时发现了它，树皮已腐烂、枝条已枯萎，20多米高的树干，却依然保持直立的姿态！

人们难以推断它的生命起点，可是能想象出昔日的惨烈：风沙呼啸，林树一棵棵倒下，唯独这棵杉树以站着死去的方式，封存下了沙漠前的绿色记忆。

而今，这一幕再现于宁蒙交界的荒滩上。退休工人邱建成的11万棵树几近死光，五六米高的枯树仿佛一双双悲愤的大手，伸向天空。

种树二十多年，邱建成挑坏十来根扁担、五六十只水桶，还断了一根手指。

从2007年起，他的树就开始成片成片枯死。林子里从前一锹就能掘出水的地方，现在挖六七米深也不见水。他说，是周边新建的工业园抽干了地下水。

邱建成潸然泪下，仰天呼啸。

——谁能救活我的树？谁能救活我的树？

残缺的手在枯萎的树干上颤抖地摩挲着，摩挲着……

行走三北，这样苍凉的壮士悲歌，一次又一次激起我们心中的波澜。

在宁夏灵武农民顾芸香心里，自己不知死了多少次。

治沙，治沙，不断的投入耗光了原本丰厚的家底，作为全家唯一收入来源的100多只羊又一夜之间中毒死亡。头羊挺着不肯死去，一直到她回来，不舍地在主人腿上蹭了两下，才闭上眼睛。

追债的人来了，她躲进林子，躺在那些一天不见就挂念、却又让自己一贫如洗的树下，一遍又一遍地问自己：“我为什么要种树？”

——“我为什么要种树？”三北大地的造林人，也许都问过自己同样的问题。

那些沙漠、那些荒地，似乎上天就决意让它们彻底荒芜、彻底枯寂、彻底贫瘠，但总是有人不甘、不弃、不离，要改变它们和自己的命运。

后悔吗？面对我们的问题，此时已是一败涂地的顾芸香摇了摇头：“我不放弃，我没有别的选择。”

她嘴角微撇，眼睛斜望远方，目光里透着难以言说的悲伤与坚毅。一滴晶莹的泪水，挂在了她饱经风霜的脸颊上，一直没有落下。

就是这个女人，她最好的年华都伴随治沙而去了。而今，所剩的只有无钱医治的胃出血，还有那无尽的苦涩泪水。

第三棵是孤独伫立、却与守护者血脉相连的树——

在新疆库车的极旱荒原上，千年石像无嗔无喜，目睹着大千世界的变迁，也目睹了石窟守护员热合曼·阿木提20年间栽下的几百棵树渐渐死去。

几个月前，因为一项工程，仅存两棵树中的一棵也不得不挖除。

站在挖掘机前，他想用自己的躯体挡住钢铁巨车。

他也知道挡不住。钢铲落下那一刻，他紧闭双眼，听到树根“咔嚓”“咔嚓”在折碎。一阵剧痛晕眩，他感到自己的血管被切断了。

热合曼只能守护着仅存的那棵树。枝条已经有些枯黄，不知道它是否能活过即将到来的冬天。

牵动我们目光的这三棵树，不同命运、饱经沧桑的三棵树，如果在同一时空、在大漠长风中牵引共舞，它们会吟出一曲怎样的悲怆之歌？

这里，记者采用了多种手法，讲述了三棵树、三个人的故事，叙述朴实精要，描写精细入微，议论抒情自然圆融，语言行云流水。写出了几位造林英雄人物的成功和失败、快乐和痛苦、希望和幻灭、坚韧和软弱，突出了他们的鲜明个性和时代特征，使他们的人生故事、命运跌宕与大漠绿洲一起构成了气势恢宏的交响曲，体现了高超的新闻艺术水准。

（五）注意写好人物

与消息侧重写事件不同，通讯长于写人，写好人物是通讯写作的关键。人物通讯当然以写人为主；即使事件通讯中以写事为主，但由于事在人为，也必须写好人物。写好人物可以从以下四方面着手：

1. 通过典型事例表现人物

通讯中的人物，大多是能体现时代精神，奋战在祖国各条战线上无私奉献的先进分子。为了写好这些人物，必须选择最典型的，能够体现人物思想，对人民群众有教育意义的事例。

《雪域将军的生命绝唱——记坚守高原献身使命的西藏总队原司令员郭毅力（使命篇）》（《人民武警报》2013年9月10日）写的是西藏总队原司令员郭毅力用生命维护雪域高原稳定的事迹，鲜明回答了新形势下党员领导干部怎样做人为官的现实问题，具有重要的时代意义。在写作上，作品主要通过再现郭毅力指挥过的几次重大战役和38年扎根高原的情景，展现雪域将军的风采。例如其中一段：

2008年3月初，达赖在境外发表反动演说，鼓吹“藏独”。

一连几个夜晚，郭毅力办公室的灯都亮到深夜。他逐字分析达赖的演说与往年的不同之处，认真研判西藏维稳态势，从中得出一个令他吃惊的判断："拉萨要出大事。"

郭毅力迅速向自治区党委和总部首长报告了自己的判断，并提出了"军事威慑，宣传疏导，依法打击"的维稳作战原则。

果然不出郭毅力的预测，从3月10日开始，拉萨几个寺庙的上千僧人带头离寺，企图向大昭寺广场汇集闹事。郭毅力预有准备，他早在9日就在哲蚌寺、色拉寺等大寺院外部署兵力，将僧人挡回了寺院。

此时，拉萨大街上的不法分子疯狂向执勤官兵抛掷石块、酒瓶，企图制造政治事件。

郭毅力审时度势指挥部队打"军事行动政治仗"，提出"政策第一，纪律第一，稳妥处置"的行动原则，执勤官兵打不还手，骂不还口，不给"藏独"分子留下任何把柄，给党和国家赢得了全局上的主动。

14日，"藏独"分子终于露出了反动的真面目，千余名闹事分子手持长刀、棍棒，冲向大昭寺广场，见人就砍，见车就烧，瞬间，1000余间商店被砸，数百名群众、官兵受伤，拉萨街头浓烟滚滚，一片狼藉。

恐怖罪行，昭然若揭。国务院新闻办及时向全世界公布了达赖集团策划煽动的这场严重破坏社会秩序的打砸抢烧暴力犯罪事件的真相。

罪行累累，铁证如山。亮剑的时机已到，郭毅力按照上级的指示精神，迅速定下"依法处置"的决心，命令部队全线出击，装甲车、水炮车、防暴车阵前开路，防暴弹、催泪弹、能动弹空中作响，当天下午，部队官兵迅速将事态平息，将犯罪分子绳之以法。

中央军委首长给予郭毅力高度评价："组织严密，堪称精确指挥。"

这一事例完整呈现了郭毅力处置该事件的全过程：分析研判形势、提出行动原则、依法平息事态，突出了其细致敏锐、审时度势、服从指挥、雷厉风行的特征，展现了新时期党员领导干部优秀代表的形象。

2. 通过矛盾斗争表现人物

通讯中的人物，并不是孤立地存在着的，他总是与周围的人和事发生千丝万缕的联系，产生这样那样的矛盾。要写好人物，就必须善于在充分展开了的矛盾冲突中表现人物。这些矛盾冲突可以是人物与自然界的矛盾，也可以是人物自身思想上的矛盾。

例如《红山嘴，大雪即将封山》（《解放军报》2011年9月28日），开头写道：

北出阿勒泰，记者乘坐的越野车在万山丛中颠簸蠕动，下午2时抵达红山嘴边防连。

登上哨楼远眺，对面红山梁上已覆盖着厚厚的积雪。冬天来了，大雪就要封山！

这天是9月22日，正是北京秋高气爽的时候。

大雪封山，对新疆阿勒泰军分区红山嘴边防连官兵来说，是“天大的事”。每年10月到来年5月，在长达8个月的封山期，这里银装素裹，积雪一人多深，陆路交通完全中断。

大雪封山，给守防官兵留下太多的痛，作品精心选取大雪即将封山这个最能体现人与自然矛盾的时段，将一个个红山嘴边防连官兵无私奉献的感人故事巧妙地串在一起，表现“红山嘴军人对家人怀有深深的愧疚，却无愧于军人的使命，无愧于祖国的重托”的品质，读来催人泪下。

3. 通过生动细节表现人物

通讯写作中，通过细节描写，可以使事件更真切，人物形象更加丰满，更加栩栩如生。例如《76秒，他用生命诠释责任——杭州长运驾驶员吴斌英雄壮举感动中国》(《中国交通报》2012年6月4日)：

5月29日11时40分，吴斌驾驶“浙A19115”大客车从无锡返杭途中，突然有一块约30厘米长、5公斤重的铁块，像炮弹一样从空中飞落，击碎车辆前挡风玻璃，砸向他的腹部和手臂。危急关头，吴斌强忍剧痛，换挡刹车将车缓缓停好，拉上手刹，开启双闪灯，并站起来转过身提醒乘客：“注意安全！”这是他留给人世间最后的一句话，说完这句话，吴斌就突然倒下，陷入昏迷。

细节描写再现了48岁的杭州长运驾驶员吴斌在遭受突如其来的重击后的76秒内，完成一系列完整的安全停车措施，确保24名旅客安然无恙的过程，真实、鲜活、生动地展现了平民英雄吴斌作为一名职业驾驶员的高度敬业精神，让人难以忘怀，并深受鼓舞。

4. 通过思想闪光点表现人物

有什么样的思想就会产生什么样的行动。通讯中的人物，其所作所为，一言一行都是思想的反映，而先进人物的思想往往是时代精神的体现。要写好先进人物，就必须抓住人物思想中的闪光点，以此激励鼓舞群众。

获得第二十二届中国新闻奖特别奖的通讯《守望精神家园的太行人——红旗渠精神当代传奇》(新华社2011年10月16日)书写了太行儿女拓荒创业，执着守望精神家园的当代传奇，包括四个主要层次：“太行之梦——一个永不坠落的理想”“太行之力——一种滴水穿石的坚韧”“太行之爱——一首奉献当代的

颂歌""太行之魂——一曲民族精神的咏叹",作品结尾这样写道:

改革开放以来,林州人民以自己的理想、奋斗、坚韧、奉献,成就了当代红旗渠精神,这就是——难而不惧,富而不惑,自强不已,奋斗不息。

难而不惧,在理想召唤下排除千难万险;

富而不惑,在物质大潮中坚守精神家园;

自强不已,在激烈竞争中壮大发展,不断超越;

奋斗不息,在复兴道路上奋力拼搏,永不停步。

这就是我们时代的精神,更是中华民族的精神。

无论我们将来多么富有,多么强大,都不应该丢弃。

"难而不惧,富而不惑,自强不已,奋斗不息"是将太行人精神、红旗渠精神置于中华民族精神成长的时空坐标中,提炼出的时代内涵和当代昭示,具有凝聚和激发民族精神的舆论力量。

思考与练习

一、下面两则消息的标题哪个更好?为什么?

1. 保护鸟类　造福人民(引题)

本市举行"爱鸟周"宣传报告会(正题)

2. 劝君莫打三春鸟　子在巢中盼母归(引题)

市林业局园林局举办爱鸟周书画会　(正题)

二、分析以下消息的标题,指出引题、正题、副题所在,并说明它们的作用。

1. 曾经为了61个阶级兄弟　世纪变迁悬壶济世不移

武汉一药企57载亏本生产救命药

(《湖北日报》2013年11月20日)

2. 我国科学家在国际上首次"看到"氢键

为化学界争论80多年的"氢键的本质"问题提供直观证据

(《光明日报》2013年11月23日)

3. 南海昨日开出广东首份行政审批"负面清单"

收紧政府的"手"　放开市场的"腿"

(《南方日报》2013年12月11日)

4. 庆祝中斯建交60周年

习近平同斯里兰卡总统西里塞纳互致贺电

李克强和斯里兰卡总理维克勒马辛哈互致贺电

(《经济日报》2017年2月8日)

三、给下面的消息拟制一个合适的标题。

9月23日下午，枣庄市台儿庄古城重修的晚清鲁南民居“保寿堂”，以每平方米3万元的价格，被深圳海王集团购得，用于展示医药文化。“这是为准确评估古城价值而拍卖的惟一一座建筑，去年5月完工时核算出的成本是每平方米2658元。”古城管委会主任王广部说，“按此计算，古城一期净资产已达到153亿元，无形的遗产价值更是不可估量。”

作为古城重建的具体指挥者，王广部当初差点成了古城的“毁灭者”。5年前，时任台儿庄区区委副书记的他，为改造古城两平方公里的棚户区，跟上海绿房子投资公司谈成了近6亿元的房地产项目。没想到，项目报到市里，却被叫停了。

市里叫停的理由是，台儿庄文化遗产资源独一无二：台儿庄大战，是八年抗战正面战场第一场胜利，尚有53处战争遗存；古运河傍城而过，是南北文化交融地，鲁南、徽派、欧式等八种风格的建筑并存。不能毁了遗产搞房产！为此，枣庄成立台儿庄古城恢复重建筹委会，聘请国内顶尖学者做了大量调查、论证，绘出了古城原貌图。

2008年4月8日，台儿庄战役胜利70周年纪念日这天，枣庄市政府宣布：妥善安置棚户区居民，重建台儿庄古城。重建按世界文化遗产标准，保持原城市肌理，坚持用原结构、原形制、原工艺，全国最有名的工匠齐聚于此，参与重建。去年“五一”，重建工程一期竣工，开业以来接待近200万游客。

记者在“非遗街”看到，已有风筝、泥塑、蜡染等40余省级以上“非遗”项目落户。甘言地是有6000多年历史的伏里土陶的传人，过去四处打工，来古城后，日收入上千元，还收了徒弟。运河大鼓、柳子戏等艺人也来这里献艺，成为古城的“员工”。

国家文物局局长单霁翔考察古城后说：“台儿庄古城重建，是文化遗产保护历史上罕见的开创性工程。”

9月22日下午，记者在古城见到80岁的台胞郁化清。他16岁离开台儿庄，晚年到苏州名镇角直定居，今年8月初回老家看到重建的古城，兴奋得睡不着觉。8月12日，他卖掉角直的房子，在古城边上买了房子。

“变房产为遗产，变景点为经典，台儿庄古城的文化价值和产业价值越来越得到彰显。”枣庄市市长陈伟说。

（《大众日报》2011年9月25日）

四、消息的导语要用最简短的语言写出最重要、最新鲜、最精彩的内容。请据此修改以下三则导语：

1.［本报讯］ 我国地质工作者最近在位于我国南海北部大陆架珠江口盆地的七号井施工时发现了上世纪第三系的数层油层，经过对各种资料进行综合测试和研究，获得了原油。

2.［本报讯］ 在十二位著名美术家的帮助下，两个广西少数民族孩子阿西（毛南族，七岁）和亚妮（壮族，四岁）最近在上海复兴公园举行画展。两个小画家当场作画，博得观众的一片赞赏。目前，已有十余位国内外画家贴上红条定购展品。

3.［本报讯］ 约瑟琳·皮珀，十四岁，是约翰·H.皮珀的女儿，住在谢温东街一二六八号，父亲是一名会计。今天，当她和一位朋友在林肯公园散步时，被一个戴假面具的男人刺死。

五、以下是一则消息的主体和背景部分，请据此拟写它的导语。

上海动物园是上海中心城区一块植被保存相对较好的公园，生态系统较为完善。随着全球环境愈加受到人们的重视，国家加快推进生态文明建设，上海动物园更是承担着野生动物易地保护以及本土物种保育工作的重任。2015年，上海动物园特邀以昆虫学研究为专长的上海师范大学共同开展昆虫多样性调查，摸清公园内本土昆虫多样性的家底。

在采集的270种昆虫样本中，有1头与众不同的小甲虫引起科研人员的注意，经过文献资料查阅和标本解剖的比对，最终上海师范大学生命与环境科学学院副教授殷子为鉴定这个甲虫为新物种。根据这个新物种发现于上海动物园（原名“西郊公园”），它隶属于毛角蚁甲属，故中文名全称为“西郊公园毛角蚁甲”。据悉，这篇记述上海新物种的学术论文已于今年3月正式刊登在国际动物学权威期刊《动物阶元》上。

“西郊公园毛角蚁甲”在分类上属于昆虫纲、鞘翅目、隐翅虫科，是躯体分为头、胸、腹三部分，拥有两对翅膀和三对足的节肢动物。科研人员介绍，隐翅虫在生态系统中占有重要的地位，其物种的多样性可以反映出该地生态环境的优劣。上海地区过去百年来仅有60种隐翅虫科物种记录，而今在上海市中心城区的绿色生态宝地——上海动物园，居然能发现“西郊公园毛角蚁甲”这一蚁甲新种，着实令人欣喜。

（《光明日报》2017年3月16日）

六、阅读下面的这篇消息，并回答问题。

我国静止轨道气象卫星升级换代

风云四号首批图像与数据发布

本报北京2月27日电（记者叶乐峰、袁于飞）27日，国防科工局、中国气象局联合发布了我国新一代静止轨道气象卫星风云四号获取的首批图像与数据。经过初步分析，风云四号卫星的主要探测功能得到全面验证，综合探测能力达到国际领先水平。

风云四号卫星是我国静止轨道气象卫星从第一代（风云二号）向第二代跨越的首发星，于2016年12月11日在西昌卫星发射中心成功发射，星上搭载多通道扫描成像辐射计、干涉式大气垂直探测仪、闪电成像仪和空间环境监测仪等遥感仪器，其中干涉式大气垂直探测仪填补了世界在该领域观测的空白，闪电成像仪填补了我国在该领域观测的空白。与第一代卫星观测系统相比，观测的时间分辨率提高了1倍，空间分辨率提高了6倍，大气温度和湿度观测能力提高了上千倍，整星观测数据量提高了160倍，观测产品数量提高了3倍。

国防科工局、中国气象局正在按计划组织有关单位开展卫星在轨测试，计划今年6月至7月份交付使用。目前，我国已成功发射了15颗气象卫星，其中8颗卫星在轨运行，实现了气象卫星业务化和系列化，成为世界上少数几个同时拥有极轨和静止轨道气象卫星的国家。

（《光明日报》2017年2月28日）

1. 从写作特点来看，这篇消息属于什么类型？
2. 这篇消息采用了什么样的结构形式？
3. 这篇消息是由哪几部分构成的？试分析各部分的类型和作用。

七、2013年4—5月，S大学举办了第六届心理健康节活动。活动结束后，《S大学报》拟将活动开展的情况刊发在5月29日的校报上。假设你是校报记者，请你根据以下材料写一篇消息。

为了全面推进大学生心理健康教育工作，S大学举办了以“迎校庆、健心灵、献爱心、促成长”为主题的第六届心理健康节活动。

2013年4月26日下午，著名相声表演艺术家J到校作了题为“中国曲艺的魅力”的讲座。讲座现场气氛异常火爆，能容纳300人的音乐厅座无虚席，很多学生一直站着听完整场讲座。J说学逗唱，惟妙惟肖的表情和幽默的言语让全场师生捧腹大笑，充分领略了相声的艺术魅力。4月28日晚，第四届校园相声大赛如期举行，共吸引了1000多名师生参加。有同学以充满诗意的语言表达了自己的感受:“相声通向笑声,笑声连接大家的心声。笑帮人宣泄喜怒哀乐的情绪。笑伴人应对酸甜苦辣的人生!顺利时会笑,困难时能笑,失败时敢笑,我们笑着同昨天告别,又笑着迎接新的黎明!”

S大学是较早创办心理运动会的单位之一。5月12日下午,第五届心理运动会拉开帷幕,活动精彩纷呈,创新无限。“漫天飞舞”项目要求参赛选手中女生蒙住眼睛抛毽子,而男生站在女生身后5米的圆圈内用篓子接毽子,规则看似简单,却要求女生恰到好处的抛毽力度和男生辨识毽子飞行方向的全神贯注。漫天飞舞的彩毽和同学们的欢声笑语飘扬在操场上空,其乐融融。“心灵感应”环节要求参赛者一人蒙住眼睛,背着另一位同学,在他的指引下绕过障碍,背者失去方向、小心探索道路的迷茫,被背同学指点迷津、化险为夷的喜悦,使得比赛充满刺激和欢乐,全场气氛渐入高潮。“齐心协力”“铁人三项”“背对背拥抱”的比赛模式也都突破常规,不仅强调个人的体能展现,更考验团队的默契配合。参与的同学活力四射,乐在其中,观战的同学呐喊助威,激情澎湃,让整场活动都洋溢着喜悦和乐趣。

举办讲座是开展心理健康教育的传统方式,深受师生欢迎。组委会针对辅导员、心理保健员、普通学生等不同群体组织了若干场精彩讲座。

5月21日下午,学校党委副书记带着各院系辅导员听取S大学心理健康教育中心主任D教授作《如何应对心理压力》的讲座。D教授是国家首批注册心理督导师,她的精彩讲解有助于辅导员们应对职场与生活压力,享受健康人生。

4月28日下午,S大学心理健康教育中心W老师为全校各班班长、心理保健员作了一场题为《常见的心理问题》的讲座;5月7日晚,W老师又作了一场《与大学生谈人生规划》的讲座,师生们表示要将所学知识运用于学习、工作。生活中,调节自我,服务大家。

健康节筹备期间。四川雅安发生7级地震,给当地人民群众生活财产造成了重大损失,深深牵动着师生的心。健康节组委会寻思把给灾区募捐的爱心奉献活动也列为心理健康节的重要组成部分,试图使学生们在募捐活动中体认到爱心与向善是心理健康的真正底蕴。

4月23日,几位学生连夜制作了募捐箱和祈福绶带,发起“天佑雅安、心系灾民”捐资赈灾活动。在“生者坚强、逝者安息、祈福雅安、重建家园”的条幅上,同学们写下了真挚的祝福,并将所筹善款汇往灾区。

一衣一物皆心意,一元一分总关情,有同学说,我们的心连在一起,就是一座爱的堤坝;我们的手牵在一起,就是一座情的长城。

(节选自2014年国家公务员考试《申论》试题资料)

八、阅读以下两篇同一题材的文章，比较消息与通讯的异同。

危急时刻挺身而出——女党员勇接坠楼女孩

本报杭州7月2日讯 两岁女孩突然从10楼坠落，眼看一出悲剧即将上演。刹那间，一个人影猛冲向前，勇敢地用双手接住女童。由于巨大的冲击力，两人瞬间摔倒在地。但正是这一接，让女孩稚嫩的生命得以延续。

这惊险的一幕发生在今天中午的杭州滨江香溢·白金海岸小区。徒手接住坠楼女孩的英雄叫吴菊萍，阿里巴巴员工，今年31岁，是一名已有10多年党龄的党员。

小区居民俞女士回忆说，中午12时多，她刚从外面给家里的装修工买饭回来，刚走进小区不久，突然听到楼上有人在大喊大叫。她抬头一看，惊呆了：有个女孩挂在10楼窗口，刚开始露出一双脚，后来整个身子露了出来！正当人们想方设法搭救时，女孩突然间掉下来！

千钧一发之际，正在楼下的吴菊萍什么都来不及想，迅速冲过去，奇迹般地接住了女孩！

由于冲击力太大，只听“砰”的一声，吴菊萍坐倒在地，昏了过去，左手臂被压在女孩的脖子下；女孩则面部朝上掉在草地中。但令人欣喜的是，女孩突然哇哇大哭起来，现场的人都松了一口气，赶紧把两人分别送到医院。

据小区物业的工作人员说，出事住户家的男主人出差，女主人上班，是奶奶在家带孩子。当时奶奶去顶楼平台收被子，女孩一个人被锁在家里，没想到却出了事。

女孩被送到浙大医学院附属儿童医院。记者从医生处了解到，女孩颈椎、胸腔均无大碍，但是肠子破裂，还未脱离生命危险。“幸亏有人去接了一下，不然女孩已是凶多吉少。”

救人的吴菊萍自己的孩子才7个月大，还没有断奶。医生说，吴菊萍左尺桡骨多段粉碎性骨折，完全康复估计要半年。因此，她只能让婆婆来照顾孩子，打算换成奶粉喂养。

“自己家里还有7个月大的小孩要喂养，现在有没有后悔?”吴菊萍笑着摇摇头：“不后悔，毕竟生命是最可贵的，我现在只希望那个女孩能早日康复。”

据了解，吴菊萍2000年在大学时就入了党。这些年来，她始终没有忘记自己的党员身份，工作时严格要求自己，平时也十分乐于助人。“我完全能理解她的举动，换作是我，我也会毫不犹豫地冲上去的。”吴菊萍的丈夫说。

(《浙江日报》2011年7月3日)

吴菊萍:勇敢的妈妈 伟大的母亲

千钧一发的紧要关头,张开手臂接住女童的这位英勇女士叫吴菊萍。

她是嘉兴王江泾镇人,来杭州工作11年了,现在阿里巴巴诚信通做销售客服,老公是富阳人,两口子把家安在了滨江,有一个7个月大的孩子。

吴菊萍住在滨江白金海岸23栋10楼,坠楼的女童住在22栋10楼,两户人家虽相隔两个楼道,但素未谋面。事发前,两家人不认识。

吴菊萍踢掉高跟鞋,张开双臂

昨天下午5点,记者在富阳市中医骨伤医院三楼病房见到了吴菊萍。

轻轻推开房门,吴菊萍正躺在病床上挂盐水。她比想象中要娇小,鹅蛋脸,1米60不到的小个子,裹在一件蓝底粉色红心的棉布小洋裙里。

床头的病历卡写着"吴菊萍,1980年出生,左尺桡骨多段粉碎性骨折。"看得出吴菊萍很疼,她右手垫在左手下,面色有些苍白,嘴唇抿得紧紧的。

邻床的病友见记者来,连声说"赶紧采访这位大英雄。她流了不少血。"

吴菊萍听了有些害羞,轻声说:"哎呀,没什么,没什么。"吴菊萍说,当时没这么痛,现在人清醒了,就痛得厉害起来。

在记者一再请求下,吴菊萍回忆了事发时情形——

现在回想起来,那真是在刹那间发生的。

1:00左右,我和老公吃好饭出家门,是我的一位同事有约,说要看我们新房子的装修。同事已经在路上了,我们出门有些着急。

家到小区门口,也就五六十米的样子,过了两三分钟,我俩还没走到小区门口,猛地听到我婆婆的叫声。

我回头看我家窗口,我婆婆激动地挥舞着手。我们没多想,拔腿就往回赶。我穿了一双四五厘米高的高跟鞋,跑得不快。老公一个箭步冲在我前头,往楼上去了。

我到楼下,已经有四五个人在下面了。保安拿着对讲机喊"10楼……一个孩子。"耳朵还刮到几句"要掉下来了!掉下来了!"

周围一片闹哄哄的,什么也听不清。

我眯着眼睛往楼上看,阳光有些刺眼,隐约看到是隔壁家的孩子挂在窗台上,不是我家孩子。

我当时也没细想,心里很急,踢掉高跟鞋,往楼下快速靠近几步。

这时,听到楼上一声尖叫,我下意识地双手手臂一张,真是"嗖"的一下，很快很快，左手臂一阵剧痛，我整个人就倒下去。

我知道，我接住了。

我人也晕了过去。

吴菊萍老公小陈搓了一把脸说，"真是很短很短的时间。"

他又补充了一些——

我比老婆跑得快。我冲回家，发现儿子躺在地上。

我妈妈脑袋探出窗口喊，声音几乎是号叫！我挤开她，往楼下看，我老婆竟躺在地上了，怀里好像还有个孩子。

我冲下楼时，老婆怀里的孩子已经被别人抱走了。

老婆晕晕乎乎的，手臂上还有血。

我知道发生了什么。

老婆赤脚，旁边一个大妈，脱下自己的拖鞋，套在我老婆脚上。我赶紧扶起老婆往小区外走。

我在小区门口看到坠楼的孩子，围了很多人，有人在打120。

我等不及了，开车送老婆去武警医院抢救。

我只记得在武警医院交钱拍片的时候，我看了表，1点15分不到。也就是说，除掉我开车去医院路上的时间，事情整个过程，顶多七八分钟。

在武警医院，老婆才有点醒过来，她问我"孩子呢，孩子呢"，我答不出来。后来，我在医院急诊室看到小区邻居，才知道那个救下的女孩，也送到武警医院来了。

富阳卫生局局长叮嘱全力救治女英雄

富阳市中医骨伤医院全免5万治疗费

武警医院骨科X光片显示：吴菊萍左手臂的尺桡骨断成了三截，有骨头断端戳出皮肤出来，伤势非常严重，需要立即手术。

老公小陈说，"我是富阳人，想到富阳市中医骨伤医院治疗骨伤很有名气，我就抱起老婆，往富阳市中医骨伤医院送。"

富阳市中医骨伤医院主管吴菊萍的医生叫裘晓东。裘医生说，"她伤得很重，手臂受到了巨大撞击后产生爆裂伤。我们医院金登峰副院长刚从外地回家，他得知消息立刻赶到医院，组织专家为吴女士会诊。"

金登峰副院长说："我接到了富阳市卫生局陆国民局长的电话，他从快报记者这里得知了吴女士的事情。陆局长叮嘱我，有位英勇救孩子的女士在你们医院治疗，你们要拿出最好的本领，全力救治女英雄！"

经过专家组讨论，确定了吴菊萍的治疗方案：

第一步，止血消肿。吴菊萍的左手尺桡骨粉碎性骨折后，大量出血可能压迫神经,有导致手功能受损的危险。

所以,目前先用富阳市中医骨伤医院的秘方金黄散软膏帮她消肿,然后用杉树皮夹板正骨复位。

“尺桡骨是人手臂中最精巧的一根骨头,不仅起支撑的作用,还负责手臂旋转功能。这根尺桡骨,最细的地方大概是1.5厘米,最粗的地方是4厘米左右。”金登峰说。

吴女士的伤势在尺桡骨骨折中算非常严重的。

不过金副院长说,富阳市中医骨伤医院的骨伤疗法已经传了150年,每年治疗2000多例尺桡骨骨折患者,有信心把吴女士治好。

目前,估计需住院3周。基本恢复要3个月,彻底好要半年以上。金副院长估计,治疗费在5万左右,“我们医院帮她全部免掉。”

一般人手臂力量只有45公斤

金登峰副院长是著名的骨伤科专家。他说:“我见过大大小小尺桡骨骨折,像吴女士这样严重的,以前只在车祸伤中看到。她是冒着生命危险做这件好事的。因为高空坠物砸倒,意外太多了。万一风吹等因素影响下,孩子偏差一点点,落在吴女士的头上,她就可能当场死亡。落在她脖子上,她可能高位截瘫。”

金副院长说着说着,非常感慨,“我也是一位15岁孩子的爸爸。我非常敬佩吴女士,这就是母亲的伟大!”

杭十四中物理特级老师骆兴高说,“这个可能就是妈妈的力量了。”他说,自己曾经看过一个报道:

在美国,一位妈妈在修爆胎的汽车,孩子在旁边玩,爬在车子底下。突然车子的千斤顶塌了,这位美国妈妈立刻就把车子抬了起来,救出孩子。文中分析,一个人在突发事件时,肾上腺激素激增,可能是会爆发出巨大能量。一般人手臂力量只有45公斤,而吴女士瞬间接住了数百公斤。

生了孩子后,她变得勇敢,凡事敢担当

吴菊萍治疗时要服大量药物,医生建议她给孩子断奶。吴菊萍说,我儿子7个月,本想再喂一段时间,现在就算了。

昨天,隔壁房间的一些病友也纷纷跑进病房来看她。我和摄影记者代表快报,送上一个水果篮,表达我们的敬意。

在老公小陈眼里,吴菊萍是个非常有责任感的人,“特别是生了孩子后,变得勇敢,凡事敢担当。”

他说,白金海岸是个很贵的楼盘,房子不是他们自己的,我自己去年刚创业,收入不稳定。老婆工资也不是很高,是我们租了白金海岸一个房间,每月交800元租金。老婆说要给孩子好的生活,我们很努力,买了一套85平方米的小房子,正在装修了。她工作很努力,我和她谈恋爱的时候,她就是个工作狂,每天晚上10点才下班。她很善良,对我妈妈很好。

吴菊萍在阿里巴巴诚信通做销售客服,她的领导说:吴菊萍是个很乐观的人,“下午,她来和我请假,说要休息3个月。我问她怎么了,她说手骨折了。我急了,问她怎么了。她轻描淡写地说,有个孩子从楼上掉下来,我手一接,就断了。周一,我们同事都要去看她的!”

我们让吴菊萍说说自己,她想了半天,说:“我是个农村来的孩子。我一直蛮普通的。没啥特别的。”

吴菊萍是中国共产党党员,2000年入党,党龄11年。

(《都市快报》2011年7月3日)

第六章　评论性文体

第一节　短　论

一、短论概述

（一）短论的含义

短论是指通过议论、说理来对现实生活中出现的具有典型意义的问题或现象进行评述的短篇文章。

短论是以篇幅长短为标准划分出来的一个文章类别，不是一个精确的文体概念，只是人们口头泛用的一种简略称呼，又叫作“微型议论文”。广义的“短论”，泛指一切体小篇短的议论性文章。如政治短论、思想短评、经济短论、哲学短论、文艺短论、教育短论、科技短论等等。狭义的“短论”专指侧重于从政治、思想方面对社会生活中的各种现象和问题进行评论的短篇文章，属思想评论的范畴。如《人民日报》的“今日谈”“直言快语”，《文汇报》的“虚实谈”、《中国青年报》的“冰点时评”和《新民晚报》的“今日论语”等专栏中的文章。

（二）短论的特点

1. 针对性

针对性是指短论的写作者要从现实生活中抓住实际存在的具体现象、具体问题进行评论，做到“有的放矢”。这是因为短论篇幅比较短小，需要集中笔墨讲清问题，而且短论又大多发表在报刊上，用于针砭时弊，扶掖新生事物，需要有新闻性、新鲜感，没有针对性，就达不到这些要求。

2. 单一性

单一性既是指所写的事情（或材料）单一，又是指议论的意思单一，即常说的"一事一议"。单一性与针对性是有一定联系的。短论一般都是专门针对某一现象、某一问题发表评论,于是也就有了单一性。在有限的篇幅里,如果内容不集中、不单一,一下子提出好几件事情,而且又分别地加以议论,这样必然不深不透,甚至不明不白。短论内容单一或"一事一议",不等于内容单薄或只能议及一层意思,它也须层层开掘,写出较深的道理。

3. 论辩性

论辩,就是旗帜鲜明地、有针对性地进行议论和辩驳,就是对特定的事物和问题进行具体的分析,辨别真伪,分清是非,讲清道理,宣传真理。

短论的论辩性与其针对性有关。因为它是针对实际存在的具体现象、具体问题,面对这些现象和问题,不可能所有的人都有一致的看法,所以针对性中也包含针对现实中的某些现象、某些问题展开讨论和辩论。

4. 群众性

短论具有明显的群众性,一方面,其内容是群众普遍关心的问题;另一方面,其形式又为广大群众所喜闻乐见,易学易写。

二、短论的写作要领

(一)捕捉矛盾、发现问题

写短论首先遇到的就是如何选题,即如何确立评论对象和目标的问题。任何议论性文章,都讲究选择论题,但短论在选择论题时,却更强调贴近生活,切中实际。与生活贴得越近、联系得越紧密越好。

在我们的现实生活中,矛盾和问题层出不穷,哪些可以作为评论的对象呢?这就要求我们热爱生活、关注生活,关注国内外大事,倾听群众的呼声,关心人民的疾苦,选择人民最关心的、对他们的利益最有影响的论题;并由此进一步确定将选题中的某一方面作为评论的中心,明确议论的中心意旨,力争做到一事叙而动人心,一论发而达人意。

而要能够在纷繁复杂的社会生活中发现问题,特别是发现隐藏在复杂现象中的事物的本质,就要求写作者有足够的眼力和魄力,透过各种平凡、细微、繁杂的生活现象,挖掘出能够引起人们重视和深思的问题。因此,我们要在关注生活、关注社会的同时,着力培养自己的明确的是非观念、敏锐的政治嗅觉,以及对新事物、新问题的感受力和思考力。

(二)"大中取小""小中见大"

"大中取小"是就短论的选材而言,就是从重大的社会问题中选取最能反映事物的本质的一点或一个侧面作为“突破口”，经过分析，揭示出事物的深刻意义。

“小中见大”是就短论的立意而言的，就是从日常生活中的细小事件中，发现它蕴涵的重大社会意义，从小事开掘出深刻重大的主题，给人以深刻的启示。

从某种角度来说，“大中取小”与“小中见大”是一个事物的不同方面，因为选材和立意本来就是紧密联系在一起的，选材时要“大中取小”，是因为被从“大”的社会范围中选取出来的“小”，可以昭示一定的社会意义；立意时要“小中见大”，是因为“大”，也就是事物的意义、价值等，本来就已经在所选取的“小”的角度、“小”的材料中，是这“小”材料的本质特点。

当然，所谓“大中取小”和“小中见大”，是写作者在生活和写作中，把脚踏实地的观察体验和高屋建瓴的思考分析紧密结合的结果，而不是为了迎合读者的某种口味而故意舍大求小，把严肃、重大的问题庸俗化；也不是为了追求理论色彩或思想意义而故作惊人之笔，任意上纲上线。

（三）剖析概括、切中肯綮

短论的主要手段是议论，议论应该以剖析和概括为重点。剖析的任务主要是揭示事物、问题的内部与外部联系；概括的任务主要是透过现象看到本质，通过个别显示一般。两者相辅相成，文章才有可能做到条理清楚、思想严密、内容深刻。这两方面能力的强弱，就决定了文章水平的高下或深浅、巧拙的不同。

（四）题明旨显、精悍活泼

所有的文章都应该是标题醒目、主旨鲜明的。短论由于其“短”，就要求通体精悍，而标题又是文章的脸面、眼睛，是文章最重要的部分之一。人在未看文章之前，首先见到的是标题。题好，题巧，就能引人来看，诱人阅读。读完了，回过头来想一想，若能使人觉得题目是从最好的角度、以最精练生动的语言，表现了文章的主旨，这就叫“题明旨显”。

短论的精悍是指：思想精，闪烁着智慧的光芒，动人心弦，发人深省；语言精，言简而意赅；形体精，小巧而玲珑。活泼是指：语含哲理，使人生智生情；行文真切，通俗而富于生活气息；谋篇布局，灵活而不刻板，整篇充满生机。一篇几百字的文章，思想哲理的阐发，通俗而流溢着智慧，明白而有说服力量。

第二节　文艺评论

一、文艺评论概述

(一)文艺评论的含义

文艺评论是对各种文艺现象,包括文艺作品、文学艺术家以及与之有关的文艺运动、文艺思潮和各种文艺流派等,进行分析、论述和评价的文章。

文艺评论也称作“文艺批评”,而“批评”一词在汉语的日常语言活动中也常用作专指对缺点错误的揭露,所以我们在将“评论”与“批评”视作同义语的前提下,沿用“文艺评论”这一名称。

(二)文艺评论的特点

文艺评论也是一种文艺活动,这不仅是因为它的最终目的是为文艺创作或文艺接受服务,更重要的是因为它所阐发的各种议论,都要借助于艺术形象。但是,文艺评论又不仅仅是文艺活动,因为它有属于自己的一整套原理和概念结构,它有自己的独立性而决非文学艺术的附庸。因此,文艺评论是一种特殊的活动,它介于科学和艺术之间。理论性和艺术性是文艺评论的两个重要特点。

1. 理论性

文艺评论属理论性文体。它在分析、概括的基础上,自觉地进行科学的、理论的判断评价,表现出鲜明的逻辑思辨色彩,因此自然具有理论性。

文艺评论这一特点,使它容易同其他学科发生联系,并从双方重合的地方切入文艺内部,形成理论各异、侧重点有别的专门评论方法,如社会学方法、心理分析方法、原型批评方法、民俗学方法等。可以说文艺评论的历史是借鉴、移植、改造、融会其他学科方法的历史,同时也是自身批评嬗变的历史。

2. 艺术性

文艺评论的艺术性主要表现为它是文艺活动的延伸、补充和再创造。文艺评论的主要对象是文艺作品,而文艺作品是以艺术形象反映生活,以情感作用于社会的,这就要求评论者必须具有艺术气质和审美能力,能够对作品进行深入的审美体验,在主体和作品之间建立起情感交流,并善于将艺术家渗透在作品中的审美理想和情感通过理论的形态表现出来。

同时，一些文艺评论作品情感真挚浓郁，语言优美形象，能够使接受者获得美的享受，其本身也具有独立的艺术价值。

(三)文艺评论的类别

文艺评论的体裁样式有论文、文艺随笔、札记、序跋、评点以及书信体、对话体的评论等。

1. 论文

这是文艺评论中最重要的形式，它能充分、细致、逻辑严谨而又可能文采斐然地表现丰富的评论内容，阐述评论者的文艺观点。一般重要而复杂的文艺批评问题，都采用论文的样式来阐发。

2. 文艺随笔

这是一种通过谈天说地的随笔形式表达文艺思想的评论样式。它活泼自由，善于推理，多寓理论于生动具体的知识和故事中，又很注意行文的情趣和笔调的优美，使文章特具知识性和趣味性，是读者乐于接受、易于领悟的一种评论样式。

3. 序跋

序也叫“前言”，跋也叫“后记”，它们是一部作品之前或之后对作品的评价性、介绍性的文字，可以自序自跋，也可以由他人写作。序跋体文艺评论必须在作品这一基本对象的基础上进行发挥和扩展，但在表现内容上不受限制，可以分析作品，也可以评价作者，还可以介绍文艺流派和思潮。瞿秋白的《〈鲁迅杂感集〉序言》就联系了鲁迅生活和思想发展的道路，全面地评论了鲁迅杂文的思想战斗意义，是我们研究鲁迅杂文的重要参考文章。

4. 评点

评点也称“点评”，是我国传统的评论文体，一般都是具有相当鉴赏水平和学识功底的读者在阅读文学作品时偶有感悟的随意挥洒。评点自由灵活，可以眉批、夹批、旁批……它不讲究系统性和严密性，却往往三言两语即切中肯綮，这就要求评论者具有深厚的学识修养和较高的欣赏感受能力，能够与作品、作者进行情感交流，将评价重点放在情绪、领悟、知解力和人生理想等方面。在我国传统的评点体评论中，毛宗岗对《三国演义》的评点、金圣叹对《水浒传》的评点、脂砚斋对《红楼梦》的评点，都是较有见地的评点式文艺评论。

5. 书信体评论

这是作家、评论者和读者之间以书信形式对文艺现象发表意见和看法的评论样式。它可以严肃地讨论问题，写成有分量、逻辑严密的论文，也可以在叙友情中不时涉及文艺问题。由于写信的目的是为了交流思想，书信体评论要求具有一定的针对性，不必进行繁琐的交代。《傅雷家书》中，很多书信都涉及文艺问题，可以作为书信体评论来读。

6.对话体评论

这是用谈话形式发表文艺观点或对作品进行评价的文章。对话在若干人之间进行，往往每一方代表一种观点，通过问答、讨论、辩驳表达批评意见。柏拉图的《文艺对话集》、爱克曼的《歌德谈话录》就是对话体的文艺评论。

二、文艺评论的写作要领

(一)深入研究评论对象

对评论对象做全面、细致的了解和掌握是写作文艺评论的前提。这里所说的“评论对象”主要指文学作品。

1.反复阅读作品

文学作品，尤其是优秀的文学作品，往往在有限的篇幅里凝聚着作者深邃的思想感情和审美理想，展示着生动感人的艺术形象。这些都必须经过反复体验、细心品味，才能深入领会。为了做到对作品感受深刻且有所发现，必须把反复阅读和研究作品作为写作文艺评论的第一步工作。

阅读的方法，一般采取“总体—部分—总体”这样的顺序。首先进行通读，把自己摆在普通读者的地位，一口气读完作品，使自己进入作品的艺术境界，获得形象的具体感受；接着再细读，深入地对作品的个别部分进行分解式的细致研讨，以加深对作品思想、艺术各方面的认识；最后仍是通读，在对作品的各部分进行剖析后，还要回到总体上来。

经过这样的反复阅读，我们可以对作品有较为全面、本质的认识，这时，就有可能对它做出准确的评价，得出比较符合实际的结论了。

2.进一步占有材料

认真阅读作品只是第一步，还应该进一步深入调查，占有更充分的材料。这一阶段，一般可以做以下三方面工作。

第一，较全面地了解作者的生活经历，考察作者的世界观和创作意图，还要阅读作者的其他作品，并与自己评论的作品进行比较。在有条件的情况下，要争取与作者面谈、交心。

第二，探究作品产生的时代以及作品所反映的特点环境(特定的时间、地点、条件)下的生活。

第三，阅读已经有的评论文章。对已经有的评论文章，要做出认真的分析，这对自己的写作大有益处。有些问题别人已经说透了，自己就无需再谈了；有些问题别人虽然已经说到了，但没有说清楚，或者自己还有不同的看法，可以作进一步的评述；有些问题别人没有谈，我们又认为很重要，就可以考虑作为自己文章的重点，加以详细的论述；如果这部作品已经引起争议，就要弄清各方面的观点，表示自己的鲜明态度。

以上三个方面中的第一、第二两个方面，实际上是对我们提出了“知人论世”的要求。所谓“知人论世”，就是把具体的评论对象和作者创作上的总体倾向以及作者、作品所受到的各种生活、历史影响联系起来考察。这样，既便于弄清有关文艺问题的来龙去脉、前因后果，又能通过多层次、多侧面的分析比较而更加充分地显示被评论对象自身的矛盾特殊性。

（二）具体分析作品

1. 抓住作品的特点

写作文艺评论，评论的范围可大可小，既可以分析某一具体作品的思想意义、艺术成就、风格特点，也可以通过具体作品的分析、比较探讨理论问题。无论从哪里入手，都要力求抓住特点，写出新意。

文艺评论要抓住特点，首先是指评论要切合文学艺术的共同规律。文学艺术的共同规律，主要指它们都以形象为载体（借助于各自不同的物质材料或符号系统），以感情为动力，对表现对象进行典型化或变形性的艺术处理。因此，欣赏、分析作品，强调从形象出发，要着重把握作者、人物的感情脉络以及思想内容和艺术形式之间的有机联系，既不能以“政治分析”取代艺术分析，也不可脱离作品的思想内容单纯地分析艺术技巧。

其次，文艺评论要突出评论对象的个性特征。文艺作品是以艺术形象来反映生活和表达思想感情的。不同门类的文艺作品其艺术形象的表现方式是不同的：在情节性作品中表现为人物、情节和环境；在抒情性作品中表现为情感和意境；在视觉性作品中表现为造型、画面和镜头；在音乐性作品中表现为旋律和节奏。评论者首先应该把握不同门类的文艺作品在艺术形象表现方式上不同的特点，熟知不同艺术门类创造艺术形象的独特规律，以行家的感官和心灵去感受和体验它的艺术真谛，揭示出作品审美的、历史的价值。比如，评论影视形象一定要把握镜头语言的视觉感、空间感、画面感、动态感以及它们的组合形式——蒙太奇，评论音乐形象一定要把握节奏、旋律、音色、音域等听觉要素。

就文学作品而言，不同体裁作品的特色也是非常明显的。我们分析小说、剧本等叙事作品，要抓矛盾冲突，抓人物刻画，重点突出人物形象；分析诗歌、抒情散文等抒情作品，要重视它所体现的情感内涵，着重抓艺术构思，抓意境创造。

文学艺术家又往往在作品中表现出一定的艺术风格或艺术特色，评论时必须从艺术形象入手，认真探讨不同文学艺术家的风格与个性。只有这样，写出来的文艺评论才能一语中的，鞭辟入里。

2.明确评论的重点

文艺评论写作的初学者，常常不写则已，一写就会从主题思想分析到艺术特色，从作者生平介绍到时代背景，面面俱到却不得要领，不仅无法对作品进行切实的分析，也不利于锻炼自己深入分析作品的能力。

任何文艺作品都是由思想内容和艺术形式构成的整体，我们在考察每一部文艺作品时都要对它的内容和形式进行全面的把握，但这并不意味着写作文艺评论要将题材、主旨、结构、语言等“一网打尽”。评论应该是有重点、有主次的。评论重点的确定，可以根据评论对象的特点，也可以考虑自己独具慧眼的发现。总之，应选取文艺作品的主要特色，将自己最深的感受、最新的观点表达出来。

比如，在莫言获得诺贝尔文学奖后，文学评论界对莫言及其作品的研究很多，有人探究其与外国文学的关系（胡铁生、夏文静：《福克纳对莫言的影响与莫言的自主创新》，载《求是学刊》2014 年 1 期；李卫华：《论莫言创作中的外国文学因素》，载《湖南城市学院学报》2014 年 1 期）；有人关注其叙事艺术（王文、公荣传：《莫言与马尔克斯：跨文化的神话叙事》，载《江南大学学报》2013 年 6 期；姜春：《莫言小说叙事的三种策略》，载《求索》2013 年 9 期）；有人研究作品的艺术形象（张芳馨、张福贵：《莫言小说中“婴孩”形象的诡异意味》，载《社会科学战线》2014 年 1 期；叶开：《莫言小说中的少女形象》，载《南方文坛》2014 年 5 期）；有人研究作品的语言风格（赵奎英：《规范偏离与莫言小说语言风格的生成》，载《山东师范大学学报》2013 年 6 期；孙海平、郭秋烨：《莫言小说扭曲性语言变奏浅析——透视“约定俗成”对语言审美灵性的遗忘与压抑》，载《吉林化工学院学报》2014 年 2 期）；有人从翻译的角度切入（邵璐：《莫言小说英译中的信息凸显》，载《当代外语研究》2014 年 2 期）……就具体作品的研究而言，以莫言的代表作《蛙》为例，《莫言〈蛙〉中的魔幻现实主义色彩探究》（闫桂萍：《忻州师范学院学报》2014 年 4 期）、《莫言〈蛙〉的文体分析》（许冉君：《安徽文学》2014 年 9 期）、《“跨文体”与“永远的两难”——论莫言长篇小说〈蛙〉的双重结构》（姚国军：《社会科学论坛》2014 年 8 期）、《面向世界的敞开与自我救赎之路——解读莫言长篇小说〈蛙〉》（王亚平：《中国文学研究》2014 年 3 期）诸篇就各有侧重点。这些文章的具体观点是否正确，当然还可以继续讨论，从文艺评论的写作要求上来说，它们各自具有理论阐述的重点，又有较强的针对性，对于初学者来说，很有参考、借鉴的价值。

（三）掌握评论的技法

这里所谓“评论技法”，是从广义的角度来说的，包括一定的理论观念以及文艺评论的表现手法。

1.理论与作品结合

文艺评论要立足于作品进行分析,同时又不能局限于就作品而评论作品,应从一定的理论高度,运用一定的文艺原理和文艺观点,高屋建瓴地阅读、分析作品。

有这样一篇评论《麦克白斯》的文章,开篇即摆出理论界一致认可的关于"悲剧"的定义:"悲剧是把有价值的东西毁灭给人看。"接下来作者并没有说明该剧是如何把有价值的东西毁灭的,而是提出疑问:麦克白斯这样一个篡位者,他的灭亡为何也是悲剧呢?作者的解答是这样的:麦克白斯本是一位于国有功的将军,由于自己野心的膨胀和妻子的唆使弑君篡位,但他始终因自己的罪恶受到良心的谴责并悲惨地死去。作者揭示出了莎士比亚的创作意旨:野心使人追逐名利而泯灭人性,也揭示出该剧的悲剧根源:一位骁勇的国之栋梁,一个因篡位而深受良心惩罚的人物,一个良心未泯却身败名裂的人物的毁灭。表面的背离之后是对悲剧理论的再次验证。

许多优秀的文艺评论家将相关学科(如社会学、心理学、美学等)的理论与文艺评论结合,形成了心理分析、原型批评、社会历史分析、结构主义等种种文艺批评的方法和理论,可以为我们深入理解和评价文艺作品、文艺现象提供理论上的帮助。

2.分析与鉴赏结合

一部艺术作品,就是一个形象和感情的世界。一般的评论文章的写作,多强调客观分析,要求写作者有较强的逻辑思维能力。文艺评论的对象比较特殊,这决定了文艺评论的写作者既要能够"入乎其内"地进行鉴赏,又要能够"出乎其外"地进行客观评价。也就是说,对待评论对象,评论者不仅要能做明察秋毫的冷静观察,也要有爱憎分明的热烈情感;不仅要有精密的理性剖析能力,又要有丰富的艺术想象能力和敏锐的形象捕捉能力。一些优秀的评论家写作的熔深刻的理性分析与生动的形象再现于一炉的文字,就很能够说明问题。如鲁迅在《白莽作〈孩儿塔〉序》中对《孩儿塔》的评论:

> 这是东方的微光,是林中的响箭,是冬末的萌芽,是进军的第一步,是对于前驱者爱的大纛,也是对于摧残者憎的丰碑。一切所谓圆熟简练、静穆幽远之作,都无须来作比方,因为这诗属于别一世界。

这样情理并茂的评论文字,是诗的评论,也是评论的诗。读者读来,不仅可以有理性的认知,还能够获得美的享受,正是有赖于评论者将感情与理性、鉴赏与分析进行了完美的融合。

3.叙述与议论结合

从语言表述的任务上说,一篇文艺评论包括两方面的内容:一是介绍作品的有关内容，一是发表评论者的意见。前者用“叙”，后者用“议”。叙是议的基础，议是叙的开掘。没有叙作为议的佐证，文章会流于空泛，如果议不能阐发叙的精微，文章也会失之浅陋。只有叙和议的有机结合，文艺评论才会有内容、有深度。

试读下面两段评论文字：

前二句“众鸟高飞尽，孤云独去闲”，看似写眼前之景，其实，把伤心之感写尽了：天上几只鸟儿高飞远去，直至无影无踪；寥廓的长空还有一片白云，却也不愿停留，慢慢地越飘越远，似乎世间万物都在厌弃诗人。“尽”“闲”两个字，把读者引入一个“静”的境界：仿佛是在一群山鸟的喧闹声消除之后格外感到清静；在翻滚的厚云消失之后感到特别的清幽平静。因此，这两句是写“动”见“静”，以“动”衬“静”。这种“静”，正烘托出诗人心灵的孤独和寂寞。这种生动形象的写法，能给读者以联想，并且暗示了诗人在敬亭山游览观望之久，勾画出他“独坐”出神的形象，为下联“相看两不厌”作了铺垫。

诗的下半运用拟人手法写诗人对敬亭山的喜爱。鸟飞云去之后，静悄悄地只剩下诗人和敬亭山。诗人凝望着秀丽的敬亭山，而敬亭山似乎也一动不动地看着诗人。这使诗人很动情——世界上大概只有它还愿和我作伴吧？“相看两不厌”表达了诗人与敬亭山之间的深厚感情。“相”“两”二字同义重复，把诗人与敬亭山紧紧地联在一起，表现出强烈的感情。结句中“只有”两字也是经过锤炼的，更突出诗人对敬亭山的喜爱。“人生得一知己足矣”，鸟飞云去对诗人来说不足挂齿！这两句诗所创造的意境仍然是“静”的，表面看来，是写了诗人与敬亭山相对而视，脉脉含情。实际上，诗人愈是写山的“有情”，愈是表现出人的“无情”；而他那横遭冷遇，寂寞凄凉的处境，也就在这静谧的场面中透露出来了。

（宛敏灏、宛新彬：《〈独坐敬亭山〉赏析》，《唐诗鉴赏辞典》，上海辞书出版社）

第三节　学术论文

一、学术论文概述

（一）学术论文的概念

学术论文是对科学领域中的问题进行探讨、研究，发表科学研究成果的理论性文章，又称“科学论文”，简称“论文”。

（二）学术论文的作用

学术论文是对科学研究成果高度理论化的概括和总结，其作用主要表现在：

1. 推动科学进步、社会发展

无论是自然科学领域的新发现，还是社会科学、人文科学领域的新观点，常常需要以学术论文的形式进行表述，学术论文由此成为推动科学进步和社会发展的重要工具。

2. 反映科研成果，促进学术交流

学术论文的内容是就某一课题进行研究并对研究成果加以周密详尽的表述，它能够准确地反映出科学研究的动态、成果等。学术论文也成为在各种学术交流活动中一种重要的工具。

3. 检验研究能力、学术水平

学术论文需要作者用大量的事实以及充分的理论，以多种论证方式去论证某一课题，因而能够全面地、多层次地反映出作者的理论水平、实践范围、视角层次、知识积累、研究深度以及写作能力等等，从而成为检验一个专业工作者学术研究能力与学术水平高低的重要标志。

（三）学术论文的特点

1. 学术性

“学术”一词指较为专门的、有系统的学问。学术论文反映的是本门学科研究的学术成果，它必须运用专门的、系统的知识和学问，去研究客观事物，探讨客观规律，并表述其研究成果。也就是说，学术论文的知识是系统的，而不是零星的；它是长期研究的结果，而不是偶有感悟而发；它通过运用科学的研究方法揭示事物的客观规律，而不是表达主观的心得、体会。

同时，学术性又规定了学术论文的研究对象、接受对象以及表达的内容、形式等，往往局限于一定的专业范围，具有明显的专业性和排他性。

2. 创造性

科学研究的意义在于发现和创新，作为科学研究成果的载体，学术论文的价值通常取决于其创造的程度。

学术论文的创造性主要表现在选择的课题新、研究的方法新、展开的角度新、取得的成果新。这就要求学术论文的作者能够站在学科前沿，准确地把握合适的研究对象和需要解决的问题，经过扎实的研究，得出具有创新价值的观点，对学科在理论或实践上的发展起到推动作用。

大学生的论文写作当然也讲究创新，但是其标准不能过高。大学生论文要做到创新，可以从以下几个方面考虑：

(1)所研究的问题在本专业领域内有一定的理论意义或实际意义，并通过独立研究，提出自己的观点。

(2)虽是别人已研究过的问题，但能够采取新的研究角度或方法，得出全部或部分新观点。

(3) 对已有的观点、材料、研究方法提出质疑，虽然没有提出新的看法，但能够启发人们重新思考问题。

(4)用较新的理论、方法提出并在一定程度上解决了实际生产、生活中的问题，取得一定的效果；或为实际问题的解决提供新的思路和数据等。

(5)用相关学科的理论较好地提出并在一定程度上解决本学科中的问题。

(6)用新发现的材料(数据、事实、史实、观察所得等)来证明已证明过的观点……

3. 科学性

科学性是指学术论文的作者需要在科学的世界观与方法论的指导下，运用有关的专业知识、原理，科学地剖析客观事物或现象的现状、历史、因果关系等，从而揭示事物的本质及发展规律，并以具有普遍意义的科学结论或理论形态表述出来。

科学性体现于学术论文的各个方面，包括结论正确坚实、论据充实确凿、论证充分严密以及表达精确规范。

(四)学术论文的种类

根据研究领域的不同，学术论文可以分为自然科学论文、社会科学论文和人文科学论文三类。自然科学论文又可以分为数学、物理学、化学、生物学等学科论文；社会科学论文又可以分为政治学、经济学、社会学等学科论文；人文科学论文又可以分为文学、语言学、哲学等学科论文。

根据写作目的的不同，学术论文可以分为交流性论文和考核性论文。前者的写作目的在于进行学术交流，包括在各种学术刊物上发表、在学术会议上宣读的论文。后者的写作目的在于检验作者的学术业务水平。

在高等学校的教学过程中，学术论文是检验学生业务水平的重要依据，包括学年论文、毕业论文、学位论文。其中，学年论文是高校学生的一种独立作业，是大学生在教师指导下，学习应用已有知识进行科学研究所写的论文。毕业论文是高校学生总结在校期间的学习成果，表明其具有综合运用所学知识解决实际问题的能力而写作的论文。学位论文是表明作者从事科学研究取得创造性的结果或有了新的见解，并以此为内容撰写而成、作为提出申请授予相应的学位时供评审用的论文。学位论文与学位相应，分学士、硕士和博士三级。学士论文应能表明作者确已较好地掌握了本门学科的基础理论、专门知识和基本技能，并具有从事科学研究工作或担负专门技术工作的初步能力。硕士论文应能表明作者确已在本门学科上掌握了坚实的基础理论和系统的专门知识，并对所研究课题有新的见解，有从事科学研究工作或独立担负专门技术工作的能力。博士论文应能表明作者确已在本门学科上掌握了坚实宽广的基础理论和系统深入的专门知识，并具有独立从事科学研究工作的能力，在科学或专门技术上做出了创造性的成果。

二、学术论文的写作

(一)确定有价值的选题

写作学术论文，首先要选定课题，就是确定一篇学术论文的主攻方向，明确论文主要研究或解决的问题。选题是进行学术论文写作的关键一步，关系着研究工作的难易、成果的大小、在学术上的地位，直接影响到研究的成败、论文的价值，也能够反映出作者的才智、眼光和学术水平，我们要选择有价值的课题进行研究和写作学术论文。

1.选题应该具有科学价值

有科学价值的选题，指的是能够创造一定的社会价值和经济价值，促进社会文明进步和科学研究发展的选题。具体地说，选题的科学价值主要表现在实际应用的价值和科学理论的价值两个方面。

有实际应用价值的课题指与社会生活密切相关、为千百万人所关心的课题。这类课题反映着一定历史时期和阶段社会生活的重点和热点，与广大人民群众的利益息息相关，对它们的研究往往会带来巨大的经济效益和社会效益。这类课题包括：其一，与党和国家或与国计民生有关的重大问题，如精神文明建设、民主法制建设、廉政建设；新材料的开发，新能源的利用等。其二，群众普遍关注、或期待解决、或有疑虑需要进行理论探讨和解答的问题。如经济体制改革中的一些具体政策，像劳动就业和社会保障制度的改革、医疗制度的完善；再如社会主义新农村建设中的一些具体措施，像农村青少年的教育、农村社会治安综合治理、小城镇建设等。

研究课题的科学理论价值主要表现为对于科学文化的发展、对于解决理论上的疑难问题具有重要意义。这类课题虽然不能直接用于实际生产和其他的社会实践，但它们要解决的往往是某一学科发展中的基本理论或关键性问题，选准这类课题进行研究对推动学科的发展和人类认识水平的提高有着巨大的理论价值。文学、历史、哲学、数学等学科研究中的许多课题都属于这一类。

不少课题兼有科学理论和实际应用两方面的价值，自然是很好的选择对象。

2.选题应该具有创新价值

作为科学研究的载体，学术论文以创新为生命，而能否写出令人耳目一新的学术论文，选题是否有新意是其中的关键。

有新意的选题首先当然是前人未曾涉足的领域，或尚未发现的问题，对它们的研究一旦成功，可以填补学科领域中的空白。因此，这类选题代表了学术界的最新成果和最高水平。但对于初学论文写作的大学生来说，选择这样的课题确有困难。大学生选取具有创新意义的课题，可以从以下几方面着眼：对新生事物进行研究；对前人做得不完全或忽略不做的课题进行研究；发现旧课题中的谬误，提出自己的新观点；对已经有定论或公认正确的课题进行质疑，提出完全不同的新看法；运用新的方法、从新的角度研究旧课题……

要发现选题的创新价值，首先必须了解学术动态，掌握与课题有关的各种信息，包括该课题研究的历史、已有的成果、目前研究的现状、研究过程中曾有过哪些争论、还有哪些未解决的问题等等。其次，要掌握新的研究方法。同样一个课题，由于我们选用不同的研究方法，就会得出不同的认识和结论，研究方法上的创新往往可以使研究产生全新的价值。

(二)搜集有用的资料

搜集丰富而可靠的资料，通过对它的研究得出全面、科学的认识，是一切科学研究必须遵循的根本途径。因此，搜集和研究资料是撰写学术论文的重要基础。

1.广泛搜集资料

学术论文的写作需要搜集以下几个方面的资料：

(1)专业知识、理论。科学研究工作需要在一定的专业知识、理论的基础上进行，写作学术论文要注意吸收、储备相关专业的知识、理论，并随着时代发展不断更新。

(2)研究的历史和现状。通过搜集这方面的资料，我们可以学习和吸收已有的研究成果和先进的研究方法，借鉴别人遭受挫折或失败的教训，酝酿自己的观点。

(3)背景和相关因素。指影响研究对象的生成、发展、变化的社会背景、历史条件等。

(4)可供对照的资料。通过了解与研究对象相近似、相关联的其他事物，把握研究对象的特点及其意义、作用。

以《论网络著作权的法律保护》为例，这一课题的研究中需要搜集的资料就应该包括：有关著作权保护的法律、法规；别人已有的相关论述；网络发展的状况，网络著作产生、发展的情况，网络著作权保护的历史和现状等；非网络著作、影视作品等的著作权保护的情况、有代表性的案例……

2.深入研究资料

研究资料，就是对搜集来的资料进行科学的分析、比较、归纳和综合，对它们的真伪、优劣进行鉴别与核对，进一步明确其价值的大小和与研究课题的相关程度，并及时发现新的问题和线索。

分析资料常用的方法有定性分析和定量分析两种。定性分析要考察资料产生的背景、可信程度及社会反响，又要考察其描述的事实资料及作者主观因素的影响。定量分析是采用一定的数学方法，对资料进行系统、客观的量化统计处理，从量的规定性中获得对资料的验证和评价。

(三)提炼新颖的观点

在分析研究资料的过程中，作者的认识会逐渐由表及里，不断深化，直至提炼出一个总的认识即观点。

学术论文的观点是作者研究成果的集中体现。提炼观点，需要我们将有关的资料按照客观规律和内在联系，以一定的序列组合成为系统，发现其中一以贯之的内核，归纳出规律性的东西，得出独到的结论。

观点一旦形成，就对材料的取舍、论证方法的选择、层次结构的安排等起着制约作用。

(四)拟订总纲细目

学术论文要通过丰富的、有力的材料，表达出科学研究的成果。因此，学术论文的写作要求观点明确、结构严谨、论证严密，要达到这样的要求，拟订好提纲是十分必要的。

提纲是作者将自己前期的研究构思及资料调配，用简洁的语言符号形式记录下来的论文框架。拟定写作提纲是作者思路定型的过程，可以帮助作者将观点和材料组成一个中心明确、逻辑严密、条理清楚、详略得当的合理体系，为论文的写作和修改提供依据与参照。

提纲有简略与详细之分。简略提纲，一般只需要概括地提示论文的中心论点及分论点。详细提纲，则既要列出总纲，写出各层次大小论点，还要把主要材料安排、论证方法、主体段落及详略调配等细目都明确列出。具体采用哪种提纲，要综合论文的范围、复杂的程度、篇幅的长短和作者的习惯考虑。但提纲过于简略，容易出现跑题或顾此失彼的情况，所以对于初写论文的人而言，还是以写详细提纲为宜。

（五）符合论文的格式

我国为了规范学术论文的撰写和编辑格式，便于信息系统的收集、整理、加工、存储以及检索、利用、交流、传播，在1987年公布了国家标准GB7713－87《科学技术报告、学位论文和学术论文的编写格式》。我们的学术论文写作应该具备以下内容，使之符合格式的要求。

1. 标题

标题是以最恰当、最简明的词语反映论文中最重要的特定内容的逻辑组合。论文标题形式多样，可以点明题意，可以说明研究范围，也可以提出问题。标题应该避免使用不常见的缩略词、首字母缩写字、字符、代号和公式等，一般不宜超过20字。

2. 摘要和关键词

摘要是论文的内容不加注释和评论的简短陈述，其作用是使读者不阅读论文的全文，就能获得必要的信息，也可为文摘、索引、出版物转载时提供方便。摘要的内容应包含与论文同等量的主要信息，供读者确定有无必要阅读全文。摘要应说明研究工作目的、实验方法、结果和最终结论等，其重点是结论。中文摘要一般为200－300字。

关键词是为了文献标引工作从论文中选取出来，用来表示全文主题内容信息款目的单词或术语。每篇论文应选取3－8个词作为关键词。

3. 正文

（1）绪论

这是论文的开头和导引部分，它的写法很多，可以交代从事研究的背景，从而衬托出所论问题的重要性；可以简述写作的缘起，说明为什么要写这篇论文，试图解决什么问题；可以指出研究这一课题的价值和意义；可以精要地写出本论部分的中心内容，为下文的全面展开创造条件……

（2）本论

这是学术论文的主干和核心部分，占相当大的篇幅，要有条有理、逻辑严密地论述课题研究的过程、方法和结果，并进行充分的阐述。一篇论文的质量，主要取决于这一部分。

(3)结论

结论是学术论文的收束部分，是在本论部分立论和论证的基础上必然发展的结果。结论所表述的主要内容，是作者对研究对象提出的总结性的看法，是对本论中主要问题所作的科学概括。写作中要注意避免同本论内容的简单重复，要使认识有进一步的提高。

4.附录

(1)注释

注释的作用是说明论文中的引文出处，或者对论文需要加以解释的地方予以解释。加注的方式有尾注、脚注和夹注三种。

在标注引文出处时，如果是论文，应依次注明：作者、篇名、期刊名、年份、期号、页码；如果是著作，则要注明：作者、书名、出版社、出版年月、版次、页码。

(2)参考文献

参考文献要标识出对于此篇学术论文有参考价值的专著或论文，表明论文写作的主要思想资源和资料来源，这也从另一方面表现了作者研究的广度和深度。列举参考文献要注意代表性，不可随便凑数。

在列举参考文献时，论文应注明作者、篇名、期刊名、年份、期号；著作应注明作者、书名、出版社、出版年月、版次。

思考与练习

一、下面两篇选材、观点相近的文章，一篇是短论(《“王朝”还要走多远》)，一篇是杂文(《我深深地爱上了封建王朝》)，比较它们在表达上的差异。

“王朝”还要走多远

蒲继刚

电视剧《康熙王朝》又在热播，那跌宕起伏、扣人心弦的情节确实引人入胜。康熙大帝文治武功、惩治贪官的气魄，暗察民情、体恤百姓的故事，让我又一次感受到了文艺作品塑造的明君、“青天”的力量。

康熙确实是一代明君，但再怎么英明，也是在演绎封建时代的故事，演绎专制、独裁和血腥的历史，演绎落后、腐朽的生产力。在康熙所处的十七八世纪，世界已经发生天翻地覆的变化，发生了英国资产阶级革命以及随后的工业革命，法国、美国的资产阶级革命。而这时，康熙却在一步一步地使封建专制主义达到顶峰，海禁、文字狱、血腥的暴力、大一统的中央集权制，使明末清初的那一点点资本主义萌芽也被无情地扼杀，从而使中国最终落后于外国列强，最终在19世纪被外国列强打得一败涂地。外国列强战胜中国的法宝不仅仅是洋枪洋炮和先进的技术，更是先进的生产力。与康熙同时代的思想家黄宗羲、顾炎武等人的悲惨命运，他们反皇权、反封建思想的被扼杀，更证明了封建王朝的落后性。因此，我不知道这样的封建王朝与帝王还有什么值得一再宣扬的。

如今，人们对反腐倡廉、宣扬明君、"青天"的文艺作品情有独钟，从《雍正王朝》到《康熙大帝》到现在的《康熙王朝》，一部比一部热播，一部比一部反响强烈。这些文艺作品都把帝王、"青天"刻画得励精图治，为国为民，不屈不挠，强烈反腐，让人们从心理上得到一种畅快的满足感，把老百姓盼望明君、"青天"的思想演绎得合情合理合乎逻辑，让明君、"青天"一代接一代有了生存的土壤。

盼望明君、"青天"的思想是封建社会的产物，它是把老百姓放在受人摆布、被拯救的地位上的，其内涵是人治。明君、"青天"思想与现代社会的民主、法制是背道而驰的，已是不争的事实。而历史的经验也一再证明：明君、"青天"不可能从根本上拯救民众于水火。

上个世纪初，中国人剪掉了那根象征着专制、落后、封建的辫子，倡导民主与科学，进而找到了中国真正走向富强的道路。在历史进入21世纪的时候，民主、科学与法制已逐渐深入人心，而有些人脑袋后面虽然早已没了那根丑陋的辫子，但心中那根无形的辫子依然根深蒂固。老百姓因现实的严峻与认知的不同，有了盼望明君、"青天"的心理并不奇怪，奇怪的是那些文艺工作者，一再灌输明君、"青天"意识，是他们心中的奴隶心态在作祟，还是想用明君、"青天"来代替民主与法制，用人治来代替制度的完善？他们自己有这种"辫子"情结并不可怕，可怕的是他们一而再再而三地把明君、"青天"演绎成文艺作品，让老百姓情有独钟而又深陷其中。这应当引起警惕。因为我们懂得，文化依然有着强大的教化作用，而那个封建王朝离开我们还不太远，我们在心理和行为上还时不时地受着它的影响，我们还不能心情放松地去欣赏那些歌颂明君、"青天"的文艺作品，纯粹地娱乐自己。

（《中国青年报》2001年12月17日）

我深深地爱上了封建王朝

瓜　田

余生也晚，封建王朝没赶上，它到底是个什么样子，只能从书本上略知一二。书上说，封建社会是个专制独裁的吃人社会，生灵涂炭，水深火热。

有的书上还说，由于中国的封建社会太长，把近代化和现代化都耽误了。于是我暗自庆幸，一条有限的生命好歹避开了这个吃人的社会。可近几年由于看了数不清的反映封建王朝生活的电视剧（这可比书本直观形象多啦），我就忒为没赶上那美妙的封建社会而遗憾，而惆怅。

我爱上了皇帝。秦始皇、汉武帝、唐太宗、唐玄宗、武则天、朱元璋、康熙、雍正、乾隆、慈禧，在电视剧里，不管是“戏说”还是“正说”，那是个顶个地精明强干。那经天纬地的韬略，那勤政爱民的作风，不能不令人产生相见恨晚的感慨。远的不说，就说最近播映的《天下粮仓》吧，那少年乾隆面对着赤地千里的灾情，忧心如焚，杀掉手下的贪官，绝不手软，比现在的那些腐败干部强多了。连历史上人们诟病最甚的雍正，也在电视剧《雍正王朝》中洗心革面，改弦更张，工作起来，夜以继日，呕心沥血，成为难得的英主。这种优秀的领导干部，就是现在也不是谁都能碰上的。难怪现在老百姓在赞扬自己喜爱的领导干部时常说：这位领导那股勤政廉政劲儿，真有点像雍正爷呀！电视剧对皇帝们能这样“化腐朽为神奇”，又教我如何不爱他？电视剧的主题歌希望皇上再活五百年，太保守了，干吗这么小里小气的，只让活五百年？本来就是应该“万岁万万岁”的么。皇帝这么好，有人如果居心不良，盼他早死，老百姓是不会答应的，起码像我这样爱上皇帝的观众不答应。

官吏我也喜爱。电视剧中，杰出的封建官吏实在是数不胜数。那高远的政治眼光，那清醒的大局意识，那明知道是皇帝为了搞平衡，使自己吃了大亏的一个权术，却仍然积极配合、引颈就戮也在所不惜的自我牺牲精神，都令人叹为观止。最近，我对《天下粮仓》中的刘统勋、米河、顾琮、卢焯就颇有好感。你看他们为了把皇帝的“江山坐在百姓心上”，有的一会儿河南，一会儿浙江，飞来飞去，挽狂澜于既倒，解灾民于倒悬，有的同灾民一起打井劳动，手上磨起了老茧，有的吃秕糠和河泥，拉不出屎来。这些，对现实中的干部作风建设都很有启发意义。

爱屋及乌，我现在对清朝的大辫子也生出了喜爱之心。武官发狠要动手时，把辫子一口咬在嘴里；文官义无反顾冒死进谏时，摘掉红缨帽，把辫子一甩，动作都十分潇洒好看。我还记得，《天下粮仓》中米河率领杭州城的文武官员出城接应灾民时的镜头。只见排列整齐的官员方阵浩浩荡荡开出城外时，视死如归的官员们手托官帽，把大辫子齐刷刷地往后这么一甩，嘿，那简直帅呆了，酷毙了！相比之下，现实生活中，或者反映现实生活的电视剧，如果表现一个干部或者一群干部要揪出一个腐败分子，下决心时，既没有官帽可摘，也没有大辫子可甩，派头怎么也表现不出来。你就是想甩，一个头发不多的脑袋瓜，能甩出什么名堂来？所以，你顶多也只能拍拍桌子，扯着嗓子喊几声："舍得一身剐，也要把你拉下马！"那还能好看吗？我坚信，再搞上几年清宫戏，大辫子肯定能流行开来。原来我最看不上眼的，就是清朝的朝服。我认为这可能是全世界最丑陋、最窝囊、最拖泥带水的干部服。现在看惯了，也觉得好看，官员们走起路来，摇曳多姿，顿生一种飘逸之美。这种干部服还有一个好处，就是身份清晰，一望便知。你是文官还是武官，是七品还是二品，只要看看胸前的"补子"，立马了然于心。不像现在，你必须在名片的"总经理"后面加一个括弧，人们才知道你是享受副处级待遇。清朝的官袍由于面积大，能做你想象不到的文章。比方说，《天下粮仓》中的卢焯，拿起剪刀，用官袍制作灾民进城领粮的入场券，这大袍子就很管用。如果卢焯穿的是西服，这入场券就做不了几张了。

在电视剧的熏陶下，我现在对封建王朝、对皇帝、对官吏、对当时的生活，全都一往情深。晚上，如果关于封建王朝的戏没占上五个电视频道，我就睡不好觉。有好几个中年作家，王乾荣、彭俐者流，要"质疑"皇帝剧，说"皇风"浸透我们的骨髓，说这是"奴性教育"，"舆论导向"有问题。这显然是故作耸人听闻之语，而且要得罪量大得可怕的观众。如果说国人对资本主义还比较陌生的话，对封建主义可就熟悉多了。再加上电视剧多年的反复强化，像我这样的封建王朝的爱好者自然是越来越多。当然，光观众喜爱看还不行，还得有一大批编剧导演乐此不疲喜欢拍，一大批管钱的人愿意拨钱，一大批管电视台的人喜欢天天播出，这才能造成今天这样一种烈火烹油的空前繁荣的局面。所以，吾道不孤。我准备把这些同道团结起来，搞一个"封建王朝爱好者基金会"，筹集款项，以备拍摄资金匮乏时（这可能是杞人忧天啦），王朝戏能继续运转，形成可持续发展的大好态势。

最后，我还要向同道者中的编导、策划（据说每年都有策划会议确保重大题材的比例）郑重提出建议，在保护环境和矿产森林等资源方面，我们批评了"吃祖宗饭，造子孙孽"的错误做法，强调给子孙后代留下点儿家底儿。在考古界，连皇帝的坟都不轻易刨。而对皇帝题材的使用上，现在却有些竭泽而渔的倾向。编导们把有戏的、好看的皇帝题材打捞净尽，甚至咏叹再三，这就很自私，很不为后代着想。毫无疑问，后代子孙肯定不乏封建王朝爱好者。中国总共也就几百个皇帝，你们都给写完了，就让后代的编导演们英雄无用武之地了。虽说江山代有人才出，各代都有自己的高招，但毕竟增加了人家的创作难度。因此，我向电视艺术家们大声疾呼：千万别拍光了，给子孙后代留几个皇帝吧！

（《杂文选刊》2002 年第 5 期）

二、阅读下列材料，选择一个合适的切入点，写作一篇短论。

上海当地媒体报道，2016 年上海市义务教育入学报名系统数据显示，共有 31880 名适龄儿童填报民办小学，而在当年，民办小学共录取 9780 人，招录比约为 3.3∶1。优质民办小学的录取则更为激烈，阳浦小学发布的招生简章显示，该校学费为每学期 11000 元，而同期公办小学学杂费全免。相对高昂的收费标准并没有影响该校的招生。公开资料显示，2015 年报名阳浦小学的学生人数为 1183 人，而该校实际录取 210 人，招录比为 5.6∶1。

2017 年 5 月 6—7 日，上海市 171 所民办中小学集中进行 2017 年度秋季学期入学面谈。令人意想不到的是，部分学校将家长也列为考核对象。家长被要求作答类似公务员考试"行测"试题的答卷，填写包括父母、祖父母、外祖父母工作单位、职务、学历等信息在内的背景调查表。甚至有学校要看家长的身材，家长肥胖的，孩子将被拒之门外……一时引发舆论广泛关注。7 日晚，上海市教委回应称，涉事的阳浦小学和青浦世界外国语学校两所民办学校"相关行为有违义务教育法和本市招生政策中强调的促进教育公平和维护中小学生教育权益的基本原则"，将在全市教育系统内提出通报批评，责成其所在区教育局将此事通报学校董事会并对相关责任人进行追责，要求两校公开致歉，同时核减下一年度招生计划。

三、阅读下面的诗歌赏析文章，谈一谈它是如何将理论与作品结合，进行文学评论的。

速度的审美

——李白《早发白帝城》赏析

林兴宅

朝辞白帝彩云间，
千里江陵一日还；
两岸猿声啼不住，
轻舟已过万重山。

——李白《早发白帝城》

这首诗对于信奉庸俗社会学的批评者来说是一个难题，它表现了哪个阶级的思想感情？政治上的微言大义是什么？实在很难说清楚，但它却实实在在具有永久生命力。千百年来为人们所喜爱，我们今天吟诵这首诗，仍然会被带进三峡那险要奇异的幻觉世界，仿佛体验到飞驰前进的速度感而达到一种难以名状的满足。一个外国评论家说过，读了这首诗，会产生一种类似晕船的感觉，我想这种感觉的产生也是想象中的速度感引起的。

凭着这种直观的感受，我便认为这首诗吸引人的地方是它对速度的审美，而且它是把读者带进惊险新奇的环境中进行的审美。因此，它就不仅给人高速前进的愉悦，而且使人领略人类驾驭自然的伟大和不畏艰险的气魄。试想想，以白帝城到江陵的一千二百里水路，只用了一天的时间就到达，这在古代社会里，是多么惊人的速度啊。乘着一叶扁舟以如此高的速度航行的本领，这不是表现出人类驾驭自然的伟力和不畏艰险的气魄吗？有过三峡航行经验的人，当他吟唱“两岸猿声啼不住，轻舟已过万重山”诗句时，恐怕会叹为观止，领略化险为夷的巨大欢愉。对中国人来说，三峡意象早已具有大自然的艰难险阻的定型旨意了，他们也能从李白的诗中感受到荡魂摄魄的力量。

诗的第一句“朝辞白帝彩云间”不仅是交代地点，而且写出诗人在一回头一恍惚间见到的意象。你看，清晨告别了白帝城，转眼之间，白帝城已成彩云萦绕间隐约可见的一幅美妙图画了。这是诗人乘舟离开白帝城的初发印象，开头就给人一种速度感。第二句“千里江陵一日还”，直言其舟行之速，似有浅陋之嫌，但它用了“千里”与“一日”这样具体度量的时空对照，能够激发读者对航行情景的想象，因此在一定程度上补足了它的字面形象的不足。诗到这里似乎已经写完了，如何继续写下去呢？这时，诗人笔锋突然一转，今日沿途所见所闻的补述，使人直接体验到速度感。“两岸猿声啼不住”这是诗人听觉的感受。初看之下，它似乎是写三峡的景象，其实也是表现速度感。试想想，三峡航行，沿途青山绿水，风光无限，但使人只写“猿声”的听觉感受，这就说明沿江景物一闪而过，似乎只是一声不间断的啼鸣。从这里可以看出，视觉模糊，已觉其快，而万重山中的猿啼连成一片，恍如一声，更感其速。心理学指出：速度太快或太慢的运动都是不可能凭借视分析器直接感知的。诗人正因航行速度太快而只能凭听觉的连续来感知自己运动的速度。心理学还指出：“各种分析器参与时间知觉，但是动觉和听觉对时间片断提供最精细的分化。”同时，“听觉反映着作为刺激物的时间特点：它的连续性、节奏性等。”谢切诺夫把听觉叫作时间测量器，把听觉记忆叫作时间记忆（见苏·彼得罗夫斯基主编的《普通心理学》第三编第十章第四节）。“两岸猿声啼不住”正是用听觉作为运动时间的计量。总之，这第三句诗表面是写诗人的听觉感受，实际上是借听觉来衬托舟行之速。第四句“轻舟已过万重山”是写轻舟的运动所引起的位移。而这“万重山”的大幅度的位移是在一声连续不绝的猿啼声的短暂时间内完成的，速度之快就可想而知了。在这里，猿啼声成为了“轻舟已过万重山”的运动速度的参照线。这样表现运动是很独特的。一个“轻”字给人以轻盈的感觉。轻舟仿佛腾空而起，穿越于万重山中，这种速度感的表现会使人产生一种飞行的幻觉。总之，这四句诗都是在表现速度感。第一句是通过诗人出发时的瞬间感受来表现。第二句是通过强烈的时空对比来表现。第三、第四句则是通过听觉的连续和视觉中的位移来表现高速运动时的时间知觉和空间知觉，它们共同构成一幅勾魂摄魄的三峡舟行图。

《早发白帝城》所展示的速度在当时交通不发达的时代，已经超出人们的经验世界，而必须借助于想象力。能诉诸想象力的形象即具有美的素质，它表达人类对速度的一种向往，表现人类征服大自然的本质力量。因此，读者能够在想象中看到自己，获得审美愉悦。

对速度的追求，这是人类企图超越时空限制，征服自然力的本性的表现，正是这种追求，促使人类在长期的科学实践中逐步获得时空活动的自由性。

人类对速度的审美愉悦根源于人类对“快”的感觉的心理追求。时间的进行本无所谓快慢，但人的感觉却有快慢之别。时间划分了段落就觉得快些，同时感到爽快。混沌地移行就觉得慢些，同时感到沉闷。患失眠症的人觉得长夜漫漫，坐监狱的人度日如年，而生活繁忙而丰富的人就觉得光阴如箭。人类一方面追求寿命之长，另一方面又唯快是乐。有了快的感觉，才感到舒服。中国的造词原则是耐人寻味的，“快乐”“欢快”“爽快”“愉快”等词就说明“快”与“乐”相联。心理上产生了时间过得快的感觉，他的生活才是舒服惬意的，如果感到时间过得慢，那就说明时间过得很沉闷。正是因为这个心理规律起作用，所以人们从速度的审美中可以得到一种愉悦。

四、先阅读下文，然后做文后的练习。

从《江南》诗看文学欣赏的层次

桑　农

“江南可采莲，莲叶何田田，鱼戏莲叶间。鱼戏莲叶东，鱼戏莲叶西，鱼戏莲叶南，鱼戏莲叶北。”《江南》是一首汉代的乐府民歌，诗题取自诗歌开头两个字。诗的字面意思很浅显，不过是鱼在莲叶间嬉戏的场面。诗的结构也很简单，后面全是复沓的手法。但这首浅显、简单的诗歌，却是一首流传千古的名作。我们怎样去欣赏和分析它呢？

如果这首诗放在幼儿园的识字课本中，注上拼音，配上画，老师大概只会解释一下什么叫“采莲”，“田田”是什么意思，“戏”是什么意思，便让小朋友朗读并背诵了。在小朋友的印象中的，是插图上的鱼和莲的形象，也许还会想到鱼转来转去很好玩。这首诗和课本前面的《妈妈教我洗手帕》以及后面的《小猫小猫你别叫》不会有什么多大的区别。对于小朋友来说，它们都是些儿歌。诗的后半段读起来很拗口，有点像绕口令，是为了锻炼小孩口齿清楚吗？东西南北一大套，是要教小孩识方位吗？至于诗歌的艺术技巧及其欣赏，小朋友是不会领悟到这一层的，老师也没有必要去涉及。

如果这首诗放在初中语文课本中，中学生已经了解了有关文学的基本知识，知道诗歌的艺术特征，知道何谓情景交融。这时，老师在疏通文字之后，会对这首诗的意境略作阐释。在江南，一个风和日丽的日子，宽阔的湖面上，莲叶一片连着一片。莲蓬成熟了，正是采莲的季节，人们划着小船在莲叶间穿行，采摘莲蓬。船驶过，或风吹开，莲叶间显露出清澈的湖水，水清到可以看见下面的鱼在游来游去。欢快自由的鱼群、美丽的湖面风光、丰收者喜悦的心情，共同构成了一幅情景交融的江南采莲图。学生通过想象和联想，沉浸在诗歌提供的艺术时空之中，感受大自然和生活的美好。对于中学语文教学来说，达到这一层基本上就可以了。

如果我们具有一定的文学史的知识，对《江南》的理解会更进一层。例如有关乐府的知识。乐府在汉代是一个政府机构，负责采集民歌，也就是所谓“采风”。风即《诗经》风雅颂中的风，一般认为是指各地民歌。在古代，没有社会调查，也没有焦点访谈，怎样了解老百姓生活状况和内心的想法呢？设立乐府，采集民歌就是一种途径。言为心声，老百姓高兴什么、怨恨什么，都会在他们唱的民歌中有所反映。统治者可以通过这些民歌了解民情，制定和修改自己的政策。后来人们把乐府收集的民歌径直称为“乐府”，乐府也就成为一种诗歌形式了。《江南》作为一首乐府，其作者已不可考了，因为它只是乐府官员记录的一首民歌。也就是说，这首诗最初并非某位诗人写的，而是由无名氏唱的。那么当时是怎么唱的呢？郭茂倩《乐府诗集》将这首诗收在“相和歌辞”一类，和就是应和，有人唱，有人和，这就相当于领唱加合唱。到此，我们便能解释这首诗的特殊句法了。中国古诗大多双行，这首诗共七行，是单行；中国古诗大多二四六八押韵，这首诗一二三押韵，四五六七不用韵；中国古诗讲文字精练，忌讳重复，这首诗一再复沓，不厌其烦。从歌唱形式看，这些奇特之处的来由很容易弄清。设想一下当时的情景，莲蓬收获时节，风景如此美丽，采莲人心情一定十分愉快。其中一人带头唱道：江南可采莲，莲叶何田田，鱼戏莲叶间。唱了三句，留下一句让人来接，没想到四面八方都应和起来。东边唱：鱼戏莲叶东；西边唱：鱼戏莲叶西；南边唱：鱼戏莲叶南；北边唱：鱼戏莲叶北。整个一片欢歌笑语的劳动场面。欢快的采莲人群、绮丽的自然景色、优美的江南民歌，构成了这首诗的抒情美、绘画美和音乐美。

如果我们对文学作品的艺术构成有更深的了解，对文学传统和民俗知识有更多的了解，《江南》还会以另一种形态呈现于我们的欣赏视野。所谓文学作品的艺术构成，指的是今天分析文学作品经常涉及的一些概念，如意象、象征、隐喻、典故等等。从诗歌文本层面上看，《江南》这首诗是由两个意象组成的，一个是莲，一个是鱼。作为形象，莲就是莲，鱼就是鱼，可在诗歌中它们仅仅是莲、是鱼，不会有言外之意吗？诗中说莲、说鱼，会不会有隐喻义和象征义？仅从字面上看不出来，可熟悉传统典故和民俗的欣赏者，不免会有这样的追问。在乐府民歌中有许多说莲的，这类诗大多与爱情有关，因为"莲"谐音"怜"，"怜"就是爱的意思，古语"可怜"是可爱，与今天用法不同。"低头采莲子，莲子清如水。"莲子怎么清如水呢？"莲"是"怜"，也就是爱，"子"在古语中是第二人称你的意思，"莲子"即爱你。对你的情感清纯如水，才是后一句的本义。类似的例子在乐府诗中举不胜举，直到今天，台湾余光中、席慕容等人的写莲诗也沿袭了这一传统。再说"鱼"字，据闻一多《说鱼》考证，鱼也是远古部落图腾之一种。我们在历史书中还可以看到画着鱼的陶盆的图片。祖先为什么要崇拜鱼呢？因为当时物质条件和技术很差，部落与猛兽及别的部落争斗，靠的是人数的多少，人丁兴旺，而鱼的繁殖能力最强，于是就成了崇拜的图腾。鱼与繁殖有关，也就与配偶、婚姻有关。闻一多征引大量史料说明了鱼在汉语中作为隐语的意义。再来看看江南的采莲季节是什么样的季节。考察一下历史和民俗就会发现，采莲季节不仅是一个收获季节。朱自清《荷塘月色》收入中学语文课本时曾删去一节，是关于梁元帝《采莲赋》的。从那段文字可知，采莲并不像割稻，它不是单纯的劳作，而是一边采莲，一边嬉戏。其主要目的并不在收成，而是借此机会，男女之间相互交流、表白，如同南方少数民族至今仍保留的某些风俗，在特定的节日里的两性聚会。朱自清也正是因此将采莲季节称为"风流的季节"。莲与爱情有关，鱼与爱情有关，采莲季节又是爱情的季节，《江南》会是怎样一首诗呢？游国恩《中国文学史》称之为"男女相悦之词"，也就是借鱼戏莲来写男女相戏，这应该代表着文学研究者们的共识。

从直白如话的儿歌到充满隐喻的爱情诗，《江南》逐次展示了其审美的意蕴。诗歌的文本并无变动，得出不同的结论，完全是由于欣赏者的不同。从中我们可以窥探有关文学欣赏的一些基本原理。

其一，《江南》为我们提供的文本，并不是独立自主的。它由什么构成、有什么意义，都是不确定的。作品只是一个空框，一个召唤结构，它留下许多空白点，需要欣赏者去填补，在不同欣赏者的眼里，它会呈现出不同的形态。欣赏不是要得出明确的结论，甚至不是正确的结论，因为作品本身是不确定的，作品表现了什么，仅从作品本身，无法得出结论。任何对作品的解释，都是一种解释，而不是唯一的解释。那些试图给出的标准答案，只能是参考答案。作品具有开放性，欣赏也具有开放性。

其二，欣赏并非欣赏者对作品的被动接受，而是一种再创造。从对《江南》的不同解释可以看到，不同的欣赏者都是根据自己的知识结构去解释作品。《江南》的表层意义，各人的理解并无分歧，进而探讨深层意义时，由于欣赏者自身条件和努力程度的不同，作品所展现的形态也不同。欣赏者调动自己的视觉想象，《江南》便是一幅自然风景画；欣赏者重建民歌演唱时的情景，《江南》便是一幅民俗风情画；欣赏者追问言外之意，《江南》便成为充满隐喻的爱情诗。作品的深层意义完全是由欣赏者的再创造决定的。没有再创造，《江南》的意思浅显而简单；融入了再创造，《江南》的意思就变得丰富而隐晦了。

其三，不同欣赏之间，不必辨明对错，却可以分出层次。欣赏者的知识水平和欣赏能力有不同的层次，欣赏自然也有不同的层次。如果欣赏者相当于小学水平，他们只能了解《江南》的字面意义，欣赏便停留在语言材料层面；如果欣赏者相当于中学水平，他们应该领悟《江南》的艺术意境，欣赏便进入了形象构成层面；如果欣赏者相当于大学水平，他们可能理会《江南》的隐喻与象征，欣赏又升到审美意蕴层面。我们不能说小学老师解释的字面义和大学老师解释的隐喻义谁对谁错，可大学生能达到的欣赏层次显然要高于小学生能达到的欣赏层次。

其四，欣赏是由欣赏者决定的，也就是说，我们可以通过欣赏了解欣赏者本人。读到一篇赏析文章，不必把它当作对原作的最终解释，却可以把它看作赏析作者志趣和水平的体现。阐释《江南》的意境，发掘《江南》的象征，两者各有侧重。分歧不是来自《江南》原诗中意境创造和象征使用谁占主导，而是欣赏者对意境和象征哪个更感兴趣。阐释《江南》的字面义，发掘《江南》的隐喻义，两者层次不同。分歧也不是来自《江南》原诗中是否有言外之意，而是欣赏者艺术素养和知识水平的差异。解释学所调“解释解释了解释者”，说的就是这个意思。

以上诸条，虽仅是就《江南》一诗的欣赏而言的，却也适用于所有的文学作品欣赏现象，可以举一反三。

（《学语文》2001年第5期）

1. 该文学评论的评论重点是什么？对《江南》诗的分析有什么作用？

2. 说明该文的论证层次。

3. 分析该文学评论是如何体现理论性、艺术性特点的。

五、阅读下面的微型小说，把握其特点，写作一篇文学评论。

回　家

（台湾）爱亚

他在支票簿上写下“二十元”的款数，潇洒利落地签下他的英文名字，然后，他给友人写信：

请你，请你买一顶手编的草帽；请你，请你买一张赴吾乡的车票；然后，请你在车站转角，那常穿褪色唐衫的阿伯处买一挂荔枝，我知晓，现在是荔枝时节。再然后，请你，不要乘车，戴着草帽步行过喧闹肮脏泛着污水的露天小菜场，拐边卖卤味牛肉面的老王的面摊，到吾家。不必敲门，请唤声：“阿朗伯仔！”那是吾爹，请将荔枝留下，陪他老人家饮一杯茶；再，请你转到邻舍，看有一年轻的妇人，粗陋，衣衫简朴的妇人，她是吾初恋的爱人。看她是否仍有健康甜美的笑靥？是否又为她的丈夫增添了儿子？请你，请你为我做这些，寄上费用美金二十元。谢谢。

他将信与支票放入信袋，以泪和吻纸封了袋口，粘贴了航空邮票，然后，再取笔，在支票记录簿上记载：六月十八日，回家车费及杂用，二十元整。

（选自《爱亚作品集》新疆人民出版社，2002年版）

六、周姬昌在《谈谈经济管理学术论文的写作》一文中曾写道：

举例来说，我们所要写的经济学术论文，其论题是分析一家企业的年利润额增长情况。假定这家企业当年实现年利润为5000万元。这个5000万元的数据，从表面上看，的确具有经济效益，因为它确实比上一年的利润额多了1000万元。就是说，这家企业的年利润的增长率，已经达到了20%。但是，我们经过仔细分析，发现这家企业本年度职工人数增多了，设备又得到了更新。在这种情况下，经过计算，本年度所创造的利润应当比上一年的利润增长30%—40%，才算是合理的。而实际上，这家企业仅仅达到20%。这样一来，那5000万元的利润数，也就无法真正体现出它的经济效益了。所以说，我们不能只是简单地把本年度和上年度的两个数据拿来比较一下，就算了事，而应当通过分析，看清这些数据到底有无真正的经济效益。

从周姬昌所举的这个例子，我们可以得到什么启示？

七、以下是一篇题为“农村中学作文教学的特点”的论文的引言，请说一说它在写作上有什么么问题？

中国自实行改革开放政策以来，加快了融入世界的脚步，特别是加入WTO以后，更是把自己置身于急湍汹涌的世界大潮中，使得她急需大量人才，特别是实用性人才，从国际纷争的解决到商界谈判、法庭辩论等等，能在具体的环境下，用自己敏锐的洞察力和严密的思维能力来妥善处理这一切，为自己赢得一个和平宽松用以发展的好环境。而要做到这一点需要做好这方面人才的储备，迫切需要国家推行素质教育教学，重视作文教学，就是把它放在素质教学的高度去认识，培养出能用口头和书面语言来严密地表达思想的能力。这就是当今社会对作文教学提出的更高要求，要求学生具有更强的写作能力，这也是他们一辈子要用的一种能力，求得生存和发展的一种能力。然而农村中学在具体的作文教学中并没有跟得上这个飞速前进的步伐，下面就农村中学作文教学的特点及解决的方法归纳几点。

八、下面这篇论文的提纲层次混乱，请按照合理的逻辑顺序对它进行修改。

余秋雨散文成功诸因素略论(提纲)

一、过人的才气

(一)博大的学识

(二)语言特色

1. 使用华丽宏大新鲜时髦的词语

2. 修辞手法的灵活使用

3. 具有超强的感染力

(三)多样的散文写作手法

二、独特的表现题材与主题

(一)阐释精英文化

(二)宣扬爱国主义

(三)表现忧患意识

三、散文发展史上的机遇与策略

四、对散文发展的贡献

五、成功的炒作

(一)树立大师形象

(二)激发争论以成为焦点

(三)善于求取同情

六、大众心理

(一)中国百姓有附庸风雅和从众的心理

(二)时代呼唤大家出现

(三)公众欢迎轻松而又严肃的文学

九、阅读论文《汪曾祺的读者意识》(《安徽文学》2009 年第 3 期),了解学术论文的撰写格式,并思考文后问题。

汪曾祺的读者意识

林毓君

(福建师范大学文学院　福建·福州　350000)

摘　要　汪曾祺是个重视读者的作家,他多次谈及读者对作者创作及作品的影响,他的作品中有着明显的读者意识。本文试从读者意识的角度切入,通过他对读者的认识以及在文本中体现出的口语化写作、篇幅短小、留白、滋润观等层面浅论其作品,以期从另一个维度看到一个不同的汪曾祺。

关键词　读者意识

汪曾祺的作品自上个世纪 80 年代至今拥有众多读者,其评论也一直方兴未艾。然而过去的评论多从传统与现代、民间意识、京味小说(散文)等方面论述,鲜有关注其读者意识的层面。笔者以为,汪曾祺作品赢得读者的一个重要原因是汪曾祺有着明显的读者意识。汪曾祺是个重视读者的作家,他多次谈及读者对作者创作及作品的影响,他的作品中也体现了他的读者意识。本文试从读者意识的角度论述其作品,以期从另一个维度看到一个不同的汪曾祺。

所谓读者意识,笔者引用潘桂林《中国近代小说读者意识新探》中的界定,指作家对读者的认识,是作家创作意识的内在构成,包括作家的创作指向,作家对创作与读者关系的理解,对读者所指、地位、功能的认识,对读者心理和阅读期待的揣测。它实际上是作家在特定的时代氛围中,根据自己的人生经验、审美经验,揣度并想象读者的需求而形成的。此处的读者,既是指在开放的文学活动中,文学文本的真实消费者,被称为"现实的读者",是实存于现实社会中的消费人群;也指在创作中,作者预设的领会文本结构、敞开文本意义的"拟想的读者",它只存在于作者的观念中。

汪曾祺的读者意识建立在他对上个世纪 80 年代时代背景和读者生存处境的认知之上。粉碎"四人帮"尤其十一届三中全会后,人民生活热情高涨,生活节奏加快,在努力提高物质生活的同时,对精神生活也充满了渴望。80年代是文学的年代，文学读者众多，他们的文化素质参差不齐，却都希望通过文学阅读拓宽自己的知识面，提升自己的素养。作为走过这段岁月的老人，汪曾祺很清楚现代读者群的构成以及他们的阅读状态。“现代小说的读者是工人、学生、干部。他们读小说都是抓空儿。他们在码头上、候车室里、集体宿舍、小饭馆里读小说，一面读小说，一面抓起芝麻烧饼或者汉堡包（看也不看）送进嘴里，同时思考着生活”[①]。因此，他认定“现代小说要符合现代生活方式，现代生活的节奏”[②]。这正是汪氏读者意识的基础。

毋庸置疑，语言是每个作家创作之初都需要考虑的问题，即用什么样的语言能与所写文章的内容匹配，同时又让读者看得明白。因此语言是窥视作家读者意识的一扇窗。汪曾祺很重视语言并且有着独到的见解。他认为“一个作品吸引读者（评论者），使读者产生同感的，首先是作者的语言”[③]。汪曾祺语言是手写的说话。“我以为现代汉语到了汪曾祺手中，已经到了‘写话’的境界”[④]。这种“写话”，是口语化写作，其最大优势是缩短了说和写的距离。汪曾祺作品的语言以口语为基础，夹杂文言、方言，通俗中透着雅致。“苏州人特重塘鳢鱼。上海人也是，一提起塘鳢鱼，眉飞色舞。塘鳢鱼是什么鱼？我向往久之矣。到苏州，曾想尝尝塘鳢鱼，未能如愿。后来我知道：塘鳢鱼就是虎头鲨！嗐！”[⑤]以口语为主，其中“特重”“嗐”完全是地方口语，而“向往久之矣”“未能如愿”又是文言的表述，二者夹杂在整段口语的句式里，不仅不显得“隔”，反倒有韵味，有嚼劲，耐读。汪氏作品中这类语言不胜枚举。“枸杞头也都是凉拌，清香似尤甚于荠菜”[⑥]。“我们在联大新校舍住了四年，窗户上没有玻璃。在窗格上糊了桑皮纸，抹一点青桐油，亮堂堂的，挺有意境。教员一人一间宿舍，室内床一、桌一、椅一。还要什么呢？挺好”[⑦]。文言、方言、口语的混合构成强大的张力，看似平淡却有奇崛的效果，文字明白简约但回味无穷。在许多人愿意把文章写得“有水平”的今天，老老实实的口语化写作，彰显了汪曾祺的读者意识：他愿意让他的作品贴近广大读者，读书人愿读，一般市民也没有障碍。

其次，汪曾祺的读者意识体现在篇幅上——短。阅读连接着两极——文本和读者。不同的时代有不同的文本，作家不可能脱离所处时代语境写作；不同的时代也有不同的读者，读者也受所处时代的局限阅读。汪曾祺清醒地认识到“现代小说是忙书，不是闲书”[⑧]，因此，短，成了他潜在的写作策略。汪氏小说的语言“就像聊天说话一样”，句子尽可能短，“能切开就切开”，“能省略的部分都省略掉”[⑨]。汪曾祺一生写短篇小说，其短——有的篇什只有一千多字(《职业》),有的甚至不足一千字(《虐猫》)——从一定意义上说是汪曾祺对社会节奏加快后人们生活处境和心态的洞悉。曾经一友人就汪氏的某些小说提议抻一抻就是一个中篇了时,汪曾祺则反问:为什么要抻一抻呢?“抻一抻,就会失去原来的完整,原来的匀称,就不是原来那个东西了”[10]。况且抻一抻,必然要虚构一些情节。而“现代读者不能容忍编造”。“现代的读者要求的是真实。想读的是生活,生活本身”。“一个作者的责任只是把你看到的、想到的一点生活诚实地告诉读者”,并“尽量把这一点生活说得有意思一些”。汪氏对作者责任的自知标志着其读者意识的成熟:“短,是对读者的尊重。”[11]诚然,也有论者认为汪曾祺小说的短小是作家的气质决定的,作家的夫子自道是明证:“我永远都是一个小品作家。我写的一切,都是小品。”[12]但笔者以为,与其说短是汪曾祺的气质决定的,不如说短是汪的气质和他的读者意识相契合的结果。汪曾祺擅长写短小的小说和散文,而他认为当下的读者正希望看短小而有趣味的文字。事实证明,他的确赢得了读者。

在追求短的同时,汪曾祺认为作者不该居高临下地“想到我写小说,你看,而是我们来谈谈生活”,他敏感地意识到了“作者和读者的界限在泯除”,“作者和读者地位是平等的”[13]。这种平等构成了汪曾祺读者意识的核心。他多次提到这种平等,关注读者的参与意识、提倡“留白”就是佐证。“读者的‘参与意识’很强,他要参与创作”,“一篇小说要留有余地,留出大量的空白”。[14]“我认为一篇小说是作者和读者共同创作的。作者写了,读者读了,创作过程才算完成。作者不能什么都知道,都写尽了。要留有余地,让读者去捉摸,去思索,去补充”[15]。计白当黑,是绘画的技巧。作者借用绘画技巧写作,打通文本和阅读的界限,使读者在阅读中的主体地位凸显。陈小手死后难产的那些妇女找谁接生《(陈小手》),读者可以思量;《职业》中作者节选了各类叫卖声,读者可以凭借自己的生活经验丰富它,加入其他的叫卖声;《受戒》中小明子和小英子的纯真恋情可以想象等等。“留出空白,是对读者的尊重”[16]。汪曾祺的“留白”说法让我们想起萨特的理论。上个世纪40年代,萨特在《什么是文学?》中指出文学活动是一个开放的流动过程,它始于作者的创作,终于读者的接受。文学作品只有在作者和读者联合努力下才能出现。“既然创造只能在阅读中得到完成”,“因此任何文学作品都是一项召唤。写作,这是为了召唤读者以便读者把我借助语言着手进行的揭示转化为客观存在”[17]。虽然汪曾祺没有看过萨特的接受理论[18],他从绘画留白中悟出的写作技巧以及对此作出的读者参与的阐述却与萨特的理论殊途同归。

然而，汪曾祺的读者意识并非在他写作之初就已生成。《复仇》《短篇小说的本质》《茱萸小集二》等作品，我们看到的更多是作者才气的挥霍和技巧的运用，至于读者是否看得懂，是否共鸣，他并不在意。即便是《受戒》，也只是出于情感的需要，"写了自己玩"。他坦言早年的作品，是"苦闷和寂寞的产物"，"很少想到读者"。"一篇作品发表了，得到二三师友称赞，即为已足"。随着越来越多的作品发表，汪曾祺发现自己的读者还是很多的，这才"觉得很惶恐"[19]，觉得需要考虑社会效果。所谓的"社会效果"，通俗的说是读者对作品的反映。"一个作品写出来放着，是个人的事情；发表了，就是社会现象。作者要有'良心'，要对读者负责"[20]。在这里，汪曾祺清醒地认识到作者、读者和作品发表的关系。读者成为作者写作过程中潜意识考量的因素时，汪曾祺作品的读者意识才真正形成。

汪曾祺的作品从内容到形式都体现了他的读者意识。"把生活中真实的东西、美好的东西，人的美、人的诗意告诉人们"，是为了"使人们的心灵得到滋润，从而提高对生活的信念"[21]。"作品要有益于世道人心"[22]，汪曾祺晚年的文字都在这个思想的统辖之下。

注释：

①②说短——与友人书.汪曾祺全集三·散文卷.第223页，北京师范大学出版社，1998.

③关于小说的语言(札记).汪曾祺全集四·散文卷.第7页.

④李陀.汪曾祺与现代汉语写作——兼谈毛文体.花城出版社，1998.

⑤故乡的食物.汪曾祺全集四·散文卷.第24页.

⑥故乡的野菜.汪曾祺全集五·散文卷.第334页.

⑦观音寺.汪曾祺全集四·散文卷.第182页.

⑧⑨说短——与友人书.汪曾祺全集三·散文卷.第223页，第225页.

⑩《汪曾祺自选集》自序.汪曾祺全集四·散文卷.第92页.

⑪以上所引均出自说短——与友人书.

⑫⑬汪曾祺.《晚翠文谈》自序.《晚翠文谈》新编.第336页，北京：生活·读书·新知三联书店，2002.

⑭汪曾祺.思想·语言·结构.《晚翠文谈》新编.第87页.

⑮汪曾祺.自报家门.《晚翠文谈》新编.第272页.

⑯汪曾祺.美国家书七.汪曾祺全集八.第112页.

⑰萨特.萨特文论选.施康强译，北京：人民出版社，1991，第121页.

⑱汪曾祺在《美国家书七》中曾说，有个教比较文学的中国青年学者，说这(作者和读者共同完成)是萨特首先提出来的。我则是自己发明的。

⑲⑳㉑美学感情的需要和社会效果.汪曾祺全集三·散文卷.第221页，第286页，第285页.

㉒要有益于世道人心.汪曾祺全集三·散文卷.第222页.

1. 这篇论文的主体是由哪几个部分组成的?

2. 论文的引言和结论各有什么作用?

3. 论文本论部分的层次安排采用了什么方式?

4. 论文的第二段对“读者意识”的概念进行了界定,作者为什么要这样做?

5. 以某一论层为例,分析作者是如何进行论证的。

6. 本文的摘要和关键词是如何拟制的? 它们主要提供了哪些方面的信息?

7. 文末的注释有什么作用? 注释是如何标注的?

8. 作为一篇文学评论,本文是如何“知人论世”的?

十、结合所学专业,选择一个课题进行研究,写作学术论文。

第七章　解说性文体

第一节　解说词

一、解说词概述

(一)解说词的含义

解说词,是配合具体事物、人物或画面进行解释说明的一种文体。

解说词的使用范围极其广泛。例如:产品的展销、文物的陈列、书画的展览、标本的说明、园林的讲解、影剧的解说、人物的介绍等都要运用解说词。可以说,人们在日常生活中处处都可见到解说词,总是或多或少地与之发生联系。随着社会生活的进步、现代化程度的提高和信息技术的广泛应用,解说词愈加显示出它的价值和作用。

(二)解说词的种类

根据解说词使用场合的不同,一般可以将其分为以下三种类型:

1. 实物解说词

实物解说词的说明对象是眼前实实在在的物体,这些物体大多处于静止状态。例如文物、图片、产品、绘画、书法、标本、花卉等等。这些解说词的内容侧重于交代物体的形状、色泽、特征、功能、结构及背景材料等。

2. 画面解说词

画面解说词的解说对象往往是运动状态的,它以"画面"形式处于同一主题的各组画面中,并且画面与画面之间有一定的内在联系。如有关名胜风光、科技知识的电影、电视片、动画片、幻灯片、连环画等等。这类解说词的作用是将画面的内容介绍清楚并揭示出内容间的联系及意义。

3. 音响解说词

音响解说词的解说对象以声音(节奏、频率、旋律)形式出现,如广播剧、电影录音剪辑、音乐作品欣赏等。这类解说词要使音响"具象化",以调动受众的想象、联想能力,刺激其视觉器官,填补"视觉上的空白",从而完成对声音形象的认识与欣赏。

(三)解说词的特点

1. 配合性

解说词作为一种解说性文体,是为了配合有关实物或音像制品内容的讲解而写作的,必须强调两者之间的密切配合。有些解说词不能独立完成说明的任务。一旦失去了被解说的对象,解说词也就失去了存在的必要。所以,解说词的配合性一方面可以理解为它具有一定的依附性,是为解说事件、物体或人物而产生的。如科教片《青蛙》中,作者根据画面,是这样设置解说词的:

画　面	解说词
一条螟虫从虫洞钻出来在茎秆上爬着。	稻螟虫危害一株水稻以后要转株继续危害。
一条苞虫爬出叶苞活动。	稻苞虫要爬到苞外吃稻叶。
几只虫蛾在稻株间飞舞。 两只虫蛾在叶片上交尾。 一只飞蛾在叶片上产卵。	它们的成虫也要在棵间交尾产卵,繁殖后代。
一只青蛙悄悄地爬至稻株下,然后突然一跳,吃掉了叶片上两只交尾的虫蛾。 青蛙一条又一条地捕吃了虫蛾、螟虫和苞虫。水稻生长健壮,田间一片青绿。	这时候它们常会遭到青蛙捕食。

这里的文字充分地体现了解说词配合性的特点。因为在青蛙捕食害虫之前,银幕上先出现的是害虫外出活动、虫蛾交尾、产卵等一组画面,一般的观众不大容易看懂这组画面的含义,所以解说词配合画面要一一加以说明,并指明"这时候

它们常会遭到青蛙捕食”。至于银幕上其他画面,如“青蛙一条又一条地捕食害虫”等,观众一见即懂,所以就不一一介绍了。

另一方面,解说词一旦产生并诉诸语言形象或书面文字,又具有一定的完整性。人们可以只看或听解说词,就能获取某些知识或得到某种启迪。所以,解说词的配合性也不排斥相对的独立性。例如《长江三峡名胜古迹介绍》中关于山城重庆的一段解说词:

> 重庆,又是一座有名的美丽山城,周围青山环抱,城下绿水围绕。南有长江滚滚东去,北有嘉陵江滔滔而来,两江汇流,将重庆围成一个弯月似的半岛,好似两条龙托起一座变幻多娇的海市蜃楼。每当旭日东升,给市区林立的高楼大厦披上金色的朝霞,山城就显出它雄伟绚丽的英姿。待到新月高悬,登上枇杷山公园俯瞰万家灯火,恰似繁星闪闪,又使人顿生飘然登天的幻景。而到秋去冬来,江雾缭绕,浓云弥漫,水天一色,山城又时隐时现在一片神秘缥缈的雾海苍茫之中。

这段文字绘声绘色,层次分明地介绍了重庆风光。人们读完全文之后,即使没去过重庆,也能对它的地理环境、城市概貌有个大体的认识与了解。

2. 写真性

解说词的写真性,是指解说词须紧扣实物、图像或场面做如实说明,有一说一,有二说二,不能杜撰虚构,是事物真实情况的介绍。

例如《北京风物志》中是这样介绍“全国农业展览馆”的:

> 全国农业展览馆是首都十大建筑之一,位于朝阳区三里屯,占地七百余亩,展厅建筑总面积两万五千五百多平方米。这座建筑群,以亭阁式主馆为中心,由长廊和林荫大道连接为一个整体,布局严谨,富有民族风格。展览馆前是三万多平方米的宽阔广场。广场上有大型雕塑、草坪和各种珍贵的花卉树木。主馆后面是一个大型人工湖,环境幽美安静。全馆分为十个不同形式的展览厅,1959 年以来,曾多次举办全国性的农业展览和国外来华展览,已成为交流国内外农业科学技术和农业生产建设经验的重要场所。

这段解说词,全面而真实地反映了实物建筑固有的性质、形态、特点及历史等。

解说词的写真性还表现在对解说客体的全貌的反映上。虽说解说词也要详略得当、重点突出,但不能像一般文章那样,可以只择其一,不及其余。也许,对某一画面、某一场景的解说,涉及的可能只是一个“点”,但由一个个片断性解说组接起来的整篇解说词,反映的则是事物的真实全貌。

3. 可读性

解说词虽然是说明性文体，但又不限于纯客观的说明，为了加强解说的效果，需要具备可读性。这就要求解说词的语言朗朗上口，形式活泼多样，综合运用各种表达方式。

请看纪录片《敬爱的周总理永垂不朽》的解说词中的几段内容：

> 灵车队，万众心相随。哭别总理心欲碎，八亿神州泪纷飞。
>
> 红旗低垂，新华门前洒满泪。日理万机的总理啊！您今晚几时回？
>
> 敬爱的总理啊，您怎么走得这样急？有多少问题等着您去解决，有多少事情等着您去处理！总理啊！你怎么这样急！
>
> 长夜无音，天地同悲。只见灵车去，不见总理归。

这诗一般凝练的文字，饱含激情，强烈地抒发了人民群众对周恩来总理无限崇敬与热爱的深情，是不可多得的极具可读性的解说词。

解说词也可以采用故事的形式来加强可读性。例如《长江三峡名胜古迹介绍》中在解说“神女峰”时，就先写了一个动人的“神女导航”的传说故事，以此说明神女峰的来历。又如《安徽风光丛书》的《芜湖》一集中在介绍“玩鞭亭”时，也先写了一个晋明帝获救玩鞭亭的故事，从而给芜湖古八景之一的“玩鞭春色”增添了传奇色彩和历史内蕴，给读者留下了极为深刻的印象。

解说词还可以综合运用各种表达方式，增强可读性。例如《敬爱的周总理永垂不朽》的解说词中有一段叙述与抒情相结合的文字：

> 泪水模糊了我们的双眼，灵车隔断了我们的视线。敬爱的总理啊！我们多么想再看一看您，再看一看您啊！

说明与描写也可以结合运用。例如《长江三峡名胜古迹介绍》中对“三峡”的解说：

> 三峡包括瞿塘峡、巫峡和西陵峡，它西起奉节的白帝城，东到宜昌的南津关，横贯四川省的奉节、巫山和湖北省的巴东、秭归、宜昌等五个县市。全长一百九十三公里。峡内两岸连山，高峰入云，峭壁对峙，悬崖横生，飞泉漱玉，怪石嶙峋，重岩叠嶂，隐天蔽日，云雾弥漫，气象万千。

这段解说词不仅说明了三峡的位置与环境，而且勾画了三峡的瑰丽景色，自然逼真，使人读后如临其境。

解说词中运用夹叙夹议的方法，也可以写出精当的华章。例如对舞剧《孔雀东南飞》一段音乐的解说：

> （曲六）那硕大的喜帐，旋拉升降，把三颗燃烧的心，层层阻隔。爱的憧

憬，无爱的痛苦，失去爱的折磨，在他们三人的心中掀起阵阵感情的波涛和内心的纠葛。

……

刘兰芝满含悲愤，冲出喜帐，挣脱逃出爱的情网。爱与不爱的撕搏，啃噬着她的灵魂，使她万念俱灭，心死如灰。堂皇的婚礼，变成了爱的祭坛！

这段解说词，把对音乐形象的剖析与评价融入叙事、描述之中，亲切、自然，能引发受众强烈的共鸣。

二、解说词的写作要领

（一）如实反映客观事物的特点，紧扣事物加以解说

解说词的解说对象是实物和图像。实物和图像作为现实生活的反映，是复杂的、片断的，不了解情况或缺少专门知识的人不易看出其全部内涵和意义，因此要求使用解说词加以补充、说明和解释。解说词的作者必须先仔细研究对象，通过认真观察与比较，抓住事物的本质特征，紧扣事物进行解说。如名胜古迹的解说词应抓住它的地理位置、风光特色、历史渊源、文物价值等特点；图片和绘画的解说词应抓住画面内容、构图特色等进行解说；商品的解说词，则应抓住商品的产地、质量、用途等进行解说；音乐、舞蹈的解说词应抓住作品情节、形象塑造等进行介绍等等。由安徽省旅游局编的《九华山》旅游指南是这样介绍九华山的：

九华山，和四川峨眉山、山西五台山、浙江普陀山合称"中国四大佛教名山"。位于北纬 30°24′—30°40′、东经 117°43′—118°8′之间，在安徽省青阳县西南部，方圆一百多平方公里，主峰十王峰海拔 1342 米。

九华山古称"九子山"。唐代大诗人李白有诗赞美她像盛开的九朵莲花，从此改名为"九华山"。山中景色清幽，气候宜人，是避暑游览胜地。主要风景有：五溪山色、龙池瀑布、东崖云舫、闵园竹海、凤凰古松、天台晓日等。

佛教传入九华山，始于一千五百年前的晋代。唐朝时，新罗国王的近宗金乔觉来此苦修终生，辟为地藏菩萨的道场。山中古刹林立，香火不断，现有寺庙七十八座，佛像六千多尊。庙宇建筑多依山就势，取法自然，外形朴实似民舍，内部又各有千秋。寺内藏有佛教文物一千三百余件，百岁宫内有保存四百多年的无瑕禅师真身坐像。

山上有新建的东岩宾馆和庙宇饭店——旃檀林等，可以品赏素斋风味。

这段解说词紧扣事物，突出了九华山历史悠久、文物众多等特点。

又如关于《九方皋（中国画·彩墨）》的解说词：

> 《九方皋》是我国杰出的画家徐悲鸿的代表作之一，创作于一九三一年。在那"万马齐喑"的时代，人们更喜爱徐悲鸿画的马。他画的马多是不带缰辔的；那奔放不羁的马，正是人们渴望自由的象征。而这幅《九方皋》画面上的黑马是个例外。为什么这匹举世无双的神骏马反而带着缰辔呢？徐悲鸿的构思是：九方皋是识马者，马亦如人，"愿为知己者用，不愿为昏庸者制"。看，画面上识马者九方皋正双目锐敏，聚精会神地在观察一匹马，那匹带着沉重缰辔的黑色骏马正为遇到知己发出嘶鸣，跃跃欲试。画面构图精巧，寓意深刻，讽刺了国民党统治者的昏庸无能，不识人才，也反映了作者对那个时代的不满和内心的抑郁……

这段解说词抓住艺术品的创作时间、创作背景，使读者领会从画面上不易或无法体会的意义；同时也抓住了这幅画的显著特征，说明徐悲鸿的构思意图，通过细致入神的描绘，引导读者体会其深刻的内涵和独特的价值。

（二）弄清事物各部分之间的关系，依次叙写

解说词是解说客观事物的，而客观事物处于现实世界中，既相对独立，又与周围的事物发生着千丝万缕的联系。因此，要写好解说词，就须仔细观察，认真研究被解说的事物，准确把握事物之间的关系，做到解说时富有条理。需要注意的是，事物之间的关系是复杂多样的，有主次关系、先后关系、并列关系、总分关系等等。这些关系，具体表现为有分有合，分则相对独立，合则相互联系，在一定范围内组成一个有机的整体。

那些介绍建筑物的解说词，需要注意方位顺序，或从上到下，或从前到后，或从左到右，或从内到外等。例如下面这段关于故宫太和殿的解说词：

> 太和殿也叫金銮殿，高二十八米，面积二千三百八十多平方米，是故宫的最大的大殿。在湛蓝的天空下，它那金黄色的琉璃瓦重檐殿顶，显得格外辉煌，殿檐斗拱、额枋、梁柱，装饰着青蓝点金和贴金彩画。正面十二根红色大圆柱，金沿窗，朱漆门，同台基相互衬映，色彩鲜明，雄伟壮丽。
>
> 走进大殿，正中是一个大约两米高的朱漆方台，上面安放着金漆雕龙宝座，背后是雕龙围屏。方台两旁有六根高大的蟠龙金柱，每根大柱上盘绕着一条矫健的金龙。仰望殿顶，中央藻井上有一条巨大的雕金蟠龙。从龙口里垂下一颗白色大圆珠，周围环绕着六颗小珠，龙头、宝珠正对着下面的金銮宝座。

这两段解说词，总体上是按照从外到内的顺序写的。两段分别写了大殿的外部和内部陈设。在介绍大殿外部情况时，先总说大殿的高度和面积，然后按从上到下的顺序介绍；在说明大殿内部陈设时，采用先中间再两边、从前到后、从下到上、由远及近的顺序依次介绍，条理清晰。所以，解说事物时，一定要弄清其中的关系，分清主次、先后、大小，依次叙写，切不可主次不分，轻重倒置。

(三)应配合具体对象采用不同的解说形式

解说词的写作客体是千姿百态、错综复杂的，因此解说词的写作也应因事因物而宜，根据具体对象来采用不同的解说形式。

1. 解说对象的不同，决定了解说词结构形式的差异

解说词应根据具体对象的特点，采取不同的结构形式，以增强解说效果。例如风景名胜、文物古迹的解说词常采用连缀成文的形式；连环画、展览及单幅图片的解说词，大多彩用写片断的形式；专题组照、书画集展的解说词，则既有总述的成文形式，又有单个的片断形式。如 2002 年 4 月《电影世界》上题为《好风长吟——岛国的风景》的专题组照，组照之前配有总的解说文字：

> 英国电影起源较早。1889 年多尼索尔普就制造了摄影机和转动架，拍摄了拉法尔加大广场的全景，1895 年艾克里斯拍摄了世界上最早的新闻纪录片，但由于没有放映机，这些短片未能及时播出。直到 1896 年，威廉·保罗才做了首次电影商业演出。早期的英国电影占主导地位的是布赖顿学派，他们丰富了电影的拍摄技巧和手法，所以他们亦可称得上是英国电影的先驱。30 年代英国的纪录电影成为世界电影史上第一个较大的纪录电影流派。同时，随着亚历山大·柯达导演的《亨利八世》获得的巨大成功，英国电影走向繁荣期。第二次世界大战爆发后，很多电影人才被征入伍，英国电影无法正常生产。另外美国影片的大量流入，也使英国电影大受冲击。这期间，英国电影经历了一场“自由电影运动”。但创作题材的枯竭、电视的兴起、美国影片的冲击加之本国政府的不支持，使得 70 年代的英国电影徘徊在低谷，这种境况在进入 80 年代后仍未改善。但是 80 年代英国电影却以少而精的特点拍摄出一部分艺术上、技术上都堪称精品的影片。时至今日，英国电影仍是以高质量取胜。

读罢，读者立刻明白这是关于英国电影的专题介绍。在这段总解说词下面，配有 10 幅电影剧照。每幅剧照都有一段故事内容的说明。这种围绕一定主题集中报道，解说词有合有分的形式，能点面结合地展示事物全貌，因而经常被使用。

2.解说对象的不同，决定了解说词语言表达的差异

总的来说，解说词以言简意明为主要特点，但它又不是千篇一律的。写作者可根据解说对象的不同，采用不同风格的语言表达形式。具体来看，对产品、文物等的解说应用平实的语言；对园林名胜、影剧、音乐的解说注重文采。例如舞剧《孔雀东南飞》第三场人物表演的解说词，则通过幻觉、迫害、死亡三个情节层次的介绍，形象生动地展示了曲折的剧情：

(音乐起)愁云四合，阴风乍起。冥冥之中，刘兰芝冉冉而至。焦刘二人精魂交织，如梦如幻，在爱的世界回旋。

隐约的拐杖声由远而近，幻觉中出现了焦老太太的身影，兰芝悄然隐去。

焦仲卿沉痛地感到失去了人生最珍贵的东西，深深地忏悔，心灵在撕裂，他疯了。

神情恍惚中，兰芝的幽灵向他招手，萧瑟的秋风里，传来几声叫魂的悲鸣。他，一个封建社会懦弱的文人，终于带着人生的枷锁，诀别了人间，走完了爱的历程。

另外，写作者可根据解说对象的不同，采用不同色彩的语言表达形式。例如对文物、书籍、旅游路线等的介绍可以用比较精确、典雅的书面语。比如下面这段关于梅花盆景的解说词：

我省是梅花的原产地之一。皖南歙县的卖花渔村已有一千一百余年的梅花栽培史，其梅花树桩盆景素以苍古、奇特的风姿神韵见长，尤其是龙游式的梅桩成为徽派盆景的代表作，曾与徽墨、歙砚齐名于世，在中华民族的文化艺术史上独树一帜。

口语式解说词多用于电视纪录片、电影录音剪辑、广播剧及音乐作品等。相对于句式较长、文白夹杂的书面语式而言，口语式解说词句式较短，多用口语，易说好懂。例如下面这段解说词：

小时候，我心里想当兵，做梦梦见的也是当兵，可是折腾来折腾去，成了一名交通警。当时心想，这也行。头戴大盖儿帽，身穿马裤呢，武装带一系，岗台上一站，指挥棒一挥，整个儿的一个交响乐指挥，不过，可比那乐队指挥气派多了。

第二节　说明书

一、说明书概述

(一)说明书的含义

说明书是介绍产品、影视剧作品、图书报刊出版等有关情况，实用性很强的一类说明文体。

说明书用途广泛，它在受众与被介绍的事物之间起着“桥梁”作用。人们通过说明书，了解被介绍事物的性能、用途、使用注意事项或展览内容、影剧情节等，从而学会正确掌握、使用或阅读、欣赏说明对象。

(二)说明书的特点

1. 实用性

说明书的实用性是指受众看了说明书后，能客观地了解说明对象，从而正确而有效地使用它，不会出现因不了解性能而误用或导致危险的意外情况。例如福建青山出产的“水仙牌”风油精在使用说明项下是这样表述的：

> 内服：成人每次 4—6 滴，小儿减半；
>
> 外用：若能针对疾患搽抹患处，同时蘸本药按下图点按有关穴位则疗效更为显著。(附图略)

使用者看了这段说明后，立刻就了解风油精的用法，具有实用性。

又如黄山书社出版的《食在芜湖》中关于名菜“子姜鸭片”制作方法的说明：

> 芜湖名菜“子姜鸭片”，其主料虽有 250 克鸭脯肉，但子姜却要 100 克，也同样是主料。由于此菜风味独特，已被收入芜湖《培训菜谱》。
>
> 子姜鸭片的操作方法是，选用当年的子鸭脯肉 250 克，连皮用斜刀法切成薄片，加少许酱油、鸡蛋、干淀粉浆，拌片刻腌渍入味；子姜 100 克刮除外皮，切成薄片，用清水漂洗一下，以去除过浓的辛辣味而呈淡淡清馨。烹调时首先要注意火候，油温掌握在三成热为宜，因此时的鸭肉特嫩。据测定每百克鸭肉含水分约 75 克，除了以蛋液、淀粉为之上浆保嫩外，油温便是决定性因素。鸭肉片在锅内滑油，见血水变色，即速倒入漏勺，原锅余油上火，煸炒子姜片到起香，并加酱油、白糖、味精及汤少许，烧开以水淀粉勾

芡，倒入鸭片，颠翻均匀，起锅滴点醋，装盘后再撒少许胡椒粉。

由子姜配炒鸭片，香气浓郁，微辣味美，鲜嫩无比，食之不腻，不愧为饮酒佐餐之佳肴。

这段说明，从制作菜肴的主料、配料的调理到具体的烹调过程，直至上桌前的调味，细细道来，读者读罢完全可以依样动手。所以说，这类说明书充分体现了实用性特点。

2. 科学性

说明书的科学性，是指说明书必须写得准确，合乎科学。这一点与说明书的实用性是相互联系的。只有写得准确科学，读者才能读得明白、用得正确，才能发挥说明书的实用性。

说明书的科学性，具体是指它使用的概念要准确，说明的程序要恰当，用语应确切明白，不会产生歧义。说明书必须讲究阐释事理的合理性，才能体现其科学性的特征。如“天方罗欣”氟罗沙星片的说明书，是这样介绍使用方法的：

(用法与用量)口服，一次 200～300mg，一日一次；重症感染及性病患者用法与用量请遵医嘱。

(禁忌证)

1. 对本品或喹诺酮类药物过敏者禁用。

2. 孕妇、哺乳期妇女及小儿患者禁用。

(注意事项)

1. 明显肝肾功能损害者慎用。

2. 有癫痫史者慎用。

(规格)100mg

这段文字，用语准确，不单介绍了药物的用法与用量，而且将禁忌证和注意事项分开说明，方便了读者的使用。此外，药片以 100mg 为单位量，也便于读者按量服用。

3. 通俗性

说明书的通俗性，是指说明书的语言应通俗易懂，除非必要否则尽量少用专业术语。说明应尽可能简明扼要，让人一目了然。如对“美的”燃气热水器使用注意事项的说明：

燃气热水器使用注意事项

· 强排式燃气热水器的安装场所一定要有足够的空气对流。安装热水器的房间一定要有固定敞开式进气口(关闭的门窗不能算作有效进气口)。

·燃气热水器在使用过程中，会排出大量的烟气，因此，必须给热水器装上排烟管，以便把燃烧产生的废气排出室外。

·燃气热水器使用人工煤气或天然气时，如果供气压力不足，很可能造成回火现象，影响燃气热水器的正常工作，此时燃烧火焰由蓝色变成黄色，引起一氧化碳排放量明显增加，应暂停使用。

·燃气热水器在使用过程中暂时关闭，若继续使用，需等一段时间才能接触热水，以防止流出热水过烫，灼伤皮肤。这是因为在正常使用时，水流经过热水管的速度较快，水流受热升温，其温度是预先设定的温度，人体可以接受。当暂时间断后再次启动时，停留在热水管内的水受管壁高温的影响，流出时水温已超过设定温度，故水温较高易烫伤皮肤。

这段说明文字，条理清楚，语言准确通俗。其中不仅简明地介绍如何使用热水器，也深入浅出地交代了原因，充分体现了生产厂家以用户为本的良苦用心。

二、说明书的写作要领

作为日常生活中广泛运用的说明书，其种类很多。常见的说明书有产品说明书、安装说明书、剧情介绍、图书内容提要、出版说明等等。无论哪种说明书，在具体写作过程中都应注意以下几点：

（一）根据对象，采用适当的写作形式

一般来说，说明书的写作形式有两种：条款式和短文式。

条款式说明书，多用于程序性较强的内容说明，例如药品说明书、家用电器说明书等。它的优点是条理清楚，比较醒目突出；缺点是偏重于条目的罗列，而显得零碎不连贯，整体性不强。例如“伊莱克斯灵丽系列”空调的说明书：

·欧洲典雅外观，超小体积，方便家居配合

·高效旋转压缩机，快速制冷制热

·EMC 抗电磁干扰，有效消除电磁辐射，延长使用寿命，营造健康空间

·优化风道及大直径贯流风扇等降噪技术，运行更安静

·智能防冷风，冬天更舒适

·先进智能除霜控制

·12 小时定时开关机，舒适睡眠功能

这段说明文字从“精湛设计”“高效冷暖”“健康保障”“静音控制”“均温舒适”“智能除霜”和“体贴备至”六个方面突出“灵丽”系列空调的特点，强调它外观典雅精致，动力强大而机身小巧的优点，显得简洁醒目。同时，说明书使用的语言如

“高效”“快速”“有效”“延长”“优化”等词语也十分准确简练。

短文式说明书，多用于介绍性的内容说明，如影剧说明书、图书资料出版说明书等。因为影剧说明书是为了介绍剧中人物、故事梗概等以帮助观众欣赏影剧的，而影剧中的背景、主题、人物等都交织渗透于剧情发展之中，不宜呆板地分条款介绍。图书资料出版说明书等则是用来介绍主要内容，便于读者了解并选择的，内容具有连贯性，也不易硬性拆开分条说明。例如彩色艺术片《十五贯》的剧情说明书：

> 本片是根据苏昆剧《十五贯》改编摄制而成的。
>
> 常州府无锡县的一个肉铺老板尤葫芦借得十五贯本钱，他逗女儿苏戌娟说是卖她的身价。当夜，尤葫芦被杀死，女儿逃走，十五贯钱也不见了。
>
> 经邻人追踪，苏戌娟正和一个青年、淮安客商的伙计熊友兰同行，从熊友兰身边也搜出了十五贯钱。众人把他两人扭到知县过于执面前。过于执升堂审问，不经深入调查便断定是苏戌娟与熊友兰通奸，盗了十五贯钱，杀死尤葫芦，畏罪私奔，因而判熊友兰、苏戌娟死刑，江南巡抚命苏州知府况钟监斩。
>
> 况钟升堂，苏熊二人大呼冤枉。况钟觉得内中必有冤情，连夜晋谒巡抚。巡抚只得限他半月清案。
>
> 况钟与过于执先找到肉铺查勘，并在尤葫芦床后找到散落地上的铜钱和一副赌博的骰子，引起怀疑。经查明，附近赌棍只有娄阿鼠一人，而娄也不知去向。
>
> 况钟在四乡打听，查明了娄阿鼠藏在东岳庙，况钟乔装相面先生来到东岳庙，套出娄阿鼠确是凶手。
>
> 况钟升堂，人证物证俱全，娄阿鼠无法抵赖，只得全部招认。
>
> 案情大白，况钟当堂释放了苏戌娟、熊友兰两人，将娄阿鼠判了死刑，平了此冤。
>
> 该片揭露了封建社会官场中屈辱好人的血淋淋的事实，同时歌颂了正直的、为民雪冤的况钟。

这篇介绍影剧的说明书，全文交待了艺术片的来历及大致情节，使读者对全剧有了比较完整而清晰的印象，结尾点出该片的主题和意义，更有助于读者的欣赏。

（二）突出重点，抓住特征和关键

说明书作为实用性说明文体，它的根本目的是帮助读者了解被说明事物的性能用途、贮存、运输、保养等方面的知识。一般来说，说明书篇幅相对短小，要在有限的文字中较好地完成以上多种说明任务，就必须抓住重点，紧扣特征和关键，有重点地进行说明。对于构造复杂、操作程序不易掌握的事物，说明书的内容就应该详细一些。尤其是一些大型机械、精密仪器、成套设备的说明书，由于内容复杂，通常篇幅较长，有的甚至要印成图册加以说明。而人们常见常用、易于掌握了解的事物，说明书的内容可以简单些，篇幅也应该短些。

一般来说，家用电器、炊具灶具等要注意说明使用方法、维修保养、注意事项等，必要时还可以在各部分再细分条目，并附加表格说明；药品的说明书则要重点交代用法、用量及禁忌；对于易燃、易爆、有毒的物品应着重说明如何运输、保管以防意外事故的发生；易于变质的物品、挥发性强的物品，应重在说明如何保存，例如应避光防潮存放；影剧说明书则应重点介绍主要剧情，同时又留下一定的悬念给读者；书报杂志的说明则应强调其内容，栏目设置，加强指导性与参考性。

（三）用语准确，避免产生歧义；简明扼要，一目了然

说明书的语言应当准确，能精当地说明事物和事理，使人读后能很快领会，继而正确使用或了解；如果表述不准确，语句有歧义，就可能让人误解、误用，甚至引发意外事故和人员伤亡。所以，说明书的语言应该是准确无歧义的。例如《双喜压力锅说明书》就是用语准确的说明书实例。说明书在说明锅内可放置的食物和配料总量时，用了“不得超过锅内容量的五分之四”；说明如何合盖时，用了“直到两手柄全重合才算盖好”；说明如何开、关时，用了“逆时针方向”“顺时针方向”转动。读者读后，极易理解，一般不会发生因歧义造成的意外。

说明书的语言不仅要准确，而且要简明扼要，尽可能用最少的文字准确地说明事物或事理，做到言简意赅，使人一目了然。例如芜湖市出产的“开字墨汁”说明书，是这样介绍胡开文墨汁的：

本品用时，请加摇晃；
天寒凝冻，稍温复常；
用后盖紧，忌把水放。

这份仅有 24 个字的说明书，简明通俗，使人一看便懂。

第三节　科普说明文

一、科普说明文概述

(一)科普说明文的含义

科普说明文,是介绍、普及科学知识的一种说明文体。

科普说明文可以分为两类:一类是科学小品,它多用文艺的笔调介绍科学知识,属文艺性说明文,例如竺可桢的《大自然的语言》、叶圣陶的《拙政诸园寄深眷——谈苏州园林》等。这类说明文在说明某一方面的科学知识时,常用比喻、拟人等形象化手法,通过生动有趣的联想,结合历史和现实来说明事物或阐释事理,具有较强的文学色彩。

另一类是一般性科学说明文,它主要用平实的语言来传授一般的科学知识,即我们通常所说的科普说明文。例如叶圣陶的《景泰蓝的制作》、李信茂的《神奇的激光》等。

(二)科普说明文的特点

科普说明文作为普及科学知识的说明性文体,可以用来传播科学思想、传授科学知识、推广科学技术,帮助读者开拓科学视野、提高科学素养。因此,它具有以下特点:

1. 知识性

知识性是科普说明文区别于其他非说明文体的重要特征。因为科普说明文的根本目的是普及科学知识,它要根据"普及"的目的,介绍自然和社会的相关知识,是"使人得到关于事物、事理或意象的知识的文字"(《夏丏尊文集·文心之辑》)。早在20世纪20年代初,陈望道在《作文法讲义》中就指出,说明文写作的目的,是使读者看后,"不止对于过去曾经经验了的事物可以得着充分的知识,就是不曾经验,或者还在未来的事物也可以有了预知的知识"。可见,科普说明文的内容应该是被实践证明了的真知或客观物质世界的实际存在与科学预测,具有知识性的特点。

知识性是科普说明文的出发点,也是它的落脚点。为了体现知识性的特点,科普说明文应重视内容上高度的科学性(包含阐释事理的合理性等)。不论是对实体事物的说明,还是对非实体事物的介绍,都必须做到如实反映客观事物，保证内容的真实可靠、表述的准确恰当。例如袁泊的《半坡姑娘的锥形瓶》：

凡是来到过西安半坡博物馆的中外游客，人人都会被那首先映入眼帘的半坡姑娘雕塑所吸引。她身披兽皮手提锥形瓶。可是你别只把那塑像当作艺术品来欣赏，那塑像说明半坡人已从茹毛饮血的穴居的极其原始的生活，开始向前迈进了一大步，以崭新的面貌出现在人类历史的地平线上。

在这里，请你切莫忽视了半坡姑娘手中的那个两头尖、中间大的汲水用的锥形瓶。乍一看，这个锥形瓶没有什么特别之处，似乎放都放不稳。可是，你要知道，这个锥形瓶空时在水面会倾倒，而当瓶里汲满了水时就会自动恢复平衡状态。这种为便于汲水而发明的锥形瓶所含的力学原理是很深刻的。它说明先民们在实践中早就知道利用重心和定倾中心的相对位置跟浮体稳定性的关系。

我们知道，对称浮体在倾斜一个微小角度时，浮力同对称轴的交点叫定倾中心。当定倾中心低于浮体的重心时，力偶将使浮体倾覆；而当定倾中心高于浮体重心时，力偶就可以使浮体恢复到平衡状态。半坡姑娘手中的锥形瓶就是根据这个原理制作的。当空的锥形瓶放入水中后，锥形瓶自然倾斜，使水进入瓶中；而当锥形瓶汲满水后，锥形瓶就会自动恢复平衡状态。

也许有的朋友会说，这个道理太简单啦。是的，现代的人们是懂得这个简单的道理的。但是如果你想到半坡姑娘是距今六千年的新石器时代仰韶文化时期的原始人，那你就会明白在当时懂得这个道理并在实际生活中加以利用，是一件十分了不起的发明。

半坡姑娘手中的锥形瓶，反映了我国史前文化的光辉。如果你能在半坡姑娘手提锥形瓶汲水的塑像旁伫立凝视一刻，你定会从半坡姑娘手中的锥形瓶获得历史的启示，听到时代的召唤，并从中汲取智慧和力量。

这篇文章介绍的是古代从深水中汲水的器具——锥形瓶及其力学原理："当定倾中心低于浮体的重心时，力偶将使浮体倾覆；而当定倾中心高于浮体重心时，力偶就可以使浮体恢复到平衡状态。"内容富有科学性、知识性。

2. 单一性

科普说明文的单一性，是指一篇科普说明文往往只说明一种科学现象或介绍一种知识。

3. 通俗性

科普说明文的通俗性，是指文章用通俗易懂的语言，来深入浅出地解释原理、介绍知识。由于科普说明文的目的是为了向社会普及科学知识，因此它就不是专门写给科技专业人员看的，而是面向广大群众、服务各个阶层人群，向大众阐释科学道理、介绍科学成果、推广科学技术。所以，科普说明文应具有通俗易懂的特点，深入浅出地传播科学知识。例如李信茂的《神奇的激光》一文：

1960年，世界上出现了一种人工制造的奇妙的光——激光。这是一门新的科学知识。激光究竟是什么？它有多大本事？许多少年朋友还不太知道。

激光是一种最亮的光，它比太阳光亮一百亿倍以上。这个数有多大呢？咱们来算一算：太阳的表面温度大约是六千度，比它大一百亿倍，就要在六千后面加上十个“0”，也就是六十万亿度。太阳与激光相比，好比是一盏小电灯，激光好比是正午的太阳。

激光是一种最纯的光。平时我们看到的阳光是白色的，可是用一只小三棱镜对着阳光，却能看见一条五光十色的彩带。原来阳光的颜色并不纯，是由红、橙、黄、绿、青、蓝、紫七种颜色组成的，而激光只有一种颜色，特别纯。

几种神奇的机器

人们把激光聚到一点，可以产生成千上万度的高温，制成好多种新式的机器。像激光打孔机，能够在坚硬的钢板上、陶瓷上、厚玻璃上、金刚石或宝石上打出各种各样的孔，有的就像头发丝那样细；激光切割机能够把陶瓷、有机玻璃、金属材料切断，比用机械切断又快又省料；激光焊接机可以焊接手表里特别精致的小零件；激光裁剪机能把一叠厚厚的棉布一次裁剪成上万件衣服料。

“光尺子”

激光的颜色比普通光要纯好几亿倍。最近几年，国际上已经用激光制成“光尺子”。用“光尺子”测量长度，不但准确，而且十分迅速、可靠。比方，用“光尺子”测量几十公里长的距离，误差比人的头发丝还细。用“光尺子”来测量小朋友的身高，能知道小朋友每年、每月、甚至每个星期长了多少？难怪人们称它是“神尺子”。

新式“千里眼”

激光能瞄得准、射得远。利用它的这个特点可以制成新式的“千里眼”——激光测距机和激光雷达。激光测距机不用三秒钟就能测量出月亮离地球为三十八万四千公里；甚至太阳系中的大小星星和地球的距离，也都能准确地测量出来。激光雷达本事更大,它不但能随时测量出飞机、坦克、军舰、导弹卫星等的准确距离和方位,而且能够知道它们是什么形状的、有多大。激光雷达还能够测量和预报出天气中含有多少极微量的有害气体。

激光电话

还有一种新式的“顺风耳”——激光电话。有了它,我们真的可以和星星打电话。这种电话能保密,不怕电磁波和原子弹爆炸的影响。

一根普通的电话只能通三路电话。一条微波线路,也只能通十万路电话。一束小小的激光,能同时通一百亿路电话。有一种玻璃丝激光电视电话,通过一根像头发那样细的玻璃丝,就可以使全世界亿万小朋友同时通话,还相互能见面!

本领惊人的照相机

卫星在三万六千公里高的太空上飞,能看见地面上的“目标”吗?能!因为卫星上有一种奇妙的激光照相机,它的本领惊人!需要照相的时候,它用强激光束把地面上的“目标”照得特别亮,然后迅速照下来,再自动地送到地面处理。比方,拍摄一张天安门广场的照片,不但能看到雄伟的天安门城楼、人民大会堂、毛主席纪念堂……甚至连来往的小轿车、金水桥前的石狮子也能照得清清楚楚。

激光的用途很广,我们这里仅仅说了一部分,它还能预报地震;能提高粮食产量;未来的激光计算机每秒钟可以计算百亿次甚至千亿次……它与四个现代化的关系可密切呢!

这篇科普说明文旨在普及关于“激光”这一尖端科学的知识。文章运用通俗易懂的语言,通过具体而典型的材料、实例辅助说明,运用比较、比喻等手法,把深奥的科学知识讲解得深入浅出,饶有兴味。读者读完全文,能在浅显平实的文字中学到科学知识。

二、科普说明文的写作要领

(一)明确目的,选准角度,突出中心

写作科普说明文的首要问题是要有明确的目的。目的明确了,才能抓住特征和重点,选准角度,突出中心。例如《神奇的激光》一文,目的是向人们介绍一种“人工制造的奇妙的光——激光”。作为一种高科技事物,它的内容是丰富

的。文章抓住了激光亮度高、颜色极纯、方向性极好的特征，从这些特征所带来的用途着手，突出了激光的特性和“神奇”功能。全文围绕这一中心，选择了适当的角度，显得中心突出，说明透彻。

（二）形式生动活泼，语言准确简明

为了有效地传播、普及科学知识，科普说明文应该讲究形式的生动活泼、语言的准确简明。

语言的准确简明，是科普说明文写作中需要注意的重要方面。当科普说明文的内容涉及一些专业名词和专业术语时，就应该运用准确简明的语言使读者领会。例如，在解说“航天”与“航空”这两个不同的概念时，可以这么说明：“飞机在大气层内飞行，称为航空；卫星、飞船在大气层外飞行，称为航天。它们是采用不同的飞行器在不同的空间来完成飞行任务的。”这样的解说准确明了，使读者对“航天”与“航空”的含义有了初步的科学的了解。

科普说明文的语言要做到简要精当，就是说，科普说明文的语言应平实简洁，以略写为主，但不排斥详写，只是详写时语言应不枝不蔓。例如下面这段说明蝉的幼虫蜕皮过程的文字：

> 蝉的幼虫蜕皮是从背上开始的。外面的一层旧皮从背上裂开，露出淡绿色的蝉来；先出来的是头，接着是吸管和前腿，最后是后腿和折叠着的翅膀，只留下尾边尖儿还在那层旧皮里。这时候，它腾起身子，往后翻下来，头部倒挂着，原来折叠着的翅膀打开了，竭力伸直。接着，用一种几乎看不清的动作尽力把身体翻上去，用前脚的爪子钩住那层旧皮。这个动作使它的尾巴尖儿从那层旧皮里完全脱出来了。那层旧皮就只剩下空壳，成了蝉蜕。从开始到完全脱出来，大约要半个钟头。

这段文字，具体说明了蝉的幼虫蜕皮的全过程。它用简明准确的语言把幼虫蜕皮时的复杂动作细致而真切地写出来了。文字富有表现力，给人以深刻的印象。

可见，作为穷事理之理、探知识之源的科普说明文，只要在内容的科学、知识的丰富、语言的简明上多加锤炼，就能在日新月异的现代社会生活中发挥更大的作用。

思考与练习

一、下面的解说词属于解说词中的哪一类型？它是如何体现解说词的特点的？

北京奥运会开幕式解说词(节选)

第一篇章　击缶而歌

女:夜空璀璨,缶声震天。颂歌高扬,情谊无边。接下来我们将会看到一场独具中国古典艺术魅力的欢迎仪式,欢迎所有远道而来的朋友。

男:中国素以文明古国、礼仪之邦著称于世。几千年来,不仅创造了灿烂悠久的历史文化,更形成了高尚的道德准则和完整的礼仪规范。

女:此刻,两千零八名乐手,一边击缶,一边高声吟诵着五千年前孔子写在《论语》中的名句。我们用这种独特的方式,表达北京最真挚的欢迎之情。

男:欢迎所有热爱友谊与和平的朋友们来到北京,来到中国!欢迎所有热爱奥林匹克运动的朋友们来到奥林匹克大家庭!

第二篇章　历史足迹

男:在震撼的声响中我们惊喜地看到,由焰火组成的巨大脚印正沿着北京的中轴路,穿过天安门广场,直奔国家体育场而来。

女:二十九个焰火脚印,象征着二十九届奥运会的历史足迹,也意味着中国追寻奥运之梦的百年跋涉正在一步步走近梦想成真的时刻。

男:七年前,当中国人把申办报告交给国际奥委会的时候,就把绿色奥运、科技奥运和人文奥运的承诺交给了世界。

女:七年后,中轴路上新生的鸟巢和郁郁葱葱的奥林匹克森林公园,成为了庄严的天安门广场最快乐的伙伴。

男:中轴路上这三个特色鲜明的北京地标,不仅体现了北京奥运的三大理念,更连接起了一座城市的昨天和今天。

第三篇章　梦幻五环

男:此刻的鸟巢,繁星点点,犹如浩瀚的星河落入人间。美丽的飞天在繁星中歌舞,唯美浪漫,如梦如幻。

女:曾几何时,为奥运五环增添一抹灿烂的中国色彩,为奥运五环烙印一段辉煌的中国记忆,也像这美丽的梦幻,在中国人心中憧憬百年。

男:一个由星光组成的奥运五环,散发着璀璨的光芒,美丽的飞天把闪光的五环托起在北京的夜空,点亮了北京的夜色,点燃了每一个热爱和平,热爱友谊,热爱奥林匹克运动的人心中跃动的激情。

女:这个璀璨的五环会让我们记住,北京的星空里终于有了奥运五环的印记,更会让全世界都记住,奥运会的记忆中,从此有了中国的传奇。

……

二、阅读下面的药品说明书，思考一下它在表达上有没有毛病，如何修改？

感冒初起轻症，俗称伤风，如喷嚏、鼻塞、流涕、咽痛、咳嗽等病情继续发展，而感染流感病毒引起上呼吸道传染病。主要表现为上呼吸道局部的炎症症状为主，出现高烧、剧烈头痛，全身疼痛、四肢关节痛、项强、咽痛、咳嗽、痰多、声嘶等症。

上述的症状，因职业的影响，劳累过度，休息不周，年老体弱等，因而使整个人抵抗力减弱而感染发病。感冒胶囊能有效地治疗上述病症。它是中西药合剂，效果显著。

三、以下两个文本都与洗衣粉有关，比较它们的差异，分辨出它们各属于哪种解说性文体。

（一）

××牌高效洗衣粉

主要成分：高效助洗剂、优质香料

使用效果：节能省水，5—8 件只需 2 勺，洗衣功效相当于一般洗衣粉的双倍。

特别提醒：勿用于丝、羊毛织物；若不慎误食或入眼，请用清水冲洗并且及时就诊。

（二）

市场上销售的洗涤剂用品很多，究竟使用哪种合适，要看人的习惯、洗涤对象以及经济情况而定。

一般说，洗衣粉用在洗衣上是十分方便的，它在水中溶解速度快。由于洗衣粉配方中含有三聚磷酸钠，有软化硬水的能力，因此，使用洗衣粉可以不受水质的限制。洗衣粉中还含有硅酸钠，它给洗衣机的金属设备形成保护膜，可以起到防护的作用。洗衣粉在冷水、热水、温水中都有良好的去污能力。洗衣粉品种较多，对于一些有特殊性能的洗衣粉应区别对待。具有漂白作用洗衣粉，像“北京牌”洗衣粉，由于配方中含有过硼酸钠，只有水温在摄氏六十度以上时才能发挥其漂白作用，因此，应用高温洗涤，另外要注意不要用它来洗涤带色衣物，因为它对带色衣物也有漂白作用。

加酶洗衣粉是洗衣粉中的一个新品种，这类产品除含一般洗衣粉的成分外，还含有一定数量的碱性蛋白酶。这种酶是在专门条件下生产出来的，它能把难洗涤的衣物上的蛋白质污垢溶解分解成可溶性氨基酸，比一般洗衣粉的去污效果好，而且对于洗涤一般条件下难洗涤的奶渍、茶渍、血渍等污垢尤显速效。此类洗衣粉最好在摄氏四十度的温度下使用，因为这时酶的活性很强;但又不能超过摄氏七十度,温度过高,酶会丧失活力。

四、下面的《不认识母亲》是一篇科学小品,请比较它和一般性科普说明文的区别。

不认识母亲

叶永烈

在展览会上,站着一大排晶莹透亮的玻璃瓶,瓶里装着清澈透明的液体。瓶子前面,写着:"汽油""煤油""柴油""润滑油"。

在展览会上,陈列着花花绿绿的塑料娃娃、新式衣眼、彩色气球。展品前面,写着:"塑料""合成纤维""人造橡胶"。

在展览会上,各种各样有趣的东西,琳琅满目。在它们前面,写着:"人造香料""人造染料""人造药物""人造食物"……

可是,就在这许许多多展览品中,放着一大桶又黑又臭又粘的液体。"丑死了!""臭死了!""脏死了!"那些漂漂亮亮、芳香扑鼻、色彩缤纷的展览品齐声咒骂那又黑又臭又粘的液体,一致要求把它赶出去!

在展览会开幕的那天,发生了意想不到的事情:讲解员带领观众,首先来到那桶又黑又臭又粘的液体前面。讲解员郑重其事地说道:"这液体,就是大名鼎鼎的石油。这个展览馆里,那些漂漂亮亮、芳香扑鼻、色彩缤纷的展览品,全都是从石油中提炼出来的。石油,是它们的'母亲'!"

这下子,那些石油的子子孙孙们才明白过来:"人不可貌相哪!"

五、请在校园内选择一处景物,写一篇解说词。

六、请为你最喜爱的一本杂志或刊物写一则简短的说明书。

七、请在科普杂志上选择一篇你认为较出色的科普说明文,与同学交流。

第八章　文学性文体

第一节　散　文

一、散文概述

（一）散文的含义

散文的含义和文体的分类法是分不开的。在文体的二分法中，韵文以外的文章统称散文。而现代文学史上的文体四分法，则将散文与诗歌、小说、戏剧并称为四大文学体裁。四分法中的散文其实也是一种广义的散文，它包含了杂文、随笔、通讯、报告文学等文章样式。我们所要学习的散文则专指狭义的"艺术散文"，即篇幅较短小，多在真人真事的基础上以记人叙事、咏物抒情为主的、写法比较自由灵活、文情并茂的文学体裁。

（二）散文的分类

艺术散文往往具有抒情的性质，这里，我们根据艺术散文的抒情方式和具体内容，将它分为三类：

1. 叙事型散文

这类散文以写人或写事为主，它不要求故事情节的曲折、人物形象的完整，往往是抓住一两个零碎的生活片断，表达对生活的认识和感受。这类散文在记叙中饱蕴着真挚情感，作者的思想感情流溢于叙写文字之中，形成一种内在的抒情魅力。如鲁迅的《藤野先生》《阿长与山海经》、巴金的《怀念萧珊》、杨绛的《干校六记》……

2. 状物型散文

这是状物绘景、叙写风情风物的一类散文。作者的感情附丽于山川名胜、自然景物中，或托物言志，或借景抒情，形成独特的意境，如朱自清的《荷塘月色》，郁达夫的《故都的秋》《钓台的春昼》、菡子的《黄山小记》……

3.议论型散文

这类散文以议论为主，仍以主观抒情为目的，它往往由具体的事物和现象引起感兴，纵横议论，形成融情于理、情理交融的境界；或者采取形象化的手法，即借助于可感触的人、事、景、物的叙写来进行议论。如瞿秋白的《一种云》、黄药眠的《夜的抒情》、袁鹰的《花生米》、忆明珠的《个园话竹》……

（三）散文的特点

1.关于"形散神不散"

"形散神不散"这一对散文特点的概括产生于20世纪50年代末至60年代初的散文理论活跃期。"神不散"，指散文中心明确，紧凑集中；"形散"是指散文运笔如风，不拘成法。这一概括一经提出，就得到理论界、创作界许多人的承认和接受，并广为流传。

但是新时期以来，随着散文创作观念的变革和散文理论研究的深入，人们对"形散神不散"的论断提出了很多质疑：一方面，"形散神不散"无法统一散文写作的全部实际，另一方面，它也不再适应现代人的欣赏心理和审美情趣。因此，"形散神不散"只能作为散文创作的一种艺术主张，不可奉为不可违背的金科玉律。

2.散文的特点

(1)主观性

根据主观世界与客观世界交融的方式，我们可以将文学作品分为再现型（小说、戏剧和叙事诗）和表现型（散文和抒情诗）两类。

散文是一种侧重于表达内心体验和抒发内心情感的文学样式，它主要是以真情实感打动读者，散文中对于客观的社会生活或自然图景的再现，也往往反射或融合于对主观感情的表现中间，因此，散文具有鲜明的表现自我的主观性。

由于作者真情实感的强烈抒发，使得散文作品中往往带有浓厚的作者"自我"的印迹，充分地表现作者自己的个性、感情、思想和精神。正如郁达夫在总结"五四"散文创作的成就时所说的："现代散文之最大特征，是每一个作家的每一篇散文里所表现的个性，比以前的任何散文都来得强……我们只消把现代作家的散文集一翻，则这个作家的世系，性格，嗜好，思想，信仰，以及生活习惯等等，无不活泼地显现在我们的眼前。"（郁达夫《〈中国新文学大系·散文二集〉导言》）。

(2)真实性

散文鲜明地表现自我的主观性，决定了散文必然具有真实性；反之，散文只有保持其真实性，它也才可能具有自我表现的主观性。

散文的真实首先要求作者态度诚实，也就是说，散文真实性的第一要件是情感真挚。巴金总结自己几十年的创作经验，说散文创作的秘诀就在于“把心交给读者”，袁鹰在《秋水·小跋》中说：“散文抒发的必须是发自内心的真情实感……作者是在用自己袒露着的赤诚的心，奉献给读者。”这都告诉我们：散文要抒写出真情实感的艺术境界。其次，在保证散文主体真实（基本事件、经历、情绪和感受的真实）的前提下，可以对某些局部进行适当虚构，但这种虚构与小说、戏剧等文体的虚构不可相提并论。

(3)自由性

在所有文学体裁中，散文的体制最为灵活，表现最为自由。

首先，在题材上，散文最不受限制，世间万物都可以用散文的形式进行表现，这使散文创作具有最广阔的驰骋空间。

其次，在行文上，散文没有成法、不拘一格，它的行文和结构，崇尚的是“随物赋形”的自然美、自由美的艺术本色。

再次，在语言上，散文以“本色”为美，讲究自然、流畅。例如贾平凹在《静虚村记》中写道的：

> 天旱了，村人焦虑，我也焦虑，抬头看一朵黑云飘来了，又飘去了，就咒天骂地一通，什么粗话野话也骂了出来。下雨了，村人在雨地里跑，我也在雨地跑，疯了一般，有两次滑倒在地，磕掉了一颗门牙。收了庄稼，满巷竖了玉米架，柴火更是塞满了过道，我骑车回来，常是扭转不及，车子跌倒在柴堆里，吓一大跳，却并不疼。最香的是鲜玉米棒子，煮能吃，烤能吃，剥下颗粒熬稀饭，粒粒如栗，其汤有油汁。在城里只道粗粮难吃，但鲜玉米面做成的漏鱼儿，搅团儿，却入味开胃，再吃不厌。

文字看似平淡无奇，甚至有些粗陋，然而正是这没有任何矫饰的语言，传达出了作家理想的生活方式。

二、散文的写作要领

(一)感受要深

散文要有浓郁的诗意，这就要求作者对客观事物必须有细腻、独特、深刻的感受。著名女作家斯妤曾说过：“散文在很大程度上是一种倾听艺术——倾听你内心的声音，倾听你灵魂的悸动。甚至当它表现事物的外部形态时，你所需要的也是倾听。你必须倾听众人充耳不闻的声音，你必须在一片喧嚣骚动中，听到那尖锐的、独特的、石破天惊的宁静……当那独特的声音从生命的幽静深处逐渐浮现出来并且生成生长、枝繁叶茂时，你所要的，便只是‘听写’。”（《倾听、阐述与追踪》）这段话十分准确、细腻地表达了散文的写作过程，强调“倾听”，即感悟，是散文写作的前提，散文必须是感悟至深、体味至切的。

首先，感受要细腻。如郁达夫《故都的秋》，作家正是由于有细腻的感受，独到的发现，真切的体验，才能将心里涌出来的既细微又丰满，既幽深又鲜活的东西诉诸笔端，让我们回味无穷，达到一种心灵的共振。

其次，感受要新颖。如张守仁的《秋林随想》就是一篇颇有独到见解，有新意的散文。作者在深秋季节到东北小兴安岭五花山参观时经过仔细观察和比较，强烈地感受到红叶原来是“生命的强度不够，经不住霜冻和寒风，就过早地萎缩、变色”的弱者，是“华而不实，艳而不坚”的形象。这样的感受是很有新意的，对人很有启发和教益。

再次，感受要深刻。一般来说感受深刻的前提就是感受得细腻独特。要想从日常生活中的事物中发掘出深刻的意义来就必须细细揣摩、深深体味，要敢于像古人所说的“领异标新”“意必己出”，说出自己的心里话。

（二）构思要巧妙

一篇散文的完整构思过程是从对生活有一定感受开始的，为了丰富、加深这种感受，作者常常运用联想，由此及彼拓展思路，思绪所至涉及的材料也就多起来了。联想的类别从感受物与联想物的虚实关系来看，有以下几种：

1. 由实到实

即平常的事物或形象在作者的联想和想象中幻化出一幅又一幅怡人的形象，如朱自清的《绿》中的联想。另外，回忆性散文较多采用这种联想方式。

2. 由虚到实

即运用联想为抽象情思、微妙状态具象。如小孩的睡眠和睡时的微笑十分微妙，难以直接地描写出来，泰戈尔的《来源》中用萤火虫朦胧照耀的仙村里“两个迷人的腆怯的蓓蕾”来描绘“孩子两眼的朦胧的睡眠”；以新月的一线清光投射到秋云边上，浴着清露的晨梦中初生的微笑来描绘孩子睡眠时唇上浮动的笑意，这是多么美丽动人的联想！

3. 由实到虚

即由具体实在的形象勾连出虚化意义。“鸟兽虫鱼皆学问，烟雾山水即文章”，要把烟雾山水化成文章，仅有对事物的描绘，哪怕是逼真细腻的描绘也是不够的，散文作者必须用丰富而巧妙的联想以形传神，由实生虚，使作品散发出一种甜香和幽秘的魅力。托物寓意式散文好用这种联想方式。

4. 由虚到虚

即用说理的方法，对某一事物（多指虚的抽象的）以多侧面、多层次的开掘，以深入探求哲理的内核。有不少议论性散文就采用这种联想方式。

以上是从感受物和联想物的虚实来说的，按照具体方式，联想可以分为辐射式联想、串联式联想、借托式联想等。辐射式联想主要是由中心物（或是某种事物、某种感受）发散开来，涉及很多材料，而这些材料之间也许并无多大联系，但是它们与中心物有密切关系。巴金的散文《爱尔克的灯光》采取的便是这种联想方式。串联式联想则是将看似并无多大联系的材料用一根主线（主要是情感、某种品质或意义）串联起来，如张承志《音乐履历》中用"马与歌"的线索串起了四个材料。借托式联想主要在借景抒情、托物言志的散文中运用，由寓托点来沟通寓托物与寓意。

联想的作用主要是丰富散文的材料和内容，但并不是说联想所涉及的丰富的材料都必须写入文章中来。因此，联想还必须发挥一个勾连材料的作用，即将那些零散的材料加以删汰、补充、联络使之构成天衣无缝的整体，关键是要确立构思的中心。散文构思的方法千姿百态各不相同，有的以思想感情为中心，有的以其人其事为中心；有的是显露在外，有的潜蕴在内。老舍的《养花》，从好养花到写养花辛苦，交织着悲欢，然而全文离不开"养花乐趣"四个字，以此去芜存精，删繁就简，结构全篇。而有的散文构思中心则较隐蔽，如刘禹锡的《陋室铭》。

一般说一篇散文的中心线索、脉络只有一条，但有些抒情散文则可能有两条：一实一虚，一明一暗。如曹靖华《小米的回忆》中的明线和暗线，一在结构上起作用，一在主题上起作用，并行发展，互相依存。再如秦牧的《土地》、吴伯箫的《记一辆纺车》都是双线的形式。

由于散文的联想方式不同、线索的差异而使散文形成多种结构形式，但作为散文结构最主要的特点还是要追求曲折迂回、引人入胜，以达到"山重水复疑无路，柳暗花明又一村"的艺术境界和艺术效果，取得这种艺术效果可以有不同形式，如"隘中求通"和"散中求合"等。

（三）要有优美的意境

意境是文艺作品所描绘的生活图景和表现的思想感情融合一致而形成的艺术境界。散文的意境就是散文作者在作品中所创造的将自己所表现的思想感情与所描绘的生活图景交相融合而形成情中景、景中情、情景交融的艺术境界，即所谓内情与外物的统一。散文的意境不是生活的重现，而是作者主观的"情"与现实生活中客观的"境"（景）熔铸而成的第二自然。它在生动形象的画面中凝聚着作者的思想感情，从情与景两个方面同时给读者深刻的印象，能使读者通过联想和想象，身入其境，从而在思想和感情上受到感染。

意境的形成通常是通过托物言志、借景抒情等方式使之做到物我交融、情景相生，因此在写景、抒情的散文中意境更容易形成。那么像叙事、议论等散文是否也有意境，也要追求意境美呢？回答是肯定的。“情不能显出，借景而抒情，理不能直指，即事而明理”，意境作为一种情与景、物与我相结合的产物，文章要表现它，就需要对客观事物有生动的描写，需要有作者真情实感的倾注，二者缺一不可。这样无论在写景状物、抒情议论，还是叙事写人的文章中都可以创造出优美的意境来。

创造散文意境的关键是要使自己主观的内情与客观的外物相融合，即意与境融合。如朱自清的《荷塘月色》，作者所要表现的是对现实有所不满、有所不为，但又拘守个人生活小圈子那种矛盾复杂的心理产生出来的“难得偷来的片刻的逍遥”的恬淡的情绪，在文中作者缘情造境又即境孕情，顺着“一路行来，伫立凝思”这条线索，用饱蘸这种感情的笔触描绘了小路、荷塘、月色，展开一幅幅幽美恬淡的图景。文中徐徐展开的荷塘月色的景是同逐步展现的作者内心感情的复杂变化紧紧融合在一起的，这样内情与外景水乳交融，创造出充满诗情画意的意境。

散文作者在做到使内情与外物相融合的同时，要缘情造境，即境以孕情，着力描绘出一个或几个意境画面，做到以文作画，以画传情。在描绘意境画面时，要遵循具体含蓄的原则，采用虚实结合的手法创造出具有无限想象空间的艺术画面，力求使意境蕴涵深邃的思想，闪耀哲理的光辉。要做到这一点，作者必须对所写的人、事、物、景进行由表及里、由浅入深的开掘，体悟出蕴藏在客观事物、景物深处的本质意义，通过联想进行由感性到理性、从自然属性到社会意义的升华，并把它寓于意境画面的描绘之中，使作品具有感情的浓度和思想的深度，又具有逻辑的力量和哲理的说服力。

（四）笔法要自由疏放

所谓“笔法”，是指写作的技法以及运用语言的方法。在运用语言和采用一些较为复杂的写作技法方面，散文比起其他文体来要自由疏放得多，这一“疏”字点出了散文的“松动”。在艺术作品的结构中不容许有松散、空虚的存在，但是任何一种艺术作品却又都讲求艺术的间歇，如绘画中的“空笔”，乐曲中的“歇拍”，戏剧中的“静场”，散文当然也不例外。有很多方法可以使文章松动，写到紧张处来一闲笔；叙述较长时来几句淡淡的抒情；短章中插一长章；当收住的地方又宕开，等等。散文的松动也就是收放自如。对散文的“散”许多作家根据前人和自己创作的实践，做了相当恰切的概括，如“形散而神不散”“形散而神聚”“散而有序”等。“散”与“聚”“形”与“神”正是辩证的统一。散文笔法的自由灵活就是要“放得开，收得拢，收放自如”：放，是为了文章的丰富和多姿多彩；收，是为了使文章不偏离“航道”，以达到抒情、言志的目的。

散文笔法自由疏放也包括在运用语言方面的灵活多样。根据散文本身的内容和作者的审美倾向以及读者的审美需求，散文可以灵活自如地运用不同风格的语言。比如在叙事时可以“错彩镂金”，也可以“轻描淡写”；在抒情时可以“惊雷暴雨”，也可以“朗月风清”；在写景时可以“浓妆重彩”，也可以“淡施粉黛”。总之，好的散文作品除了有精巧的结构，还要讲究文采，讲求语言的锤炼，更准确生动地抒发作者的真情实感，写出作者的独特感受。

第二节　微型小说

一、微型小说概述

（一）微型小说的性质

微型小说即小小说，又称一分钟小说、超短篇小说等，它是一种新兴的文学种类。人们对于它的认识是有一个发展过程的。在它的诞生及命名初期，微型小说一直是被依附于短篇小说，作为短篇小说的一个品种而存在的。但是随着微型小说归属问题争论的深入，人们已经认识到微型小说是与长篇小说、中篇小说、短篇小说相并列的一个独立的小说种类。

（二）微型小说的特点

1. 篇幅短小，文字极少

微型小说的形体特征是“微”与“小”。微型小说的篇幅短小，一般来说为几百字到一千五百字左右。何绍六的《一个复杂的故事》，台湾作家陈启佑的《永远的蝴蝶》，苏联作家 A. 马里纳特的《公民证》等都没有超过一千字。现在所见到的世界上最短的微型小说，为美国科幻小说家弗里蒂克·布朗所作，全文只有一句话：

> 地球上最后一个人独自坐在房里间，这时忽然响起了敲门声……

微型小说的“微”与“小”还体现在情节提炼上，通过叙述一个具体事件来构成单一性情节。这是微型小说和一般小说情节构成上的根本区别。微型小说的单一性情节有三种具体情况:一是在一个场面里写一个具体事件;二是作品情节的内容属于复杂事件,但是它把这复杂事件用单一的情节来容纳;三是把两个以上的场面中与同一事件有关的细节连缀在一起,形成不同场面的单一情节。

微型小说的"微"与"小"还体现在人物塑造上,表现为一种性格描写的单纯性,即在一个场面的生活片断或几个场面的相关的生活片断中突出一个人物的某个具有代表性的性格侧面。

2. 以小见大,以微显著

微型小说以小见大,以微显著,在单一中追求精美,从单纯中体现丰富,这是它的本质特征。

从立意上来看,虽然微型小说限于篇幅的"微"和"小",它只能选取生活中的一个具体小事、一个画面来展开构思,但作者在构思过程中往往是从宏观的、历史的角度来探寻这一件小事、一个画面的深意,从微小的生活片断中悟出深奥的人生真谛。

"以小见大"还体现在微型小说在结构情节时,除了在单一情节里讲究曲折和突转以外,还比较注意采取悬念法、误会法、对比法等各种艺术手法来使微型小说的单一情节变得精美,在精美中体现广博,形成完整和谐的审美形式。

在人物的塑造中,微型小说能够通过单纯的生活片断,一个性格侧面概括人物的主要性格特征,并在其中蕴蓄丰富的时代和生活的内容。

3. 艺术形象的凝蕴涵蓄

微型小说的艺术形象在构成过程中,只能撷取生活现象的某一点,以形象之微探索生活的奥妙。但是"这一点"又不是随意的,它必须是有典型意义和概括力的聚焦点,生活中许多的内容和意蕴都凝结在这个聚焦点上。因此,尽管微型小说创造的艺术形象比较单一单纯,但它凝聚的思想内涵要大大超过艺术形象的本身。

微型小说的艺术形象还必须体现一种因省略和精炼而带来的艺术含蓄美。含蓄本来是任何样式的文艺作品都重视的,然而在微型小说中由于它形体特征的"微"和"小",就体现得更加明显,没有弦外之音和音外之意就很难有真正的微型小说。

二、微型小说的写作要领

(一)要注意立意艺术

微型小说的写作对立意问题十分讲究,这不是一般意义的重视,而是它独特的个性所导致，甚至不少人说它是“立意的艺术”。基本上微型小说的立意要做到含蓄、凝练和新奇。

首先，微型小说要把主旨融化在形象里，它一般没有直接明确的理性告白或训诫，而是让读者在情节中不知不觉地享受到愉悦的美感，得到潜移默化的熏陶。这种含蓄性才能造成隐而不露、深藏蕴藉的艺术境界，满足读者自由探求并有所发现的审美企求和再创造欲望。因此，微型小说的创作当然是有意为之，意在笔先，但在艺术表现上，又不宜直说，不能给人看穿，讲究这若隐若现，欲露不露的含蓄。

其次，微型小说的立意又要讲究凝练性，强调“微言大义”，不仅要求以“少少许”表现“多多许”，而且以其独特的形态表现情节的丰富性和内涵的艺术活力。如著名作家马克·吐温的微型小说《丈夫支出账单中的一页》，这篇只有七行字的微型小说据作者自述是一部长篇小说的“浓缩”。它的每一行和几个关键性词语就孕育着广阔的艺术想象空间，具有一种外向延伸的艺术活力。

再次，微型小说的立意还要讲求新奇性，这是微型小说创作的基本要求，微型小说是一种在短时间内给人以审美刺激的“速效”式作品，立意新奇往往给读者以耳目一新、惊世骇俗的审美效果。

(二)要善于提炼核心细节并找到适宜的艺术表现形式

任何一篇成功的微型小说都有作为全篇艺术支撑点的核心细节。在微型小说中，核心细节不是局部性的点缀，而是安排在全局性艺术枢纽位置上，在整个艺术作品的结构中，它是中心细节，在整个故事情节的发展中，它又是高潮细节。因而它是凝聚全篇情感的焦点，成为整个作品的艺术灵魂。因此提炼核心细节是微型小说创作中一个重要的问题。其次，还要确定核心细节的艺术传达形式，选择一个完美的手法来传达它。如程琪友的《笔记》：A 教授 20 年前就开始讲他的《关于×××的设想》，20 年后还在重复着它，以致一个大学生有了他爸爸读书时的笔记本，在课堂上便不再听课，不再记笔记了。这是小说的核心细节。作者给自己的核心细节选择了一个“反转式悬念”的艺术形式，作者不断地给读者增加疑问，这个学生为什么不听课？为什么不记笔记？为什么还要撒谎？而到了最后，通过学生的口，一下子就把谜底全部翻了出来，作品的结局和读者的预料刚好相反，作品所要批评鞭挞的人物思想和行为在这个高潮情节的反转形式中，给了读者一个意想不到的震惊，使读者在刹那间获得了一种顿悟和直觉，于是作品的主旨也由此得到了充分有力的揭示。除了反转式的艺术形式之外，还有对比式、重复式、斜升式、悬念式和误会式等多种艺术形式可用来挖掘和放大核心细节的审美内涵。

(三)要精心安排结构

微型小说的结构类型是比较丰富的,如根据核心细节和一般细节之间不同的联系方式可以有场面式与纵向式,镜头组合式和回环重复式,双线交叉式和时空交叉式,单向放射式和多向辐射式等多种具体的微型小说样式。随着微型小说创作的不断深入和日益繁荣,它的结构类型会更加多样,但无论何种结构形式,微型小说的结构原则上要做到以下几点:

1.在单一中体现曲折

微型小说的结构是单一和单纯的,但是只有在单一单纯中追求变化,在情节的发展中体现曲折、反转,才能实现小巧和精美。微型小说结构的巧妙突出表现在结尾上,出人意料而又在情理之中的结尾是微型小说的灵魂。如司玉笙的《书法家》。

2.在不全中求全

微型小说格局微小,在情节和场面的安排上,不可能像长中短篇小说那样,有一个完整的开端、发展、高潮、结局的过程,然而微型小说结构上的这种"不全"仅仅是表面的形式,统一、完整才是真正的内容实质。这就要求从瞬间镜头的闪现和勾连的形式上体现小说内在实质的全面。

3.在微小中出精巧

微型小说的微小不是艺术目的,只有当微小和精巧结合起来,才能实现艺术上的美。因此不论是什么结构类型的微型小说,都要追求一种情节、线索上的巧妙,都要格外注意生活中的能体现某种必然性的偶然。只有这样,才能创造微型小说精美的艺术世界。

微型小说结构尤其注重结尾的安排,美国小说评论家罗伯特·奥佛斯法特曾指出微型小说的三要素之一便是"结尾要出人意料"。这对于微型小说的单一情节来说,是形成变化,构成审美高潮,实现它的精美要求的点睛之笔,成为完成全篇生命铸造的关键之笔。

思考与练习

一、仔细阅读鲍尔吉·原野的散文《倾听》,回答文后问题。

倾　听

鲍尔吉·原野

想起来,我的朋友们竟都是喜欢音乐的人,套一句征婚启事的格式,叫

“酷爱音乐”也成。愿意花钱侍候自己耳朵。正如他们原来都弄过诗，有趣的巧合。

不久前，与林燕专门到邹静之家里听一盘匈牙利的中世纪弥撒曲，合唱。我们尚未深解其味，静之已沉醉其中，眯眼望着别处，喉结微动，在心里跟着唱呢。好像丰子恺画过，在家里请客，自己先喝醉了。此曲他已听了多遍，还如此倾情。那时，我坐在静之收藏的清末红棺帽太师椅上，喝茶吃着萝卜；想，有一些坏心眼的人，要是经常听点好的音乐，坏心眼不就慢慢忘了吗？比方说，某人掐菜刀拟出门砍人（沈阳法院布告称，许多人均被菜刀砍死），转而暂坐，听一阵儿音乐，曲目如让人心暖的勃拉姆斯摇篮曲或老贝的“月光”。少顷，咣，菜刀扔了，细核计砍人也没啥意思，还得偿命。静之这盘弥撒曲唱得单纯，傻，也就特别真诚。林燕听歌时，眼睛比平时亮，还大，像含着泪水又带着笑意，美丽。曲毕，静之叹曰：多好！不知是旋律好、演唱好，还是中世纪的匈牙利好。

在寂寞中，我度过了最近的两年，像成吉思汗说的“除了影子没有其他伴侣，除了尾巴没有其他鞭子”。每天面对默然的家具和书，有时到楼前的花园和树们一起坐坐，一似某作家所言“守望空心岁月”。这种日子的好处在于，可以日夜浸溺音乐里面，从中获得想要的所有。我有时想，人要是不斯然早卒，未及收听世上妙音该多么可惜。譬如《夜深沉》中京胡的富丽华赡，《一枝花》中山东大鼓的土腥气，古琴曲《孤芳自赏》里小提琴的寸弓，麦苗似的，《图画展览会》之“基辅大门”，史特拉汶斯之《春之祭》，《叹颜回》断弦效果，《懒画眉》埙的口唇气流的熨帖。多了，满天星斗。再想，假如贝多芬、巴赫、肖斯塔科维奇、舒伯特等大师不出生怎么办？此念一生，不禁害怕。“天不生仲尼，万古如长夜”，我们至今还在暗中摸索。感谢大师！如果他们在沈阳，我每天将在大师路过的地方脱帽，行注目礼。某夜友人宗皓来电话，说听了拉赫玛尼诺夫的“钟声”，却说不明白自己的感受。音乐就这样，永远高于语言。他感动了，又为这种感动而无奈，此乃静之说的“多好！”生活多好，世界多好，多好多好。我们带着各自的弱点活在世上，父母早就管不了咱们了，就像底片一样在音乐的圣水里慢慢漂洗吧。渐渐清晰，有一次，我到体育学院田径场，准备跑每周一次的5000米、12圈半。空旷的台阶罗列，神秘如坐满隐形人，主席台上鸽子起落，那儿有米吗？我心中突然响起了苏佩的《轻骑兵》序曲，同时想起了父亲。父亲驼背，勉力抬着头在赤峰的小街缓行，脸冻红了。他年轻时多英俊，眼睛——腰，像金钱豹一般警觉矫健。在后面的慢板里，我感到一群静穆的古希腊人错落立于山坡，肩头垂下西藏喇嘛那种绛紫大氅，仁者、贤者、尊者，风吹动他们，忽拉忽拉的。我心一软，蹲下了。却看到草芽已在早春探出脑袋，兴致勃勃张望。我把头低到草芽的高度，一看，地表什么玩意袅袅上升，透明，这是阳气，后悔没带塑料袋，贴地皮灌点回去呼吸。

朋友相聚，十年前在谈文学。五年前，喝酒。现在说说就说到音乐以及健身上啦。老了，没力量爱姑娘也没力量爱钱了。爱着旋律吧，钻进音乐的被窝里充无赖小儿，挺好。不见得比当不上省长更差，现在当省长不容易，骗人不行了，得政绩啥的。自然当省长的妙处咱们也无从体味，听说很好。如故事说，穷哥俩研究皇上。弟弟说，当皇上可不得了，砍柴，都得用金刀。哥反驳，放屁，皇上砍什么柴？人家天天围炉子吃烤红薯——红薯烫，两手来回颠他娘的——是人生大福气，皇上不一定能享受得着。假设皇上就是边开凯迪拉克边用手提电话喂喂，反倒没意思了。

老友赵健雄说过一句振奋人心的格言：声色犬马，从“声”开始。太对了，声永远高于色犬马。健雄认为，古人不愧为古人，很早就懂享受，首先倾听。也怪，古人没有英国音箱和CD，没听过《阿姐鼓》。马勒，不知道雷卡斯把歌剧《托斯卡》的“星光灿烂”唱得你脑海宽广，星星如蝴蝶轻落指尖，令人屏息，却如何说出“声色犬马”这么高明的话呢？比“饮食男女”更合人心。享受这东西是奸臣，人一老，它就离你远去，吃不动，喝不动，更无法踢足球。音乐不是，伴你终生的忠臣，从摇篮至墓地，从不抛弃你。最近读到刚刚谢世的老作家徐迟谈音乐的两封信。他给晓雪的信(1978.8.4)说：“前些天，去访问一个公社，一进门，音乐之声大作……川流不息送来西瓜、桃子、苹果。五颜六色的舞袖、头纱在我们面前旋转。一个曾经见过毛主席的女歌手，弹着弦琴，唱出欢迎的诗歌。”这是在喀什，“一进门，音乐之声大作”，多么令人神往！如绿色的伊斯兰的天堂。贝多芬的弦乐四重奏《大赋格》(作品133)，一般人听了不知所云，有些专家也认为它乖张刺耳，徐迟在给友人李章的信(1996.11.8)中说，此曲艰深，但听过“回肠荡气……就像进入高等数学的迷宫，发现了我说的绝顶的灵芝”。徐迟一生热爱音乐，而《大赋格》在他晚年庄严开放，绚烂如花。音乐里有奇迹。同样的曲子，有人从中能听出神的声音，当然这是就古典音乐而言。在运河边上，我和赵健雄一起听普列柯菲耶夫。音乐结束，他起身，取出CD，以指摩挲，形同梦游。痴迷如此，物我两忘，非“发烧”两字所能说尽。我有一张大卫·奥依斯特拉赫的小提琴，珍爱。一次听过把玩，不禁对着阳光举起，看它里边有啥玩意，素朴、温暖、俄国学派的恳挚。目睹无计，徒唤奈何。人如果是朋友，会出现一些难以解释的事。比如赵健雄和我不约而同喜欢黑豹《无是无非》的“放心走吧”，喜欢木村好夫吉他曲的第二首，喜欢腾格尔的"夏营地"。多好，朋友就是朋友，以往我心悯瞽者，现在却伤感聋人听不到音乐的缺憾，如沙漠一样的死寂。即使听一些甜俗甚至于恶劣的音乐如克莱德曼钢琴曲也行。当然克莱德曼也是明白人，说过，我不算钢琴家，我的贡献是把古典音乐通俗改编，让更多的人欣赏。瞽目人中出现过许多音乐家，阿炳得梅毒后瞎的，不算。民初，北京有多处瞽人会馆，如公益堂、大佛寺。盲人曲艺家张松山、赵秀峰等人很体面地居于其中。若有王公庆典，邀他们搞全堂12件乐器的弹套，说子弟书、马头调，像"午眠乍醒""哭城"，缠绵凄婉。金受申先生《老北京的生活》一书，对此有真切的记载。瞽人眼前黑，但心里有一盏爱乐明灯。对他们来说，音乐不止于拍打拉马竿唱曲谋饭，又是安慰、朋友与亲人。

我是喜欢做白日梦的人。梦之一，上级派我担任地市级国王，譬如齐国国王，然而此国无音乐，我则想方设法逃了回来。此梦又让在仕途上排八字脚的朋友笑话啦。每天早上，从醒来到起床的十来分钟里，我常幻想邻居是一位音乐家，譬如李劫夫。子夜，我把耳朵伏于壁上，听他新作，倘若《蝶恋花·答李淑一》问世，则率先告诉友人，并跑到北陵大街的花店买九支黄玫瑰放在他家的台阶上，这钱其实是老婆让我买鸡蛋的。报纸上说，在维也纳的电话中拨通1509，便有440赫兹A调标准音，看看，人家国家这么诗意，俨然共产主义苏维埃。音乐家据此随时校正乐器，静之则可以校正音高。他唱歌剧，"咪咪是个轻浮的姑娘"，罗多尔夫的咏叹调，唱到高音B。他每天唱四十分钟歌剧，以臻肺腑健康，然后俯案写作。

《吴门琴韵》有一曲"捣衣"，古香古色、听过让人抄手仰望南山了，悟出什么钩心斗角尚不及小孩滋尿研泥为丸来得有趣。音乐让人又天真又美丽，《金刚经》第十四品句云："深解义趣、涕泪悲泣。"此哭是喜极而泣，乍窥佛法之后无上的欢喜。音乐也让人悲欣交集，身上毒素随泪水出去了，面有安详清净之美。而不是由于倾轧、猜忌、畏葸、恐惧、装傻、斗狠而形成的尽管奸诈仍然愚蠢的脸。林肯说"四十岁的人要为自己的脸负责"就是这意思，人会由于心计而丑而美。我对职业的最大梦想是在交响乐团谦逊地当一名敲三角铁的，其他乐器咱们来不了。但敲三角铁也不得了，偶尔"当"一下，也是乐曲的组成部分，虽南面王不易。我甚至愿意到——费城？柏林？芝加哥的——交响乐团当门房、仆役、擦皮鞋的，如白石老人曰："青藤门下走狗。"天天偷听他们排练。听到赫伯特·冯·卡拉扬用指挥棒"啪啪"敲曲谱，生气地说"小提琴再美点！"我听后一怔，继续偷听。晚年将向孙子重孙子们描述卡大师风采如何如何，像齐如山当年讲梅老板。我设想建立一个机制，人死后经阎王爷（老干部由马克思）审查，问你这辈子听过什么音乐？没怎么听或未闻雅乐的死者，一律不许死。回去！阎王爷或马克思严厉地训他们。死者说，您看我们这么大岁数，身体也不好，放行得了。不行！阎老马老说，重活三年，好好听音乐。这些人回到阳界，第一句话就是："放音乐。"CD、磁带，买了一堆。听了一年，他们说，唉，咱们真是白活啊，怨不得人家不批准咱们死呢。第二年，他们已经年轻，搞黄昏恋。第三年，纷纷给阎马二老含泪写信，不去了，我们爱乐，一心活着。

多好。

1. 文章的选材和结构有何特点，体现了散文的什么特征？

2. 文章采取了何种联想方式？

二、阅读下面的散文，完成文后练习。

记章太炎先生谈掌故

杨　绛

大约是一九二六年，我上高中一、二年级的暑假期间，我校教务长王佩诤先生办了一个"平旦学社"（我不清楚是否他主办），每星期邀请名人讲学。我参与了学社的活动，可是一点也记不起谁讲了什么学。唯有章太炎先生谈掌故一事，至今记忆犹新。

王佩诤先生事先吩咐我说："季康，你做记录啊。"我以为做记录就是做笔记。听大学者讲学，当然得做笔记，我一口答应。

我大姐也要去听讲，我得和她同去。会场是苏州青年会大礼堂。大姐换了衣裳又换鞋，磨磨蹭蹭，我只好耐心等待，结果迟到了。会场已座无虚席，沿墙和座间添置的板凳上挨挨挤挤坐满了人。我看见一处人稍稀，正待挤去，忽有办事人员招呼我，叫我上台。我的座位在台上。

章太炎先生正站在台上谈他的掌故。他的左侧有三个座儿，三人做记录；右侧两个座儿，一位女士占了靠里的座位，靠台边的记录席空着等我。那个礼堂的讲台是个大舞台，又高又大，适于演戏。

我没想到做记录要上台，有点胆怯，尤其是迟到了不好意思。我撇下大姐，上台去坐记录席上，章太炎先生诧异地看了我一眼，又继续讲他的掌故。我看见自己的小桌子上有砚台，有一叠毛边纸，一支毛笔。我看见讲台左侧记录座上一位是王佩诤先生，一位是我的国文老师马先生，还有一位是他们两位老师的老师金松岑先生，各据一只小桌。我旁边的小桌上是金松岑先生的亲戚。她是一位教师，是才女又是很美的美人。现在想来，叫我做记录大概是陪伴性质。当时我只觉得她好幸运，有我做屏障。我看到我的老师和太老师都在挥笔疾书，旁边桌上的美人也在挥笔疾书，心上连珠也似叫苦不迭。我在作文课上起草用铅笔,然后用毛笔抄在作文簿上。我用毛笔写字出奇的拙劣,老师说我拿笔像拿扫帚。即使我执笔能合规范,也绝不能做他们那样挥洒自如地写呀。我磨了点儿墨,拿起笔,蘸上墨,且试试看。

章太炎先生谈的掌故,不知是什么时候,也不知谈的是何人何事。且别说他那一口杭州官话我听不懂,即使他说的是我家乡话,我也一句不懂。掌故岂是人人能懂的!国文课上老师讲课文上的典故,我若能好好听,就够我学习的了。上课不好好听讲,倒赶来听章太炎先生谈掌故!真是典型的名人崇拜,也该说是无识学子的势利眼吧。

我那几位老师和太老师的座位都偏后,唯独我的座位在讲台前边,最突出。众目睽睽之下,我的一举一动都无法掩藏。我拿起笔又放下。听不懂,怎么记?坐在记录席上不会记,怎么办?假装着乱写吧,交卷时怎么交代?况且乱写写也得写得很快,才像。冒充张天师画符吧,我又从没画过符。连连的画圈圈、竖杠杠,难免给台下人识破。罢了,还是老老实实吧。我放下笔,干脆不记,且悉心听讲。

我专心一意地听,还是一句不懂。说的是什么人什么事呢?完全不知道。我只好光着眼睛看章太炎先生谈——使劲地看,恨不得一眼把他讲的话都看到眼里,这样把他的掌故记住。我挨章太炎先生最近。看,倒是看得仔细,也许可说,全场唯我看得最清楚。

他个子小小的,穿一件半旧的藕色绸长衫,狭长脸儿。脸色苍白,戴一副老式眼镜,左鼻孔塞着些东西。他转过脸来看我时,我看见鼻子里塞的是个小小的纸卷儿。我曾听说他有"脑漏"的病。塞纸卷儿是因为"脑漏"吧?脑子能漏吗?不可能吧?也许是流鼻血。不过他那个纸卷上没有墨。我流鼻血总用蘸墨的棉花,因为墨能止血。也许他流的是脓?也许只是鼻涕?……据说一个人的全神注视会使对方发痒,大概我的全神注视使他脸上痒痒了。他一面讲,一面频频转脸看我。我当时十五六岁,少女打扮,梳一条又粗又短的辫子,穿件淡湖色的纱衫,白夏布长裤,白鞋白袜。这么一个十足的中学生,高高地坐在记录席上,呆呆地一字不记,确是个怪东西。

可是我只能那么傻坐着,假装听讲。我只敢看章太炎先生,不敢向台下看。台下的人当然能看见我,想必正在看我。我如坐针毡,却只能安详地坐着不动,一小时足有十小时长。好不容易掌故谈完,办事人员来收了我的白卷,叫我别走,还有个招待会呢。反正大姐已经走了,我且等一等吧。我杂在人群里,看见主要的陪客是张仲仁、李印泉二老。李老穿的是宝蓝色亮纱长衫,还罩着一件黑纱马褂。我不知自己算是主人还是客人,乘主人们忙着斟茶待客，我“夹着尾巴逃跑了”。

第二天苏州报上登载一则新闻，说章太炎先生谈掌故，有个女孩子上台记录，却一字没记。

我出的洋相上了报，同学都知道了。开学后，国文班上大家把我出丑的事当笑谈。马先生点着我说：“杨季康，你真笨！你不能装样儿写写吗？”我只好服笨。装样儿写写我又没演习过，敢在台上尝试吗！好在报上只说我一字未记，没说我一句也听不懂。我原是去听讲的，没想到我却是高高地坐在讲台上，看章太炎先生谈掌故。

一九九三年十一月十日　病中

1. 这篇文章属于什么类型的散文？

2. 这篇散文在选材上有何特点，与一般小说有何不同？

3. 认真感受文中的感情以此来体会散文的“真情实感”。请仿照此篇文章写一篇散文。

三、请阅读下面的写景散文，体会其中的意境美，并以“画面与深意的统一”为题写一篇赏析文章。

野水之湄

刘剑桦

在溪流的那头，有石凿的水磨正悠悠吟唱一支长满苍苔的谣曲，心便生出一些野，想跟着唱一遭，做一回古人。但一开口，却莫名蹦出了一串笑，在山野的怀里溅起散漫的回声，很久都不消去。对岸几个牧牛孩子竟然就拾得几枚，又顺手往远山一扔，远山也笑了起来。

而天空就一下子净蓝了，阳光也变得极其灿丽。再看周围那山，那树，那田地里的作物，亦是一片异样的水灵、生动。

溪水亦愈来愈澄澈，不时见游鱼从石罅里钻出来，又飞快钻回石罅里去。水底的石子，皆十分净洁，石上的花纹一笔笔看得极是清楚。而看得更清楚的自是近边的水草，袅袅娜娜，宛若舞女飘飘的长袖。三两群鸭子雪白地划过来，又划开去，漾起水面偌大一圈涟漪，次第又波痕尽逝，仍复镜子般明亮。

草色鲜翠的溪桥下，铃声丁当。旋即便见着了几只羊，一律的油黑毛色，翘翘的犄角，小蹄子拍在滩石上如敲拨浪鼓。而自石级的空隙里，又鲜艳地钻出一簇、二簇牵牛花，紫蓝紫蓝的朝着大野吹喇叭，似叫满世界赏听它们的歌调。可惜羊儿不是追星族，仅作了片刻的听众，便“咩咩”几声谢，摇摇尾，径自去了溪桥那边的岩坎下。

溪桥的那一边，啾呀啾，一只什么山雀子在叫？欢脆欢脆。不像在东边的橘园里，亦非西边的桃林中，而南边的松林和北边的茶山都远着，在哪里叫呢？

一阵风，撩起绿柳的帘。便见着了一溜粉白的矮墙，而终于就逮着了那鸟——一位秀色的女子正婷婷于墙内的小院里，吹着一管竹哨，与她的小儿说话呢。该是母亲的话，小儿听懂了，小儿就嘻嘻地笑了。该是小儿嘻嘻笑，母亲听懂了，那女子也吃吃地笑了。蜜汁一样的笑声在空气里融成一团，忽高，忽低，小院就满贮了一个甜。那啾呀啾的竹哨声，啾啾到墙外，墙外人的心里，也贮起了一团蜜。

倏尔，就真的听到了许多许多的鸟叫。这一回，知道鸟们是在溪头一座开满白花红花的林子里叫了。斑鸠、竹鸡、阳雀、黄鹂子……这些爱说爱唱的鸟雀快活地嚷嚷，居然成了一种力量，把那些开花的树全都弄得管不住自己，乐得醉汉醉婆似的直晃晃。红红的花，白白的花，于是格外显得娇俏了。再看那阳光，那天空的净蓝，周围那山，那树，那田地里的作物，俱也花一般的娇俏。自己，也一下变得那么的年轻。

远远的竹林边，一个打猪草的小女孩，语音好玲珑：

“叔叔，还站在溪边干嘛？要回去吃饭了呢。”

咦，这声音怎么恁近，又那样遥远？哦，想起来了，我想起了三年前的一幕，我曾经在一湾极不起眼的野水之湄作了半日的逗留。是的，只有造化的神工，才会使人即便极其潦草的一瞥，也会恒久地记住它创造的奇迹。我亦记得那天小女孩唤我的时候，山边的农舍正迂徐升起淡蓝的炊烟。

而此刻，我好像又听到那条山溪哗哗哗哗清泠的水声了。

四、阅读微型小说《永远的蝴蝶》，回答文后问题。

永远的蝴蝶

（台湾）陈启佑

那时候刚好下着雨，柏油路面湿冷冷的，还闪烁着青、黄、红颜色的灯火。我们就在骑楼下躲雨，看绿色的邮筒孤独地站在街的对面。我白色风衣的大口袋里有一封要寄给在南部的母亲的信。

樱子说她可以撑伞过去帮我寄信。我默默点头，把信交给她。

“谁教我们只带来一把小伞哪。”她微笑着说，一面撑起伞，准备过马路去帮我寄信。从她伞骨渗下来的小雨点溅在我眼镜玻璃上。

随着一阵拔尖的刹车声，樱子的一生轻轻地飞了起来，缓缓地，飘落在湿冷的街面，好像一只夜晚的蝴蝶。

虽然是春天，好像已是秋深了。

她只是过马路去帮我寄信。这简单的动作，却要教我终生难忘了。我缓缓睁开眼，茫然站在骑楼下，眼里裹着滚烫的泪水。世上所有的车子都停了下来，人潮涌向马路中央。没有人知道那躺在街面的，就是我的，蝴蝶。这时她只离我五公尺，竟是那么遥远。更大的雨点溅在我的眼镜上溅到我的生命里来。

为什么呢？只带一把雨伞？

然而我又看到樱子穿着白色的风衣，撑着伞，静静地过马路了。她是要帮我寄信的，那，那是一封写给在南部的母亲的信，我茫然站在骑楼下，我又看到永远的樱子走到街心。其实雨下得并不大，却是一生一世中最大的一场雨。而那封信是这样写的，年轻的樱子知不知道呢？

妈：我打算在下个月和樱子结婚。

1. 这篇微型小说在语言上有何特色？
2. 它们结尾在文中起到了什么作用，有何艺术效果？

五、请结合司玉笙的《书法家》来体会微型小说的特点及其立意艺术。

“书法家”

司玉笙

书法比赛会，人们围住前来观看的高局长，请他留字。

“写什么呢?”高局长笑眯眯地提起笔，歪着头问。

“写什么都行。写局长最得心应手的好字吧。”

“那我就献丑了。”高局长沉吟片刻，轻抖手腕落下笔去。立刻，两个劲秀的大字从笔端跳到宣纸上：“同意。”

人群里发出啧啧的惊叹声。有人大声嚷道：“请再写几个!”

高局长寻声望去，面露难色地说：

“不写了吧——能写好的就数这两个字……”

1. 这篇微型小说在语言上有何特色？
2. 它的结尾在文中起到了什么作用，有何艺术效果？

六、阅读下面一篇微型小说并回答问题：

在澡堂里

效　耘

“哎哟，好烫!”

一条嫩腿伸进水里，又慌忙缩了回去。水池腾腾冒蒸气，一个出水口汩汩流着热水，一个出水口汩汩流着凉水。试水的人站着干瞪眼，怕烫，不敢下池子。

“让我来!”后面有人拨开试水的人，扑通跳进水池。热水烫得他吸溜了一下。他将毛巾撑开，身体沉下去，在水里兜着搅着。热水轻，浮在上面；凉水重，沉在下面。经他一翻腾，上下对流，凉热很快就匀和了。于是他向上招呼：“下来吧，现在正好。”

试水的人哆嗦着身上的肉，吃力而小心翼翼地试了试水：果然正好！便缓缓地将整个身子滑进了水池。

哎呀，真舒服！

澡堂子里水汽蒙蒙。试水的人半睁着眼，扫了对面的人一下，顺便抛过去一个亲切的微笑。那人瘦得不像话，皮绷在骨头上发亮，两排肋骨像小孩玩的木琴。“像个济公。”试水的人想。

“济公”也在欣赏试水的人：一个秃瓢脑袋，油光光的；一脸肥肉，粉团团的；一对招风大耳，再配上圆滚滚的西瓜肚子。“济公”忍不住想笑：这不像个弥勒佛吗？

“老兄真精干。”

“老兄真富态。”

于是“济公”和“弥勒”都会意地笑起来，“济公”感到了“弥勒”的和蔼，“弥勒”感到了“济公”的平易，在笑声中他们靠拢了，终于由对面而并排。

“千金难买老来瘦啊!”“弥勒”感叹道。

“也不见得。前天我看到一本杂志上说，还是胖点好。”

“哪本杂志？我倒订了一本《长寿》。”

“我也喜欢《长寿》，每期必买的。”

“现在都兴练气功，我试了试，就是不好收功，搞得人魔里魔气的。”

“那就是入了门道了，已经‘气沉丹田’。”“济公”乜着“弥勒”深陷在脂肪中的“丹田”，笑冲击着喉咙管，憋着，发出咕咕噜噜的声响。

“种了花吗?”“弥勒”问。

“种了。还养了鸟。有一只红莺，是‘叫口’，吱溜吱溜叫起来，好听极了。”

“我也有一只画眉，叫得还好；就是麻烦，要洗澡，要吃虫，要溜，我哪来许多闲功夫?”

“麻烦才有味道呢。我大孙子勤快，天天去捉‘吊死鬼’，我的鸟总有虫吃。”

"哪天去看看你的红莺?"

"洗完澡就可以去。搓背吗?"

"搓。"

湿淋淋地,两位萍水相逢、一见如故的朋友爬出了水池。"济公"先替"弥勒"搓背,他一碰"弥勒"的身体,"弥勒"便吃吃地、哈哈地大笑起来:厚厚的脂肪竟没有掩住他的笑神经!"济公"用指头嘣撬了一下"弥勒"的肚皮,警告说:"莫笑,再笑搓不成了!"自己却也禁不住笑了,"好个大肚皮,三指膘总是有的。"

"三指?恐怕未必。最多只有两指。要能送给你一批,咱俩都是标准体型。可惜这不像池子里的水,一翻一搅,就能够匀和。"

接着又是笑。笑声在顾客寥寥的澡堂子里碰过来撞过去,发出嗡嗡嗡的回荡声。

他们洗完了澡,开始穿衣裳。

"去看鸟吗?""济公"穿上发黄的汗衫。

"当然去看。""弥勒"登上绒衬裤,费力地往上扯,终于掩住圆滚滚的肚皮。

"穿了衣裳就去?""济公"套上卫生衣。

"唔……这个……""弥勒"的脑袋被"开司米"(**编者注:即山羊绒**)憋住了,说话不清楚。

"济公"终于穿上洗得发白的工作服,同时,"弥勒"也在扣毛哔叽(**编者注:即羊毛精纺呢绒**)中山装的纽扣。"济公"抬起头来,寻找他的朋友,他的"弥勒",然而他的"弥勒"已经失去了身子,只剩下一颗脑袋,油光光的。一顶帽子"啪"地扣上去,这颗脑袋也迅速发生了质变。

在"济公"面前,哪有什么"弥勒"?面前分明站着个大人物:衣冠楚楚,相貌堂堂,神态凄然!

"济公"愣了。刚才还斗胆弹了对方的肚皮!真的弹了么?澡堂子里水汽蒙蒙,是出幻觉的地方。"济公"暗暗捻了捻手指,又微微摇了摇头。

也许两个人都想再说句什么,但话到唇边,却变成一次稍稍重点的呼吸。

默默地,两人各自走出了澡堂。

1. 它采取了何种结构形式?

2. 它的核心细节是什么,是用何种艺术形式来表现的?

第九章　应用性文体

第一节　书　信

书信是个人或团体在日常生活中和处理工作事务时使用的应用文。因写信者身份和书信用途的不同，书信可以分为两大类型，即普通书信和专用书信。

一、普通书信

（一）普通书信概述

普通书信是个人之间因空间的隔离或其他原因而采取的交际手段。这种人际交往，由于双方不能面对面的谈话，全靠书面语的传递，故有两个特点：第一，在绝大多数情况下需要通过邮寄或网络传递；第二，对于一定的内容，用作交际的书面语比面对面的交谈更完整、更明确。

普通书信具有实用性强、内容广泛、表达方式灵活、读者对象明确、结构形式固定的特点。其作用在于加强联络、增强感情、传递信息、交流经验。

（二）普通书信的写作要领

1. 内容具体

一般情况下，普通书信的写信人要尽可能使收信者清楚地了解有关情况和写信意图。这比起面对面的谈话，要求高些、难度大些。面对面的谈话可以重复，可以修正，可以质疑，可以答辩，还可以借助手势、表情和语言环境，使说话者的意思得到充分的表达。而写信就只凭单向的书面语言表达要传递的信息、要抒发的思想感情和要阐明的道理。写信者不能只从自己对问题的理解考虑，还要多从对方能否理解考虑，尽量避免有含糊不清、模棱两可甚至可能引起误解的说法出现。因此信的内容要具体完整，所用词语要准确，这些都是为了让收信者在有限的文字中尽可能清楚地了解有关情况和写信者的意图。

2.合乎格式

合乎格式是个总的要求。如写信封时,横式信封收信人地址写在左上方,发信人地址写在右下方,收信人姓名居中。普通书信的信瓤包括称呼、问候语、正文、祝颂语、落款五个部分。称呼一般写在第一行顶格处,既要表示对对方的尊重、客气、亲热,又要注意身份。称呼下面,即第二行,是问候语。书信的正文无固定的格式,把要告诉对方的事情说清楚即可。祝颂语一般先在正文下面第一行空两格写上“此致”或“顺祝”等字样,然后再在下一行顶格写上祝愿的话,如“敬礼”或“教安(编安)”。落款在正文的右下方写上写信人的名字和写信的日期。名字的前后,一般依据开头的称呼缀上合适的谦称、敬语。如前面称呼是“××老师”,则后面落款处一般写上“学生(愚生)×××敬上”。

3.语言口语化

普通书信虽属应用文,形式上有一定的程式化,但其正文的内容却有极大的随意性和情感因素。通常情况下,书信可以看作是一个作者专为一个或几个读者所作的特别散文,尽可以直抒心志、讲真话、言真情。口语化的语言自然、真切,易于打动人,营造促膝谈心式的交流氛围。

二、专用书信

(一)专用书信概述

专用书信是指具有专门用途的信件。如用来联系工作,介绍证明情况,提出个人要求和合理建议,表彰好人好事,表示谢意、敬意以及慰勉之情等。

专用书信种类繁多,就其性能来说,可以分为以下三种类型:

1.证明性的专用书信

介绍信与证明信都属证明性的专用书信,它们既有相同处,又有一定的区别。相同处是二者都具有证明的效能,写法简明、扼要,措词用语平实,不带主观色彩。区别在于:介绍信介绍什么人办什么事,希望达到什么要求,都是从本单位考虑的;证明信大多是答复对方的询问,针对对方提出的具体要求写的。再者,介绍信写得比较简单,有的只需按已印好的有关项目填写即可;而证明信要尽可能对对方提出的要求一一给予证明,所以内容相对详细一些。

2.表达意图的专用书信

这一类型的专用书信有申请书、决心书、倡议书、建议书(或称意见书)、求职信等。这些书信主要用来表达意愿与认识。申请书、决心书、求职信一般只向有关部门、组织和领导提出,多不公开;倡议书、建议书从写信目的来说希望在较大范围内有所反应，而倡议书发布的对象范围更大。这几种专用书信在写法上都力求简明扼要，措词恳切，内容真实，写信人不可言不由衷，故作姿态，也不可危言耸听，哗众取宠。

3.褒扬应酬的专用书信

这类专用书信包括表扬信、感谢信、慰问信、贺信等。它们在内容上的共同特点是对对方表示赞扬，写出对方的优良表现和取得的成绩，并以抒发真挚、热烈的感情为特色。在这些书信当中，除了表扬信另有树立良好风尚的社会教育作用外，其余的主要是用来增进个人与个人、单位与单位、个人与单位之间的情谊，是一种应酬的手段。写这类专用书信力求叙事生动，抒情真挚，词语优美。

（二）专用书信的写作要领

1.格式要规范

专用书信在特定场合使用，具有专门用途，长期以来已形成约定俗成的固定格式。其格式与一般书信大致相同，大体上由标题、称呼、正文、祝颂语和落款五个部分构成。标题通常表明该专用书信的种类，如“感谢信”“自荐信”“申请书”等。称呼的对象多为特定的领导机构、单位和个人，如系个人，一般是姓名后带上职务衔，以示尊重，如“××学院党委”“××市长”。与一般书信不同的是，专用书信大多数情况下无问候语，称呼之后直接写正文。同时，每一种专用书信又有自身的相对稳定的结构，从而确保内容的完整和明晰。某些专用书信还有固定的用语，像证明信在正文末写“特此证明”，介绍信正文一般以“兹介绍”“今介绍”作为开头。写信人对各种专用书信的格式必须有充分的了解，否则便难以写出严谨、规范的书信。

2.重点要突出

对于写作者来说，专用书信的写作目的明确，这在书信的标题上已有初步的体现，正文则是它的具体展开。专用书信的内容比较单一，各个组成部分都围绕着写作主旨有序展开。写作时既要内容完整，又要避免平均使用笔墨，做到重点突出。例如表扬信应将重点放在受表扬人的事迹的介绍上，证明信则要准确清楚地写明证明的具体事项。重点突出，既便于明确表达写信人的写作意图，也有利于阅信人准确领会信件，处理相关事务。

3.用语要得体

专用书信的语言除了要准确简洁，在措词上还要有分寸感。一些专用书信如表扬信、感谢信、慰问信还要公之于众，一旦用词不当，会产生较大的负面影响。因此必须对语言仔细斟酌。如一封写给某大学党委的感谢信，先陈述该校两名学生与歹徒搏斗、解救被歹徒拦截的女青年的英勇事迹，之后写道：“我们建议贵校在适当的时候，对上述同学提出公开表扬。”这里，“建议”显示了写信人对领导的充分尊重，切不可改为“要求”，“在适当的时候”用语委婉，留有较大的回旋余地。另一封求职信中求职者在信末说：“衷心希望贵公司能给我一个施展自己才能，也为贵公司敬献一技之长的机会。我真诚地期待您的答复。”这段话不卑不亢，表达了求职的热切期望，又透露出求职者对自己才华的自信，比起“愿为您效犬马之劳”一类的话，这样的措辞无疑更能博得阅信人的好感。

(三)几种专用书信的写作

1. 申请书

申请书是个人或集体用来向机关、团体或领导表达愿望，提出请求的文书。

申请书的写法：

(1)标题，写在第一行正中。一是以文种“申请书”做标题；二是以申请书的类别加文种名称做标题，如“入党申请书”“困难补助申请书”等，也可省略“书”字，如只写“入党申请”。

(2)称谓，即接受申请的单位或个人名称，在标题下一行顶格写，称呼后加冒号。

(3)正文，这是申请书的主体部分，具体明确地写明申请事项和申请理由。

(4)尾语，一般写表示敬意或表示感谢、希望的话，如“此致敬礼”“请组织考察”“请领导批准”等，也可以没有。

(5)落款，包括署名和日期。

例文：

困难补助申请

校研究生院：

我叫赵小芬，系法学院××级刑法学专业研究生。我来自××省××市贫穷落后的山区，父母均为普通农民，弟弟尚在读中学，家庭经济情况十分窘迫。为支持我读研，家里已欠下了近万元债务，每每念及这些，我总是心存深深的愧疚，唯有以加倍的努力学习报答他们。

最近听说研究生处要发放一笔困难补助金，我本不愿给学校添麻烦，但觉得若能拿到困难补助，也可以减轻家里的负担，所以特此申请，望能批准。

此致

敬礼！

学生：赵小芬

××××年××月××日

2.倡议书

倡议书是个人或集体公开提出某种建议或意见,以推进某项工作或活动广泛开展与顺利进行的一种专用文书。

倡议书的写法:

(1)标题,一种是由单位名称、倡议内容、文种名称构成;另一种由倡议内容、文种名称构成;第三种是采用正副标题相结合的形式,正题概括倡议内容,副题由单位名称、对象范围、文种名称构成;第四种只在第一行居中写上文种"倡议书"或"倡议"。

(2)称谓,在标题下一行顶格写,如"全校同学们""全市青年们"等。有些倡议对象很广,可不用称呼。

(3)正文,开头首先要写清倡议的根据、原因与目的,接着分条分段写倡议的具体内容,最后写决心与希望。如果是领导机关发出的倡议书,还可增添部署与安排。这部分要写得具体、明白,以便响应者的行动有所依据。

(4)尾语,用带有鼓动性的简要语句,再次表示倡议者的决心和希望。有的没有这一项内容。

(5)落款,包括署名和日期。

例文:

"坚定理想信念·坚定法治信仰"全员读书活动倡议书

全国法院广大干警:

书籍是人类知识的载体,是人类智慧的结晶,是人类进步的阶梯。读书提升一个人的修养和境界,关系一个民族的素质和力量。在实现"两个一百年"奋斗目标和中华民族伟大复兴中国梦的历史进程中,面对推进全面依法治国和人民法院改革发展的时代任务,我们需要多读书、读好书、善读书,通过读书学习坚定理想信念,坚定法治信仰,铸就对党忠诚的政治品格,强化公平正义的价值追求,提升公正司法的职业素养,从而更好地为法治中国建设贡献智慧和力量。近日,最高人民法院专门发出通知,部署全国法院广泛开展"坚定理想信念·坚定法治信仰"全员读书活动。为此,在第23个世界读书日即将到来之际,我们向全国法院广大干警发出以下倡议:

一、热爱读书,让读书成为生活方式。"立身以立学为先,立学以读书为本。"让我们弘扬中华民族崇尚读书的优良传统,顺应当今社会终身学习的时代要求,培养浓厚读书兴趣,养成良好读书习惯,把阅读作为一种精神追求和生活方式,做到乐于读书、勤于读书、持之以恒读书,让我们的生活因为读书而更加充实、更有品味。在紧张工作之余,让我们少一些交际应酬，少一些上网刷屏，挤出时间拿起书本，静下心来沐浴书香，坚持每天读书一小时或者半小时，每月或者每季度读完一本书，日积月累，久久为功。

二、读精品书，从读书中汲取信仰力量。“最是书香能致远，腹有诗书气自华”。读好书可以提升人的文化修养，塑造人的精神气质，引领人的精神追求。在各种书籍层出不穷、浩如烟海的今天，既应倡导开卷有益，更应倡导有选择地阅读有思想、有内涵、有筋骨、有品位的优秀图书。让我们多读马克思主义经典著作和反映我们党理论创新的重要著作，多读反映革命文化和时代精神的精品力作，多读反映革命先烈和英模人物崇高精神的优秀著作，多读传承中华优秀传统文化和人类法治文明成果的经典名著，陶冶思想情操，提升精神境界，进一步树立正确的世界观、人生观、价值观和权力观、地位观、利益观，自觉坚定中国特色社会主义的“四个自信”，牢固树立“四个意识”，更好地凝聚起推动时代发展的正能量。

三、学思践悟，注重读书与实践相结合。“学而不思则罔，思而不学则殆。”我们读书不是为了休闲消遣，也不是装点门面。读书之要在于学用结合，从书籍中获得启发，到实践中检验真知，使我们更有效率地工作、更有质量地生活。让我们坚持阅读与思考相结合，注重带着问题读书，养成边读书边思考的习惯，通过思考把书读活，真正从中获得思想和智慧的启迪，悟真理、明是非、知荣辱、辨善恶，防止没有深度的简单浏览、没有思考的机械阅读。让我们坚持读书与运用相结合，通过读书更新自己的知识结构，提升自己的精神境界和综合素质，通过实践把知识转化为智慧，把素质转化为能力，做到学以致用、知行合一。

四、注重交流，全员参与共建书香法院。“奇文共欣赏，疑义相与析”；“独学而无友，则孤陋而寡闻”。让我们既做好个性化的私人阅读，又积极参与团队化的读书交流活动，让思想和智慧在读书交流中不断增长，让大家在读书交流中共同提高。让我们把读书中的所思所悟所感，写成一篇篇体会文章，通过多种载体展示出来，与广大干警共同分享。让我们积极参与每周荐书、图书漂流、读书讲演、知识竞赛等活动，推动形成热爱读书的浓厚氛围，使各级法院飘逸浓郁书香、闪耀智慧光芒。

读书激发梦想，读书成就辉煌。让我们积极行动起来，更自觉地多读书、读好书、善读书，以阅读砥砺思想，用思想改变未来，为实现中华民族伟大复兴的中国梦和建设社会主义法治国家贡献自己的力量！

中国法官协会

最高人民法院政治部

2017 年 4 月 7 日

3.求职信

求职信是个人向用人单位介绍自己的情况，自我推荐，申请某种职位的书信。

求职信的写法：

(1)称谓，写用人单位负责人或联系人的姓名并加上恰当的称呼，如“××经理”“××同志”“××先生”等，如果不了解对方的姓名，可以笼统地写“厂长先生”或“尊敬的先生”等。

(2)正文，主要包括以下几方面的内容：一、明确提出申请什么职位。二、说明自己担任某种职位的有利条件。要让对方了解你有哪种专业学历、任职资格、技术特长等，介绍要有的放矢，不可偏离对方的条件。三、写清自己的联系方式，以便对方能够及时联络。

(3)尾语，主要写问候语，如“此致/敬礼”等。

(4)落款，署名前可加上“应聘人”“求职人”的字样，发信时间应将年月日写全。

(5)附件，说明随信附上证明自己资历和能力的有关材料(如身份证、毕业证、任职资格证、有关技术论文、专利证书、作品等)的名称和数量。

例文：

尊敬的领导：

您好！我叫××，现就读于××大学机械工程学院热能与动力工程专业，即将于××××年×月毕业。感谢您在百忙之中抽空阅读我的自荐材料，我希望在贵公司谋求一份职业。

××大学是一所教学设施齐全、师资力量雄厚的综合性大学，具有悠久的历史和优良的传统，在这样素以治学严谨、育人有方而著称的学校栽培下，无论是在知识能力，还是在个人素质修养方面，我都受益匪浅。

四年来，在师友的严格教益及个人的努力下，我全面掌握了内燃机、汽车构造、制冷技术等专业基础知识，系统地掌握了机械制图、机械原理、机械设计等机械理论基础。在计算机方面，我熟练掌握了Windows2000/xp、office、photoshop、AutoCAD几大常用软件，能熟练运用C++、VFP、VB等计算机高级语言，我还利用课余时间自学并精通了Solidworks和UG等三维设计软件。同时，我具备较高的英语听、说、读、写、译等能力。

我热爱贵单位所从事的事业，殷切地期望能够在您的领导下，为这一光荣的事业添砖加瓦；并且在实践中不断学习、进步。如果我有幸得到您的赏识，成为贵公司的一员，我将保持奋发向上的精神，谦虚地向前辈学习，并尽我所学，与贵公司一同开拓进取，奔向更加辉煌美好的明天！

此致

敬礼！

自荐人：××

××年×月×日

第二节　事务文书

一、计划

（一）计划概述

1. 计划的性质

计划是机关、团体、个人为达到某一目标或完成某一任务，事先进行的设计和安排。

计划是一个统称，规划、纲要、设想、打算、要点、方案、安排等都属于计划，它们在目标远近、时间长短、内容详略等方面有差异。

2. 计划的种类

（1）根据完成期限、内容侧重、具体作用的不同，计划类文书可以分为三大类：

①规划类，实现目标的期限较长，往往是五年、十年、二十年，甚至更长。

②计划类，实现目标的期限较规划短，以年度计划和一年以内的短期计划为多。

③安排类，指较短时间段内对工作的具体安排。

（2）根据计划的写作形式，可以分为文字式、表格式、文字表格结合式。

（二）计划的写作要领

1. 切实可行

计划可以指挥或者指导人们的行动。制定计划时，必须根据主客观条件，制定合乎实际的目标，设计出实现目标的措施和步骤，确保任务顺利完成。当然，有时计划可以随客观实际情况的变化做适当调整和修订。

2. 注重时效

计划只在一个特定的时间范围内有效，无论是制定还是执行，都是如此，离开了一定的时间范围，计划就失去了本来的作用力。

3.符合结构规范

计划的写作有规范的结构形式。

(1)标题

计划的标题由单位名称、时限、事由、文种组成，如《××大学教务处2017年度工作计划》，也可省略其中一项或者两项，如《××公司岗位竞赛计划》，但无论怎样省略，都必须保留事由和文种。

(2)正文

计划的正文包括以下几部分：

①开头，又叫引言、前言，这部分写制定计划的依据或背景，比如面临的基本形势、前期工作的经验教训等，要写得简明扼要，力戒套话、空话、大话。不同计划对上述内容可以有不同的取舍和侧重，有些大家熟悉的例行工作的计划，也可不写这部分。

②主体，这是计划的核心部分，解决“做什么”“怎么做”“何时做”等问题，一般包括以下几方面：一是目标和任务，目标是计划产生的新的因素，也是计划的奋斗方向，没有目标，计划就失去了意义，没有制定的必要，因此首先要明确无误地写清楚“做什么”“做到什么程度”“达到什么效果”，提出完成任务的具体指标、具体要求；二是方法与措施，这是完成任务的保证，明确“怎么做”的问题，措施和步骤应尽可能做到周到、全面、具体，确保计划的实施；三是步骤与时限，明确完成目标和任务的步骤，具体回答“何时做”的问题。

③结尾，可以提出号召和希望，激励大家为实现计划而努力；可以强调任务的重点和工作的主要环节；可以说明注意事项。

④落款，写明制定计划的单位名称和制定计划的日期。标题中已标明单位的，这里可以省略。

例文：

××师范大学文学院汉语言文学专业
2016—2017学年第一学期教育实习计划

为了培养合格的中学语文教师，按照人才培养方案规定，我院汉语言文学专业学生在第七学期要进行为期八周的教育实习活动。现对我院2013级汉语言文学专业学生的教育实习工作安排如下：

一、实习目的

1.通过教学实习，使学生了解中学语文教学实际，明确本门学科的教学任务和要求，初步掌握教学过程的特点、规律，熟悉教材、教学原则和基本教学方法，培养从事中学语文教学的能力。

2.通过班主任工作实习，使学生了解中学生的思想状况，明确班主任工作的任务和要求，初步掌握中学生思想品德教育的特点、原则和方法，培养从事班主任教育和管理工作的能力。

3.通过对当前中学教育实际情况的调查和体验，使学生正确理解党的教育方针、政策，充分认识教育在经济建设中的地位和作用，深刻领会教师工作的重大意义，从而更加热爱教育事业和教师工作。

二、实习内容

根据教学计划要求，教育实习以课堂教学为主，同时担任一定量的班主任工作和其他工作。

1.教学实习

课堂教学是教学实习的主要内容。每个实习生要担任12—14节的课堂教学、批改作业、教学辅导等工作；观摩原任课教师教学，学习原任课教师经验；同时，认真听同组同学上课，参加教学评议；此外，每个实习组要选择一位同学举行一次观摩教学。

2.班主任工作实习

每个实习生在原班主任的指导下开展工作，要深入班级，了解学生的思想、品德、行为和学习状况；组织班级的各项教育活动，辅导课外活动；对学生进行日常的思想品德教育，进行教育调查和社会调查。

三、日程安排

2016年9月1日至9月14日，校内备课指导；

9月15日至10月26日在实习学校进行教育见习、课堂教学实习和班主任工作实习；

10月27日返校，10月28日至11月14日小组进行评议、总结，学院评选优秀实习集体和个人。

四、组织领导

1.学院成立2013级汉语言文学专业教育实习领导组。领导组由×××、××、×××、×××、×××、×××、×××等同志组成，×××任组长，××、×××任副组长。

2.学院选派14位教师担任本次教育实习的指导工作。

3.实习生以实习学校为单位编组，每组设2名组长，各实习小组根据实习学校的情况，以每2个实习生带一个班级为宜。

五、几点要求

1.实习生要严格执行《实习生守则》，端正态度，努力工作，服从领导；

教育实习，必须深入钻研教材，认真备课，编写详细教案，进行试讲，并在上课前三天将教案送交实习学校指导教师评阅，经批准签字后方能上课；班主任工作实习，要制定班级工作计划，并交原班主任批准签字后执行。

2. 实习指导教师对所指导实习生的实习工作全面负责，严格按实习“日程安排”进行指导工作。指导实习生备课，审阅教案，在微格教室组织试讲，每人三次左右；指导实习生课堂教学，每位指导教师对每位实习生课堂教学的听课在一节以上，并认真作听课笔记；组织相互听课，观摩教学及课后评议；指导、审查实习生制定办主任工作实习计划，指导开展班级工作；实习成绩按学校规定的评定标准和考核办法进行合理评分，《学生教育实习总结》上评语应翔实，成绩采取百分制和五分等级制两种方式同时记录。

3. 实习领导组必须做好实习的准备工作，保证实习顺利进行。在实习期间，院领导及领导组成员应深入到各个实习学校，直接了解情况，认真听取实习学校意见，协调各方面的关系，及时处理实习中发生的问题。

4. 实习结束后，请指导教师于 11 月 20 日前将下列材料收齐一并交院教学办公室。

指导教师应交材料：指导教师听课笔记本和实习指导工作总结。

实习学生应交材料：（略）

××大学文学院

2016 年 8 月 20 日

二、总结

（一）总结概述

1. 总结的性质

总结是对本地区、单位或本人在某一时期或阶段工作实践的回顾，使之条理化、系统化，从中得出规律性、理论性认识，以明确今后努力方向的一种文章样式。

总结作为一种常用的应用文体，具有实践性、概括性和理论性的特点。由本人或本单位用第一人称撰写，叙议结合，语气比较谦虚。

2. 总结的种类

总结的种类很多，分类的方法亦有多种。

①按实践的性质，有工作总结、科研总结、教学总结、学习总结、生产总结等。

②按总结的范围，有地区总结、部门总结、单位总结、个人总结等。

③按总结的时间跨度，有月份总结、季度总结、学期总结、年终总结、阶段总结等。

④根据总结的性质和写法：有综合总结和专题总结。

（二）总结的写作要领

1. 内容要真实，材料要具体

内容真实，就是要求写作时实事求是。写总结时要对所用材料认真核实，做到确凿无误，还要对实践活动作出理性的分析，才能对工作中的成绩缺点、经验教训做出正确的评价。

2. 要总结经验，找出规律

写好总结的关键是找到规律性的东西。总结的目的在于回顾过去，指导现在和将来，先进的经验还要推广，以供他人借鉴。因此，讲成绩应该找出取得成绩的根本原因；讲缺点必须分析造成缺点的内在根源，从中引出一些规律性的东西，也就是抓住事物的特点。只有这样，才能对以后的工作产生借鉴价值。纪实性的流水账，对自己不能总结经验，对别人也没有可供借鉴的东西，严格说来不能叫作总结。

为了有效地在总结中阐明规律性的东西，突出重点，写出特点，应当用含义明确、简练有力的语言把规律性的东西概括出来。这些概括的语言，有的可以用作标题或小标题，也可以放在每段的开头或结尾，或者放在行文中间，使人读过总结之后，能清楚了解本总结所阐明的规律是什么。

3. 符合规范

总结的写作有规范的结构形式。

（1）标题

总结的标题一般由提出总结的单位或个人、总结涉及的时间范围、总结的核心内容及文种四要素组成，例如“××公司 2016 年度财务工作总结”。若正文后面有署名，标题中一般不含提出总结的单位或个人的名称。

（2）正文

总结的正文一般包括工作或学习的基本情况概述、取得的成绩与经验、存在的问题及改进措施、今后的努力方向等内容。

成绩和经验是总结的重点和核心，也是总结的目的所在，常常概括为几点或几个方面。这一部分要注意内容的归类和层次的安排，便之观点鲜明，内容充实，中心突出，条理分明。

（3）署名和日期

在总结正文右下方，署上总结的单位名称或个人姓名，然后写出总结的日期。有的标题中间或下面已标明总结的单位或个人的，最后可以只写明总结日期。

例文：

××学院2014年工作总结

2014年是××学院党政领导班子履新第一年，是落实“十二五”规划的关键年。学院在党委和董事会的正确领导下，继续围绕“科学合理的资源配置、优质高效的运行机制、富有特色的人才培养”三大任务，凝心聚力，稳中求进，奋勇拼搏，顺利完成了年度工作任务，有力推动了学院事业的快速发展。

一、明确办学目标，注重顶层设计

（一）办学目标进一步明确。（略）

（二）工作思路进一步清晰。（略）

（三）工作运行模式进一步顺畅。（略）

二、加强理论指导，抓好党群工作

（一）理论武装进一步增强。（略）

（二）组织建设进一步完善。（略）

（三）民主管理进一步加强。（略）

三、狠抓内涵建设，提高教育质量

（一）完善培养方案。（略）

（二）加大课改力度。（略）

（三）严格教学管理。（略）

（四）完善实践环节。（略）

四、创新育人机制，提升服务水平

（一）改革管理模式。（略）

（二）加强社会实践。（略）

（三）强化就业服务。（略）

（四）深化资助服务。（略）

（五）关注学生心理。（略）

五、加强人事管理，提高资金使用效益

（一）人事管理逐步规范。（略）

（二）师资建设初见成效。（略）

（三）财务运行效益显著。（略）

六、强化服务意识，推动后勤保障工作

(一)营造和谐校园。(略)

(二)创建平安校园。(略)

(三)打造节约校园。(略)

2014 年学院各项工作虽然取得了诸多成绩,但仍然存在着不少问题和困难。主要表现在:师资队伍建设任务非常艰巨,教学科研条件亟待更新改善,实践教学需进一步强化,分类考核评价体系需进一步建立和完善,党建工作需进一步增强,后勤服务保障水平需进一步提高,对外合作与交流需进一步拓展等。

2015 年,学院将继续坚持以科学发展观为指导,全面深入学习贯彻习近平总书记系列重要讲话精神,凝心聚力,改革创新,积极作为,努力开创事业发展新局面。

三、调查报告

(一)调查报告概述

1. 调查报告的性质

调查报告是对某件事情、某一方面的情况进行深入细致的调查研究,根据调查研究的结果作出的反映客观事物的书面报告。

调查报告往往运用第三人称的写法,是工作中普遍使用的一种文体,也是报刊上常用的新闻体裁之一。有时也叫作“××调查”“调查汇报”“考察报告”。

2. 调查报告的种类

从不同的角度,调查报告有不同的分类方法。从范围上,可以分为综合调查报告和专题调查报告;从时间上,可以分为历史情况报告和现实情况调查报告;从作用上,可以分为提供情况的调查报告、判断是非功过的调查报告和推广典型经验的调查报告。

从内容上,可以将调查报告分为五种类型:

(1)基本情况的调查报告

这类调查报告使读者了解社会生活诸方面的情况、变化发展的过程和值得注意的倾向等。它包含的信息量比较大,反映的情况比较全面,既传递了信息,又研究了工作,对有关领导或部门的决策起较大的作用。

(2)新生事物的调查报告

这类调查报告着重反映现实生活中涌现出来的新人、新事、新发明和新创造,使读者了解这些新生事物成长的背景、条件、过程、意义和前景。

(3)典型经验调查报告

这类调查报告重点介绍先进单位的成功经验和有效措施，并把它上升到理论的高度来认识。它往往是充分列举所取得的成绩，并把它概括为若干点，从而有利于总结推广。

(4)披露问题真相的调查报告

现实生活中发生的一些重大问题，一时难辨真假、难分是非，披露问题真相的调查报告就是通过调查研究弄清真相、明辨是非，它主要是揭示某个方面或某项工作中存在的弊端、社会上的种种不良倾向，分析这些弊端和不良倾向产生的原因以及造成的后果，指出它的危害性，以期引起有关部门与社会的重视和警惕，从而达到吸取教训、解决问题、教育群众的目的。

(5)科学研究性的调查报告

调查报告的调查工作一般要深入生活实际中去做调查，科学研究性的调查报告，除了需深入生活实际之外，还侧重从历史资料中获取材料。它往往围绕一个中心广泛收集资料，归纳出几点带有规律性的东西，写成调查报告。

(二)调查报告的写作要领

1.深入细致，调查为先

调查报告的材料必须靠实地调查来获得。只有深入实际，认真进行调查研究，占有丰富的材料，才能为写出富有思想性和科学性的调查报告打下坚实的基础。

2.分析研究，确立观点

调查者在调查过程中，要做到不带成见，充分了解真实情况，而且必须用辩证的方法，认真地对所得到的材料进行科学全面的分析研究。只有这样，才能真正抓住事物的本质，提炼出鲜明正确的观点。

一篇调查报告必须有一个总的观点。这个观点是建立在对掌握的全部材料的分析研究和科学归纳之上的，是通盘考虑、深思熟虑的结晶，对整个调查报告具有统率的作用。在确立观点的过程中，要把观点和材料统一起来，做到虚实紧密结合，事理有机统一。

3.精心安排，合理布局

调查报告没有固定的格式，主要是根据要反映事物的具体内容和作者的写作目的来决定结构形式。但大体说来，一般都分标题、前言、正文和结尾四个部分。

(1)标题

调查报告的写法较灵活。常见的有正副式标题，如“教育与经济握手以后——绍兴县农村教育综合改革”;公文式标题,如“关于党员教育工作情况的调查报告”;还有新闻式标题,只明确主题和内容范围,不标文体,如“九十年代大学毕业生目前的状况和思想”。

(2)前言

前言也叫作导语、引言、总述等,一般要说明调查目的、调查对象、调查内容、调查范围、调查经过等。有些介绍经验的调查报告,不详细交代调查的时间、方式和调查经过,而是概括地说明调查对象、调查目的,以使读者对全文内容有一个初步了解。

(3)正文

正文是调查报告的主体部分,是充分表现主题的重点所在,其内容可包括基本情况、分析结论、建议和措施。主体部分安排材料的方式多种多样,没有固定格式。正文常见的结构形式有三种:

①横式结构,它是总结带有普遍性的经验时常用的一种形式。具体做法是把基本经验或要突出的系列问题并列排放,分头阐述。这种结构形式的优点是齐头并进、突出重点,便于把经验和问题阐述清楚。

②纵式结构,按照事物发展的先后次序,阐述事实,点明观点,得出结论。这种结构形式的优点是便于读者全面了解事物发展的来龙去脉,并由此阐明事物发展的规律。

③纵横式结构,兼有上述两种结构形式的特点,既考虑时间顺序又考虑事情的内容,注意从各个侧面或各种角度去进行阐述,以利于更全面、透彻地说明问题。这种结构形式的优点是自由灵活,包容性较强。

(4)结尾

结尾部分是一篇调查报告的结束语。它是调查报告分析问题、解决问题的必然结果。有的结尾总结全文,深化主题,使读者加深认识;有的在总结概括的基础上提出新的问题,展示发展趋势;有的对一些该交代的而在正文里没有谈及的问题或情况做附带说明;也有的不单独成为一部分,只在正文末尾加上一两句话以收束全文;还有的正文完了也就结束了,不再另有结束语。跟前言一样,结尾也要简明扼要,不能拖泥带水。

例文:

自贸试验区厦门片区发展状况调研报告

一、自贸试验区厦门片区区内企业基本情况

至 2015 年末,在厦门自贸区内注册并正常运营的第二、第三产业法人企业共 9389 家。其中第二产业 825 家,占 8.8%,第三产业 8564 家,占 91.2%;

规上企业851家，规下企业8538家。从区域分布来看，企业主要集中在两岸贸易中心区，企业总数是国际航运中心海沧港区的一倍，其中规上企业，以及除建筑业外的规下企业都以两岸贸易中心区占多数。

（一）规上企业贡献大，新增企业潜力大（略）

（二）贸易业为片区内总量最大的经营主体（略）

（三）企业规模效益领先全省发展（略）

二、自贸试验区厦门片区特色产业现状

厦门自贸区突出特色产业集聚效应，注重制度创新与培育产业功能相结合，着力打造发展高端制造、国际贸易、航运物流、金融服务、专业服务等特色产业集群。

（一）创新新业态引领贸易业提速（略）

（二）链接新思路提质现代物流产业发展（略）

（三）高端制造业带动工业竞争力升级（略）

（四）专业服务领域发展潜力初现（略）

三、自贸试验区厦门片区发展中的短板

自贸区厦门片区成立以来，聚焦商事、贸易监管、金融开放创新、事中事后监管等制度改革，加快形成法治化、国际化、便利化的国际一流营商环境，取得较好成效，但在发展过程中存在一些问题，主要表现为：

入驻企业规模不大。（略）

企业运营比率不高。（略）

部分产业集群发展受到制约。（略）

四、几点建议

（一）做大经济增量，发展特色产业

一要拓展融资租赁业务范围（略）。二要整合平台做大跨境电商（略）。三要大力发展保税贸易展示（略）。四要进一步推动航空维修产业发展（略）。

（二）突破链条招商，打造产业高地

突出主导功能性产业招商，集中力量突破链条招商、集群招商和关键环节招商，重点瞄准国内外知名企业、行业领军企业，发挥龙头项目的引领作用，打造产业聚集新高地。一要突出龙头企业引领（略）。二要加强“产业＋生活”园区功能培育（略）。

（三）建立长效机制，提升供给侧需求

围绕提升厦门片区产业供给侧层面应对需求的适应性与灵活性，从招商引资、项目谋划、营商环境、产业人才等产业要素入手，逐步建立起市场决定、层次多元、注重效率、保障有力的产业发展政策体系与长效机制。一要完善联动发展机制(略)。二要加强项目生成(略)。三要营造国际化环境(略)。四要加快产业人才集聚(略)。

四、简报

(一)简报性质

简报,顾名思义,就是简要的情况报道。它是党政机关、社会团体及企事业单位编发的反映情况、交流经验的一种内部文件,也称“情况交流”“简讯”“动态”“内部参考”。

简报是一种介于新闻(消息)与公文之间的文件。它具有新闻文体的某些特点,如写真人真事,以叙述为主,篇幅较短,语言简明,反应迅速;它又近于公文,主要是用于机关、团体、企事业单位的公务需要,一般不通过新闻媒介公开发表,但它又没有一般公文的效用。

(二)简报的写作要领

1.迅速及时

简报常常是编写者在参与工作或参加会议的同时编写的,反应灵敏,注重时效。

2.客观简明

简报反映情况必须用事实说话,在表达上的表现就是以叙述为主,不做过多评论。同时,简报的语言应力求短小精悍。

3.符合规范

简报的结构包括报头、报体、报尾。

(1)报头,包括简报名称、期数、编发单位、印发时间等。

报头应占整个版面的三分之一,以套红印成,字体大而醒目。报头与报体以红色分隔线分开。

(2)报体,包括标题和正文。

标题是对正文内容的概括,要求准确、简明,如《全国会计工作会议情况简报》《安徽省2017年高考阅卷工作简报》。

正文的写法很多,常见的有新闻报道式、简要通报式、讲话摘要式、列小标题式、集锦式、经验总结式等。

简报有时在标题下面、正文前面加配编者按,说明制发简报的原因、目的、编者的希望和要求等。按语对简报的内容起提示、说明或评述的作用。

(3)报尾，在正文结尾下面用分隔线隔开，写明抄送的单位和印发份数。在网络上发布的简报常常省略报源。

例文：

保护母亲河行动简报

第4期

全国保护母亲河行动领导小组办公室编　　　　　　　　2015年06年19日

团浙江省委运用“互联网+”思维
深化推进治水行动成效显著

近日，浙江团省委就运用“互联网+”思维推进“美丽中国、助力治水”行动的有关情况呈报了工作专报，团中央书记处第一书记秦宜智同志作出批示：“浙江团省委运用‘互联网+’思维，聚焦省委省政府重点工作‘五水共治’，做得风生水起、有声有色。希望把这一思路运用到服务青少年、维护权益等领域，进一步增强团组织的黏性。”现特将浙江有关做法整理编发简报，供各地学习借鉴。

年初以来，团浙江省委以省委省政府深化推进“五水共治”工作为契机，在巩固近年来“青春助力治水”工作成效的基础上，主动适应“互联网+”时代特点，以创新推出共青团治水微公益模式为牵动，立足自身优势，发挥品牌效应，推动互联网思维与青少年生态环保工作深度融合，取得积极成效。主要做法如下。

一、以创新求突破，打响“助力治水”新品牌

“众筹”是当前互联网领域的热词，也是对互联网思维核心观念的实际运用。今年，浙江团省委联合阿里巴巴公益基金会等单位共同发起“小鱼治水”公益基金，充分运用互联网的开放特征，坚持创新引领，众筹式、专业性、社会化推进“微公益”治水项目，汇聚众智、集合众力打响“青春助力治水”新品牌。

一是创新资金募集方式。(略)

二是创新项目运行方式。(略)

三是创新参与动员方式。(略)

二、以传承谋深化，掀起“助力治水”新热潮

“互联网+”时代强调创新，但创新并不意味着抛弃传承。今年以来，浙江团省委运用互联网思维对“青字号”传统品牌进行重新审视、全面梳

理、深化提升，赋予“老”品牌“新”内涵，激发既有工作新活力，掀起“青春助力治水”新热潮。

一是“面上动员和点上示范相结合”深化护水参与机制。（略）

二是“线上参与和线下体验相结合”拓展植绿护水方式。（略）

三是“源头导引与末端控制相结合”助推产业转型升级。（略）

三、以体系聚合力，构建“助力治水”新格局

就青少年生态环保工作而言，“互联网+”时代不仅要求注重互联网技术运用，更重要的是用互联网思维来提升工作，从根本上实现工作转型升级，构建起全民参与环保工作新格局。

一是汇聚“小伙伴”力量。（略）

二是完善“大数据”机制。（略）

三是打响“全民环保”攻坚战。（略）

第三节　演讲稿

一、演讲稿概述

（一）演讲稿的含义

演讲稿是讲话稿所包括的三种类型当中的一种。讲话稿的三种类型是：报告类，如政治报告、动员报告等；礼仪类，如纪念性讲话，各种祝词；演讲类，如各种命题或不命题的演讲。报告类风格朴实、严谨，具有公文或理论文章的特点；礼仪类既可以近似报告类风格，又可以近似演讲类风格；演讲类，既“演”，又“讲”，“演”为辅，“讲”为主。

演讲稿又称“演说辞”，是一种带有宣传鼓动性的应用文，是演讲者用以在公众场合发表演讲的文字底稿。撰写演讲稿是演讲准备的一个重要环节。它帮助演讲者在演讲前理清思路，使内容条理清晰；在演讲过程中提示演讲内容，消除演讲者的怯场心理；还可以用来掌握演讲时间。演讲稿的思想内容的好坏与艺术水平的高低，对于演讲的成败至关重要，所以优秀的演讲者除了善于即兴式演讲外，更重视演讲稿的写作。

(二)演讲稿的种类

演讲稿从表达方式看,分为叙事型、议论型和抒情型三种类型。

叙事型演讲稿多以自身或他人的经历为演讲内容,将经历、认识凝聚为一个思想焦点,作为通篇演讲的主旨。在叙述的关键处要有“点睛”的议论。语言要求通俗质朴,不加矫饰。

议论型演讲稿注重逻辑思辨和事理分析。或在开篇提出观点,接着层层深入地加以剖析;或摆出两种相反的观点,展开辩论,申明自己的见解。语言要求简洁凝练,说服力强。

抒情型演讲稿往往截取最有意义的生活片断或对自己心灵触动最深的一幕为演讲内容,要求作者有比其他类型演讲更浓郁、更热烈的情感。叙述不求完整,但十分注意选取那些富于诗意和感染力的细节,使抽象的情感具体化。语言要求色彩斑斓,生动形象。

二、演讲稿的写作要领

(一)了解对象,有的放矢

在所有宣传方式中,以演讲这种宣传方式对于接受宣传的人来说,在空间、时间上最为切近。正是由于宣传者与接受宣传者处于面对面的位置,所以演讲者既有必要也有可能使自己的演讲对听众有针对性,句句话为听众所理解、所喜爱,并在思想感情上得到交流与共鸣。如果我们面对听众,所说的话不为听众所理解和喜爱,甚至让他们感到格格不入,那么任演讲天花乱坠,也是浪费广大听众的宝贵时间,白白糟蹋自己的时间和精力。因此演讲者撰写演讲稿之前必须了解听众的有关情况,包括他们的思想愿望、情绪、志趣等。只有针对听众的实际情况,写好演讲稿,又能在演讲时以自己的表情、语气表现出对听众的关切,这样才能取得好的演讲效果。所谓有可能使自己演讲有针对性,这是说听众就在眼前,写演讲稿时可以就近了解听众的情况,演讲时又可随时注意到听众对每一句话的反映,有些基本内容固然不可临时变更,但态度、表情、语气是可以随时调整的,必要时也可在开头、结尾,甚至中间插入即兴式的讲话。下面的这篇短小精悍的演讲稿不仅内容有针对性,连语气也有针对性。

同学们:

你们从幼儿园到初中,受的都是慈母的教育。从今天起,我要对你们进行严父的教育。我不能保证你们都升上大学,但是希望你们都成为真正的人，全色调的人，将来在社会上拼搏的人。我要对你们的一生负责。你们应当：在高中的三年时间，除了学好功课，每个人至少要学会一种乐器，学会打拳，学会游泳，学会长跑，还要学会跳舞。

凡是要你们做到的，我首先做到，这叫作率先垂范。

我们的治班方针是力倡疏导。“江河之水，堵之则泛滥于世，导之则有益于民。”现在，我宣布撤销两条禁令：一是读武侠小说的禁令，二是关于男女同学接近的禁令。不禁止看武侠小说，不等于说我提倡看武侠小说。意思是武侠小说可以看，但要写出读后感，并要组织讨论。我对你们的要求是：看看无妨，不可迷恋。我认为把男女关系神秘化，是最有害的，你们都十七八岁了，对待这个问题应当有正确的认识。不管是友谊还是爱情，如果是有价值的，促人上进的，就不应受到指责。你们心里如果有解不开的疙瘩，不应当回避老师，要跟老师谈，明白吗？

俗话说：“严是爱，宽是害。”今天我对你们要严格要求，但也不是成天板起面孔训人。我相信，我能成为大家的知心朋友。

这篇演讲稿句句话都是针对刚进入高中的学生讲的，它抓住两点：第一点希望学生成为什么人，提出多种多样的活动，为中学生们展示了未来的五光十色的生活前景，对于他们来说是会因之兴奋、向往的，这是摸准了青少年的心理特征；第二点宣布撤销两条禁令，也是紧紧抓住了中学生们的好奇心以及处于青春期男女的独特心态，而采取的正确的诱导方法。整个演讲说话干脆、恳切、富于热情，甚至还用这样的语气说话“……要跟老师谈，明白吗？”这些话确是学生的良师、益友才能说出的。

（二）主旨鲜明，中心突出

演讲稿是一种文章形式，它和其他文章一样也要主旨鲜明，从某种意义上说，它在主旨鲜明性上的要求，比一般的文章还要更高一些才好。因为一般的文章主要是供人阅读，读者初读之后不甚明了的意思，还可再读一篇，反复捉摸。而演讲稿的内容如果稍有含糊、隐晦的地方，受众初听之后，可能不甚了然，又不能再听一遍，也就不知主旨何在，无形中降低了演讲的价值。

演讲稿的主旨怎样才能鲜明，这也和其他文章的主旨一样，需要对材料进行提炼，在结构上有合理的安排，在语言上有所强调或暗示。

（三）情真意切，以情动人

演讲是面对面的宣传，演讲者与听众最容易产生感情交流，交流的方式对于演讲者来说，就是通过讲话、表情、手势来表示，对于听众来说，除了也有表情之外，主要通过鼓掌表示。由于演讲易于交流感情，所以演讲者就一定要利用它来充分发挥以情动人、以情激人的作用，演讲稿的写作者也要把自己感受最深、感情最强烈的内容写进演讲稿内。

我们来看一篇满怀深情的演讲《别了！绿色的军营》：

> 是的，我即将告别军营，即将走向社会，走向微笑着的人群，走向那曾经抚慰了我20年的母亲的怀抱。此时，禁不住激动的我，又不无内疚地感到，我付出是那样的少，而得到却是那样的多。我不会忘记军营给了我温暖和快乐，给了我成熟和果敢，给了我知识和力量。我深深懂得“环境造就人”的真正内涵，懂得“铁打的营盘流水的兵”的道理。今后，或许还有人会问我：一生中你觉得最有意义的是什么？我想，那时的我一定会自豪地说：“我——曾经是一名军人！”叠好已经发黄的军服，回头望望，好想再行最后一个军礼，好想再握最后一次钢枪，好想再站最后一班岗，让军营中结出的硕果在历史中永恒吧！
>
> 别了，令人难忘的第二故乡！别了，那永不褪色的国防绿！

这段告别词，虽说没有华美的文采，却饱含无限的深情。透过那质朴而流畅的语言，我们仿佛看到了一颗年轻而火热的心在剧烈地跳动，为此而深受感染。

（四）布局合理，曲折有致

演讲稿的结构包括呼语、开头、正文和结尾。

1.呼语

演讲都有特定的对象，所以第一句话是对听众的称呼，标志着演讲的开始。恰当的称呼能缩短听众与演讲者的心理距离，起到融洽气氛、交流情感的作用。呼语要力求简洁，根据听众的身份、职业、年龄以及与演讲者之间的关系加以确定，重要的场合还需要在呼语中突出主宾。

2.开头

演讲稿的开头是演讲者与听众之间的一座引桥，起着不可低估的作用。一个好的开头能为全篇演讲定下基调，迅速激起听众的浓厚兴趣。它或者开门见山，点明主旨；或者设置悬念，引人入胜；或者提出问题，发人深省；或者临场处理，即兴发挥……总之，多种多样的开头方法都是为让听众更好地接受演讲。

3.正文

正文是演讲稿的核心内容。它可以取纵式结构，按一定逻辑关系，层层深入地展开，表现一定的主旨；也可以取横式结构，分成几个部分，从不同方面来共同表现一个主旨。无论采取何种结构，都要力求严密完整、浑然一体。

4.结尾

结尾是演讲内容的自然收束，是演讲稿的有机组成部分。俗话说："编筐编篓，贵在收口。"成功的结尾往往令听众回味无穷，印象深刻。演讲者可以提出希望，催人奋进，也可以表达祝愿，鼓舞斗志。

演讲稿的结构实际上是复杂而多变的，除了要求完整、连贯、严密之外，还要做到曲折有致，波澜起伏，以适应听众心情有张有弛的特点，使得听众在听讲过程中心情始终保持专注、浸沉的状态。譬如有的演讲开头故意说些题外话，甚至扯得很远，使听众不知演讲者要讲的是什么，引起人的悬念，可到一定的地方，突然用一两句话引上正题，展开叙述、议论和抒情；及至进入高潮，又插入一幽默的话，使听众的心情为之一变；演讲即将结束，又再次掀起高潮，但又未等波平浪静，演讲便戛然而止，使听众有一种意犹未尽的感受。这只是制造波澜起伏的结构的一种方式，除此之外，当然还有很多别的方式，这些全由演讲者根据演讲的内容来构思、创造。

(五)通俗易懂，形象生动

通俗是要让听众听得明白，生动是要让听众听得有味。作为演讲稿来说，要使它语言通俗，主要从三方面下功夫：第一，对于要阐述的道理自己要理解得透彻，表述时尽量用自己的口语深入浅出地说出，切不可背诵较长的引文或深奥的理论句子；第二，演讲稿语句的结构要单纯一些，句子也不宜太长，切不可用那些前面有大串附加成分，中心成分远远落在后面的长句；第三，所有词语要人人都能听得懂，少用或不用方言、术语，文言词语也要用得合适，一些写在纸上人人都懂、说在口上容易产生歧义的词语也应避免使用。

演讲稿的语言也要生动，语言生动主要的途径就是用形象化的办法，如用比喻、借代、拟人等手法使抽象的说理、抒情变得具体。有一篇题为《时间赋》的演讲稿，其中的一段是这样的：

> 朋友，明天就是新年了，我们的生命的年轮又多了一圈，当世界科技革命的浪潮汹涌澎湃冲荡全球时，当人类进入太空探觅神奇时，当中国的改革正在深入人心深入每一个角落时，朋友们，我们怎么办？我们要奋而前行，站而雄视！机不可失，时不我待。也许我们会看到：巍巍文山难搬，茫茫会海难填！"足球"踢不尽，"扯皮"扯不完！也许我们会体味：解决一个小问题，会须一拖三百天；研究一个小建议，请示、汇报带划圈！也许我们会发现：一杯茶伴一支烟，几个电话要一天，已成为官僚主义们的正常日程……

这段话给官僚主义者画像，正是通过采用比喻、借代、夸张的手法，才取得了生动逼真的效果。

演讲稿语言生动，还可通过排比、对偶等修辞手法的运用取得，也可采用幽默的笔调，提炼精粹的警句，使语言多彩多姿，富于情趣。

思考与练习

一、以进入大学后的生活感受为内容，写一封致中学时期自己最爱戴的师长的书信。

二、以下是一封自荐信，请指出它存在的问题，并进行修改。

尊敬的先生(女士)：您好！

我是××大学的应届毕业生，虽然不是来自第一流的名牌大学，但本人时刻以高素质的人才要求来锻炼自己，充分展示自己的个性，发挥自己的潜能。

回首走过的大学生活，看贫瘠变为繁荣，以自信取代迷茫，从幼稚走向成熟，培养了对专业和计算机的浓厚兴趣，具备了奋发向上的精神品质和较强的自学能力，引以为自豪的是在大学期间我一直刻苦拼搏，孜孜不倦的学习，打下扎实的专业理论基础。就读期间我努力拓宽知识面，并注重实践能力的培养，积极参加各种社团活动，拥有了健康的身体和良好的心理素质，具备较强的与人沟通的能力，相信能够适应快节奏的现代工作和生活，能够从事有创造性和挑战性的工作。

当今社会，方兴未艾的知识经济，入世后的体制改革，沸沸扬扬的网络狂飙共同编织了我们这个时代的生活背景，这个世界也因此充斥着残酷的竞争，“物竞天择，适者生存”成为时代的主旋律。面对竞争和挑战，物色一名好助手是您的希望，而谋求一片理想的发展空间，是我四年来的梦想，所以我们都面临着双向选择。贵公司的业绩与良好的形象将我深深地吸引，而自信的我，有着一份激情，也有着一种稳重，“严于律己，宽以待人”是我的信条。“给我一个起点，我就能撬起地球”是我的格言，真诚肯干是我的准则，只要您给我一个机会，一个舞台，您的信任与我的实力将为我们创造共同的成功。

如果能与您携手同行，我将深感荣幸，纵使无缘合作，您让我认识到自己的不足，我也不甚感激，毕竟这是一个终身学习的年代，再次感谢您在百忙中给予我的关注。

最后，谨祝贵公司事业蒸蒸日上，前程似锦！

此致

敬礼！

自荐人：××

××××年×月×日

三、请你就所在院系近期开展的某项学生活动搜集材料，写作一份简报。

四、对自己进入大学以来的学习、工作、生活情况进行回顾，写作一份总结。注意概括出经验和教训，以便在今后的学习生活中扬长避短。

五、以下给定资料是F市实施心理健康促进项目的工作大事记，请据此对F市所做工作进行分类总结。要求：分类合理，内容全面。

F市自2012年2月份实施心理健康促进项目以来，着力构建相关机制，努力创新模式，持续推进健康心理工作。以下是F市心理健康促进项目大事记。

2月20日，成立由分管副市长为组长的项目领导小组，下设办公室和联络员，制定试点工作方案和重点项目实施方案。

2—3月，项目领导小组确立相关会议机制，及时策划，部署各项心理健康干预活动，及时协调解决相关问题。启动项目以来，共部署了3次大型会议的筹备工作。

5月初召开试点工作协调、启动会议。会议通过了项目实施草案，布置了工作进度的三个阶段，强化配合与落实。

5月底召开了项目成员单位联络员会议，部署了重点项目的实施方案，启动了心理卫生协会成立的筹备工作，提出了国家心理咨询师三年培养计划。同时建立了项目工作紧张情况每月一报制。

7月，组成建立心理卫生协会，有团体会员39家。市卫生局投入20万元建立了市心理健康辅导中心，全市初高中均成立了学生个体心理辅导室，四所高中配备了8名专职心理辅导教师。投入40万元改建了F中学的心理咨询中心，中心面积约为280平方米，内设接待室、个别辅导室、团体辅导室、音乐放松室、情绪宣泄室、心理沙龙室、心理沙盘室。

8月，在某服饰有限公司以现场会的形式，组织几个社区的负责人参加了会议，部署了社区心理咨询站点建设工作的进度安排和心理干预服务模式，全市建立市心理卫生协会—部门—社区的三级网络系统，保证心理干预网络全覆盖，各级网络间相互协作，资源整合，紧密配合。

9月，市总工会的职工心理咨询室、妇联的女性职工心情舒缓中心和残联的心理咨询所，开始为企业职工、广大妇女和残疾人服务。该市12个文明社区都成立了心理咨询室，11个社区完成了心理干预室的筹建工作。

10月，市妇联开通了首条“女性心情舒缓热线”。市残联开设心理疏导室，专职开展残疾人及其家属心理健康服务。全市初高中除设立个体心理辅导室外，还加强了学生心理课程建设，初中二年级每班每两周开设一节心理健康活动课，高中一年级每班每月至少开设一节心理辅导活动课。

10月10日为第21个世界精神卫生日，市心理卫生协会在X社区开展市抑郁症筛查日大型活动，活动以“艺术・心灵・生活”为主题，宣传活动呈现出内容丰富、形式多样、群众参与性高的特点，进一步扩大了心理健康教育覆盖面和知识普及面。

10月中旬，聘请7位精神科专家，为全市心理健康促进工作提供技术支持，定期到F市心理健康辅导中心坐诊和开展教学、学术活动。

10月下旬，卫生局招聘了1名医学心理专业的大学生，充实市卫生系统医学心理专业人才队伍，制定并实施了国家心理咨询师三年培训发展计划，争取到2014年，培养200名国家级心理咨询师。

12月，开展心理社团、心理活动周、校园心理剧汇演等一系列创新性活动。Y社区组织了22名“知心姐姐”，和社区干部一道接受了心理健康知识系列培训。

12月21日，F市日报推出了“F市先行试水社会心理健康促进机制建设”的卫生专版，刊登了市心理咨询师培训及市心理卫生协会成立等信息，公布了各心理健康辅导中心咨询时间和热线咨询电话。

2013年1月，市心理卫生协会结合健康生活方式日大型广场活动，共展出宣传版面28块，发放宣传资料3种10000份。

（节选自2014年国家公务员考试《申论》试题资料）

六、完成以下有关大学生择业意向调查报告写作的练习。

（一）以下各项都可以作为大学生择业意向调查的目的，请你根据主客观情况选择出合适的调查目的：(1)制定就业指导政策；(2)反映大学生择业意向；(3)分析大学生择业心理；(4)为有关部门提供信息；(5)为有关部门提供决策依据；(6)反映毕业生择业方面的问题；(7)提出指导毕业生择业的建议；(8)反映在这次调查中自己受到的锻炼；(9)告诉毕业生如何择业；(10)向用人单位反映情况；(11)分析人才市场的现状。

（二）根据你选定的调查目的，从下列写作对象中选出合适的项目，作为你对写作对象的预测和定位，并按一定的逻辑排列出顺序（可以根据调查目的增加项目)。

被调查者姓名　年龄　性别　婚姻状况　籍贯　文化程度　民族　简历　健康状况　所在院校　年级　专业　班级　学号　父母基本情况　兄弟姐妹基本情况　政治面貌　主要社会关系　受过何种奖励或处分　每月消费水平　家庭收入　父母职业　家庭居住地　户口(城镇或农村)　毕业中学　爱好　特长　学习成绩　是否有过勤工俭学经历　是否考研　对职业的选择　对就业时间的选择　对就业地点的选择　对专业的选择　对岗位的选择　对单位的选择　对单位所有制性质的选择　薪酬期望值　其他影响择业的因素　对学校就业指导工作的建议　对用人单位的建议

(三)根据以上调查目的和调查项目,设计一份调查问卷。

(四)选择合适的范围和对象,进行问卷调查,写作调查报告。

七、阅读下面的演讲稿,谈一谈它的写作有何特点。

长大后我就成了你

朋友,你喜欢听《长大后我就成了你》这首歌吗？这首歌曾经传遍神州大地,唱响了十余年,至今仍然深受人们的喜爱。这不仅是因为它曲调悠扬,旋律动听,更重要的是它表现了人民教师无私奉献的情怀。

泰戈尔在诗中写道:“花的事业是甜美的;但是让我做叶的事业吧,叶是谦逊地,专心地垂着绿荫的。”带着对绿叶精神的追求,带着对教师的崇拜,带着对教育事业的憧憬与热爱,我义无反顾地选择了教师这一职业,也深深体会到了教师这个职业的神圣。

2008 年 5 月 12 日那个充满阴霾的下午,两点二十八分,那一刻,无数的房屋倒塌,无数的鲜花凋零,无数的生命消亡,就在那一刻却有无数的教师用自己的生命挽起学生的生命。

他弓着身子,张开双臂,紧紧地趴在课桌上,雷鸣般的巨响,雪崩般的砖瓦像弹片砸到他的头上、手上、背上,热血喷涌而出;他咬着牙,拼命地撑住课桌,如同一只护卫小鸡的母鸡,他的身下蜷伏着四个鲜活的学生,而他张开守护翅膀的身躯却定格为永恒。他就是谭千秋老师,他用自己宝贵的生命诠释了爱与责任的师德灵魂。

24 岁的青年教师苟晓超在地震来临时一边喊“快跑,危险,快,快……”,一边迅速抱起一名学生往楼下冲。到了楼下,来不及喘一口气,立即返身冲上三楼。他又抱起两名学生,向楼下冲去……当他再一次冲上三楼,再一次抱起两名学生,再一次向楼下冲去时,顶楼轰然倒塌,重伤中的他倒在血泊里，用他生命的最后一丝力气，艰难的伸出手指指向楼顶，奄奄一息的说："上……上……上面还有……"你知道吗？这是他新婚后第一天上班，还是个幸福的新郎呀！

听，一岁半的小雯欣在不停地号哭："救——妈妈！救——爸爸！"小女孩张大嘴巴不停地号哭，双手死死抓住抱她的邻居的肩膀。她只有一岁半，说话还不清晰。地震之后，她再也没有听到过爸爸妈妈的声音，哪怕一个字。没有人告诉她，她最爱的妈妈——映秀小学教师严蓉在救下了13个学生后，再也不会回来；而爸爸，依然音讯全无，小小的她已成了孤儿。

让我们记住这样一串闪光的名字吧！为救学生身体断为三截的向倩老师；被锯掉双臂的张米亚老师；还有张红梅、瞿万容、袁文婷……

他走了，她走了，他们走了……

这是怎样的一份爱啊，让你生死相许，矢志不渝。

这又是怎样的一双翅膀啊，钢浇铁铸，给人以生机，更托起了中华民族的希望。

沉沉的瓦砾，压垮了教室，压不垮的是教师坚毅的臂膀；

茫茫的废墟，淹没了校园，淹没不了的是教师沸腾的热血；

地震的灾难，震动了大地，震不动的是他们为教育事业奉献终生的擎天誓言！

敬爱的老师，你们舍生取义，用生命书写的大爱，是为师的精神，更告诉我们，什么是人类永恒坚守的品质！

汶川的孩子们是不幸的，在他们本该享受快乐童年的时候却遭遇了灾难；汶川的孩子们又是幸运的，是他们的老师用责任将他们从死亡边缘拉了回来。他们用自己的行动乃至生命，向我们诠释了什么是师德，什么是爱，什么是荣耀！

作为一名教师，一个还健康活着的人，我应该做什么呢？我也许不能做像他们那样的英雄，但我能像他们一样去无私奉献。"春蚕到死丝难尽，蜡炬成灰泪不干"，是春蚕，就让我有抽不尽的丝；是蜡烛，就让我发出夺目的光；是人梯，就让我为学生架起人生成功的通道！

是小草就让它去装点大地，是大树就让它长成栋梁！我愿做一片绿叶，映衬红花；我愿做一缕春风，吹拂笑面；我愿做一滴甘露，浸润心田……只要我们把平凡的人生献给这壮丽的事业，用心血与汗水去浇注祖国的花朵，那么，我们平凡的生命将会在壮丽的事业中永远闪光！

桃李芬芳怀伟志，英才荟萃兴中华。我自豪，因为我是一名教师！我自豪，因为我长大后就成了你——人民教师！

第十章　教研性文体

第一节　语文教案

一、语文教案概述

(一)语文教案的含义及相关概念

教案是教学方案的简称。语文教案是语文教师根据教学目的、教学内容和教学对象设计、执行的具体教学方案。它对保证语文课堂教学任务的完成和提高教学质量发挥重要的作用;同时,它也是考核语文教师的教学态度和教学能力的必要依据。

根据中学语文教学任务的侧重点不同,语文教案分为讲读课教案和作文教学教案两个类型。讲读课教案的写作客体,是语文教学大纲所规定的、语文教材所选编的一篇篇课文(有的自读课文如确需讲授的,也常常要有教案);作文教学教案的写作客体,一般是教材中写作部分安排的一个个单元,或由教师基于教学经验和教学效果考虑而自成体系的一个个写作教学单元。

如按课时和课题,语文教案又可分为课时教案和课题教案两种形式。前者着重考虑的是在所规定的有限时间内如何有计划、有目的、有步骤地开展好教学活动(讲读课教案大多属课时教案);后者则更多地考虑课题或专题的完整介绍,虽也虑及课时,但并不拘泥于时间分配。大学教学运用课题教案较普遍,中学语文教学中的作文教学教案大多也属此种教案。

与语文教案相关的有“语文教学设计”和“语文课堂实录”。

语文教学设计与语文教案在写作目的和功用上有相通之处,或自备于课堂教学之用,或提供给别人作参考。但在写作的形式和内容上有所不同。在写作形式上,教案通常有规范化的结构,而教学设计可以省略教案中的一些基本构成部分(如“总述”和“附录”),写法上具有一定的灵活性和多样性。在写作内容上,教案的内容具有完备性,它几乎涵盖了所要讲授的基本步骤和基本内容,而教学设计可以只抓一点不及其余,提供的往往只是如何教好某一篇课文的大致构想,重点突出,中心明确,专一性较强。而且,这种构想由于带有自创的性质,同一篇课文、同一个课时,可以有不同特色的教学设计。

语文课堂实录与语文教案也有一定的联系。如果说,语文教案是课堂教学之前的一种方案,那么,语文课堂实录则是对教案实施过程的记录和实施效果的测评。一般来讲,语文课堂实录是为了推广教学经验,而对语文课教学实况进行记录,并经整合后形成的书面文字。它与教案的区别主要在于:课堂实录注重一个“实”字,它要把课堂教学活动作为一个“事件”,忠实、完整地记录下来,包括现场氛围以及听课人员的意见和评价。用以发表、交流的实录虽经整理,一般也要保持口头语言的风格。教案则纯粹是一种书面文字,而且它仅仅是一种设想,所以效果如何、学生是怎么反应的,教案中不可能有所反映。教案中可以设计问题,但学生的回答可能千变万化,需要的是教师的随机应变能力。

(二)语文教案的特点

1.科学性

语文教案的科学性,一方面指的是教案所涉及的对课文内容的讲授应该是准确的,如课文重点和难点、思想意义和审美意义的讲析,以及知识点的把握、能力点的迁移,都要符合课文实际,符合语文教学的基本规律;另一方面,教案所涉及的教学方法和训练手段,也应该是科学的。比如多媒体教学形式的采用,导入语、结束语的处理,启发、点拨式方法的借鉴,板书的设计等等,都必须因文而异、因学科特点而异。

2.计划性

每一份教案的写作都有明确的目的指向,但这种教学目的不是孤立地指向一堂课、一篇课文,而应该把每一份教案的写作纳入总体的教学计划来考虑。每一份教案都是总体教学计划的一个环节,各个环节之间需要有密切的联系。写作一份教案,既要据“本”(课本),也要依“纲”(教学大纲),既要瞻前,也要顾后。课文讲授也好,作文训练也好,都要有计划性。这样,一个单元,一个学期,乃至整个初中或高中阶段的教案的组合,自然形成一个完整的知识传授序列和能力训练系统。

同时,教案的计划性又体现于每一份教案本身,即每一份教案要有内在的逻辑联系,尤其是主体部分的内容,从什么角度切入、先讲什么后讲什么、何处提问何处板书等等,都要事先有计划,进行周密设计。

3. 可操作性

教案常常简明扼要，重难点突出，方法步骤明确，具有很强的可操作性。它既有利于自己实施课堂教学，又要给别人借鉴提供方便。

二、语文教案的写作要领

(一)语文教案的结构

教案本是自备的，应在写作形式上“自适”，不必强求整齐划一。但教案作为一种应用性很强的文体，它又有一个约定俗成的、大致相同的格式。就其结构而言，一般包括标题、总述、主体、附录等部分。

1. 标题

教案的标题大多为笼统式，如《〈……〉教案》。有的用于公开发表的作文教学教案，也可采用教育小论文式标题，如《此“猫”非彼“猫”——一堂说明文训练指导课》。

2. 总分

总述是教案的开头部分，说明教学目的、教学重难点、教学设想、教学方法手段、课时分配等，一般采用条文式介绍。

教学目的和教学重难点，通常根据课文前的教学提示和课文后练习进行设计，有经验的教师也可自行确定。

教学设想，往往是就一篇课文“教什么”“怎么教”作扼要的交代。这部分内容由于在教案主体部分有具体反映，所以也可略而不写。

教学方法手段，指为了强化教学效果所运用的一些有效的方法手段的说明。

课时分配，用以说明一份教案所适用的课时。

3. 主体

语文教案的主体部分主要是分述具体的教学步骤、教学内容和教学手段等，是教案的重点和实现教学目的的保证。

教学步骤、内容和方法是互相联系的。教学步骤体现的是执教者的基本思路，也是展开教学内容和实施教学方法的操作程序；而教学的内容和方法又贯穿于教学步骤的各个环节中。正因为教案的主体部分的这几个方面联系密切，所以，很多教案的主体笼统地冠之以“教学步骤”“教学过程”或“教学的程序和内容”。

语文教案的主体部分大体包含以下几个环节：

(1)预习，主要为顺利地进行课堂教学活动作先期准备。如字词的正音释义、课文的阅读或背诵、重难点的提示和揣摩、背景材料和比较阅读资料的搜集或熟悉等等。

(2)课堂讲读,这是课堂教学活动的主体,也是讲读类语文教案的核心部分。讲读既指教师的讲和读,也指学生的讲和读。课堂讲读的内容和方法,需要调动执教者的智慧、功力和经验,创造性地进行设计。诸如如何导入,如何铺垫,如何释疑解惑,如何启发诱导,如何分析小结,如何将知识转化为能力等等,每一个教师都有充分施展才华的用武之地。人同文异,文同人异,教案的个性特色,往往在"课堂讲读"这一部分能得到充分展示。

"课堂讲读"部分的写作基本要求包括:

①纲举目张,思路清晰。这部分的内容必须提纲挈领,标示具体步骤,明确教学思路,以便教学时起提示作用和教学后起备忘作用。思路的展开应遵循人们对事物的认识规律和符合学生的接受心理,或纵向层进,或横向并列,或先总后分,或先分后总,写作时思维要严密,思路展开要有迹可循。

②有详有略,言简意明。就整篇教案来说,它有详略之分,"课堂讲读"是核心环节,自然要详写。就"课堂讲读"部分而言,它也不是平均使用笔墨,仍需详略有致。如关系到"教学目的"的内容,或涉及重点难点的地点,通常要详写。但中学语文的"课堂讲读"有别于大学的理论课,它以据"本"讲解为主,不能脱离课文信马由缰,可能在讲授中作为重点处理的地方,在教案中却只要点到即止。而有些背景材料、导语等非重点的内容,由于花费心血选择或设计,是课文中没有的,为了讲得精粹有序且避免遗珠之憾,教案中可能写得较详细。这是作为自备之用的教案的特殊之处。总之,教案的详略取决于内容的主次与执教者的需要。

教案不同于讲稿,也不同于课堂实录,其语言必须言简意明。一方面,教案虽为书面文字,但它不是仅供阅读之用,主要用于课堂教学,所以其语言要有利于转化为口头的表达,文字要简,意思要明。另一方面,教案不是整个课堂教学活动的记录和再现。因此,不能把课堂教学活动中所有的情形一一写进教案。比如有的教案把师生问答的内容都详细写上,这就没有必要。教案是一种构想,什么地方需要问什么,可以写进教案,至于学生有何反应,怎么回答的,那不是教案所要反映的。

(3)作业,布置作业旨在巩固和扩大教学效果,举一反三,学以致用,进一步促进知识向能力的转化,直接关系到教学目的的实现。因而,这一环节在教案中不容忽视。

作业的设计,课文后的"思考与练习"是重要依据,但不能拘囿于此,可以根据情况灵活处理。作业常见的类型有以下几种:一是"巩固型",重在巩固新学的知识；二是“创造型”，重在培养学生的创造性思维能力；三是“延伸型”，重在将已学的知识向外扩展延伸；四是“迁移型”，重在把知识转化为实际的应用能力。

4. 附录

语文教案的附录部分，大多附上板书设计。板书如果在主体部分已有标示，则附录也可省略。

板书是语文教学中最常用的辅助性教学手段。其功能表现为：第一，统摄全局，展示讲授内容的纲要，引导教学的进程和步骤，使一堂课的内容富有条理性。第二，梳理课文的内容和各种复杂的关系，强化教学的重点和易化教学的难点。如议论文中复杂的逻辑层次、记叙文中交错的线索和人物关系等，借助直观化的板书，使之明晰起来，便于学生理解、记忆、迁移。第三，调节课堂气氛和教学节奏，激发学生兴趣，吸引学生注意力。

板书的构成通常包括基本部分、核心部分和点缀部分。基本部分的板书一般采用文字提要的表述形式，其功能主要体现于上述的第一个方面。核心部分的板书主要运用文字与图表相结合的表述形式，其功能集中体现于上述的第二个方面。在中学语文讲读教学中，这部分板书是最为关键的。因此，语文教案中附录的板书，多数是这部分板书。点缀部分的板书涉及的常常是教学中的非重点、难点的内容，用形象化的表述形式，如图形、符号、色彩等，从视觉上刺激学生的思维兴奋点，撩拨学生的听课情绪。

板书是一种辅助手段，设计必须精益求精，切忌多而杂；板书设计又是一种艺术，必须充分发挥执教者的才智，编排得醒目有序，富有美感。传统的板书载体是黑板，现代教学引入多媒体等先进设备后，板书的载体随之变得多样化。

(二)语文教案的写作要求

关于语文教案的写作要求，前边的相关部分有所涉及，这里着重从宏观上提出三个方面的要求。

1. 要吃透课文

语文教案的写作必须建立在对课文的深入理解，融会贯通的基础上。课文是教案写作所要表现的“外物”，按照写作“物—意—文”的转化规律，对课文(即“外物”)的“内化”是至关重要的一个环节，而“内化”的途径则是对课文的研读。语文教学的“课文—教师—学生”这一链条中，能够把课文的“例子”作用得以发挥，并进而使之转化为学生的阅读、写作能力，离不开教师的“主导”。要教会学生如何读、如何写，教师事先要吃透课文，吸收消化，不仅要深切领会课文写了什么、为什么而写，而且力求准确地把握它是怎么写的。这既关涉到执教者的阅读能力问题，也关涉到执教者的教学态度问题。那种认为“语文教师好当，抱着一本教参打天下”的想法是要不得的。

对课文的“内化”，首先是“知人论世”，查阅有关资料，了解写作的背景和意图。这方面的功夫有利于领会课文“写了什么”“为什么而写”。其次是“循迹复原”，探究作者的写作思路，提示课文的写作特点，即体会作者是“怎么写的”“好处何在”。

2.传授的内容要合理

写作教案的主要目的是为了更好地进行讲授，讲授则是一种“给予”，就是把吸收内化后的东西给予学生。给什么，给多少，怎么给，需要选择、斟酌，做到给得合理，恰如其分。人们常说教师给予学生一杯水，自己先要拥有一桶水，那么，我们也可以这样理解，所给一杯水是一种经提纯的“纯水”。教师经吸收内化后转而喂哺给学生的应该是“精华”。“倾囊以授”，喂哺过量显然不好，给非所需，超越学生接受能力，自然也不妥。所以，教案的写作，在内容的选择(在讲授中体现为“给予”)上，应综合考虑各种因素，如大纲精神、课文特点、接受者水平、执教者特长等等，灵活处理和合理安排“给予”的内容。

3.规范但不失创意

语文教案虽有规范化的体式，但规范仍需不失创意，共性之中需突现个性。

创意既有内容方面的，也有形式方面的，有时两者兼容并包，比如一段富有吸引力、启发性的导语、一个独到的切入角度、一个精心设计的板书，都体现出一种创意，一种个性。

创意还包括为各种不同的课型所设计的不同的教案。如导读课、朗读课、作文指导课、作文评讲课；同是讲读课，又有现代文、文言文之分；同是文学课，又有小说、诗歌等的不同。不同的课型，由于目的不同，与之相应的教案的内容和形式也千变万化。

另外，教师的教学经验、教学特长，也对教案的创意和个性化产生重要影响。

第二节　说课稿

一、说课概述

(一)说课的含义

说课是教师在精心备课的基础上，将自己对某节课的教学设想及其理论依据面对面地对同行(同学科教师)或其他听众做全面讲述的一项教研活动。

根据性质,说课可以分为研究性说课、示范性说课、指导性说课、考核性说课、评比性说课等类型。

开展说课活动,有利于提高教师的备课质量,有利于提高教学效率、有利于提高教师的理论素质和语言组织能力、表达能力,有利于提高教研活动的实效。因此,说课成为教师能力考核和教师选拔的一种重要手段,高等师范院校的学生非常有必要掌握说课稿的写作要领和说课的方法。

(二)说课的特点

说课不是对备课内容的简单叙述,也不是对讲课过程的简单总结,而是在教育理论的指导下,教师对备课、讲课等教学环节在理论上的高度概括。说课不仅要说出“怎样教”,还要说清“为什么这样教”以及学生“怎样学”“为什么这样学”,因此形成了自己的特点。

1. 说理性

说课要求教师阐述如何运用适当的教育理论实施教学,有着显著的说理特性。

2. 科学性

课堂教学要求教师以科学的理论为指导,用科学的方法解决教学中的矛盾和问题。因此,说课必须在内容和形式上体现课堂教学的这种科学性。

3. 预见性

说课者要对所教学生的知识技能、智力水平、学习态度、心理特点等全面了解、深入分析,预见教学活动中可能会出现什么情况,并说出自己将如何采取应对措施。例如,估计学生会如何回答问题,说明自己可以怎样处理等。

4. 程序性

说课是对教学设想的全面讲述,包括四个方面,具有固定的程序,即说教材—说教法—说学法—说教学程序。

(三)说课的内容

说课一般包括说教材、说教法、说学法、说教学程序四部分。

1. 说教材

(1)本课时教材的题目及主要内容,课型(阅读课、作文指导课、复习课、检查课、实验课、综合课等)及所需课时。

(2)本节课的知识结构和教材内容前后的联系及其在本单元或本册教材中的地位和作用,从而明了教材编排意图。

(3)教学目标，要根据教学大纲、教材和学情，确定本节课的教学目标。

(4)教学重点、难点，以及确定这些重点、难点的依据。

2. 说教法

(1)为完成本节授课任务所采用的教学方法及理论依据。

(2)使用教具的情况。

(3)如何突出重点，突破难点。

3. 说学法

(1)结合教学内容说明通过什么方式，培养学生哪些学习习惯和学习方法(如主动预习、圈点勾画、查字典词典、手脑并用、读思结合、合作探究等)。

(2)通过哪些途径，培养学生哪些能力(主要有阅读能力、观察能力、思维能力、想象能力、表达能力等)。

(3)因材施教的措施(如优生的培养、差生转化)。

4. 说教学程序

(1)本节课的课堂结构(课的结构主要有导入新课、指导预习、明确目标、检测目标，进行新课、知识迁移、教师小结、布置作业等几个环节)

(2)师生双方活动的具体安排和依据。

(3)板书设计和依据。

(4)课堂练习及练习意图。

(5)课后作业的布置和训练意图

二、说课稿的写作要领

说课稿是用于说课的文字底稿。在内容上，说课稿要包含分析教材、阐述教法、指导学法、概说教学程序四部分。在形式上，说课稿可以采用条款式和短文式两种。条款式说课稿只是列出各部分的要点，在说课时为了达到“说”的要求，还需要注意语言上的过渡衔接、书面语向口语的转换；短文式说课稿可以在写作时就考虑说课的“说”，在语言的安排上更加自然、流畅。

下面主要从内容的角度阐述说课稿的写作要领。

(一)深入挖掘教材价值

教材是实施课堂教学的最基本依据，也是说课的基本依据。说课质量的高低，取决于对教材分析的深广程度。

对教材的分析，重在挖掘教材的知识价值、能力价值和思想情感价值。教材的知识价值，是由这部分知识在整个学科体系中所占的地位所决定。教材的能力价值，是指知识本身所含有的对人的能力发展有促进作用的因素。教材的思想价值，主要在教学中对学生进行辩证唯物主义的观点和方法、实事求是的科学态度、爱国爱乡的情感等的教育。

(二)恰当运用理论依据

说课的各个环节都可能涉及理论依据，包括：1.《课程标准》《教学大纲》中的指导思想、教学原则、教学要求等，这是指导我们确定教学目标、重点、难点、教学结构以及教法、学法的理论依据；2.《教参》中的编排说明、具体要求等，这是指导我们把握教材前后联系和确定具体教学目标、重点、难点的理论依据；3.教育学、心理学领域的原则、原理、要求和方法；4.教育理论和名家名言。

不管运用哪一种理论，都要符合教材、学生等的实际情况，有益于阐述教学设想，而且要进行准确简明的表达，切忌出现理论堆砌不适用、理论空洞不管用的问题。

(三)科学制定教学目标

制定教学目标的要求是：

1. 全面

可以包括认知目标、能力目标、情感目标(或知识目标、智能目标、德育目标)几个方面。

2. 适当

要符合教学大纲要求和学生实际，要有“识记、理解、运用”等层次要求，不要随意提高或降低。

3. 具体

要将大纲中的总体性、综合性目标分解成本节课的具体的目标，使之具有可操作性、可检测性。

4. 明确

教学目标的表达要准确、简明。

(四)协同选择教法学法

教学，是教师“教”和学生“学”的统一活动，师生关系是以教师为主导、以学生为主体的双边关系。在教学中，学生的主体作用表现于在教学探索活动中的主动性和创造性，教师的主导作用表现于诱导学生在教学探索活动中的主动性和创造性，二者实质上是一体的。而教法和学法的关系，正是教师(主导)、学生(主体)的双边关系在教学方式上的反映。没有脱离教法的学法，也没有脱离学法的教法，教法、学法的选择必须协同考虑，而且，教法首先应着眼于学生的学法，以学为主体进行设计。这样，既把学为主体作为实施教学的基本点，又使教为主导成为学生主体的根本保证。

教法、学法多种多样，但没有哪一种是普遍适用的。为了达到教法、学法的优化，常常要在现代教学理论的指导下，选择最基本的一种或几种教法、学法综合使用，达到优化课堂教学过程的目的。具体选择什么样的教法、学法，需要考虑教材内容、教学目标、学生特点、教学媒体、教师特长以及授课时间等诸多因素。

这里要特别指出的是，教育教学界常常会出现一些新理论、新方法、新名词，我们在选择教法、学法时，切不可追赶时髦、盲目跟风、囫囵吞枣。

（五）合理安排教学程序

教学程序是教师根据教学目标，引导学生掌握系统的科学文化知识和技能，认识客观世界，掌握科学研究方法的过程，是学生在教师指导下主动掌握知识，发展智能，提高自身素质的实践活动的过程。

说教学程序，是整个说课过程中最重要的一环，要求结构严谨，层次清楚，在内容上要体现出：如何抓住关键突出重点，突破难点；如何发展智力，培养能力；如何面向全体，因材施教；如何激发学习兴趣，调动积极性；如何改革教法，指导学法。

说课中涉及的四部分内容是紧密联系的整体，需要前后关照，不可各自为政。说课稿的写作，也要将各要点通盘考虑。

第三节　语文教研稿件

一、语文教研稿件概述

（一）语文教研稿件的含义

语文教研稿件是指将对语文教学活动领域中的现象或问题进行探讨、研究的所得诉诸文字，并投寄语文教育类报刊用以公开发表的一类文章的总称。其研究的对象和范围包括语文教改动态、语文教育思想、语文课程和教材、语文考试和教法等各个方面。它是总结、传播语文教学经验，推动语文教学改革的重要工具，也是检测语文教师教学研究水平，提高语文教学质量的必要手段。一个中学语文教师，不应该仅仅满足于教好课，当个“教书匠”，还必须在语文教育、教学过程中有所发现,善于总结,成为“研究者”。对师范院校汉语言文学教育专业的学生来说,在读期间关注中学语文教学,利用大学的科研有利条件,尝试撰写语文教研稿件,也是基本的学习任务之一,是培养、提高科研能力和写作能力的重要途径,可以为毕业以后的进一步发展打下良好的基础。

(二)语文教研稿件的类型

语文教研稿件按其性质和功能分,大致有以下几类:

1.语文教育论文

这类文章往往从宏观角度探讨语文教育领域中带有普遍意义的现象或问题,具有较强的理论色彩和学术价值。从本质上看,它属于学术论文的范畴。

教育论文具有理论性。它运用的是理论思维,思辨的特征较明显。就是说,它对事物的思考,不能停留在零散的感性认识上,而必须对其作较为全面、深入、透彻的理性分析和理论阐述,要在较高层次上揭示研究对象的内在关系与实质,有很强的普遍概括力与说服力。

教育论文又具有创见性。既为学术论文,创见性是它的价值之所在。文章都讲究有新意,但创见性是更高层次上的一种新意。一般文章的新意,可以是新鲜的感想、材料、角度、文中某一个亮点,而创见则需要将论题放在更为深广的历史和现实背景中去考察研究,从而形成人所未见、人所未发的具有独到见解的基本观点。

正因为教育论文具有上述的特征,所以它不同于偶感而发的教育短论和就事论事的教学心得。也正因为教育论文具有上述特征,所以要写好教育论文,一方面要重视理论学习,加强理论素养,高屋建瓴地审视语文教育教学中的新现象、新问题;另一方面,要重视调查研究,设法去了解人们当前在语文学科上讨论些什么,即“研究当时的问题状况”(卡尔·波普尔语),从中有所发现,有所创新。

中学语文教师受课任负担和科研条件的制约,撰写并发表教育论文的不是很普遍。有些语文教育类杂志辟有“语文专论”栏目,其所发文章也并非都是学术性的教育论文,篇幅也受到较大限制。

关于此类文章的写作,还可参见本书的“学术论文”一节。

2.语文课题实验报告

语文课题实验报告是指在语文教学改革中,对某一课题(母课题或子课题,集体的或个人的)进行较长时间的实验以后,总结经验、汇报情况而形成的书面报告。在改进语文教学,推动语文教改方面,这是一种极有价值的文章样式。

语文课题实验报告兼具理论性和实用性,所以,它既不同于偏重于理论探讨的语文教育论文，也有别于偏重谈做法和体会的经验总结。它既要对课题实验进行科学的、理论的总结和升华，又要有很强的借鉴意义和可操作性。

语文课题实验报告的正文常由以下几个部分构成：

(1)课题的提出，这一部分主要介绍课题实验的相关背景情况、相关理论支持和事实依据。如该课题是自选项目还是集体项目，目前国内外的研究状况，课题着重要解决目前语文教育、教学中的什么问题，采用哪些研究手段，以及课题研究运用哪些先进的理论，等等。这一部分重在能说明课题的科学性和现实意义，其篇幅可长可短。

(2)课题的要义，这一部分用以阐述课题的含义、性质、特点、原则等，使所实验的课题名称有一个科学的界定，强化其在同类或相近课题中的地位和价值。

(3)课题的实施步骤，这一部分是课题实验报告的重点和核心，需详尽地介绍课题实验的基本环节、实施步骤、操作方法、个案示例等，以体现课题的实用意义和推广价值。

(4) 课题的效果，这一部分是对课题实验进行检验的结果。介绍实验效果，目的是进一步说明课题的价值。介绍效果，必须靠事实和数据，不能凭空想象或大而化之；检验的方式，可以由课题人自检，也可以由权威机构或专家评测。

3.语文研究心得

这类文章往往偏重于从微观角度探讨教材、教法，是个人在教学、研究中的经验总结或设想，具有较强的借鉴作用和实用价值。比如就某册教材、某个单元、某篇课文乃至课文中的某个细节，应该怎么教学、自己如何教的，谈个人的感受、做法、建议；或者就教材中的某个注释、某个知识点，进行商榷争鸣；或者对中考、高考语文试题的评析和解题指导；或者是作文指导、作文批改中的一种自创方法，诸如此类，不一而足。总之，此类文章涉及的范围很广，几乎涵盖语文教学的各个方面。在语文教育类杂志中这类文章占绝大多数。由于它选题余地宽广，而理论性、学术性要求不高，也不需要课题实验的周期，加上篇幅以一二千字居多，形式又不拘于一格，所以，受到中学语文教师的广泛重视，师范生也有条件和能力写作这类文章。

4.语文知识性短文

这类文章的显著特点是“知识性”，文章的内容偏重于介绍文学、文化、语言、写作等方面的有关知识，用以拓宽师生的视野，提高语文的综合素养。它的内容涉及古今中外，又以涉笔成趣见长，因此具有较强的可读性。

除上述几种主要类型外，文学鉴赏性的文章，也是语文教研稿件的重要形式,因文学评论一节已有详述,故略。

二、语文教研稿件的写作要领

语文教研稿件有特定的作者、特定的适用范围、特定的写作目的,因此,在写作上也有相应的要求。

(一)要有一个好的选题

题好文一半。选题不仅仅指给文章拟个题目,而且规约着文章的写作内容和写作意图。它是读者从文本中获取信息的一扇窗口和导引读者阅读心理选择的"光标"。因此,语文教研稿件选题的好坏,直接决定了文章自身的价值能否得到体现和实现。语文教研稿件的选题要求,一是针对性,二是新颖性。

1. 选题的针对性

语文教研稿件的选题有为而发,目的性明确,根据选题所写的文章确实能对当前的语文教改和语文教学,在理论或实践上起到一定的推动作用或借鉴作用。也就是说,选题首先要解决的是适应语文学科领域现实需要的问题。这就要求作者有很强的职业敏感性,善于观察学科领域动向,及时捕捉写作的契机。譬如说,教材的改革,新篇目的大量入选,给教师教和学生学都带来了难度,需要导教导读;高中考题型的变化,特别是新题型的露面,需要指点迷津;某一阶段出现的热点、焦点问题,需要参与讨论,等等。把握住这些契机进行写作,选题的针对性就强。

选题的针对性还存在另一个"适应"的问题。如前所述,语文教研稿件大多不为"自备"而写,而是用以报刊发表的(有的用作会议交流),这就必然要求文章的选题要适应有关报刊的需要。闭门造车,盲目投稿,常常会劳而无功。每一家语文教育类杂志和报纸,都有自己的办刊(报)宗旨,都有相对稳定的栏目设置和用稿要求,作为作者,应该对此做认真研究,关注报刊动向。有的文章,本身有一定的质量,却因为不能适应所投报刊的栏目而被弃之不用。显然,文章能否发表,并不完全取决于它的质量,有时还取决于它的传播媒介的需要。

2. 选题的新颖性

选题是否新颖,也是衡量文章价值的重要标准。语文教研稿件在选题上具有很大的局限性,这是由其研究对象的范围所拘囿的。一般的文章,选材立意的空间极为广阔,选题的自由度大。而语文教研稿件的选题,常常限于本学科的范围之内,而且又常与教材、教法有关。教材是可以变化的,但考虑到选文的典范性,许多经典的传统篇目常须保留;教法是可以革新的,但革新是以符合教学规律即科学性为前提的,变中又寓不变。语文教研稿件选题,很大程度上是受到其中“不变”因素的限制。围绕“不变”做文章，选题就难出新意。时移事易，许多传统的篇目，20 年前你写文章评析，可能是一种新见；不少教法经验，10 年前你作介绍，可能是一种发现。倘若今天仍重复那样的选题，尽管所写的文章见解不无道理，经验还能适用，只因为人们都已经是普遍这么看这么做的，就选题而言，新意就已不再。常常见到有这样的文章：谈朱自清《荷塘月色》的景物描写、谈鲁迅杂文的讽刺艺术、谈什么是“比喻”、谈作文批改中的互批互改、谈“板书艺术”，等等。这些选题，在作者个人看来，或在某一封闭的小范围内，它们也许是“新”的，可是给报刊发表，显然在新意上已无价值。

选题的新颖性落实到文章的标题，就是所拟题目能给人耳目一新之感，能抓住读者（包括编辑）。有些作者没注意到中学语文教研稿件与纯学术性的论文不同，不去精心拟题，动辄以“浅谈”“试论”等冠之，文中的新亮点被俗题掩盖了。且看下边的标题（上为原题，下为改题）：

选材不同　结构不同　语言不同
——两篇《我的老师》比较谈
同作一题文　各自擅其妙
——两篇《我的老师》比较谈

浅谈李白诗歌中的“游仙”描写
诗仙好“游仙”

如何看待“新新人类”语言
反常不合道的“新新人类”语言

我看“洋文冲击”
挡不住的“洋文冲击”

中考不要局限于教材
中考：不要抱着教材打滚

从比较中可以看出，改题较之原题具有更多的吸引力和新鲜感。

（二）要有一个好的视角

这里的视角，指的是作者观察事物的着眼点和写作文章的切入点。视角与针对性有密切联系，只是侧重点不同。针对性（特别是其中的新颖性）包含有视角的选择；视角的选择影响着选题的新颖性。

选择视角，是进行语文教学研究的方法之一，也是撰写语文教研文章基本功的一种反映。上边说道，语文教研稿件的写作范围相对较窄小，选好视角，则是解决这一矛盾的重要途径。它能使老篇目、老问题焕发新意，能给人新的启发。老篇目、老问题不是不能写，而是如何从中有新的发现。这就得靠用独特的视角去重新审视那些老篇目、老问题，并从新的视角去加以表现。

一个角度的好坏，也常与会不会"宽题窄做"有关。常常发现有这样的情况：一篇语文教研文章，一二三四五，面面俱到，全文泛泛而谈少有新意，但在其中某一点(提法或做法)上却有闪光之处，而恰恰是因为写得太宽泛遮没了其中的"亮点"。这种情况，与其求大求全，不如将视角集中于这一"亮点"，深入展开。比如有篇文章，全面分析鲁彦周的《听潮》，似乎老生常谈，但其中点到"我"与"妻子"听潮时的不同表现，显示不同的个性，后经编辑建议，在散文也能写出人物个性上做文章，题目改为《听潮"听"出个性》，这就使文章不再重嚼别人嚼过的馍。

总而言之，语文教研稿件大多篇幅短小，视角的选择是文章成败与否的关键，是特别需要重视的一个问题。

(三)要有一点理论升华

理论的升华，并非指在文章中一定要运用什么名人名言，而是指能从具体现象中抽象概括出一些规律性的东西，上升为一种理论，从而借个别指导一般。很多语文教研稿件由于在这一点上欠"火候"而有损于文章的价值。比如我国作家魏巍和美国盲人女作家海伦·凯勒的同题文章《我的老师》，讲读分析或撰写教研文章都可运用比较法。比较的结果发现，两文同写小时候的启蒙老师，而且都是女老师，但文章的选材、思路、语言风格、人物刻画等却明显不同。如果发现的仅此而已，那么这些发现还停留于表面现象。只有对这些异同之处作进一步的深层次的思考：为什么如此？这些异同说明了什么样的写作道理？文章有了这样的理论升华，才能体现出真正的研究价值。否则，这一篇与那一篇、这个人物与那个人物、这段文字与那段文字，都可拿来比较，但如此比较有什么意义呢？有的分析每年高中考试题的文章，也常常就事论事而不是就事明理，看不出通过现象的分析，究竟要得出一些什么规律，要告诉人们一些什么道理。所谓欠"火候"，就是少添了理论升华的这铲"煤"。至于像语文教育论文一类文章，就应该更要注意理论的深度和广度。

思考与练习

一、从有关杂志或"语文教案选"中找一篇课文讲读教案，与下边的作文教案进行比较，体会它们之间的异同。

正误集中辨审题　举一反三巧展开

——作文讲评课教案

一、训练题目

阅读下列材料，自选角度，自拟题目，联系实际写一篇不少于600字的议论文。

猫妈妈对正在偷鱼吃的小猫说："以后不要再偷鱼吃了，那样不好。"小猫回答说："你以前不是也偷过鱼吗？怎么就不让我吃鱼呢？"

二、情况分析

在批改过程中，发现同学们的作文大致存在如下几方面问题：一是审题欠准确，二是论证不够展开，三是语言表达不够准确严密，四是文中观点与材料不够统一等。本节课打算就前两个问题作些分析指导。

三、正误集中辨审题

(一)列举习作中的观点

对一则材料往往有几个角度可写，但无论有多少角度，都必须把准材料的关键，找出适合自己的最佳角度。这次作文同学们的命意角度大致有如下几个方面(出示幻灯片)：

1.身教重于言教　2.律人应先律己　3.己所不欲，勿施于人　4.环境与成才　5.不会偷鱼的猫不是好猫　6.鱼要吃，但不能偷

上述这些观点应该说都是源于材料的，但并非都是切题的。

(二)误区辨析

(让学生先讨论上述题意哪些切合材料，哪些不合，要求能分析原因，说明理由。之后，教师进行要点点拨。)

这是一则寓言材料。一般来说，寓言类材料总是蕴涵着一定的哲理，能给人以某些方面的启示。因此，在审题时首先要将寓言中的主人公与社会生活中的人对接起来。其实，材料中的一切生物都可看作是人，这里猫的行为就是人的行为。其次，看材料中写的是什么人，他们做了什么事，从这些事中可得出什么样的观点。本题可作如下示例(出示幻灯片)：

材料	主人公对接	寓意
不要偷鱼吃(批评) 那样不好(原因)	猫妈妈 (家长老师领导等)	要敢于批评别人的缺点
你以前也偷过鱼(原因) 不该让我不偷鱼(结论)	小猫 (子女学生群众等)	要虚心接受别人的正确批评

由此可见，这则材料的关键在于批评对方的态度及效果。猫妈妈认识

了自身的缺点要求小猫改正，而小猫却抓住妈妈以前的把柄不接受批评。抓住这个关键去立论，作文就不会走题了。写作时可根据侧重点的不同从不同角度切入：

从猫妈妈的角度看，虽然她曾犯过错误(偷鱼)，但并不因此而放松对小猫的要求，对其错误进行了批评，这需要相当的勇气，应该予以肯定。由此得出结论：不能因为自身有过缺点就不敢批评别人的错误。

从小猫的角度看，她揭了猫妈妈的短，这在某种程度上是可嘉的(因为猫妈妈过去确实偷过鱼)，但以别人之短为借口替自己的错误辩解，就不对了。由此我们可得出观点：要善待批评者，只要其批评是正确的，即使他本身有缺点，也应该接受。

从综合的角度来看：猫妈妈的批评意见是正确的，但为什么没有收到实效呢？俗话说："打铁先得自身硬"。这主要是她自身不硬造成的。因此，我们可得出这样的看法：身教重于言教，正人先要正己。根据这样的分析可知，上述同学作文中的观点，只有1、2是比较切题的，至于3、4，前者误解了材料的意图，后者将材料的寓意关系对接错了。5、6只看材料表面，没有抓住材料实质却反弹琵琶，导致立意偏颇。

四、举一反三巧展开

文章审题出错，固然会下笔千言、离题万里，但审题仅是写好文章的第一步。走好这步后，我们还必须在谋篇布局论证说理方面做更重要的工作。上次作文暴露出来的另一个问题，便是同学们在论证过程中缺乏对材料的足够分析，光堆砌事实，不注重分析说理。这样的文章势必难以服人。那么，怎样才能使自己的文章具有说服力呢？下面讲两个方法：

方法一：

当论点提出后，可以先引用一些名人名言格言警句等对观点进行解释，使观点变得具体明白；然后援引现实生活中的事例印证自己的观点。事例可以是正面的，也可以是反面的，还可以是正反兼及的，关键要加以分析，不能例子一举便万事大吉，分析后稍加总结，使材料与观点紧密扣合。

(做油印练习)这里有一篇从综合思考的角度写的文章的骨架部分，请同学们根据刚才的提示补写第二段论证文字，要思考一下，这里应写有关哪一类人的事例。(横线处需补写)

身教重于言教(框架)

——猫妈妈批评的启示

(第一段)读了猫妈妈教育小猫的对话，不禁使人哑然失笑。一个自己嘴馋偷鱼吃的老猫，却要小猫不偷鱼，怎会有说服力呢？小猫的话正可引起生活中的“猫妈妈”们的沉思：身教重于言教。

（第二段）____
一个老师是这样，一个干部也是这样，一个家长又何尝不是这样呢？猫妈妈这样的家长要教育出“不偷鱼”的下一代，实在很难。

（第三段）____

（第四段）不知是谁说过这样一句话：当你用一个指头去指责别人的时候，请不要忘记，你的三个手指头正指向自己。我想，这是很值得猫妈妈们深思的。

结束后，先让学生读自己写的文字片断，然后教师打出幻灯片与学生交流。

（灯片）古人曾说过这么一句话：“其身正，不令而行；其身不正，虽令不从。”就是说，要求别人做到的，自己要首先做到，你的要求方能起到作用。例如，在学校里，老师常常告诫同学们要遵守《中学生守则》，做品德高尚的人，这当然无可厚非。学生如果不遵守“守则”，越轨行事，就应该受到批评。但对同一个犯错误的学生，不同的老师去批评，其效果并不相同，原因在哪里呢？在于这个老师能否真正为人师表。如果一个老师工作不负责任，知识贫乏又不认真学习，甚至染上赌博等恶习，他的批评效果就会大大降低。再如，老师之间如果钩心斗角，稍有矛盾便使脸色、闹意气、互不相让，却口口声声要求学生讲团结、讲友爱、讲谦让，这能有说服力吗？（灯片完）

接下来变换一下第二段的总结句：“一个干部是这样，一个教师也是这样，一个家长又何尝不是这样呢？……”让学生续写分析扣题文字，稍后，老师打灯片与学生再作交流（例证和分析角度，侧重于反腐倡廉，贵在领导干部的洁身自好。幻灯片文字从略），以达到举一反三的目的。

方法二：

当正面说理基本结束，但文章又没有达到规定字数时，我们还可以回过头来，变换一下角度对材料进行辩证分析。比如刚才说猫妈妈自身不正，很难教育出身正的下一代，是不是意味着有过缺点的人就没有批评的权利呢？当然不是。如果我们从这里出发，对观点进行补充论证，文章就会显得较为辩证和严密。放第三段前半部分的幻灯片：

当然，我们说身教重于言教，正己才能正人，并不意味着批评者都必须是完人。古人说得好：“金无足赤，人无完人。”倘若拿“完人”的标准去衡量教育者，那么这个世界上也就没有教育了。任何一个曾经“偷过鱼”的猫都应有批评和教育其他“偷鱼的猫”的权利。

灯片结束。强调一个问题:辩证是为了自己的文章趋严密,不能因为辩证而忽视围绕中心这个更重要的问题。如果行文至此结束,而与前文的观点矛盾,那么还得把话扣到中心上去。打出幻灯片(第三段后半部分):

(灯片)但有一个前提,那就是批评者必须已经对自己的缺点和错误有清醒的认识,并努力改正了。一个知错而改的人,谁能说他不是一个“身正”之人呢?只有知错不改还要板着脸孔训人的“猫”,才会落得被“小猫”奚落的下场。因此,不管是什么人,要想拥有批评的权利,并且使自己的批评令人信服,都必须不断加强自身思想修养,努力使自己成为一个高尚的人。

这样文章说理就基本到位了,也可收尾了。(尾见油印练习本)

五、课堂小结

上面的讲评主要着眼于材料总体的角度,至于从猫妈妈或小猫单角度立论的,由于同学们没有涉及,就请他们在课后再思考一下该怎么写。总之,审题要先发散思维,尽可能立出多个角度,供分析选择;然后再用聚合思维,找出最佳角度,立意行文。思维要发散,角度要找准,举例要贴题,分析要充分,中心须突出,说理须服人。这些就是我们这节课的要旨。

二、阅读下面的说课稿,进一步了解说课稿的写法。

《沁园春·长沙》说课稿

现就教材、教法、学法和教学程序四方面加以说明。

一、说教材

1.课文在本册本单元的位置

高中语文第四册系高中语文教材中最具文学性的一册,涉及诗歌、小说、戏剧等多种形式,因而,增强文学欣赏因素是本册教学的重点。本课文是诗歌单元中的一篇,第四册的诗歌单元,有别于五、六册中介绍古代诗歌单元,其中的诗歌均为中外现代人所作,而毛泽东的诗作又是旧体诗——词。通过学习这首词了解诗词格律知识,并提高旧体诗欣赏能力,为第五、六册的诗词鉴赏打下基础,同时还可以掌握欣赏诗歌的一般规律。

2.教材的教学目标

本着教学目标的设定要明确有效的原则,就本文而言,目标有二:一是体会毛泽东“以天下为己任”的昂扬奋进的壮志豪情;二是体味诗歌意境,掌握、理解鉴赏诗歌的一般方法。

3.教学的重点和难点

依据本课的教学目标和高二学生的学习实际,打算着重解决这样几个问题:①品味语言,揣摩诗词中极有表现力的字词;②体会意境,了解诗歌鉴赏的一般方法,提高鉴赏能力;③加强知识的扩展,丰富鉴赏的文化背景;④注重能力迁移,培养不同文体的语言转换能力。其中,①②③是教学重点,④是教学难点。

二、说教法

本节课教法的指导思想思想是,在强调营造课堂气氛的同时,教师要有计划、有目的地引导学生积极思维,主动参与,充分感知教材所展示的内容并不断拓展教学的组织教学的容量,既体现思维的深度,又体会求知的乐趣。具体做法有:一是通过多媒体技术和配乐朗诵进行情景渲染,活跃课堂气氛;二是通过提问和讨论,按照诗歌鉴赏的规律逐步引导,逐步深入;三是利用多媒体技术传递信息量大的特点,通过练习适时反馈,巩固提高。

三、说学法

诗歌,是中学生十分喜欢的一种文学体裁,在初中阶段都有过接触,但大多停留在粗浅的感知上。进入高中,学生对文学作品的认识有了提高。因此,为了使其认识能向纵深发展,一方面,要求学生积极地表达自己对作品的看法;另一方面让学生掌握诗歌鉴赏的一般方法。同时,在课前布置学生任务,将词作上阕写景的七句诗改写为不少于200字的写景散文片段,通过这种语言转换训练,帮助学生提高对语言的感知能力。所以,学生要做好预习,在课堂上积极表达自己的观点,在教师指导下,经过比较、讨论、练习等环节,达到能准确地品评诗歌的目的。

四、说教学程序

本课的教学程序按诗歌鉴赏的步骤,分三个阶段:

1. 感知诵读阶段。

第一,通过投影毛泽东1925年若干彩色照片渲染情境。

第二,导入关于秋天和秋文化的话题,要求若干学生用一句话谈谈对秋天的感受以及所能记得的关于写秋的诗句。然后投影两则古人写秋诗文,借以体会传统文化中秋的意蕴。

第三,板书课题。配乐朗诵,诵读前要求思考:①你从毛泽东这首写秋的词中感受到什么?②作者写作思路是怎样的?其中有哪些反映作者当时行为的动词?通过以上问题的讨论,让学生体会毛泽东词作的豪迈气概,整体感知写作思路。

2. 意境品味阶段。

第一,播放有关湘江的风光影片,学生齐读上阕。学生概括毛泽东笔下秋景图的特点。

第二，指出选取了哪些景物，并选用了哪些富有表现力的字词。对其中“争”“击”“翔”“竞”等词进行课堂讨论。进一步分析景物描写的特点。

第三，检查课外转换练习，给学生两分钟，依据上述分析对作业进行修改，然后，请两位同学将作业读给大家听。

3. 知人论世阶段。

第一，提问：构成诗人笔下洋溢着勃勃生机的秋景图的原因，除了写作艺术上的外，还有别的什么原因？投影毛泽东早年诗词两首。明确：毛泽东不仅是一个诗人，还是一位哲人、一位斗士。

第二，毛泽东早年投身革命的图片和文字资料，并读课文注释①，明确鉴赏应当知人论世，转入分析下阕。

第三，一同学朗诵下阕，明确“问苍茫”一句的作用，概括出“百侣”的精神风貌。

最后，投影一组反馈练习，师生共同完成。然后，投影毛泽东诗词手迹，再配乐声中，学生集体朗诵全诗。

五、几点思考

赏读诗歌需要给学生提供相应的背景及拓展材料，但在一则文本或一堂课里，提供哪些，提供多少确实需要推敲。提供太少，仅就文本到文本，学生的思维拓展不开；提供太多，有“掉书袋”之嫌疑，则忙乱而无实效。

同时，诗歌欣赏给方法很重要。要多给学生学会赏析的路径，提供相应的角度，使他们读有目的，赏有方法，评有内容。

六、板书设计

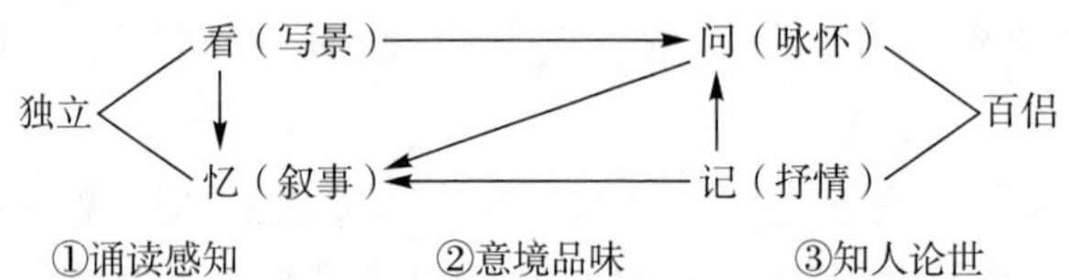

（选自《灵动之美——郭惠宇老师教学艺术初探》，安徽大学出版社2005年版）

三、阅读下面的语文教研论文《新课程视野下的“知人论世”》，谈一谈它的选题特色，以及它是如何是如何提出问题、分析问题、解决问题的。

新课程视野下的“知人论世”

阮俊　李静

传统语文教学中“知人论世”的运用存在机械化、概念化、结论化等问题，新课程视野下灵活运用“知人论世”的方法应注意：判断是否需要、选择合适的时机、采用多样的形式。在探究性学习过程中，运用“知人论世”的方法，可借助作品进行知人论世的探究，亦可进行作者与作品的互证探究，还可以设身处地进行背景还原式探究。

知人论世；传统教学；新课程；灵活运用；探究学习

“知人论世”是孟子提出的文学批评的原则和阅读鉴赏的方法。孟子认为，文学作品和作家本人的生活经历、思想性格以及时代背景有着极为密切的关系，因而只有知其人、论其世，才能正确把握文学作品的思想内容。在传统语文阅读教学中，“知人论世”的运用已经很普遍。《普通高中语文课程标准》（实验）“实施建议”中也明确提出：“应引导学生在阅读文学作品时努力做到知人论世，通过查阅有关资料，了解与作品有关的作家经历、时代背景、创作动机以及作品的社会影响等，加深对作家作品的理解。”但长期以来，在传统教学思想的影响下，“知人论世”被僵化使用、误用、滥用的现象非常普遍。在新课程背景下，如何进行“知人论世”的教学，本文试图做一些探讨和研究。

一、传统教学中“知人论世”的运用存在的问题

阅读教学中，知人论世、“介绍作者与时代背景”是我们每一个语文教师再熟悉不过的了，但究竟该怎样运用知人论世，则很少有人反思过这个问题。纵观我们的中小学语文课堂，知人论世的僵化使用、误用、滥用的现象非常普遍，对语文教学的伤害已远远大于它的功用。很多语文教师认为没有知人论世，教学环节就不完整，完全是为了知人论世而知人论世。仔细分析起来，有以下几种具体问题：

1. 机械化

多少年来，我们的阅读教学已习惯于从介绍作家作品、时代背景入手，简单、笼统地灌输给学生一长串的背景知识，让学生记忆。不管什么文章，都从知人论世开始，千篇一律，不能引起学生的丝毫兴趣。有的教师害怕遗漏，务求翔实，占用了大量的课堂时间。其实，并不是每篇文章都要知人论世，知人论世并不是只能放在教学的开始阶段，知人论世也不是越详细越好。知人论世方法的使用应该从作品、学情、教学的需要出发，具体对待，灵活处理。

2. 概念化

作品与作者的经历、时代背景等紧密相关，但这种紧密相关并不意味着在什么样的时代就必然会有什么样的作品，时代的政治特点也不能与作品的内容直接画等号。同样的时代会有千差万别的作品，同一个作者的思想也不是一成不变的。朱自清《荷塘月色》开头一句“这几天心里颇不宁静”是文章的“文眼”。由于本文写于“1927 年 7 月”大革命失败之际，许多

教者直接用政治概念来解释:“在国共两党分裂后两大政治力量尖锐对立的形势下,像他这样的自由主义知识分子陷入进退失据的困境之中。”[1]文学作品被直接贴上了政治概念的标签。一介绍杜甫就是忧国忧民,其实,杜甫的忧国忧民的内涵在不同时期的表现是不一样的。一切都要从具体情况出发,不能一概而论。

3.结论化

背景资料只是解读作品的一个窗口,不能用背景资料直接提供阅读结论。如教学《沁园春·长沙》一课,大多数教者都会介绍或展示这样一段背景资料:这首词作于1925年,当时在中国共产党的领导下,全国工农运动形势高涨,革命的发展势头异常迅猛。这年九月,毛泽东前往广州主持全国农民运动讲习所,在长沙逗留期间,重游橘子洲,面对湘江美丽的秋景,回忆往昔的岁月,不禁心潮澎湃,写下这首大气磅礴的词,表达对国家命运的思索和蔑视反动统治者、改造旧中国的豪情壮志。这样一种未学先知的知人论世,完全浇灭了学生探究文本的热情,起的是消极的作用。这种教学不利于学生思维的发展,不利于培养学生个性化阅读能力。

二、新课程视野下的“知人论世”的灵活运用

从新课程标准来看,知人论世的教学不应是教师把作者生平、时代背景等知识直接灌输给学生,而应是以学生为中心,利用相关的背景知识来化难为易,突破重难点,排除思维障碍,提高学生的兴趣,解决学生的困惑,帮助学生深入理解感悟作品,实现课堂的有效教学。知人论世的教学从应学情、文本、教学的需要出发,具体情况具体对待,灵活处理与运用。

1.判断是否需要

要根据文本的特点来选择性的使用这一方法,有些文章所写的事、理、情在文中有明确清楚的表达,学生不需通过知人论世就可把握。例如《林教头风雪山神庙》一文反映的是北宋末年“官逼民反”的黑暗现实,通过对小说文字的体会与感悟,学生完全能把握小说的主题,再介绍创作背景并无多大价值。有些文章表达的是特殊时代下才有的特殊思想与情感,这样的文章脱离了时代,根本无法深刻理解它的内涵,比如巴金的《小狗包弟》,反映的是“文革”这个特殊时代下的特殊的思想情感,必须使用知人论世的方法。

2.选择合适的时机

知人论世的方法使用的时机非常重要,不合适的时机会适得其反。知人论世的方法可用在学生阅读之前 ,也可用在阅读之中,还可用在阅读之后,什么时候使用需要根据文本的特点、教学的需要、学生阅读能力来确

定。对那些表达比较含蓄曲折的文本，为了降低学生阅读的难度，教师一开始就要提供相关的背景，给学生一定的导向，使学生很快进入文本，起到事半功倍的效果。如《听听那冷雨》一课，作者用雨幕营造全文，时空交错，时而过去，时而现在，时而故国，时而他乡，时而台湾，时而厦门。作者要表达的是对祖国的寻根意识，如果开始时教师不介绍作者因政治原因离开大陆来到台湾，而又无法返回故乡的生存状况，学生阅读时就会一头雾水，不知所云。对那些整体明朗的作品，只是个别地方有疑难或不易理解深刻的地方，应在阅读的过程中适时补充相关的背景。一位教师在教辛弃疾的《水龙吟·登建康赏心亭》时，开始没有介绍什么"时代背景"，直到学习"献愁供恨"这句时，才展示了一幅"南宋军事形势地图"，并做了生动的解说[2]。这一"时代背景"的介绍与文本水乳交融，使学生对"献愁供恨"的内涵有了具体的理解，对辛弃疾报国无门、壮志难酬的悲愤情绪有了深刻的体会，从而产生情感上的强烈共鸣。对那些看似不难理解，但往往有深刻内涵的作品，可以在学生浅层次的阅读后，提供相关背景，增加课堂容量，扩大学生视野，以便更深层次地理解文本。如教学苏轼《念奴娇·赤壁怀古》，在学生初步理解文本后，让学生找出此词的词眼，学生很快找到"人生如梦"四个字。这时，提出苏轼为什么会有"人生如梦"的感慨，苏轼的人生是怎样的人生这一问题，并顺势引出苏轼的人生的介绍。学生了解了苏轼的人生经历与现实处境后，随之也领悟了"人生如梦"的深层内涵。

3.采用多样的形式

除了教师口述背景资料外，知人论世可以采用多种形式：可用说故事的方式来介绍创作背景，如《滕王阁序》的教学，可以把王勃毛遂自荐写序的事编成一个生动的小故事，吸引学生的兴趣；可以借用多媒体播放相关视频来进行知人论世的教学，给学生以直观的感受；可用诗意的语言描述作者的创作背景，营造情境，给学生情绪的感染；从学生的角度来说，学生在课前主动搜集相关的背景资料，上课时和同学交流，可以培养学生搜集信息与整理信息的能力；可以让学生用"关键词"加"关键词解读"的形式介绍作者，这样不仅为课堂营造了文学氛围，也锻炼了学生的理解与表达能力。有人教学《红楼梦》时，就要求学生使用这一方法介绍曹雪芹，并且要求有一定的文采，课堂效果很好[3]。

三、在探究性学习中运用"知人论世"的方法

知人论世的教学，应该秉承新改课的理念，不应只是让学生被动地接受、记忆有关作家的时代、生平、思想、创作动机等背景知识，而应引导学生积极去探究作品与作者、作者与时代、作品与时代之间的内在联系，把作

品、作者、写作背景和读者等关系打通，加深学生对作品、作者、生活、时代的理解，拓宽学生的阅读视野，拓展学生的思维空间，培养学生的探究能力，提高学生的语文素养。

1.借助作品进行“知人论世”的探究

人们常说“文如其人”，能不能不借助背景资料，让学生从文本出发，对作者当时的情况及创作背景做一些探究呢？笔者做了一些尝试。如教《李清照词两首》，我没有介绍《醉花阴》《声声慢》这两首词的创作背景，而是在学生学完这两首词后，让学生比较一下这两首词表达的愁意有什么不同？学生能答出：一个是“闲愁”，一个是“凄愁”。我进一步提出问题：“这两种不同的愁意是怎样产生的？李清照是在什么情况下写的两首词呢？”然后让学生借助文本、借助历史知识，探究一下李清照写这两首词时的年龄、心境、家庭状况、社会状况、时间先后等问题。这一活动激起了学生极大的探究兴趣。学生再次细读文本，做出了一些“知人论世”探究：写《醉花阴》时李清照的丈夫在外当官，写《声声慢》时丈夫已亡；写《醉花阴》时国未破，写《声声慢》时国已破……这一探究活动使学生对这两首词有了更深刻的感悟，也理解了李清照词风变化的原因。再如杜甫的三首《望岳》，是望东岳泰山、西岳华山、南岳衡山的作品，分别写于杜甫的早年、中年、晚年。在教学中，我故意不介绍这三首诗的写作时间以及背景，而是让学生仔细研读文本，结合历史知识，自己辨别一下每一首诗的写作时间并说出理由。学生兴趣很浓。这一探究活动既锻炼了学生的鉴赏能力，又让学生真切感受到杜甫的人生轨迹：早年豪情壮志，中年仕途遭挫，晚年理想破灭。

2.作者与作品的互证探究

作者与作品的关系，从某种意义上说就像一对孪生兄弟。作品就是作者把自己的思想情感用艺术的形式加工而成的，两者之间有着难以割断的血脉联系。作品往往是理解作者的一个窗口，作者的心路历程也常常只在自己的作品中呈现。想读懂作品，要去了解作者和时代；想了解作者和时代，要去读他的作品。想读懂李白的诗，要去了解他那豪放不羁的性格和他背后那个开放自信的盛唐时代；想了解李白豪放不羁的性格和他背后那个开放自信的盛唐时代，读一读李白的诗就能直接感受到。教海子的《面朝大海，春暖花开》时，学生不太能理解这首诗，对15岁就考上北大、才华横溢的海子，却在25岁时卧轨自杀，也很不理解。我引导学生探寻“海子之死”与海子临死前两个月写下的这首绝唱，有没有能够相互解释的地方。经过探讨，学生领悟到诗中隐含着种种对立与冲突：“从明天起，做一个幸福的人”意味着今天的不幸福，现实与理想的冲突；尘世幸福的久长与“幸福闪电”的转瞬即逝的矛盾，暗示着超俗与世俗的对立；“愿你”与“我只愿”隐含着“我”与世人的毫不妥协……凡此种种交织在一起，面对生存还是毁灭的抉择，海子经历了痛苦的挣扎与灵魂的拷问，最终选择了以死维护自己纯洁的精神家园。学生读懂了海子的人生，也读懂了这首诗。

3.设身处地进行背景还原式探究

作品是作者在特定时空、特定经历、特定心境下创作产生的，如果能够设身处地还原创作背景，走进作者当时的创作情境，想作者之所想，思作者之所思，和作者进行深度的心灵对话，就能读懂作者，读懂作品。史铁生的《我与地坛》写的是自己在年轻时突然残疾后，在绝望中寻求希望的心路历程，学生不易理解。在教学中，我提出这样的假设：假如你像史铁生一样突然瘫痪了，你的生活将会怎样？你会怎样想，你会怎样做，你会说什么？你每天面对地坛会有什么感受？教苏轼《念奴娇·赤壁怀古》时，让学生设想自己就是被贬黄州的苏轼，面对滚滚东去的大江、拍岸的惊涛、赤壁的遗迹，回顾历史，回顾人生。通过设身处地还原背景，学生进入了作者当时的创作情境，和作者产生了心灵的沟通与碰撞，走进了作者的内心世界，深刻地理解了作品。

[1]钱理群：《关于朱自清的“不平静”》，《语文学习》1993 年第 12 期。

[2]张正耀：《有多少时代背景需要介绍》，《中学语文教学》2015 年第 5 期。

[3]洪合民：《用“微写作”打造课堂教学之“凤头”》，《中学语文教学参考》2014 年第 9 期。

（选自《学语文》，2016 年 4 期）

四、从现行中学语文教材中选取一篇课文，练习写作语文教案。

中学作文教学

第十一章　中学作文教学的基本原理

第一节　中学作文教学中的辩证关系

一、处理好教师与学生的“双边”关系

什么是“教学”？按教育学的解释，教学是指教师“教”和学生“学”的统一活动。在中学作文教学的系统构成中，教师和学生是两个基本要素，是作文教学活动的“双边”。教师是“主导”，学生是“主体”，就是对师生双边关系的简洁明确的概括。在中学作文教学中，应该避免两个极端：一种倾向是“重教而轻学”，教师完全成为教学活动的“主宰”，在作文知识的讲授和作文训练的活动中，学生完全处于被动消极的“受训者”地位。另一种倾向则是“重学而轻教”，过分强调“修行在自身”，作文教学变成了放任自流式的学生的自学自练活动，教师在作文教学活动中不教不授而成为可有可无的角色。教学相长，作文教学是师生共同参与、互相促进的活动，教师在传授知识、指导技能的同时，也是在教中“知困”而不断进修学习，包括向教学的对象学习；学生在“学”中“知不足”，从教师那里不断吸收知识、获得技能的同时，也是在通过作文实践给教师提供丰富的经验和教训，促进教师教学水平的提高。由此看来，学生实际上也是在向教师“教”。中学作文教学如果完全把教和学割裂，就不可能收到良好的教学效果。

教师的“主导”作用，首先体现在他是作文教学活动的“领导者”。他要根据教学大纲和教材的要求，以及作文教学的目标和任务，在充分了解教学对象有关情况的基础上进行通盘考虑，对一堂课、一学期、一学年乃至数年的教学计划作系统安排。

其次，教师又是作文教学活动的“教练员”。作文教学有别于那些以知识传授为主要目的的教学活动的区别之一，在于它具有很强的“训练性”。写作能力的获得和提高，靠的是“练”。“练”有“自练”和“训练”之分。学生在校学习，主

要通过训练培养、提高写作的能力。所谓“训练”，是指在一定的理论指导下，由施训者（教师）按既定的计划使受训者（学生）获得某种特长或技能的一种控制性练习。教师作为“教练员”，除了传授给学生作文知识外，更重要的是对作文训练过程中的审题、选材、立意、布局、技巧等操作环节，要进行切实具体的指导，审时度势地调动起“运动员”的积极性，并在事后，对他们的表现作出评判和总结。也就是说，作文训练活动的全过程，是在教师的有效调控之下进行的，放弃控制或失去控制，都会直接影响作文教学的成效。

教师要发挥好“主导”作用，必须具备深厚的文化理论修养和与时俱进的教学理念，要有较高的写作水平和鉴评能力，同时还要有较强的开拓创造能力和组织教学活动的能力。

突出教师在作文教学中的“主导”作用，并不意味作文教学活动都由教师包揽或者越俎代庖。“所谓教师的主导作用，盖在善于引导启迪，俾学生自奋其力，自致其知，非谓教师滔滔讲说，学生默默聆受”（叶圣陶《语文教育书简》）。学生是教学主体，是学习的“内因”，教师的“外因”必须通过“内因”才起作用。没有学生的“主体”，也就无所谓教师的“主导”。

比起其他的教学活动，作文教学在充分发挥学生的主体作用方面，有着更多的必要性和可能性。这是因为，写作活动个性化色彩更明显，作文需要由学生——写作的主体自己通过精神劳动去完成，或多或少带有个人的创造性因素。同时，作文能力的提高，要靠学生直接参与、投入到教学和训练活动中。教师可以传授知识、引导技法，但学生能否将它们吸收、转化为写作的技能，更多地依赖于自身的“修行”。而且，在写作的行为过程中，由“物”到“意”再到“文”的“双重”（或“三重”）转化，自始至终都是在活动中进行的；作文训练是一种实践活动，作文教学本质上又是一种活动式教学，而活动的主体就是学生。把作文教学刻板成“讲解一点知识→布置作文→学生写作”的单向模式，显然与课程的性质不符，也不利于学生“主体”积极性的发挥。

教师需要辩证地看待学生在作文教学活动中的地位，努力培养学生的主体意识，化学生的“受动性”为“主动性”。而从另一面来说，学生也要认清自己的主体地位，自觉增强作文的兴趣，养成良好的作文习惯，主动配合教师完成教学任务，达到训练的目的。

二、处理好阅读教学与作文教学的关系

阅读教学和作文教学是中学语文教学的主要组成部分，培养学生的阅读能力和写作能力是中学语文教学的两大基本任务。阅读和写作，互相联系，互为

促进,它们都离不开思维和语言作为媒介,只是前者侧重的是吸收别人的经验和思想,后者侧重的是表现自己的经验和思想。

在语文教学活动中,我们必须注意到阅读教学与作文教学的联系,尤其要注意以读促写,充分发挥教材的“例子”作用。在阅读教学(包括讲读课、自读课、课外阅读)时,既要让学生“知其然”(思想方面、艺术方面),更要让学生“知其所以然”(怎么“表现”的、为什么这样“表现”)。这里存在着教学和指导是否得法的问题。讲读课如果只图打发45分钟,不能让学生切实识得课文的“好处”,做到以读促写,那么,即使运用了这样或那样的教学手段,也不能算是真正完成了讲读教学的任务。阅读指导,如果只要求学生多读,而不能很好地引导学生悟文析法,读为写用,掌握读书的方法,那么,不仅阅读能力得不到提高,更无益于培养学生的写作能力。宋代陈辅之在《陈辅之诗话》中说:“世人常言老杜读尽天下书,过矣。老杜能用所读之书耳。彼徒见其‘读书破万卷,下笔如有神’,万卷人谁不读?下笔未必有神。”叶圣陶先生也说过:“‘开卷有益’也只是句鼓励人家的话。实际上,把篇章读得烂熟,结果毫无所得,甚至把自个头脑读糊涂了。这样的人古今都有。”(《叶圣陶语文教育论集》)他们从正反两方面强调了阅读必须能“用”所读之书的道理,阅读教学其理亦然。

三、处理好作文基本功培养与特殊能力强化的关系

中学作文教学最显著的特点是基础性和工具性。其教学目标和训练目标都是为了使学生在中学阶段能够打好较扎实的基本功,掌握写作这一有用的工具,以便适应走向社会或继续深造的需要。

写作的基本功有层次之分,中学生的写作基本功就是大纲所提出的要求。就文体来说,能写一般的记叙文、说明文、议论文和常用应用文;就文章内容来说,做到内容充实、中心突出、思想感情健康;就文章表达来说,做到结构完整、语句通畅。古人对文章写作的基本要求用“辞达而已矣”(《论语》)作概括。所谓“辞达”,无非是说文章能用恰当的言语(其中自然也包括形式和手法)表达作者的所见所闻所思所感。梁启超在《作文教学法》中也作过类似的强调:“结构成一篇妥当文章,有最低限度的要求,是‘该说的或要说的话不多不少照原样说出,令读者完全了解我的意思。’”中学作文教学的出发点和归宿点,都应落实到训练、培养学生作文的这些基本功上。

注重基本功的培养,就要解决好以下一些矛盾:

(一)基本能力与应试能力的矛盾

作文在高考、中考的语文试卷中几占“半壁江山”,备受师生的重视。只要

有考试,必然有应对考试的策略。指导学生的作文在考试中得高分,本无可厚非,但片面地为应试而进行教学,作文训练随着考试的指挥棒转,考什么训练什么,或者搞题海文山,或者猜题押宝,或者干脆将作文训练弃之不顾,就违背了作文教学的规律。应试能力的强化,替代不了写作基本功的培养。

(二)面向全体与扶掖"尖子"的矛盾

基础教育注重于面向全体学生。中学作文教学的重点是大面积地开发、提高全体学生的基础写作能力,而不能把主要精力倾注在个别作文"尖子"身上。当然,作文"尖子"、好苗子,需要扶掖、浇灌,但不能因此而忽视甚至放弃对其他学生尤其是基础较差的学生的培养。否则,不符合中学作文教学的特点和培养目标。事实上,那些个别的作文"尖子",也往往不是真正靠教师培养出来的。而基本功的培养,恰恰是学校和教师应该也是能够做到的。即使对作文"尖子",也要正确地引导,加强基本功的训练。有不少所谓的"尖子",沾沾自喜于在报刊上偶然发表一二篇习作,可是连像样一点的记叙文、议论文都不会写。这值得引起警惕。中学语文教师理应严格遵循大纲的基本教学目标,切切实实地在训练学生的写作基本功上下功夫,对社会上炒作的"不及格作文""反作文"等现象要有清醒的认识。

(三)一般写作能力培养与文学写作能力培养的矛盾

关于这一点,著名语言学家张志公先生说得很明白:"中学语文教学所要培养的,是一个青年在工作、学习和生活中必须具备的一般的写作能力,也就是内容正确、文从字顺、条理清楚、明晰确切,能够如实地表达自己有用的知识见闻、健康的思想感情的能力,而不是专门从事写作的文学家的文艺创作能力,虽然也不应当排斥少数中学毕业生日后从事文艺创作的可能性,并且应当注意发现具有这方面才能的学生,给予必要的指导。"(《谈作文教学的几个问题》)传统的也是目前流行的作文评判标准,较多的是定位在文学创作的要求上,大量的高考、中考优秀作文也是属于文学创作而不是一般的文章。这种导向无疑是偏离了中学作文教学的目标,也与时代、社会的发展不相合拍。文学创作是永远需要的,只是文学创作的特殊人才靠学校教育是培养不出来的,各级各类学校都不可能成为培养作家的摇篮。从当前及未来社会对人才需求和基础教育应当承担且能够承担的任务来看,中学作文教学应把多数人应知必写的文体(各种练习性文体)、应学必备的写作能力作为主攻方向,使学生能"顺顺当当地写好一般文章,记事记得一清二楚,说理说得明白晓畅"(《叶圣陶语文教育论集》)。

四、处理好"与人规矩"与鼓励创新的关系

就写作的规律来看,一个人写作能力的发展大致经历以下几个阶段:

一是作文的启蒙阶段。这一阶段的显著特点是,儿童"识得文字(包括文章)"却不"识得好处",开始练习写作文,往往流于对生活的直接摹写,写人记事,只求大致清楚,并不讲究(实为不懂得也不一定要懂得)作文的章法技法。

二是作文的入门阶段。这一阶段是"无法之中求得法",识得文章"好处",学习作文的规矩。写文章,注意向老师请教,向范文借鉴,有意识地在语言修辞、文章作法上下功夫。经过反复的师教自练以后,渐渐地,作文有了章法,有了规矩,悟出了作文之道。

三是作文的成熟阶段。作文成熟的标志表现为所写文章处在"做"与"不做"之间,既讲究章法技法(即"做"),却又无明显的斧凿之痕(即"不做"),所谓"有法之后求其化"。作文不再成为一种负担,而成为自觉的行为。写出来的文章,不求文字的花哨,但求流畅达意,有起伏波澜,可读耐嚼。果能如此,就是真正意义上的过了"写作关"。

最后,作文的最高境界应是"老到",那只是个别人所能达到的。

中学生大多处于写作"入门"的关键时期,而能否"入门",就看其规矩学得怎样。学规矩,就是打好作文的基本功。梁启超在《作文教学法》中指出:

> 孟子说:"能与人规矩,不能使人巧。"文章做得好不好,属于巧拙问题,巧拙关乎天才,不是可以教得来的。如何才能做成一篇文章,这是规矩范围的事,规矩是可以教可以学的。我不敢说,懂了规矩之后便会巧,然而敢说懂了规矩之后,便有巧的可能性,又敢说不懂规矩的人,绝对不会巧,无规矩的,绝对不算巧。(《饮冰室合集》15 册)

梁启超谈及的"规矩",显然与前边提到的写好一般文章的要求有关,至于其中的"好"文章的"巧",那应是写作成熟阶段的高层次的要求。"巧"属于个性化的创造,所以"关乎天才"。

与人规矩,就要注重模仿。模仿性也是中学作文教学的特点之一。为了培养创造型人才,鼓励、指导学生在作文中有所创新,这是好事。但有一点必须承认,作文创新的前提,是建立在通过大量的模仿借鉴、习得各种写作的"图式"和"规矩"的基础之上。一味追求所谓的"创新",揠苗助长,只能是适得其反。

人们之所以对作文的模仿有反感,归根结蒂是对作文的模仿有认识的偏差,把模仿片面地理解为"依样画葫芦"。其实,模仿有层次的区别。绘画、书法早期的临摹、临帖,小学初始阶段为"识得文字"进行描红抄书,都是初级模仿,是"依样画葫芦"。而中学阶段的作文模仿,乃是一种较高级的模仿,是"似范其貌,实取其神",模仿中带有许多的创造成分。这种模仿,所模所仿、所习得的更多的是"规矩"方面的东西。比如说,如何详略得当、如何首尾圆合、如何使用一些技法，等等。不是简单地把别人写老师三件事，自己也写三件类似的事；别人写妈妈爱吃鱼头，自己写妈妈爱吃鸡尾。从模仿中习得的是写作的图式、技法，以便在表现一定内容的时候，寻找到合适的表现形式和手段。

要与人规矩，就得把作文教学落到实处，不能光满足于花里胡哨的所谓“激发兴趣”的表面形式上。须知，引导激发兴趣是容易做到的，而要保持旺盛的写作热情和兴趣，得经过教师的指导和学生艰苦的练习，并从中获得一定的成功感。某一种写作规矩的习得，就是一种成功，而习得一种规矩离不开反复的训练。即便运用“好之”“乐之”的手段来激发学生的兴趣，但兴趣终究不是目的，教学手段是为更好地达到教学目的服务的。

第二节　中学作文教学的主要环节

中学作文教学是一个系统工程，其中包含有若干环节。本节着重从“教学”的角度，介绍几个具有普遍性的主要环节。

一、作文教学计划的制定

(一)作文教学计划概述

古人说：“凡事预则立，不预则废。”中学作文教学的目标，是通过系统、正规的作文训练，培养学生具备写好常用文体的基础能力。要达到这一目标，须落实具体的教学内容、实施步骤和方法，制定相应的教学计划。作文教学是一种自成体系的科学活动，学生作文能力的发展需要循序渐进，按一定的程序进行训练。作文教学计划是使作文教学科学化、程序化，避免盲目性、随意性，从而提高教学效果的有力保证。

制定作文教学计划的主要依据是：第一，课程标准、教学大纲和语文教材。课标、大纲和教材对中学作文教学的总体性和阶段性目标都有明确的规定，有时教材还对单元写作训练有具体安排。在目前中学作文教学尚无独立的自成体系的写作教材的情况下，课标、大纲和语文教材，仍是教师制定作文教学计划的重要依据和行动的纲领。第二，教学对象的实际情况。教学计划要做到实事求是、切实可行，必须考虑教学对象的实际情况，注意地区、年级、班级之间的差异，尤其要注意学生心理特点、作文基础的不同。第三，教学规律。不同的学科有不同的教学规律，即使同为语文学科，作文教学与讲读教学的规律也不尽相同。作文教学计划中的实施细则、行动步骤、方式方法，都要符合作文教学的规律，体现学科特点。

作文教学计划按不同分类标准，可分成许多类别。按训练体式分，有记叙文、说明文、议论文等训练计划；按应用范围分，有全校、年级组、教师个人计划等；按命题类型分，有直接命题作文、材料作文、情景作文、话题作文等训练计划；按教学时段分，有学年、学期、单次作文教学计划等；按表达形式分，有文字表格结合式和文字综述式等。

作文教学计划尽管种类繁多，拟制形式不同，详略有别，但其包括的项目和内容是相同的。一份计划应该列明训练目的、训练次数、训练内容（如命题、体裁、单项能力或综合能力等）、训练要求、训练方法（如指导方法、评改方法），以及计划的制定说明等。

（二）作文教学计划的核心——作文命题

作文命题是作文教学计划的重要组成部分和核心内容。作文教学计划是否周密、合理，作文训练是否科学、系统，在作文命题中都有所体现。

1.作文命题的原则

（1）适宜性，指的是作文命题应该符合学生的实际，设身处地，了解学生的实际情况。叶圣陶指出："凡是贤明的国文教师，他出的题目应当不超过学生的经验范围，他应当站在学生的立脚点上替学生设想，什么材料是学生经验范围内的，是学生所能写的、所要写的，经过选择才能写下题目来。"他还说过："出作文题一定要为学生着想，钻进学生的心里去思考，务必使他们有话可说。"（《叶圣陶语文教育论集》）叶老的话，强调的就是命题的"适宜性"。"适宜性"大致包括：切合学生的生活经验、心理特征和实际写作能力。

（2）系统性，这是从宏观的角度对作文命题提出的一个原则。作文命题是一门学问，需要每个语文教师在教学实践中不断总结经验教训，认真研究分析，逐步建立起符合作文教学规律、符合学生实际、确实有助于提高学生作文能力的命题系统，或称"命题序列"。

作文命题要做到长打算短安排，初中阶段或高中阶段，一学年或一学期，一单元或一课时，均应有计划，避免随意性和零打碎敲。命题计划是作文教学计划的一部分，每次命题不能只是孤立地拟个作文题目，而要瞻前顾后，服务、服从于总体的教学计划。

（3）个性化，命题的个性化主要表现为教师在长期的教学实践中所形成的、具有个性的、行之有效的命题形式和训练方式。如一题多体、一料多体、漫画作文系列、情景作文系列等的科学化、创新性命题设计；或者针对初一、高一过渡性年级和职高、中专等特殊教学对象所作的专门性、特色化命题设计等。

2.作文命题的方式

目前的中学作文命题主要有以下几种方式：

(1)直接命题式

这是由施训者(教师)直接拟定题目，让受训者(学生)审清题意按要求进行作文练习(也适用于考试)的一种命题方式。根据题面的完整性程度，它又分成全命题式和半命题式两种。

(2)供料命题式

这是由教师提供有关材料，学生按一定要求进行作文的一种命题方式。这类命题，既有限制性，又有灵活性，能训练考查学生多方面的能力(包括阅读能力和写作能力)，加上所供材料的不可测性，因而在考试中应用得较普遍。

供料命题式所供的材料大致分为文字材料(事例、寓言、典故、诗歌、小说、新闻报道等)、图画材料(漫画或其他画面)、实物材料(人、动物、器具等，适用于平日训练说明、描写等能力，考试不宜)三类。其所供材料或一则或一组；一组材料的性质可相同也可相反。根据训练目的，供料命题可以训练不同的文体和作文能力。

(3)情景命题式

这一命题方式专指从作文教学命题需要出发，教师创设某种特定的情景，让学生身临其境去体验，把观察体验的结果，根据有关的训练目的形成文字。创设情景，可以较好地解决学生写作中的“欲炊无米”和缺乏“真经验真知识真感受”(叶圣陶语)的问题。同时，也便于教师对学生进行观察、体验等方面的具体指导。

情景的创设可以多种多样，如音乐渲染、画面再现、角色扮演、实物演示、生活体验等。情景可以在课堂里创设，也可以在课堂以外创设。

(4)话题命题式

在表面形式上，话题命题式是直接命题式与供料命题式的结合，但在本质上有别于它们。其所供材料仅仅是为了引出话题，而不是强求学生必须结合材料提炼观点，进行评议；其预设的题目仅仅是较宽泛的话题(写作的范围)，而不是规定学生必须就按这个题目去写。同时，在“题外要求”和“提示语”中，命题人还给予一些引导和有限的限制。“引导”着眼于启发学生的思路，“限制”仅着眼于字数、文面和禁忌抄袭等常规性要求。

这一命题方式的核心体现于“三自”，即立意自定、文体自选、题目自拟。这就为学生自由发挥、显示所长提供了较广阔的空间。不过，它对中学作文教学产生了一些负面影响。

(5)自由命题式

自由命题通常是由学生自己命题进行练笔。虽然教师不直接提供题目或材料,但也是教师制定计划和命题工作的内容之一,也要提出相应的要求和范围,并给以适当的指导。

二、作前指导

(一)作前指导的原则

作前指导是指在某一次作文训练时,学生动笔写作前,教师所作的指导。作前指导的原则是:

1. 针对性

作前指导需要根据某一次具体的训练项目所确定的目标和重点,进行有针对性的指导,切忌泛泛而谈,不着边际。

2. 启发性

作前指导的目的和作用在于启发引导学生圆满地完成作业,开启思维的闸门,充分发挥学生的积极性。指导宜少而精,学生从指导中习得知识,掌握方法,经过作文实践有所"悟"。

3. 灵活性

作前指导可以采取灵活多样的形式,如讨论式、互动式、创设情景式等。每一次指导都应有与训练目的和内容相适应的形式。

(二)作前指导的内容

作前指导的内容一般包括:

1. 知识引路

知识,指相关的写作知识,比如文体知识、技法知识、写作原理等。用理论指导实践,以免学生"摸黑"行走,多走弯路。

2. 例文示范

可以选择课内外的对学生有借鉴意义的正反例文,也可以提供由教师自己写作的"下水作文"。不论哪种文章,都要进行分析,说明"应该怎样写"和"不应该怎样写"的道理。例文只起"示范"作用,而不是"规范"学生的写作思路。

3. 审题点拨

写作,无论是别人命题,还是自我拟题,都存在一个审题问题。审题能力是写作能力结构的一部分。

所谓"审题",指的是按一定的方法、思路、规律,去审慎地揣摩、辨析题目,把握题意和命题者意图，写出合乎命题要求和题文相扣的文章。

审题点拨的意义，一是培养学生准确、迅速的审题能力。教师恰当的审题指导，有助于学生准确、迅速地把握题意，写出"切题"、合乎命题要求的作文。同时，通过审题指导，学生在审题活动中调动情致、兴奋思维，从而突破命题作文所带来的限制性和束缚感，快速而又较好地完成作文练习的任务。二是促进学生智力发展和良好习惯的养成。审题是一种复杂的智力活动，它关涉到感知、想象、思维、情感等心理活动过程。学生一接触题目，就开始了感知过程。接着，在题目的词语刺激之下，积极思考，进行分析比较，调动表象，引发丰富的联想和感情体验，等等。这是一种综合的智力开发。因此，教师的审题点拨，不是简单地对题目作个解释，是对学生智力的一种开发。

由于命题的类型不同，审题点拨的方式和侧重点也不尽一致。审题点拨的关键是让学生养成分析问题的习惯，把握不同类型题目的写作规律。所以，点拨重在规律的揭示，由个别（一个题目）指导一般（一类题目），而不是局限于指导某一个题目应该怎么写。

三、作后改评

作后改评环节包括作文批改和作文讲评两个方面。

（一）作文批改

作文批改，无论是对学生习作进行改动，还是下批语，都要讲究实效，真正能让学生在"知是""知非"中，作文"进一重境"。能否做到这一点，取决于教师的责任心和业务能力。

1. 作文批改的方式

(1)全面性批改，即对全班学生的作文都进行批改。这种批改有助于教师掌握每一个学生的作文情况。在一学期中，至少有一两次作文（往往在学期的开始和结束）要全面批改，以便了解一学期的训练效果。

(2)选择性批改，这种方式，也实行全收、全看、全记分，但只选择约三分之一的作文进行重点批改，其余的浏览记分。这样依次轮流，使学生作文每三次能重点批改一次。

(3)当面性批改，对部分学生的作文，文字批改不便或已经作了文字批改又需要跟学生当面交谈解释的时候，可采用这种方式。面批有利于教师切准病因，对症下药。

(4)互换性批改，由教师先拟定标准和批改要求，然后让学生互相交流进行批改。最后教师再浏览一遍，给予订正。这种方式宜用于期中，它既可以使学生作文得到交流，也可以使修改文章的能力得到锻炼。

(5)示范性批改,翻阅全班作文后,精心选择一至数篇,作精批细改,然后将这些具有典型意义的作文(包括教师的批语)印发或张贴,公之于众,让学生展开讨论,谈心得,说感受。这样做,能收到举一反三、触类旁通的效果。

(6)自我批改,将学生作文作"冷处理",教师不急于收上来批改,而是按要求让学生本人认真修改自己的作文,到时再把原文和改文进行比较。这种方式的好处是有利于学生发现自己的问题,提高修改和写作能力,培养"用功写"的良好习惯。

2.作文批语的写法

批语,也叫"评语",是对学生作文的批点和评价。批语的范围涉及作文的内容和形式,乃至写作态度。一般来说,下列一些情形宜写批语:一是有着明显的长处、特色或关键性的不足之处;二是给予提示后学生意识到问题的症结和产生的原因并能自己改正的;三是教师不便代改而确有修改的必要的。

作文批语分眉批和总批两种。眉批也叫"旁批""边批",是在稿纸的边白处(也有的在段后)对作文的局部(或段落、或词句)所写的一种评价性语言。眉批往往就内容、结构、技巧、语言等随时作有针对性的点拨,具有极强的启发性。眉批的写法包括评析式(指出优缺点、分析原因)、说明式(对改动之处说明理由)、指点式(只提修改建议,点拨诱导自我修改)、质疑式(只提出问题,让学生探究原因)、告诫式(对某些不应该出现的或屡犯的毛病提出警告,以引起学生警惕)等等。

总批亦称"尾批",在文后用扼要的文字对全文的优缺点作总括性的评价和指出今后的努力方向。总批的写法主要有:综合式(综合作文的主要优缺点,进行总的评价)、侧重式(只抓住作文中突出的优缺点加以评价)、比较式(联系同一学生前后作文进行比较分析,指出作文水平变化情况),等等。

(二)作文讲评

作文讲评与作文批改不同。作文批改往往注重于就文评文,针对某一篇作文的优缺点加以指点和评价,而作文讲评则是就文论理,揭示规律,要围绕训练来帮助学生在理论上得到提高,使学生能自觉地运用写作理论、写作规律指导自己的写作实践。所以,作文讲评不是光举实例进行表扬或批评,或者光对实例作表层的直观描述,重要的是在普遍现象中找出规律,站在理论高度上举实例来说明应该怎样写和不应该怎样写。讲评要具有普遍性和典型性,这是作文讲评与作文批改的又一个不同之处。作文批改涉及的是一个个学生的作文,带有个别性和偶然性。作文讲评是对全班作文的一种综合,它要从众多的作文中发现带有普遍性的问题,进行概括提炼。所以,讲评应以全班学生为对象,抓住共同倾向,所选材料尽可能涉及多数学生的作文实例,或者能代表多数同学作文情况的实例。否则,作文讲评会使多数学生失去兴趣,难以收到大面积提高作文能力的效果。

讲评的目的既是让学生懂得作文之道,又是为了激发学生的写作积极性。成功的讲评除了在写作理论、写作方法上给学生以引导启发之外,还应对学生起到鼓舞激励的作用。要做到这点,一是要以表扬为主,以正面引导为主,切不可伤害学生(特别是作文写得差的学生)的自尊心;二是要注意讲评方式的灵活性、多样性,不能由教师唱“独角戏”。

常见的作文讲评方法有:

1.综合讲评法

这是指教师对全班学生的作文作全面的总结、评价,列出几个方面的主要问题进行讲评,肯定优点,指出不足,并以实例说明。它利于反映全貌。综合讲评须点面结合,避免面面俱到。

2.专题讲评法

即根据某次作文的基本要求和训练目标,就某一专门问题(如立意、选材、结构等)作重点讲评。这种方法由于目标集中,针对性强,易于把一个问题讲深讲透,所以,通常能收到明显的效果。专题讲评应纳入学年、学期教学计划,注意专题之间的联系,形成序列。

3.典型讲评法

即以一两篇有代表性的能说明问题的典型作文,对其进行重点剖析的讲评。所选习作可以是优秀作文,也可以是中等水平的作文,最好是优缺点较明显、典型性较强的作文。

4.对比讲评法

即选取优劣有明显差异的、在某些问题上可比性较强的作文,进行比较分析,使学生明白高下优劣的个中道理的讲评。所比的文章可以是同次作文不同学生的作文,可以是一个学生前后次的不同作文。所比的内容可以涉及作文的多方面或某一方面。其中,选取较差的作文须慎重,事前须有所说明。

作文讲评的方法不限于上述几种,教师可根据实际情况和教学经验灵活掌握,不断创新。在讲评方式上,也不能满足于教师讲,还可辅以学生交流经验体会、座谈讨论、写“作文后记”,或借助现代化教学手段,使作文讲评成为一种丰富多彩的教学活动。

思考与练习

一、联系中学作文教学实际(自己在中学时期的作文经历、利用寒暑假对中学所作的调查)，写一篇题为“改进中学作文教学之我见”的文章。

二、以《一堂________的作文课》为题，写一篇回忆性文章，从中说明一个作文的道理。

三、“新概念作文”曾引起社会广泛的关注，随后，有的出版社又推出了“不及格”作文选(由个别“文学尖子”平日作文训练被老师打为不及格或未批改的作文结集而成)、“反作文”选(由与作文教学所训练的作文不同的作文结集而成)等，对这种现象，你有什么看法，请参与讨论。

四、从图书馆、书店、互联网上查阅历年来的高考或中考作文命题，以及考试高分作文、零分作文加以分析，发表自己的看法。

五、2001年的法国高中毕业会考(类似于我国的高考)，其文科的作文题是(三题选做一题)：

1.“我是谁?”这个问题能否以一个确切的答案来回答?

2. 能否说“所有的权力都伴随以暴力”?

3. 试分析休谟论《结伴欲望和孤独》一文中的哲学价值。“‘结伴’是人类最强烈的愿望，而孤独可能是最使人痛苦的惩罚。”

请将此与我国的高考作文题进行比较，谈一谈你发现了些什么问题?

六、试分析以下一组作文题，就你从中受到的启发发表自己的看法。假如你是教师，将如何进行作前指导?

作文题一(香港的一次中学会考)：

考生必须先行细阅下面文字，然后从所列题目中，选择一题，作文一篇。考生可用语体或文言文写作：语体文不得少于600字，文言文不得少于400字。

多年前的暑假，王锦明曾在新界某乡村住了一段日子。今年他从外国回来，旧地重游，想不到那地方竟然面目全非：只见大厦林立，人稠声喧，俨然成为一个新兴的工业区了。这使他不禁回忆起从前那里的景色：海滨、池塘、丛林、山坡、夕阳、明月……

(1)假设你是王锦明，试作文一篇，把你从前在上述地方所见的景物描述出来。

(2)我们把乡村发展为工业区，原来的天然景物便会受到破坏。有人说：“有破坏才有建设。”但也有人说：“这种建设却破坏了人们生活的情趣。”你的看法又怎样? 试作文一篇，说出你个人的意见。

(3)假设你童年时居住过的地方，现在也有了很大的转变，试作抒情文一篇，写出你重游旧地时的心情。

作文题二(德国的一次作文训练):

以“一次自行车障碍赛”为内容的写作训练题:

1.考虑以下问题:

①比赛参加者的范围、年龄和对所用自行车的要求应该是什么?

②整个赛程包括哪些障碍物,障碍物的衔接顺序、通过障碍物的要求是什么?怎样确定优胜者?

2.填写下列公告的空白:

自行车障碍赛公告

时间:6月25日下午3:30开始

地点:火车站街184号—192号居住区大院

参加条件:

赛程说明:

比赛优胜者确定办法:

奖品:

比赛筹备组:1年级甲班学生

K.米夏尔　　M.克劳斯

F.克莉斯塔　L.加毕

3.给年轻人的家庭、退休了的老夫妇、面包店老板各写一封信,写信时考虑以下问题:

①年轻的父母、老年人、商人喜欢孩子们怎样对他们说话?

②年轻的父母有和我们年龄差不多的孩子,老年人习惯了清静,面包店不在比赛场附近,老板对噪声并不介意。针对不同的情况想想信里应该写哪些内容?怎样写才能促使他们赞成你们的比赛活动。

③用哪些词语来做自我介绍,怎样写结尾的寒暄话和祝颂语。

4.下面是两份书信的草稿,分析一下这样写有什么毛病,考虑应该怎样写才好。(书信草稿略——按)。

5.根据克莉斯塔的录音和加毕的笔记(录音记录和笔记底稿略——按)思考以下问题:

①比赛的时间、地点、参加者和目的是什么?

②比赛的环境怎样?

③比赛的过程、优胜者的比赛情况怎样?

④对比赛的评价怎样?

6.写一篇通讯报道宣传这次比赛,题目自拟。

作文题三(日本的一次作文训练)：

怎样写研究报告

七月里的一节国语课上，老师对我们说："现在，只要一提放暑假，大家就会出现性急的样子。我想今年也应该像往年一样，让大家搞点自由研究活动。所以我们要学习一下研究报告的写法，以便大家在假期里能够写出比较理想的研究报告来。"老师还强调，在我们将来的学习和工作中，写研究报告的机会越来越多，抓住问题，积极地去进行研究，并把结果正确地、简单明了地传达给别人，这是一种必须掌握的能力。

一、研究题目的选择方法

老师说："要想写出好的研究报告，首先必须选择自己真正有兴趣的，并且与自己有密切关系的问题，最好能够抓住那些在日常生活中存在着疑问和矛盾的问题进行研究。"

开始，我们提出了很多题目，像动物的生态、植物的栽培与生长、生活的结构与礼仪、交通工具与交通等等。可是老师说，最好选择与语文学习有关的，短时间内就可以得出结果的题目。于是，我们按老师讲的，选择了一些与语文有关的问题作为研究对象，如方言、谚语、敬语的研究；人名、地名、惯用句的研究等等。研究工作不是单靠个人，而是组成五六个人一组集体进行。

这时老师又着重强调了两点：

(一)限定问题的范围：比如，不要用像"方言的调查""谚语的研究"这样意义范围太广的问题作为研究对象，要就某地区方言的某一点或谚语的某一点来具体研究，尽可能使问题清楚、明确。

(二)不只要动脑，还要动手。既要对书本上现成的知识加以概括和总结，也要自己动手调查研究。

二、制定计划的方法

确定了题目，组成了小组，我们讨论制定了一个研究计划，老师看了说，计划很具体、很好。下面是我们的选题与计划。

选题：《名字的变迁》

计划：

(一)七月五日：请全班同学分别写出自己的名字、父母的名字、祖父母的名字。

(二)七月五日～七日：制作一览表，决定每个人分担的工作，按以下项目进行分类、整理、研究。

1. 字数：一个字的名字，两个字的名字；

2.用字：只写汉字的，只写假名的，汉字与假名混用的；

3.结尾的字：夫、男、郎、子等；

4.其他：难写的字、难读的音、名字的由来等。

（三）七月八日～九日：完成个人分担的研究结果，集体讨论。

（四）七月十日～十一日：决定个人分担的写作任务，书写研究报告。

（五）七月十二日：完成个人分担的写作任务，集体讨论修改。

（六）七月十三日：发表研究报告。

三、报告的写作方法

对报告的写法，老师做了如下的讲解和说明。

（一）正确地写：只写调查清楚了的事；要把事实与自己的意见严格区分开；不要只采用方便的材料；文中引用的资料要注明出处。

（二）简明地写：要设小标题；运用图表和分项说明写作的方法，注意语言要简洁。

（三）小组研究在进入写作阶段后，要特别注意文体和语言的统一，写完后要在一起互相读自己的文章，仔细推敲。

按照上述要点，我们写出了下面这篇研究报告。

名字的变迁

（学生作品）

一、研究的动机和目的

在前不久的读书会上，当我们决定采用志贺直哉著的《清兵卫和葫芦》这本书时，有几个人说到自己的感觉，这个说："所谓清兵卫，我想可能是个老爷爷。"那个说："无论怎么说，这个名字都给人以幽默的感觉。"的确，像"何兵卫""何右门卫"这样的名字，在如今确是新奇少见的。名字的嗜好，好像也是随着时代的变迁而变迁的。

我们班里有田村彦穗、川口知惠理两个人，他们的名字常被人称为发音怪而少见的名字。因为我们大多数人对于人的名字都抱有兴趣，所以我们决定调查从祖父母那代、父母那代到我们这一代，三代人名字的变迁。我们想从字数、用字、发音等方面发现其变化规律。我们的研究是这样的。

二、研究方法

①班内所有同学都将自己的名字、父母的、祖父母的名字分别用汉字并加注假名写在一览表内。

②同父母、祖父母们的名字比，我们这一代名字太少，所以又把其他班的同学名字加了进来，使老一辈人的名字数与我们同学的名字数相等。

③统计结果是这样的：男生 46 人；女生 46 人；父亲 45 人；母亲 46 人；祖父 36 人；祖母 45 人。

④使用以上得到的数字进行分类考察。

三、研究的内容与结果

（一）字数（参看图一）

①无论是男是女，两个字的名字占多数，特别是我们这一代的男子。

②在男子中，三个字的名字逐渐减少，因此要提起三个字以上名字的人，也许会使我们联想起上了年龄的人。

（二）用字（参看图二）

①男子的名字只用汉字；女子的名字有的使用汉字，有的使用平假名；用片假名写名字的人大大减少了。

②常用的汉字。男子名字中常用的汉字有以下九个，大部分用在名字的结尾：郎、夫、一、三、司、行、介、吉、孝。女子名字中常用的汉字有七个，有的用在结尾，有的用在中间：子、代、美、惠、理、由、和。

像这些表示男子强壮、健康，女子贤惠、美丽的字被集中使用着，其他的则很少。

（三）命名的由来

①父母与孩子使用共同的字，父母名字中的某个字在孩子名字中也有。我们班有二十四名同学，其中有五例就是这样的。

父亲：章平——儿子：章宏

父亲：智雄——儿子：智行

母亲：恭子——儿子：恭一

祖父：幸穗——儿子：重穗——孙子：彦穗

父亲：俊司——儿子：洋司

②家长的意愿。正如前面提到的，每个人的名字中都包含着对孩子的希望或爱子之情。下面列出几个人的名字，从字义上推测它的含义。

希望成为贤明的人：哲夫、知惠理；

希望成为善良的人：良介、良夫、秀子；

希望成为幸福的人：幸男、幸子；

希望成为胸怀宽广的人：裕一、尚裕、昌宏、光宏、博子、裕子、洋子；

希望成为相貌美丽的人：由美子、久美子、真由美、美奈子、玲子、美佳；

希望成为贤惠的人：惠介、文惠。

（四）词类特点

①名词不改变地用在名字上以女子为多，尤其是祖母一代，约有 36%

的名字都是这样，明显的是使用植物名称如“菊”“藤”“稻”等，结尾带“子”的如“松子”“竹子”，在我们这一代人常用的植物名称有“百合子”“早苗”等。

②动词不改变地用在名字上以男子为多，如祖父名字叫“通”，父亲名字叫“登”，儿子名字叫“让”。

③形容词用在名字上，女子中母亲一代常用“清”；男子在父亲一代常用“广、高、多、清”等；学生这一代常用“高”。

四、研究的感想和体会

研究结束了，我们可能觉得付出了很大的劳动，但弄懂的事情并不多。然而，如果从另一方面看，“随着时代的变化，人们的名字也在不断变化”，即使只是弄清了这一点，也是不小的收获。

特别是我们感觉到祖父那一代与我们这一代的名字，无论在用字方面还是命名的想法方面都有很大不同。如果把父母一代的名字与我们这一代的名字交换，不会有人感到可笑，但是，要将祖父母的名字与我们这一代交换，则感到古怪可笑的人一定很多。

另外，我们也认识到，从名字的字数和命名用意方面看，三代人也有明显的共同特点，如两个字的名字居多；每个人的名字都包含着家长们的爱子之情。

这次研究活动也是有缺点的，如有的人在写名字时不够详细，没有写出祖父母的名字、因而使调查研究工作受到一些挫折。

尽管如此，我们仍然认为，这次活动对汉字、语法等方面的学习都有帮助。这的确是一次愉快而有意义的活动。

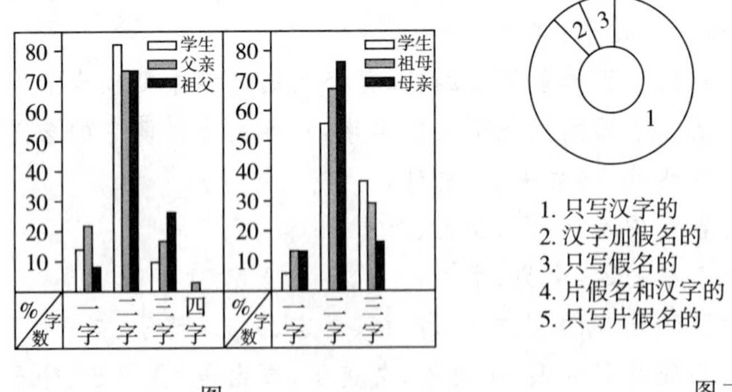

图一　　图二

〈练习〉

(1)研究报告是人们为了解决某些特定的问题而进行的调查研究，并将调查结果向人们进行传达的文章，说说在什么情况下有写研究报告的必要。

(2)为了写一篇研究报告，以五六个人为一组选择一个力所能及的研究题目。

题目举例：外来语的特点、流行语的变迁、敬语的使用方法、关于天气的谚语、我们村子里的方言、拟态语的使用。

(3)以《名字的变迁》为参考，制定研究计划，明确哪些是集体进行的工作，哪些是个人负责的工作。

(4)按照小组计划，研究、整理并写出研究报告，向大家宣读。

研究报告的基本结构可参照《名字的变迁》。

七、据报载，英国某调查机构曾以《世界上谁最快乐》为题作过一次调查，调查统计数字显示，排前几位的分别是如下几种人：

1. 一部长篇小说刚发表的作家；

2. 刚生下小孩的妇女；

3. 玩沙子堆砌成功的小孩；

4. 刚完成一个大手术走出手术室的外科医生。

这一现象所说明的问题，对中学作文教学有什么启示？

八、下边的《真正的考试》是学生习作原文，阅读后作以下练习：

1. 为它写旁批和总批；

2. 与后一章《记叙文写作指导》中的《真正的考试》(发表稿)进行比较，在哪些地方有改动，为什么改动？

真正的考试(原文)

夜深了，人们早已进入了梦乡，可我，还是久久不能入睡。失眠，对于我这个一挨枕头就睡着的人还是第一次。

桌上的马蹄表指向了6月24日。

此时，我多么希望皎洁的月光能使我平静下来，可月亮偏偏躲进了云层，周围一片漆黑，我第一次体会到“万籁俱寂”的感觉……

昨天上午，思想品德分公布了，我得了99分。得99分已经很不错了，这次考试，不但有书上需要掌握的东西，还有许多灵活机变的内容。“嘻嘻……等着回家报喜罗！”我一边走在林荫小道上，一边暗暗得意，落日的余晖透过层层树叶，给小道点上如筛的光斑，精灵般在我眼前跳跃。

“六月天，孩儿脸。”天说变就变，转眼间便阴沉下来。远远地一辆垃圾车伴着“吱呀，吱呀……”的声音由远而近。只见一位佝偻着身子的老大爷吃力地拉着车，准备上桥。也许由于身单力薄，也许由于车上垃圾太重，他停下了，停在我的身边，用充满了希冀和疲惫的双眼望着我，轻轻地喊了一声，“小朋友，帮我推一把，好吗？”显然是冲我来的。人们都低头走着，并没有注意。

“小朋友……”他又喊了一声，周围的人一下子把目光都移到了我身上，我愣了愣，犹豫了一下，又继续前进。

也许是碰了一鼻子灰，他便不吭声了，我分明地感到他的眼光黯然了。

此时，一个娇小的身影从身边闪过，一位小姑娘跑到垃圾车后，缓缓地举起手，使出全身气力推着车。老大爷感激地点了点头。人们也发出了啧啧的赞叹声。车很快过了桥，小姑娘拍拍弄脏的衣服，眼中洋溢着甜甜的笑容：“天快下雨了，老爷爷，快走吧！”

看着这一切，我呆住了，顿觉一盆凉水从头浇下。试卷上的99分，那只是纸上谈兵。现在的我，只是一个连小姑娘都不如的“假”毕业生……

明天，不，今天的心情会好起来的。想着想着，我进入了甜蜜的梦乡。

第十二章　中学作文教学的训练文体

第一节　记叙文写作指导

一、记叙文概述

(一)记叙文的含义和特点

记叙文有广义和狭义的区分,广义的记叙文指以叙述和描写为基本表达手段、反映社会生活的所有文章样式,新闻、通讯、报告文学、散文、小说、寓言故事等都可以看作记叙文。狭义的记叙文专指在作文训练和考试中侧重于训练、检验学生叙述、描写能力为主要目的的一种练习性文体。这种文体,写作的中心内容是自己的所见所闻,再现流动变化的而又生动可感的生活现象。这些生活现象具有个别性、偶然性和具体性。即不是经常发生的,也不是经过抽象概括出来的。比如写“猫”,说明文着眼于猫的知识介绍,猫为什么能捕鼠、它的生理构造有什么特点,这些知识是猫的普遍性特征,是从所有猫中抽取出来的共性的东西。议论文写猫,也是从猫的性格中经过抽象概括,选取经常如此、普遍如此的某一点,为自己的说理服务。而记叙文写猫,往往选择的是某一天偶然看到猫所做的一件有趣的事情,把经过如实再现出来。记叙文中可以兼带说道理、讲知识的成分,但这些成分不能构成文章的中心内容,它们或者完全融合于所记的事情之中,或者为了某种特殊的需要(如利于事的展开、主题的点化等)而出现于文章的某个段落。

同时,练习性记叙文在表现具体的生活内容时,注重写实和情趣。所谓“写实”,就是记叙文所记写的一般应是亲眼所见、亲身经历,或亲自了解过、体验过的事情。但这样说,并非绝对排斥自己没有亲历过却又耳闻过,或者由于阅读别人的作品,结合自己的体验,通过想象联想而虚构的人和事。既为练笔,艺术的编造和虚构有时也是允许的。即使是真人真事，也要进行适当的技术加工。为了体现记叙文写实的特征，写作时常采用第一人称，记事、写人、状物，往往与“我”发生联系。这个“我”，多数为习作者本人，有时可能是虚设的。“我”在记叙文中或者是事情的亲历者，或是事情的见证者，或隐或现，“我”的影子总是与所记写的内容发生着联系。所以，阅读记叙文总让人感到“我”在文中的存在。应该承认，议论文、说明文也讲真实，但它们的真实，带有较多的客观性，而记叙文的真实，更多地具有“我”这个角色的参与色彩。

也正因为“我”的参与，所以记叙文在反映生活内容时，又往往渗透了作者的情感。练习性记叙文的主题以表现某种情感、情趣为主，写人、记事、状物，笔端总是流注着感情。原原本本地实录生活、机械式地反映生活，不是记叙文所必需的，也不可能写出像样的记叙文。不少习作者不懂得这一点，写出来的习作本是真人真事，也具体完整，却不能感人。

(二)几种常见的练习性记叙文

中学阶段的练习性记叙文，根据写作内容的侧重点不同，分为写事、写人、写景、写物四种，尤以前两种为训练和考试的重点。

1. 写事的记叙文

写事的记叙文以记叙事情为中心，通过事情来抒写一定的感受。它常常围绕某一件事情展开，事情的来龙去脉比较清楚。这类记叙文中也有写人、写景、写物的成分，只是它们不构成文章的主要内容，是为写事服务的。如后面所举的《真正的考试》，开头有景物描写，中间写到老大爷、小女孩，但全文的中心是记写发生在放学路上的一件事——一次特殊的考试，其写作的目的不是要表现老大爷，也不是小女孩，只是借这件事中我与小女孩的对比，表达自己的一种自责、自愧的心理。写事记叙文所写之事，有的是一件事，有的是多件事(但必须有一件事是主要的)。记一件事的，有的是一个完整的事件，明显地能看到事情的进展过程；有的则不是一个完整的事情，事情发展的过程不很明显。尤其在以情行文的文章中，这种情形表现得更为突出，全文可以是几个片断，每一个片断都是不完整的。

2. 写人的记叙文

这类记叙文以特定的人物为主要的记述对象，通过记写人物的言行、刻画人物形象，表现人物的思想、精神、情感、性格等。文中也可写事、写景、写物，但都是为写人服务的。写人的记叙文有时似乎也着重写了某一件事，仔细分析，其着眼点并不是从这件事中感悟出什么道理(有，但不明显)，而是通过这件事来表现人物的人格精神。如写成叙事的记叙文，材料的取舍、结构布局都要相应改变。

练习性记叙文一般侧重于表现一个人物。当然，人物不是生活在真空里，他与周围的人物必然发生这样那样的联系。如写《我的母亲》，要表现她，即使是某一点特征（如“善良”），也肯定会涉及被她关怀过的别人。只是写别的人，为的是写母亲。而且，一篇写人的记叙文，是表现人物一个还是多个特征，得根据题意、写作意图和自己对材料的掌握情况来定。如《我的爸爸》，则既可以集中写他一个方面特征，也可以从几个侧面表现他多方面的特征。

人由事为，人因事显。写人的一般离不开写事，究竟是写一件事，还是写几件事，也要视不同情况而定。《×××二三事》，肯定要写几个事情片断。大凡写一件事的，那么这件事相对来说比较完整；记写多件事的，每件事不一定交代全过程。也有的时候，一篇文章究竟写了一件事，还是写了几件事，往往与对材料的处理有关。

记叙文是正面刻画，还是侧面记写，需要认真选好角度。《妈妈的背影》《老师的白发》《爸爸的驼背》等，就是抓住人物局部或细部，从侧面来表现人物的。下边是一篇“全国创新作文大赛”获奖的作品。

父亲的右手

父亲失去了他的右手……是右手！伴随他45年的右手！这就意味着，他同时也失去一手令人钦佩的好字。

我们每个人值得自己一生为之骄傲的东西本来就很少，突然间地失去的确很残酷！让人痛心疾首，甚至都不敢回忆往日的点滴。为什么在失去一样东西的同时，随之而去的又更多呢？也许是命运驱使人，让我的父亲去面对这一切，考验他能否重新找回那随之而去的东西吧！

在我看过父亲用左手写出的日记后，想到了、感受到了许多、许多，最先想到的是原来的那一手好字：翻出了我从小到大的优秀作文底稿，上面有父亲的修改及评语——也许对现在来说，这些字迹是何等的珍贵，父亲的字是那么苍劲有力！漂亮的字架，独特的风格，都是我一直向往拥有的。这也便成了我努力习字的方向。父亲看我模仿他的字迹时，很得意。得意于这手好字给我带来的触动吧。他说我会有一手属于自己的好字，但当时的我执意要拥有与他一样的字。“得靠自己的本事。”他是那么回答的。父亲以前就是靠自己的，他不希望我写字会怎样怎样地依赖他和母亲，他相信我会有能力向自己的目标奋进。

是的，我现在的字总是被别人夸上几句。而父亲呢？左手的字依然苍劲有力，但左手不比右手，字迹确实不再潇洒自如了——是反向书写的障碍。要改变几十年定型的习惯，是需要付出时间的。父亲很沉重，所以在伤心的同时，毅然早早地练起左手字——也就是我看到的一页页日记。他试图让自己昔日的好字重新回来，并向我挑战：他左手的字将反超我右手的字！在他的字中，我真真切切地看到了强烈的、执着的、认真的、属于父亲的精神！

练字绝非是一个契机，父亲是要借此振奋自己的信心，去面对今后的人生路，去寻求一个崭新的自我。别人在跌倒后或许需要很长的一段时间才能站起来，而我的父亲他会在最短的时间内战胜自我——他有超然的人生观，有很多朋友、亲人的鼓励，有一颗顽强的心！

父亲的日记记录着他面对这一切的经过，有痛苦的倾诉；有对亲友的感激；有对自己病情状况的疑问；有对美好明天的打算……父亲也时常看看他的右手的残余部分，感叹自己是"独臂将军"，眼中有失落、遗憾，毕竟对它有感情啊！作为女儿，除了用自己的文字、自己的心去安慰、帮助父亲，更关键的是付之于行动，让父亲能多多感受到他失去的"右手"正在他女儿身上延续、光大！

这篇习作抓住父亲的"右手"这一局部，从一个侧面反映了父亲执着、坚毅、认真的精神品质。

在这里要特别提醒的是，写人的记叙文不能光静态地记述人物做了什么，不能写成人物介绍性说明文。必须通过动态的刻画来表现人物，所以，有关描写的手段，特别是需要适当地运用人物描写的手段，力求使文章多彩多姿，人物形象生动丰满。

3.写景的记叙文

这类记叙文以描写景物为主要任务和中心内容。景物有两种，一是自然景物，一是社会环境，练习性记叙文大多写自然景物。

写景的记叙文不是描摹"静态画"，它常在写景中涉及人和事。如朱自清的《荷塘月色》，美丽的荷塘、迷人的月色，固然是其中心内容，但写这些景物，有"我"这个人物在活动，出门→上路→观景→联想→回家，这里有叙事的成分。初学写记叙文，常常不懂得这一点，往往思路很局促，文章写得很呆板。有学生写《美好的秋色》，写了校园山头上各种树木的颜色、清澈的池塘，"红领巾"在快乐地玩耍，至此以"秋色多么美好"作结。全文200多字，就再也无法写下去了，这样写，缺少变化，缺少动态感，描摹的只是一幅静态的秋色图，而且也无多大意义。如果发挥一点联想，由此及彼，由眼前的美景想到农村该是另一番景色吧，于是星期天出去郊游，看到一片丰收的景色，在郊游时与农民交谈，体会农民对丰收的喜悦之情，那么，文章的内容就大大拓展了，写景的意义也容易得到表现。

写景的记叙文要忠实、客观，但又不纯客观地摹写景物。一般来说，文中之景已不再完全是自然之景，常常融进了作者个人的感情和思想。所以写景的记叙文要力求做到情景交融、以景写情。为什么同样的景物，在不同的心情下观察、表现它，呈现状貌不一样，道理就在于此。这也是以积累素材为目的的景物观察笔记与以表情达意为目的的写景记叙文的不同之处。

写景的记叙文行文要遵循观察的基本思路，写景物往往是由大到小、由整体到局部，不能颠倒次序或杂乱无章。在结构安排上，可以以"我"的行踪为线索组织(如"游记")，也可用一个特定的视点(如"窗口")以时序为线索来展现景物的变化。写景的方法，可以采用"定点观察"，也可采用"移步换景"，或者是两者结合。

4.写物的记叙文

这类记叙文以某一特定的事物为写作的对象和中心内容，用来表达一定的寓意或情感。事物可以是动物(猫、狗、鸟、虫等)，可以是植物(竹、菊、松树等)，还可以是物件(网、路、桥等)。

写作这类记叙文特别要注意与实物说明文相区别。实物说明文是介绍该事物的知识，使人了解该事物。写物记叙文不以介绍知识为目的，物在文中只是作者寄情寓意的寄托实体，是一种被情感化了的物体，所谓"笔在物内，言在物外"。所以，它不是静态的说明，而是动态的叙写；它也不是全面的介绍，而是抓住事物的某一具有象征意义或传情意义的特征着力强化。其中的物，不是孤立的写作对象，物与人、事、景等交织在一起，体现出记叙文的共性特征。

井

许多年前，咱村有一口井，谈起它的"年龄"和"主人"，现已无法考证了。我只知道它很古老，比我大，比爸爸大，比爷爷大，也比爷爷的爷爷大。

以前，尽管村里的居住不集中，可井边的挑水人总络绎不绝，大娘、大爷、大媳妇、大姑娘、小伙子，还有一些光屁股的小娃娃。

传说，那水是水神娘娘的乳汁，很甜，烧一壶开水，泡一壶新茶，浓浓的馨香，沁人肺腑，慢慢地品着，细细地尝着，其乐无穷。一位来自京都的客人说："北京的大碗茶与它相比，恐怕也要逊色三分啦。"

改革的春风吹到村里，村民们纷纷打起了井，到古井担水的人少了，可每逢大年三十，各家各户又挑起久已不用的水桶，到古井打水。说什么喝了古井的水，来年可顺顺当当、健健康康的。

长大了，我背起行李去外乡读书，临走前，我去了古井，喝了一大碗井水，我不知道为啥这么做，只是觉得该这样做。在学校里喝到开水，总觉得少了点什么，没那么香，没那么甜，没那么醉，没那么让人牵肠挂肚的。古井，让我那么地依恋……

终于放假了，我又来到古井。咦，古井不见了。那颗心啊！直溜溜地往下沉。看井的王大爷说："井在这里哩，只是变高了。"

仰头望着这高高的水塔，我明白了，农村在变化，在发展，村里通了自来水，在家里，我们都能喝到古井的水了。

啊，那吱呀呀的担水声，那湿漉漉的古井旁……

《井》中的物既是文章的中心内容，也是行文的线索，井的知识少有提及，主要从它的变化、变迁中来反映社会的变化。以斑窥豹，借特殊的事物寄托作者特殊的情感，并表达某种意义，这是写物记叙文惯常的写法。作为记叙文来讲，所谓特殊的事物，不是笼统的"路""网""桥"，而是特殊到具体特定的某条路、某张网、某座桥、某株花草等，这样才符合文体的要求，而且只有这样去选材、立意，构思行文，才算好的写物记叙文。有些作文不大注意这类记叙文的特点，选文不典型，我们在阅读借鉴时要学会鉴别。

上述四种记叙文，有时也会出现你中有我、我中有你的情况。种类的划分不是绝对的，关键是要更好地为传情达意服务，在练笔中领悟写作之道，不断提高写作的能力。

二、如何指导写好记叙文

（一）内容要具体生动

先看例文

我印象最深的一件事（初稿）

我现在长得很高，一米八二的身材，绝对是我班的第一高度。其实，在我很小的时候，我就比同龄人高出一大截，那时候老爱跟别人比高，看到其他人没有我高就笑话他们。

记得有一次在公共汽车上，看到一位残疾人很矮，比当时七八岁的我还矮了一大截，于是我朝他笑了笑，还转过头对我爸爸说："爸爸，你瞧那人多矮！"接着又用手比划了一下。车子一站一站地开过，到终点站下车，那位残疾人和我们一起下车时，他朝我看了一眼，眼里充满着悲伤，而爸爸也责骂了我几句。由于我当时还小，还不懂得要尊重残疾人，于是我感到很委屈。

后来，我慢慢地长大了，我逐渐地懂得：残疾人也是人，他们比正常人更需要理解和关怀。愿天下所有的残疾人活得更好。

比　高(修改稿)

现在，我长得很高，1.82米的身材，绝对是全班的第一高度。其实，在很小的时候，我就比同龄人高出一大截。那时老爱跟别人比高，看到他们没有我高，就笑话他们。

记得有一次，我和爸爸一起到常州的叔叔家里去。我们登上一辆非常拥挤的公共汽车，汽车在马路上奔驰着。忽然车子停了下来，原来是司机特为一个半路拦车的人停下来的。一个身材非常矮小的残疾人，用几乎是爬的方式"爬"上了汽车。他立即引起了全车人的注意，但就是没有人给这位残疾人让座。人们像看珍稀动物那样盯着那残疾人看，那残疾人被"盯"得满脸通红，一直将头低着。而站在他身旁的我，此时却感到非常自豪，觉得自己非常高大，一个七八岁的孩子比中年人(那个残疾人看上去像是个中年人)还高，还在孩子时代的我的心里是多么值得高兴的事啊。于是我回头对爸爸说："爸爸，你瞧！那人多矮！"还用手比划了一下，得意地笑着。也许是他听到了并不高的说话声，他抬起头看了我一眼，又把头低了下去，脸涨得更红了，像一个小姑娘似的。我当时觉得非常好玩，笑嘻嘻地回头准备和爸爸再说些关于他的话。谁知爸爸朝我狠狠地瞪了一眼，示意我不要再讲下去，也许是对我说了那些没教养的话感到非常生气，爸爸铁板着脸不理我了。我觉得非常委屈，心想我并没有做错什么呀。一会儿，终点站到了，我们和那个残疾人一起下了车。下车后，他用他那很短的两条腿一会儿就走得老远。这时候，爸爸才责骂了我几句，教训我不该那样。我强忍着没有让泪水流下来。但当时却莫名其妙地恨起那残疾人来。

后来，我慢慢地长大了。才逐渐地懂得：残疾人也是人，他们比正常人更需要理解、关怀和尊重。能否关怀弱者是判定一个人是否高尚的试金石。我为我小时的无知感到惭愧，真想对那位受过我嘲笑的残疾人说一声："对不起！"并衷心地希望天下所有的残疾人都能生活在一个充满爱心的社会里。

上边是同一篇习作的初稿和修改稿。初稿确是一篇完整的记叙文，记叙的要素(时间、地点、人物、事件、原因、结果)交代明白，一件事的过程叙述也清楚，审题、立意都无可指责。可是，由于它写得过于简单，因而失去了记叙文特有的魅力。经教师指点、由习作者修改而成的升格习作《比高》，其修改升格的重点，主要是内容具体、生动了。那么，记叙文如何写得具体、生动，或者说从哪些方面入手能使记叙文变得具体、生动呢?

1.细节的还原和加工

记叙文一般都具有故事性,而构成故事性的条件有两个方面的内容,即情节和细节。情节是粗线条的、概括的,情节决定了记叙文的基本骨架、故事的发展轮廓、叙述头绪和叙述要素。但如果只有情节,记叙文就仅剩一副干瘪的骨架。我们说文章要血肉丰满,那么,细节就是记叙文的血肉。细节使情感、情趣有了附丽、渗透的对象,细节使记叙文变得动人鲜活起来。

写作记叙文,一旦情节的骨架搭起来后,接着就要考虑到细节的安排,要借助于联想和想象,回忆、复现经历过、看到过、听到过的事情的详细情景,这就是细节的还原过程。为什么强调要做生活的有心人,要观察细致,因为细节源于生活。为什么写记叙文强调要有丰富的联想和想象能力,因为细节的还原离不开这些能力。《比高》中丰富补充的有关残疾人的行为动作、"我"的心理活动与神态、爸爸的举动,就是经"还原"以后的生活细节,有了这些细节,文章就"活"起来了,也让读者觉得更真实可信了。

2.丰富描写的成分

这是与第一点相关联的一个方面。从表达方式来讲,记叙文以叙述和描写为主,练习性记叙文应该兼顾这两种表达方式。我们知道,叙述的功能重在对事物一般存在情况的交代,使人了解事物的发展变化、流动的过程。而描写的功能重在对事物(人、事、物、景)的形象的刻画,使人根据生活经验、审美体验,通过联想和想象,在头脑中再现、创造出具体的形象。可见,记叙文的可读性魅力,很大程度上取决于描写的是否成功。叙述展示的只是一根瓜藤,有了描写,才能展示枝叶丰富、瓜果满藤的植株全貌。所以,记叙文写人、叙事、状物、绘景时,都要在叙述中结合描写。描写的方面很多,包括场面描写、环境描写、人物描写等。《比高》中的一些细节,其本身又都是通过描写来展示的。再看下边一例:

真正的考试

昨天放学时,思想品德课考试成绩公布了,我居然得了99分。"嘻嘻……等着回家报喜啰"。我一边走在林荫小道上,一边暗自得意。落日的余晖透过树叶,给小道点上如筛的光斑,精灵般在我眼前跳跃。前边就是我天天走过的那座桥,我飞奔上桥头。嘿,今天桥下的河水好像比往日流得更欢快,一个个小小的漩涡,似乎也成了一个个"99"。

"吱呀……吱呀……"忽然,有小车的响声由远而近,只见一位佝偻着身子的老大爷吃力地拉着垃圾车上桥来。也许由于年老力衰,车子装得太重，他在桥那头停下了，直喘气，一双充满希冀和疲惫的眼睛望着我。那眼神，显然是在向我求助。一阵微风吹过，一股难闻的臭味袭来。我下意识地用手捂住了鼻子，装作没看见似地倚着栏杆欣赏桥下的河水，心里直嘀咕："推垃圾车，弄脏了衣服，回家老妈那里可不好交代。可那老大爷……"

"老大爷，我来帮你推！"有一个娇脆的声音从我耳旁闪过。只见一位小女孩奔跑到小车后边。她伸出双手，使出全身的力气推起车，老大爷感激地点了点头，扶起车把在前使劲拉。小车终于艰难地过了桥。"谢谢你，小姑娘！""不用谢，太阳快下山了，老爷爷走好！"小女孩擦了擦双手，拍拍弄脏的衣服，一溜小跑，走下桥去。

望着眼前所发生的一幕，我不禁感到脸上热辣辣的发烧。这难道不是一次真正的考试吗？在这份试卷上，我得了几分呢？

小女孩的身影渐渐远去，小车的"吱呀"声也渐渐远去，原先的那一份欣喜一下子消失得无影无踪。我迈着沉重的步子，慢慢走向回家的路。"99"——"0"，两个不同的分数，不断在脑海中幻变叠映……

这篇习作的描写是成功的，而且是丰富多样的。开头的景物描写能与心情一致，情景交融；人物描写有外貌、神态、行动、语言、心理等，且都比较切合人物的身份、年龄。初中生能写出这样的习作，说明已经具备了写作记叙文的较扎实的基本功。

在这里，有必要提一下记叙文的场面描述问题。场面是记叙文的基本构成单位，写好场面是写好记叙文的基础。记叙文要求把叙述与描写综合运用，这种综合运用的能力就是场面的描述。记叙文中的人（或"物"）、地、事这些基本要素，不是彼此孤立的。事由人为，人因事显，而人的活动、事的发展又离不开"地"这一空间环境。在一个场面中，既有时间的延续，又有空间的描摹。一篇记叙文，往往要安排一个充分展开的场面，或者几个在时间上有承续关系的场面。比如说家庭、教室、操场、街头、窗口等等，都可以成为一个个场面。《比高》的场面就是公共汽车上，《真正的考试》的场面则是放学路上。一般来说，初学写记叙文，全文能安排好一两个场面就可以了。其实，即使写好一个场面，也不是很容易的事，因为场面的展开和描述要受制于写作的意图。不同的写作意图，场面描述的重点不一样。以《真正的考试》为例，因为要表现的是我在特殊的考试中的不合格，所以场面的描述重点放在那件事中的"我"和小女孩的对比描述中。如果因自己的作弊而考试得了高分，表现另一种自责心理，还是在放学路上，那么描述的重点可能是景物的异样或当时的矛盾心理状况。就初学者而言，分不清主次，眉毛胡子一把抓，是常犯的毛病，应该引起注意。

(二)选好题材,有点感悟

记叙文是直接反映现实生活的。现实生活的林林总总,一方面给写作记叙文提供了广阔的选择材料的余地,另一方面则给选材带来了一定的难度。面对一个题目,选择什么样的题材,就成为写作时首先要考虑的问题。

记叙文的题材要尽量避俗、避熟。所谓"俗"题材,指的是平庸的材料;所谓"熟"题材,指的是陈旧的材料。在一般情况下,记叙文选用新僻鲜丽的题材,比选用人人都去写、人人都能写的题材更易收到吸引人的效果。尤其是对中学生而言,以题材之"长",可以补表达之"短",表达能力本身是有弹性的,好的题材,有助于表达能力的更好发挥,或者说,有利于掩饰表达能力的不足。且看下边一篇习作:

考　试

"同学们,这节课,我们将进行一次考试!"语文老师夹着一叠试卷,走进来,微笑着向我们宣布。

我心顿时一沉。怎么回事?考试?刚开学就考试。一点儿准备都没有,唉!全完了。台下,同学们也都开始议论开了:"没有复习,怎么办呢?""这不是搞突然袭击吗?""喂,今天不该是愚人节吧!真是的。"

老师含蓄地笑了笑,对叽叽喳喳乱作一团的同学们做个手势说:"现在,我发试卷!"他打开"卷子",漫不经心地翻着。突然,发生了点小意外,"哧啦——"一声,一张试卷竟被他撕破了!他一惊,无奈地说:"卷子正好每人一张,现在破了一张,啧啧,这可怎么办……"他拎起那张像正在展翅翱翔的大雁一般的试卷,苦着脸对我们说:"我知道谁也不愿要它,可……可是……总得有人得到它啊!谁要呢?"他为难地望着我们。

台下,大家相互看了一眼,谁也不吱声了,唯恐"大雁"飞向自己。教室里仿佛空旷了许多,就像到了渺无人烟的山谷。我心里升起一丝快感,看来,光处理它就得半节课,试考不成了!时间艰难地过了十几秒!这时,台下又大声议论起来:"挨个抽吧,谁抽着谁倒霉!""把它给班干吧!他们是'雷锋'。""把它给李华吧!人家可是舍己为人的好学生哩。"……议论声越来越大。"静一下!"老师挥了一下手,用失望的眼光盯着我们,然后用渴求的声音问:"再没有好办法了吗?"他把"好"字说得特别有力。

教室里又静下来了,谁也不吭一声……忽然,一个白色的身影一闪,站了起来!竟是她——我的同位。她是个性格内向,平时寡言少语,从来不爱出风头的女孩。今天是怎么啦?这时,她在众目睽睽之下,像一朵玫瑰似的，羞羞涩涩，满脸绯红，只见她用手一点点抠着书，好一会才抬起头，轻声而果断地说："老师，把试卷给我吧！"说罢，脸更红了。大家又议开了："哼，出风头！""班干部没上台，你出风头！""唉，又是一个活雷锋。"……

这时老师微笑着点了点头，示意她坐下，然后正式宣布："考试到此结束，张伟同学这次获得最高分。现在撤销原来的班长，由张伟同学担任，任期一年。"什么？这算考试？我们愣住了！一阵迷茫过后，我们觉得脸上好烫，好烫。

教室里静极了，所有的人都陷入了深思……

这篇习作与《真正的考试》有一个共同的特点，都没有直接记写普通的考试，而是特殊的考试，细加体会，它们的取胜，不在于表达的成熟、文笔的老练，恰恰在于选材的新僻。避免写老材料、熟材料，写出的文章就有一定特色。

虽说"世间奇事无多，常事为多；物理易尽，人情难尽"（清·李渔《闲情偶记》），文章所写，大多为常事常情，但毕竟要写好常事常情，会增加写作的难度，选材的功夫与表达的功夫是成反比关系的。

再说说感悟。文章需要有一个好的主题，材料的选择安排要服务于主题，这是常理。但就练习性记叙文而言，其立意不一定上升为深刻的理性认识，寻求什么微言大义，只要能够对所选的题材有一点感悟就行。感悟，可以是经理性思考以后提炼出来的一种思想、一种哲理，也可以是凭直觉感知而得的一点感触、一丝情感。

在记叙文中，抒写感悟有两种方式，一种是"蕴寓式"（不言已自明），另一种是"点题式"（通过文字直接点明）。运用后一种方式，必须注意所引发的感悟要自然合理、掌握分寸，要因文（文章内容）因题（文章题目）而异。

有一篇题为《微尘》的习作，写的是小时候偷拿了邻家奶奶的一把瓜子，后来发现做错了，一直没有吃，把它藏到了角落里。"这件事，就像一粒小小的灰尘，重重地落到了那本是明净的孩子的心里，使我每每想起它，都感到一种羞愧"。行文至此，其实可以结束了。可文章后边又加了两段："现在，虽然长大了，有些小时候的幼稚的想法，也觉得可笑了，却独有这件事，我始终没有摆脱掉当时的心境，并且让我在今后更大的事情上做到无愧于自己的童心……也许，微尘也是有益的，它将永远督促我，不断净化自己的心灵。"小作者的本意是通过议论来使主题明朗化，实际上这是画蛇添足。而像下边一篇习作，却又必须直接点明感悟：

生活中的发现

我们生活的这个大千世界，无奇不有，人们也在不断地发现着我们曾经未知的东西……

从小到大，我都生活在幸福之中，也从未特意地去发现什么。然而，偶然的一次，却令我发现了它。

那几天，妈妈一直在喊头疼脑热什么的，却迟迟不去医院检查，于是，我对她下了“最后通牒”：“星期日由我陪你去。”检查下来，只是感冒而已。于是妈妈坚持不再“打的”，改乘“大巴”了。我俩并排坐着，不知是检查结果令她安心还是节省开支使她开心，她竟一头靠在我的肩上睡着了。

过去，总是我躺在妈妈的怀中甜甜睡去，而今，我正值青春妙龄，精力充沛，不觉却成了妈妈的依靠。

我向窗外望去，到家的路程还未过一半，妈妈的头靠着我的肩，一阵阵的燥热，衣物的纤维也乘机折磨着我的肌肤。妈妈的头发擦着我的脖子，痒痒的，怪难受的，真想理一理衣服。望着妈妈熟睡的脸庞，我不再理了，定格了姿势就像搭好的积木，一碰就要散架的样子，我快坚持不住了。

这就好比是一场生活中的考验，考验我能否担负起它。好吧，我接受这场考验，坚持到底。我低下头又望了望妈妈，她仍在那儿安心地睡着。我用力撑起快要倾斜的身子，让肩膀仍保持刚才的姿势，让妈妈靠着。

到站了，我轻轻唤醒已熟睡的妈妈，妈妈带着歉意的微笑说：“啊，睡了那么久，累着你了。”“没什么。”我揉了揉酸痛的肩膀答道。顿时，我感到有一股巨大的力量在告诉我：我将要担负起许多许多……

生活像一本书，偶然的一次发现让我发现肩负的责任和使命。我知道，在未来的人生旅途中，我会坚强地担负起我肩上的责任和使命，我也希望能在未来的生活中发现更多更多……

这篇考试优秀作文(文中的一件事搬用于别人的文章，这是不可取的。这里为说明问题仅作例子引用)，文题是《生活中的发现》，文中记叙的是一件事情，如果文末不加点题性感悟文字，内容与题目就切合不紧。因此，类似这样的题目，一般需要利用点题的方法，既使题文相符，又使立意明朗化。

(三)在构思上下点功夫

记叙文在结构安排、行文布局上，与议论文、说明文、应用文不同，它较少受模式、框框的限制，讲究构思的艺术。虽说课标和教材就中学练习性记叙文只提出一些初步的、宽泛的要求，而事实上，用以记叙文阅读教学的课文，却都是一些具有构思特色的范文。在作文训练和考试中，那些构思上有一定特色的作文，也往往能成为优秀作文。

广义的构思，涉及一篇文章写作的全过程，诸如立意、谋篇、运技、用语等等。狭义的构思，主要指行文的艺术性处理。记叙文在构思上下点功夫，指的是狭义的构思，它体现为角度的选择、线索的确定和技法的运用三个主要方面。

1. 角度的选择

摄影、绘画，常常要取景，其实就是选角度。好角度往往能抑丑扬美，强化艺术表现力。在记叙文写作中，面对同样的题材、同样的题目，角度选择的好坏会直接影响文章的效果。角度，不仅决定了文章写什么，而且也决定了文章怎么写。下边的习作，便是一个成功的例子。

我最喜欢的一本书

撩起摇曳的窗帘，月河依然清晰，星光依然恬淡。墙上的挂钟在不停地摇摆着，夜，渐渐深了。

功课刚刚做完，从床垫下捧出我那本心爱的书，翻到昨夜读到的地方。我简直有些迫不及待了。

不知这已是第几个晚上了……

我似乎被一只手臂牵引着，回到那个难忘的岁月。在朦胧的月色下，拨开密密的丛林，趟过悄悄的小溪，寻觅上几代人年轻时走过的踪迹。

瞧，这一串是牛大水含笑接受任务时留下的，那一串是杨小梅探情报时趟过的，一串串的浸染着殷红的鲜血……

啪！突然，书插翅似的从我手里飞了出去。天哪！是妈妈。

可糟了，这本书是从她的书橱“发掘”出来的！我感到胆怯，只有硬着头皮等待着惩罚。可是妈妈并没有像以前那样不由分说便把书一分为二，她似乎愣住了，还有一种难以描摹的神情荡漾在脸庞眉梢，她只说了声：“快睡吧！”就收起书，走了。

没有挨骂，怪事！可我心里并不轻松。党员黑老蔡的身影仿佛就在眼前：他建立了“抗日自卫队”，引导了一大批青年参加共产党；在日军向冀中平原进行“大扫荡”时，他带领游击队展开了反扫荡；为掩护队员，在一次战斗中，他左肩受伤了，却依然伸出双臂去保护一个小队员，当他用力将小队员拖下山坡时，追来的日军却离他更近了……唉！真可惜，书被妈妈收走了，我躺在床上，脑海中尽是他的身影。“他会落入敌手吗？”我多么希望他能脱险。忽然隔壁传来爸妈轻声说话的声音，一片阴云掠上心头，明天会有什么等待我呢？

这一夜，我自然睡得很不安稳。

第二天晚饭后，我居然没被立即撵进房内上晚自习，爸妈竟像朋友一样跟我聊起了我最喜欢的书——《新儿女英雄传》。他们对书中情节了如指掌，是不是昨夜读了个通宵？

原来三十几年前，书中的这些英雄儿女就曾是伴随着父辈们成长的良师益友，是书中可歌可泣的事迹教会他们去认识大千世界中的真诚与善良、虚伪与丑陋，教会他们在逆境中磨炼意志，时刻准备为祖国献身出力。

“除了真情，我还能给你什么！……”妈妈哼起歌来，她已好久没唱过歌了，我似乎觉得父母年轻多了，他们的脸庞洋溢着异常兴奋的神采。

这时的我已百感交集，预期的斥责没有到来，父母的这种友好的态度更让我受宠若惊。我又高兴又迷惘，既羡慕他们读过这么多好书，又对今日父母把这类好书锁进书橱不让我们接触感到迷惑不解。

回到自己的房间，书桌上端正地摆着《新儿女英雄传》，我翻到昨夜读到的地方，看到一张纸条上写着：“好好学习英雄儿女，相信你会懂得怎样培养自己的坚强意志和优良品德……”

显然是妈妈的字迹。

我把书紧紧地贴在胸前，顿时一种全新的感情在心头滋长，充盈了整个胸膛，眼前似乎模糊了……

我没有急于了解蔡队长的命运，而是又撩起了窗帘……繁星闪烁，有人说，天上一颗星星，代表地上一个人。星星有明有暗，人有伟大平凡。我看到一颗颗亮星，多么像英雄们的明眸！他们怎么会想到，在继往开来的九十年代，又帮助了一个少年和她的父母沟通了心灵，填平了代沟！

这一夜，我睡得很香，并做了一个甜甜的梦：唱着《长大后我就成了你》，我变成了一颗晶亮亮的小星星。

《我最喜欢的一本书》是一篇竞赛得奖习作，这样的老题谁都会写，但写出新意却很难，按习惯性思维角度肯定写成一篇读后感。这篇习作却独辟蹊径，以记叙文的形式记写了“我”与父母同爱一本书的故事，书的内容未作详写，爱书之情却渗透于字里行间，爱书的原因也在叙写中得到暗示。构思之巧妙，令人耳目一新。

2.线索的确定

提到记叙文的线索，不由会想到时间和空间，自然，这两者是记叙文行文过程中的重要依据，但它们所解决的往往只是叙述的条理性问题（这是基本要求），而并不能解决构思的艺术性问题（这是高一层次的要求）。所以，好的记叙文常常需要借助其他线索，来贯穿材料，增强艺术效果。比如一件特殊的物品、一种起伏变化的情感、一个关键性的字词、一位起见证作用的人物等，都能成为线索。例如：

渴 望

闹钟的指针已指向十一点半，我疲乏地抬起头，窗外，远处的万家灯火已陆续熄灭，仅剩几盏发出昏黄的微光，与深蓝天幕闪烁的繁星一起显示着夜的深沉。

“唉”，我叹了口气，看着桌上的那道几何题发愣——我已经演算了近半个小时仍无头绪，脑中是嗡嗡作响的一片。繁杂的几何图形在眼前晃动，昏昏沉沉地，我趴在桌上进入了梦乡——

我满怀激情地拉着小提琴，琴弦颤抖着，随之迸发一串美丽飞扬的音符，使我如痴如醉。无尽的音乐魅力感化着我，我多么希望自己成为中国的贝多芬、莫扎特。

沸腾的绿茵场上，我带着足球率先破门，欢呼声四起，我和伙伴们高兴得大喊大叫，在这足球的狂热中，我觉得自己是世界球王贝利，是马拉多纳、罗马里奥。

蓝天下，我手拿遥控器操纵着一架模型飞机。那“银鹰”按照我的操作时而上升，时而俯冲，时而翻身，仿佛杂技演员在表演特技……

突然间，提琴、足球、模型飞机都不见了，一大堆黑乎乎的“不明飞行物”向我袭来。我定睛一瞧，原来是一大堆的参考资料：《中考试题荟萃》《语文练习》《课外习题》等，它们发出可怕的狰狞的笑声，令人不寒而颤。

“不好！”我大叫一声，从梦幻中醒来。幻境消失了。我无意识地赶忙捏住快要坠地的《几何测试题》，那道题目仍确凿地写在上面，可我还未解出。

“哎”，我长叹一声，无奈地推推眼镜。

我喜欢刚才的那个梦，我渴望追回它，留下它，我更渴望能有那一天，梦中的一切都成为现实。

习作《渴望》原采用直接的抒情议论式，显得苍白无力，也无特色。后经指点，借鉴了鲁迅的《好的故事》的写法。全文以“梦”这一意念为线索，在现实与梦境的对比中，表达了强烈的渴望之情。模仿中有创新，对初学者是很有必要的。

记叙文如果仅仅满足于叙事的完整性和条理性，不选择一条好的线索，文章有可能比较松散，虽然故事有头有尾，给人的感觉却是内容反显得较单薄。特别是用几个片断写人的记叙文，或者是带有浓重的抒情色彩的记叙文，确定好一条线索尤为必要。

3.技法的运用

技法的掌握，是写作的基本功。与其他文体比较，记叙文的技法更灵活多样，除了叙述描写中的一些基本方法需要掌握外，还有一些特殊的技法也要学会运用。在练习性记叙文写作中，能够加强构思的艺术性、强化表达效果而又使用频率较高的技法，主要有对比、铺垫、抑扬、误会等。在同一篇文章中，技法的运用不是孤立的，常常兼而用之。而且，技法也只是手段而已，要提高记叙文的写作能力，必须多观察生活，多阅读范文，多练笔实践，平日既要养成勤于写的习惯，又要养成用功写的习惯。

第二节　说明文写作指导

一、说明文概述

（一）说明文的含义和特点

说明文是以说明为主要的表达方式来阐释事理、解说事物，使人了解有关知识的一类文章样式。

一篇文章是不是说明文，看其是否具有以下一些特征：

第一，说明性。说明性是说明文的主要特点，是它区别于别的文体的显著标志。说明文的这一特性是由其使用的表达方式是说明、表现的内容是解释事物或事理，以及写作的目的是介绍知识等三方面决定的。请看下面的例子：

猫头鹰捕错猎物

刚刚长大的小猫头鹰飞到山林里捉老鼠。朔日无月光，但小猫头鹰远远看见地上草丛中有只“老鼠”正在啃食着什么，便猛地飞扑下去，一下子捉住了“老鼠”。

“为什么捉我？”“老鼠”大叫：“小猫头鹰，你快放开我！”“放开你？”小猫鹰也大叫道：“害人的老鼠，我不捉你捉谁？”“我不是老鼠——”小猫头鹰打断“老鼠”的话儿：“你不是老鼠是谁？想在我面前蒙混过去？”“我是鼩鼱……”小猫头鹰心想现在假冒的东西不少，不能让坏蛋钻了空子。这家伙的外形很像老鼠，却说不是老鼠是鼩鼱！“我真的是鼩鼱。”“我不知道鼩鼱是谁，只觉得你就是老鼠，所以不能放你！”正在这时，老猫头鹰来了，见此情形，一面表扬小猫头鹰勇敢顽强的行为，一面向鼩鼱道歉，让小猫头鹰放了鼩鼱。老猫头鹰对小猫头鹰说：“你没细观察吧？鼩鼱外形像老鼠，是哺乳动物，但还是有区别的，如他的吻部细而尖，头部和背部是棕褐色的，腹部棕灰色，也有的是灰白色。也多生活在山林之中，以昆虫、蜗牛、蚯蚓等小动物为捕食对象，也吃植物的种子和谷物。”聪明的小猫头鹰说：“我懂了。以后不管做什么事情，都要认真观察，明辨是非。”

猫

猫，一种再寻常不过的动物了，它善良、温驯、机灵、乖巧，样子十分可爱。猫面容清秀，目光敏锐，反应灵敏，动作迅速。

猫一年要生三胎，一胎约三到五只，刚出生的小猫样子怪不好看，身上稀疏的毛乱得很，小尾巴上光秃秃的，成天眯着眼睛，一味地只知躺在猫妈妈的怀里吃奶。过了两三周，小猫身上的毛要长出好些，此时它才渐显出猫形。慢慢地，小猫也能走动了，不过晃悠悠的像个醉汉，可叫人放心不下，要等到它行动自如，起码再过四五周。猫妈妈教子有方，对孩子从小就进行严格的训练，经常见它叼着小猫的脑后，蹦上蹦下，这样小猫也能跳上跳下。不信你看，它们一蹦有小凳子那么高，甚至从一米多高的平台上跳下也不成问题。小猫们通常是很顽皮的，它们有时几个一起瞎窜，把屋里弄得乱七八糟；有时几个猫兄弟在屋里翻箱倒柜；要不，弄来几个线团，叼着一端线头，跳上凳子，再跳到床上……结果弄得屋里一地毛线；有时，它们又找来几个塑料袋，扬起，扑上，将其“制服”，也常常因抢夺纸袋而打成一片；还有的时候，小猫们似乎太无聊，竟一门心思想抓住自己的尾巴，直到弄得晕头转向后才呆立一旁。但这一切，可别以为是一种无聊的游戏，其实猫儿们是在训练捕鼠的技巧。

约莫再过四五周，小猫长成了大猫，并能捉老鼠了。捉老鼠似乎是猫的本能：猫的耳朵能转动 180 度，这样，它能听见 360 度范围内的一切动静；猫的胡须的长度约为身体最宽处的宽度，所以，它只要用胡须测量洞口，就能判定自己能否进入；猫的瞳孔白天呈橄榄形，晚上呈圆形，这样，猫在晚上也能看清东西，这与老鼠爱在夜间行动相符；猫的舌头带倒刺，因此，它若是吃老鼠，只见剩骨，不见剩肉；猫的爪子像个又尖又长的钩子，这样老鼠一旦被猫抓住，想逃走，简直是天方夜谭；猫的脚下是一层厚厚的肉垫，这样它走起路来一声不响，老鼠是很难发觉它的。看，这一切似乎都是上帝为猫抓老鼠而特意创造出来的。此时的猫儿比起小猫来，活泼劲少了许多，变得“懒”了起来。白天，它总爱在一个僻静之地睡上一觉，其实它这是在养精蓄锐，准备着晚上捉老鼠。到了夜深人静之时，只见它耸着耳朵，聆听周围动静，一旦发现一只窃食的老鼠，它便小心地靠近，猛扑上去，将其摁住，老鼠“吱吱”乱叫……也许是鼠肉味远不及主人家的鱼肉香，所以一般情况下，猫是不吃老鼠的，而是将它咬得遍体鳞伤，再摔摔打打，直至老鼠命归黄泉。然后猫再隐藏起来，等着下一目标的出现与第二天早晨主人们的赏赐。

猫的用途可不少，肉可食用，广东名菜“龙虎斗”就是用蛇肉和猫肉制成的，毛可制成毛笔，猫的皮有保暖作用，可以制作皮衣、皮手套。当然，猫的最大用途还是捕捉老鼠，为人类除害。

比较上边两篇例文，可以发现，前者属于童话故事，文中除了局部（如老猫头鹰教孩子如何识别鼩鼱）运用了说明的表达方式外，整体上采用的是记叙和描写，它的内容和写作不是侧重于解说事物，让人了解鼩鼱是一种什么样的动物，而是借猫头鹰捕猎这事告诉人们“不管做什么事情，都要认真观察，明辨是非”的道理。而后者初看似乎是记叙文，实际了却是一篇说明文。习作中有记叙的成分（如主体部分以猫的成长过程为线索），但仍以说明为其主要的表达方式，内容方面侧重于解说猫这种动物，包括猫的属性、功能性特征和功用等，写作目的是让人了解猫的相关知识，而不是表达什么情感或告诉什么道理。

可见，衡量或写作说明文，要从整体上着眼于文章的表达、内容和目的三个方面。

第二，知识性。“作说明文的动机，是为了要给予他人的知识而作的”（胡怀琛《说明文作法范例》）。“解说文是传授知识的文字”（叶圣陶《作文概说》）。知识性是说明文的又一重要特征。应该承认，记叙文、议论文也可以传授知识，像《猫头鹰捕错猎物》中也涉及一些知识。但记叙文、议论文中的知识是零星的、片断的、不系统的，运用知识的目的是为了更好地表情说理的需要，仅仅是一种手段而已。而在说明文中情形就不一样了，一篇说明文解释某一事物或事理的时候，往往是相对集中、全面、系统的，介绍什么方面的知识，目的就是让人懂得这方面的知识。如读了《猫》一文，我们对猫这种动物，有一个比较完整的认识。

第三，客观性。在常用的几种表达方式中，说明最具客观性，从而使说明文也带有客观性。所谓客观性，指的是作者写作时的态度是冷静的，不掺进个人的感情色彩。陈望道在《作文法讲义》中指出：“记叙文可以立主旨，因此可以带着作者个人的色彩；解释文（按：即说明文）是以使人理解为旨趣的，却该全然抛离了作者的趣味、倾向等个人的色彩，全然站在公平无私的境地。因为有这层不同，所以解释文的题目纵和记叙文的对象相同，其实也还容易分别。”写作说明文，只有客观、冷静地对待说明对象，说明的知识才能正确、科学。因为一带有主观感情色彩，就难免失之于片面性和不科学性，突出甚至夸大事物的一面或一点，而不及其余。例如，记叙文或议论文写到“狗”的时候，往往抓住它的“奴颜媚态”或“通人性”等某一特征做文章，狗的某一自然属性被赋予情感色彩，可以加以突出、放大，借此来表达某一道理或情感。而说明文解释“狗”的时候，必须用科学的眼光、客观的态度去审视它，全面地介绍它，即使像鬣狗这种凶残、丑陋的动物，也不能带着嫌恶的感情去写。

（二）几种常见的练习性说明文

中学阶段的练习说明文，按其写作的内容和功能来分，主要有三种：实物说明文、事理说明文和程序说明文。

1. 实物说明文

实物说明文的对象主要是客观实物和现象，其写作的内容包括事物的性质、特征、关系、成因、功用等多方面，使读者对事物或现象有较全面的了解。诸如语文教材中的《雄伟的人民大会堂》《中国的石拱桥》，以及习作《猫》等，都是实物说明文。另外如《我》《我的一家》，侧重于从静态的方面，比较全面地介绍人物或家庭状况的说明文，也属实物说明文。

2. 事理说明文

事理说明文的说明对象主要是客观事物，即以科学审视的眼光去探究事物或现象形成的原因、事理，其解释的更多的是“为什么”，而不是“是什么”；全文的中心很明确，知识点相对比较集中，不像实物说明文那么全面、分散。如《花儿为什么那样红》《雪花是怎么形成的》《眼睛和仿生学》等。下边的一篇习作便是事理说明文。

霜叶红于二月花

在深秋时节，去北京香山的游客，无不被那漫山遍野的枫叶所吸引、陶醉。它红得艳丽，红得热烈，古人曾用“火”来形容它，确有道理。枫树的叶子从春天萌芽，到夏天都是经常绿油油的，为什么一到秋天，叶子就会变红呢？这主要是树叶里所含的各种色素在起作用。

正常生长的叶子中含有大量的叶绿素，还有少量黄色或橙色的类胡萝卜素、红色的花青素等，叶绿素之所以含量高，是因为夏季水分充足，老的被破坏，新的很快产生出来。这样新陈代谢，循环往复，就使叶子长期保持鲜艳的绿色，克服了叶绿素化学性质活泼、不稳定、易被光和酸破坏的缺点。

秋季将至，天气变凉，气温降低，枫叶抵御不住低温的侵袭，产生新叶绿素的能力逐渐消去，而叶绿素破坏的速度超过了它形成速度，叶绿色就逐渐“隐退”。接着，由于大量类胡萝卜素的堆积，叶子由绿变黄。枫叶真正变红，是叶子在凋零前半个月里的事。适当的时候，使叶子里产生了大量的红色花青素。花青素是一种水溶性的植物色素，它的颜色可以随着细胞液酸碱程度的变化而变化，好似一位“魔术师”。当叶子中的叶绿素急剧减少，叶肉细胞的细胞液又呈微酸性的情况下，花青素则一展“芳容”，把大自然装点得像如火彩霞。十至十一月份，山上层林尽染，一片火红，煞是好看，就连唐代诗人杜牧也赞誉“霜叶红于二月花”。

人们对秋天红叶，都喜欢用“满山红叶”来形容，这是因为长在山上的树叶往往比平地上的树叶红得早。山上的昼夜温差比较大，有利于叶子里的糖分的积累，产生的花青素比较多。

看来，导致枫叶变红的主要原因是花青素，那么，它除了增添秋叶的色彩外，在叶子中到底起什么作用，还有待进一步了解。

上例先摆出秋天枫叶发红的现象，接着介绍枫叶由绿转黄、又由黄变红的原因，最后小结。全文不是全面地介绍枫叶，而是把重点放在对枫叶变红原因的科学道理的解释上。

需要说明的是，事理说明文与那些偏重于阐释、分析的议论文，它们都着眼于“为什么”，讲述有关道理，但事理说明文分析、揭示的是科学的原理，让人了解其中的科学知识；而议论文通常是从政治、思想、伦理、道德、文艺等方面分析、论述有关道理，让人信服自己的观点。两者的写作内容和出发点有所不同。

3. 程序说明文

程序说明文的解说对象主要是事情的过程和步骤，告诉人们的是“怎么做”的知识。如叶圣陶的《景泰蓝的制作》一文中介绍掐丝、点蓝、烧蓝、打磨、镀金等制作工序，体现的就是一种过程和步骤。在作文训练和考试中，如提供材料或假设要参观一个展览会、游览一处景点，而又要求介绍参观顺序或游踪路线的，往往应写成程序说明文。

二、如何指导写好说明文

（一）明确写作的内容和重点

相同的写作对象，不同类型的文体，写作的内容和重点不同。如前所述，说明文与记叙文这两类文体，不少学生容易混淆，把说明文写成记叙文。其实由于两者写作目的、功能不同，所写的内容与重点是不一样的。例如，运用象征（寓托）手法写的散文如孙犁的《黄鹂》，通过追寻黄鹂的经历，侧重点落在对黄鹂的象征性特征的描述上，从而为寓意服务。假如写说明文，那么就要涉及黄鹂的属性、外形、生活环境、类别以及它与其他鸟的区别等等。同样写《我》，记叙文常以一两个具体片断进行描述，而说明文则要从姓名、外貌、性格、爱好等作全方位介绍。再如游记和介绍游踪的说明文,其内容和重点也不一样。游记在游览的过程中,要描述所见、所闻,抒发所感;说明文只要把线路、步骤介绍清楚即可。

任何文章都有写作的重点,即使是相对来说比较全面地介绍事物的实物说明文,在全面中间也有轻重主次之分,比如说《苏州园林》,突出的是该园林与别的园林的不同之处:"从哪个角度看都是一幅画";《景泰蓝的制作》中关于制作的工序,突出的是关键性的掐丝、点蓝两道工序;前边所举习作《猫》,重点是猫捕鼠的生理特征。说明文的重点,往往就是该事物区别于他事物的本质特征,必须详写,其他的非本质的东西,应该略写。

(二)要合理安排说明的顺序,做到言之有序

文章的顺序,就是文章的结构安排,作者思路的条理性问题。说明文的结构安排,从整体(开头—主体—结尾)来看,大多采用"总—分—总"的基本思路。中学阶段训练一般的说明文,首先要掌握这一基本规律。在此基础上,然后考虑究竟按自然顺序还是按逻辑顺序安排主要的说明内容。

在一般情况下,事理说明文以逻辑顺序为主,或因果、或主次、或递进、或并列等等。逻辑顺序遵循的主要是事理所包含的隐性的、内在的客观规律。而实物说明文、程序说明文较多地以自然顺序为主。这种顺序遵循的是事物或事情显性的、外在的客观规律,比如时间的先后、空间的变换、由整体到局部、由外观到内部,等等。但这也是相对而言的,在实际写作中,一篇文章的说明顺序以某一种为主的时候,还可在局部结合使用其他的说明顺序。关键是结构安排要完整严密,思路发展要合理清晰。

(三)要选用恰当的说明方法和表现形式

说明的方法很多,如举例、比较、数字、定义、诠释、分类、引用等,本书的第一编已有介绍,不再赘述。

写作说明文,除了恰当选用说明方法外,还存在一个运用什么样的表现形式问题。在多数情况下,说明文的语言讲究准确、平实,体式注重规范合体。但也有的时候,为了达到某种艺术效果,特别是科学小品,适当地运用描述性的语言,运用比喻、拟人等修辞手段,或者利用对话、故事体等形式,也是允许的。不过需要掌握分寸,要体现说明文的特点。下边一篇文章,就不能看作典型的说明文,而是一种科普创作。

琥 珀

这个故事开始在很久很久以前，约莫算来，总有一万年了。

一个夏天，太阳暖暖地照着，海在很远的地方奔腾怒吼，绿叶在树顶上飒飒地响。

一个小苍蝇展开柔嫩的绿翅膀，在太阳光里快乐地飞舞。后来，她嗡嗡地穿过草地，飞进树林。那里长着许多高大的松树，太阳照得火热，可以闻到一股松脂的香味。

那个小苍蝇停在一棵大松树上。她伸起腿来掸翅膀，刷那长着一对红眼睛的圆脑袋，因为她飞了大半天，身上已沾满了灰尘。

忽然有个蜘蛛划着长长的腿慢慢地爬过来，想把那个苍蝇当作一顿美餐。他小心地划动长腿，沿着树干下来，离小苍蝇越来越近了。

“哎呀！”他想，“这个小东西身子并不大，除去一双绿翅膀，一对触须，剩下的就很少了。不过少虽少，总还是一顿美餐。要是我不小心，被她那大眼睛看见了，她马上飞开，我的美餐就要落空，说不定会饿上一天呢。”

小苍蝇不住地掸绿翅膀，刷圆脑袋，一点儿也不知道蜘蛛越来越近了。晌午的太阳光热辣辣地照射着整个树林，许多老松树上渗出厚厚的松脂，在太阳光里闪闪地发出金黄的光彩。

蜘蛛刚扑过去，突然发生一件可怕的事情。一大滴松脂从树上滴下来，刚好落在树干上，把苍蝇和蜘蛛一齐包在里头。

小苍蝇不能掸翅膀了，蜘蛛也不再想什么美餐了。一对小虫淹没在老松树的黄色泪珠里。他们前俯后仰地挣扎了一番，终于不动了。

松脂继续滴下来，盖住了原来的，最后积成一个松脂球，把一对小虫重重包裹在里面。几十年，几百年，几千年的时间一转眼过去了。几千万绿翅膀的苍蝇跟八只脚的蜘蛛来了又去了。谁也不会想到很久很久以前，有一对小虫被埋在一个松脂球里，挂在一棵老树上。

后来又有变故发生了。陆地渐渐沉下去，海水渐渐漫上来，逼近那古老的森林。有一天，水把森林淹没了。波浪不断地向树干冲刷，甚至把树连根拔起，树就断绝了生机，慢慢地腐烂了。剩下的只有那些松脂球，淹没在海沙下面。

又是几千年过去了，那些松脂球成了化石。

海风猛烈地吹，澎湃的波涛把海里的泥沙卷到岸边。

有个渔民和他的儿子经过海滩。那孩子赤着脚，踏着沙土里一块硬硬的东西，就把它挖出来。

"爸爸,你看。"他快活得叫起来,"这是什么?"

他爸爸接过来,仔细看了看。

"这是琥珀,孩子。"他高兴地说,"有两个小东西关在里面呢,一个苍蝇,一个蜘蛛。这是很少见的。"

在那块透明的琥珀里面,两个小东西还是好好地躺着。我们可以看见苍蝇的翅膀和蜘蛛的长腿,可以看见他们身上的每一根毫毛。还可以想象他们当时在黏稠的松脂里怎样的挣扎,因为他们的腿的四周显出好几圈黑色的圆环。从那块琥珀我们可以推测发生在一万年前的故事的详细情形,并且可以知道,在远古时代,世界上早已有那样的苍蝇和蜘蛛了。

第三节 议论文写作指导

一、议论文概述

(一)议论文的含义和特点

议论文,是指以议论为主要表达方式,运用概括性语言和抽象的思维形式,借助概念、判断、推理等手段,来揭示生活的普遍性本质并阐明自己的主张、看法的一类文章样式。中学作文教学中的议论文,是以学会议论方式,进而掌握各种议论性文章为训练目的的练习性文体。练习性议论文,其容量相对较小,议论相对较集中,思维不是十分复杂,即所谓的一般性议论文。

议论文作为一类独立的文体样式,它与前边所说的记叙文在整体状貌上给人的感觉有所不一样。下边是根据同一材料(漫画《竹篮打水》)所写的两篇作文。

一件荒唐的小事

我是一个顽皮的孩子,小时候常常会做出一些令人啼笑皆非的荒唐事。有一件事,今天想起来,还觉得可笑。

那一年,我上小学二年级。有一个星期天下午,我约了村上几个小伙伴一块去割羊草。我们挎着竹篮,蹦蹦跳跳地来到一个池塘边。这里是我们经常来割草的地方。池塘的水清清的、满满的,还能看见池中的小鱼在活泼地游玩。这里有各种各样的草,长得很茂盛。不多一会儿,我们各人就割了满满的一篮。于是,我们就像往常一样开始玩游戏。

我向小伙伴们提出一个建议:"老玩'打仗'没意思,今天换个游戏叫

‘竹篮运水’。”“竹篮是漏的，怎么运水？”“运水要用水桶，要不要回家去拿？”小伙伴纷纷议论开了。我说：“今天我在学校看到一幅漫画，大人们都用竹篮运水，我们也来试试。”我是老大，又在学校上学，自然他们都听我的。于是，我就指挥大家：“每个人在离池塘不远的地方挖一小坑，然后，用竹篮运水把小坑灌满，谁先灌满，就是胜利者，奖品是一篮羊草。要注意安全！”随着一声令下，小伙伴们争先恐后地用竹篮提了水，一溜小跑送向小坑，水哗哗地从篮子的孔里直往下流。我不断地给大家呐喊加油，大约半个小时过去了，个个累得满头大汗，我随即发出了结束的命令，检查结果，所有的土坑除了有些潮湿外，都是底朝天。自然，谁也没有拿到奖，小伙伴们大呼上当了。

这件事虽然荒唐可笑，却给我们上了生动的一课。

我看《竹篮打水》

漫画《竹篮打水》使人看后不能不拍案叫绝。你看那挑着空篮子于水边和破缸之间奔忙得不亦乐乎的“运水大军”，那五短身材的人“一丝不苟”地行使着他的指挥权，再看那只永远没有希望装满的破水缸。这整个煞有介事的艰苦“劳动”的场面，令人在大笑之余悟到这样一条看来是人人皆知的道理：只有掌握正确的工作方法才能劳而有功。

唐朝文学家柳宗元的文章《种树郭橐驼传》，写的是个叫郭橐驼的种树人，此人“所种树，或移徙，无不活。且硕茂蚤实以蕃”，以至“凡长安豪富人为观游，及卖果者，皆争迎取养”。别人种的树都不如他的好，这是什么原因呢？是他有什么特殊的“法力”吧？不，他只是能“顺木之天，以致其性焉尔”。因为他掌握了树木生长的规律，让树木按其习性充分发展，所以他种的树木长得枝盛叶茂。种树要懂得正确的方法，运水要懂得用水桶才可以盛水，要完成一件工作，掌握正确的方法是一个关键。

人所共知的《揠苗助长》故事中那个用拔的方法来助苗长的人与《南辕北辙》故事中那个乘车的人，和《竹篮运水》中的人都犯了同样的错误，其结果都是浪费了人力、物力，与原来的愿望适得其反。

怎样才能掌握正确的方法呢？这就需要从本质上了解事物。只有了解事物的本质和规律，才能知道某个方法的正确与否。比如运水，只有懂得水是液体，用有洞的东西是不能装的这个本质，才能懂得用篮子汲水的错误所在，而设法去改正它。

我们的学习也像一切工作一样，要按正确的方法去做。我们国家各项建设事业也是如此。只有在党的正确方针、政策指导下，采用正确的方法，扎扎实实地工作，才能使“四化”建设高速发展。

让我们采用正确的方法去从事工作和学习吧！

上边两篇习作，前者是记叙文，后者是议论文。前者记叙的是一件事情，以叙述为主，兼有描写，故事荒唐有趣，也耐人寻味。后者作为一篇议论文，情形不一样。它从漫画中引出观点：做任何事情，要讲正确的方法。为了证明自己看法的正确性，文章联系古今事例，从而使人相信自己的观点。

从上述例文的比较中，我们可以看出，议论文具有自己的个性特点，呈现出自身的整体状貌。

1. 说理性

在写作内容上，记叙文偏重于记事，写人物、写事情、写景物，都离不开具体的事。而议论文注重的是说理，即讲述道理，无论是确立自己的正确观点，还是批驳别人的错误言行，都要讲清为什么对、为什么错，应该怎么样、不应该怎么样，目的就是借此以理服人。

议论文具有说理性，它作用于人的是理智而不是情感。所以，它看问题往往比较客观，说道理注重中肯，对情感的抒发有所节制，以免因“感情用事”而导致论点的片面性和绝对化。

2. 概括性

人对客观事物的认知和反映有两种方式，一种是具体的、感性的方式；另一种是抽象的、理性的方式。前者所认识的是个别的特殊的事物或人物的属性，表现的是对特殊事物、人物的看法和感情。后者所认识的是某一类事物、人物普遍的共同的属性，是从整体现象中抽象出普遍的概念，作出普遍性的判断。前者适用于写作记叙文，后者适用于写作议论文。《一件荒唐的小事》，始终围绕着一件具体的荒唐事展开，表现的是习作者对这一件事的看法和感情。《我看〈竹篮打水〉》则从漫画中概括出观点后，全文始终从普遍性的认识角度，谈论“干事情需要正确方法”的道理。尽管它也引述事例、联系实际，但都是概括的，而不是具体的。初学写议论文，了解这一点很重要。否则，容易把议论文写成记叙文。

3. 直接性

记叙文的主旨和作者的倾向性，常常是含而不露的，在多数情况下，它不需要作者直接用文字加以点明。尽管作者写作前可能有一个明确的主旨，但行文时却常常把它蕴涵在具体的人物和事情之中，由读者去体会、把握。像《一件荒唐的小事》的主题，究竟表达的是一种情感、情趣，抑或是一种认识、道理，都不是十分明确的。即使是情感或道理，是什么情感、什么道理，也并不十分清楚。这在记叙文写作中是允许的，甚至是普遍的现象。《我看〈竹篮打水〉》作为议论文，它的主旨非常明确、集中、单一，读后一目了然。如果不是这样，就不符合议论文的写作要求和文体特点。

（二）几种常见的练习性议论文

1. 证明性议论文

这种议论文一般在提出论点以后，采用直接证明的方法，通过摆事实，讲道理，让读者相信自己的观点。其实，就其观点本身而言，大多具有“不证自明”的性质，即为大家已熟知的道理，如“天道酬勤”“有志者事竟成”“千里之行始于足下”等等。在行文特点和思维方式上，证明性议论文的议论“三要素”比较明确，思维方式向心性很强。有的证明性议论文只有一个中心论点，全文紧紧围绕这一中心论点选择论据，展开论证；有的证明性议论文除中心论点外，可能提出几个分论点，分论点都从属于中心论点，实际上也起到一种论据的作用。无论是前者，还是后者，全文都聚焦于中心论点。

证明性议论文虽然存在某些局限性，但在培养中学生写作议论文的基本功上，它仍是一种较重要的、不可缺少的训练体式。

2. 阐释性议论文

这种议论文不以证明某一中心论点为主，常以阐述某一论题为主。有许多阐释性议论文不设中心论点，而是围绕论题提出若干观点，这些观点对论题而言并不像证明性议论文中的分论点对中心论点的那种严格的从属关系。有的阐释性议论文也设中心论点，但中心论点提出以后，接着并不围绕中心论点展开论证，却是针对中心论点中的某处话题（相当于论题）进行阐述。如有篇《谈“交友”》的习作，开头提出“交友应该慎重，切勿误交”的论点后，并没有沿着“为什么”“怎么样”的思路去对中心论点直接证明。而是分别就“贼友不可交”“密友可以交”“畏友应多交、广交”三个方面阐述自己的见解。正文采用分类法行文，在阐述三个小观点时，虽有变化，但基本上都包括解释概念，概括特征，运用名言、实例佐证等。可见，阐释性议论文即使有中心论点，也不以证明中心论点为己任，只是在它的局部可能对某一小论点作论证。

由于阐释性议论文较多地采用分门别类的方式行文，因此其思维特点具有发散性，主体层次之间体现的大多为在显性的并列中包含隐性的递进的关系。像鲁迅的《拿来主义》，文章全面阐述了“拿来主义”提出的社会背景、提倡“拿来主义”的目的、“拿来主义”的性质、“拿来主义”的做法和实行“拿来主义”的条件与意义。这五个方面既可视为并列关系，亦可看作递进关系。有一篇《谈人才》的文章，分别阐述“识才”“荐才”“用才”三个问题，这三者之间也同样兼有并列和递进的关系。

就写作目的而言，阐述性议论文不是为了证明某种观点是真理以使读者“信服”，而是为了解决人们“不知”“不明”的问题，通过阐明自己的见解以让读者“明白”，所以有人称之为“阐明文”。与证明性议论文相比，阐释性议论文具有较多的“意必己出”的成分。

以上两种是议论文中最基本的形式。此外，在中学练习性议论文中，以下几种也常受到重视。

3.评议性议论文

这种议论文在写作上有其自身的特点：它有明确的评论对象，总是就具体的现象（现实生活中人们的行为表现、思想动态以及文艺作品等）发表评论，其针对性很强。写作时，往往就事论事、就事论理，不作过多的引申发挥，或脱离评论对象作架空议论。就全文而言，它往往把“述”（对有关现象或所供材料的复述）、“评”（对有关现象的是非好坏作分析评价）、“议”（有作者明确的观点，而且需要通过一定的论证来证明或得出）相结合。就局部而言，这种议论文较多地采用“回评”的论证方式，即在摆出评论对象后，主体部分从一至几个方面进行评析，提出一至几个小观点，在论证小观点时它不是主要依赖旁征博引其他材料，而侧重于对评论现象的解析来印证自己所作的评价，需要对材料作多次的回应处理。

评议性议论文包括思想评论、文艺评论、新闻评论等，它们只是评论对象的不同，写作的要求有相通之处。

4.引申性议论文

这种议论文通常是有感而发，从所见、所闻、所读的材料中有所感悟，得到启示，进行引申发挥。它不像评议性议论文那样拘囿于对材料本身的评析，而是由材料触发出感想，材料不再成为评析的主要对象，通常只作为感想的“由头”。它把文章的重心落在“感”（有较深刻的感悟）和“联”（作较广泛的联系）上。因而，文中的联想较丰富，行文较舒展自在。

这种议论文的重要形式是读后感。读后感，顾名思义，就是读了什么文章（或提供的材料）以后，发表感想。读后感的材料，大多不是现实中的所见所闻，是非一目了然，而是蕴涵着深刻寓意的文章或漫画等材料；读后感的“议”，不仅仅是就事论理，还需要生发联想，道理阐述得更充分，联系实际更广泛更紧密。

写作读后感的基本思路和步骤可归结为：读、引、议、联、结。

读：即读原文，理解文旨，并对文章作简要介绍。

引：即从材料中引出观点或论题。有些材料的含义不止一个，可选择其中感受最深的或最新的一点，但必须与原材料相符，不能任意发挥。

议、联：这是文章的重点，孰前孰后，或联中带议、或议中带联，视情况而定。

"议"要讲清道理,有理有据;"联"要有针对性、启发性,所"联"内容与所读(看)的文章(漫画)具有相通、相似处,利用的是一种类比式联想。

结:即进行小结。小结时最好能再次紧扣材料,与开头照应。因为读后感的联,常常联想较广泛,小结再扣材料就是将思路收回,由材料始,再由材料终,文章就显得首尾圆合,紧凑集中。

5.辩驳性议论文

人们根据议论的方式,把议论文分为立论文(证明文)和驳论文(反驳文)。其实,在一篇议论文中,立驳兼用的情况也较常见。只是立论文以立为主,立中带驳,主要目的在于证明自己的观点;驳论文则以破为主,驳中带立,主要目的在于驳倒对方。辩驳性议论文属于后者。

作为中学作文训练之用的辩驳性议论文的形式,一是争鸣文,二是小驳论。它们都是为了明辨是非,写作上都先从"驳"入手,要把批驳的目标亮在前。不过争鸣文以争"学术"问题居多(如课文注释、主题的商榷,或者某个史料的考辨),指出对方的错误之所在,并引经据典,据理确立自己的见解。小驳论常以辩"思想"认识问题居多,且"驳"的色彩更明显。根据中学作文教学的实际,这里对小驳论的写作做扼要的介绍。

写作小驳论,首先要选准批驳的靶子。错误的言论,通常有三种情况:一是论点明显有误;二是错误的论点是由不合逻辑的推论推导出来;三是错误的论点建立在虚假的论据上。针对这三种情况,小驳论所选的批驳靶子即写作的突破口,有的直接批论点,有的直接批论证,有的直接批论据。在行文时,被批驳的靶子通常在文章的开头段就亮出,这是小驳论的常规写法,也是它有别于以正面说理为主的一般议论文的区别点之一。

其次,要注重分析说理,做到言而有理有据,使人信服。小驳论是一种辩驳性文章,它和辩论赛一样,面对的是一个论辩的对手。在分析说理时要时时意识到这一潜在"对手"的存在,要有充分的理由和足够的证据驳倒对手,让人心服口服。因此,在说理内容上,小驳论并不纠缠于枝节问题和论述一般性的大道理,而着眼于大是大非问题;它不能空对空发议论,而必须跟对方就同一问题进行正面交锋;同时,小驳论在说理时,必须注意说理的严密性,防止自己的道理有漏洞,被对方抓住"辫子"。在说理方法上,小驳论适宜采用例证、引证、分析、归谬、反证等论证方法。这些方法往往具有较强的说服力、讽刺力和以退为进的论辩艺术性。

再次,要抓住实质,切中要害,以一击致"敌"于死命。小驳论所驳的歪理谬论,其本身也仅仅是一种现象。所谓"言为心声",言是表,心是里,之所以说出那些歪理悖论,往往是由不正确的人生观、价值观和认识方法使然。因此,透过现象，揭露本质，道破持谬论者的用意或归结谬论的要害，才能真正把“敌论”批倒。抓住实质，切中要害，不是乱扣帽子，无限“上纲上线”，而是经过前边的分析，合理引申出的结论。小驳论所批驳的言论，其荒谬性存在有性质和程度不同的区别，需要具体问题具体分析，不能一概而论。小驳论常常以揭示“敌论”的本质收结全文，戛然而止，简洁有力。

6.研究性小论文

这是在中学，尤其是高中，为培养学生的研究能力和创新能力而开展研究性学习，并将研究成果形诸文字的一种议论文。本质上，它属于学术论文的范畴，仅仅是篇幅短小而已。

研究性小论文的核心在“研究性”。所谓“研究”，就是探求事物的真相、本质和规律。因此，在指导学生写作研究性小论文时，要把重点放在研究的过程，而不是写作的成品(文章)。要指导学生运用探求的眼光去看待客观现象，善于从纷繁的现象中有所发现、有所发明、有所创造。学生研究能力的培养，关键要靠教师在小论文撰写过程中的一步步正确引导，那种光顾出一个题目，交一篇所谓的“小论文”了事的形式主义做法，并不能真正提高学生的研究能力。

撰写研究性小论文，可分以下几步进行：

第一步，课题的确定。研究性小论文的研究课题，就范围而言，主要是社会现象、文学现象、文化现象。由于研究性小论文容量小，所以，其研究课题往往是在上述种种现象中选取某一具体的现象作为研究对象，如青少年迷恋上网、网络文学、校园新新人类语言、课桌文化、学校教改问题、出版社出版的“不及格作文”和“反作文”选、高分低能现象、中国孩子取洋名，以及一本新书、一个新电影乃至一部传统的文学名著，等等。课题的确定，可由教师统一拟定，也可由学生根据兴趣爱好自行选定。

第二步，材料的搜集。材料的搜集，一是靠平日点滴积累，二是根据所确定的课题进行定向搜集。搜集的途径，或者是调查研究，或者是查阅资料。材料搜集工作是撰写研究性小论文的前提和基础。

第三步，研究材料，形成观点。平日积累或定向搜集的材料，仍是一种纷繁、散乱的现象和信息。如何从这些现象和信息中形成小论文的观点，靠的是对材料的分析研究。研究材料，需要运用归类和比较的方法，科学研究常运用这样的方法。通过归类和比较，可以从现象中发现规律，找出本质，提出有创意的见解，从而使小论文具有一定的价值。这一步工作，可以个人独立完成，也可集体讨论，分工协作。

二、三两步，是指导学生掌握研究方法，培养学生研究能力的必由途径，也是开展研究性学习最重要的不可或缺的环节。省略了这两个环节，那就失去了开展研究性学习的意义。

第四步，执笔起草，修改定稿。研究性学习落实到作文训练，或者说中学作文教学进行研究性学习，最后需要将研究所得形诸文章。

研究性小论文的“小”，是相对于篇幅长、容量大的学术论文而言的，与数百字的普通的练习性议论文相比，它又是“大”的。同时，开展研究活动需要的是严谨的科学态度，来不得半点马虎。平日中学作文训练，基于多种原因（如写作的难度小、适应考试等）可以不立提纲，不打草稿，甚至不做修改。而撰写研究性小论文，最后成果形式无论是“论文”还是研究报告（如调查报告），写作表现阶段的这些步骤都是必需的，教师要有意识地培养学生一丝不苟的写作习惯。

二、如何指导写好议论文

说到议论文，自然会涉及论点、论据、论证这三要素。它们在议论文中有着不同的功能。“三要素”本属于形式逻辑的范畴，是一种证明方法。作为抽象的理论思维，其所能达到的深度和广度是有限的，局限性也很明显。其一，议论文提出论点或论题以后，可用证明、阐述、论述等不同的方法展开，而“三要素”主要适用于“证明”。提出论点、选择论据、组织论证，只有在不怀疑论点本身真实性的特殊条件下才能使用。其二，事物本身是复杂的，而“三要素”的证明方法往往以简单的是或否做出判断，容易导致思维的简单化和片面性。其三，“三要素”的证明方法常常是先有论点，然后选择论据，对论据的选择也是以能否服务于论点为标准，是否符合认识论的基本规律的。正如王力所指出的：“搞研究的工作最忌的是先有结论，然后找例证，这是很有害的。”（《谈谈写论文》）认识“三要素”证明方法的局限性，以便在中学作文训练中，在严格遵循形式逻辑的基础上，适当地引导学生运用辩证逻辑，提高抽象的理论思维的能力。

尽管“三要素”的证明方法有局限性，但在中学的议论文教学和训练中，对培养学生的抽象思维能力和学会写作议论性文章，它仍是不可缺少的。而且，对“三要素”的认识，假如我们不是拘泥于逻辑学中的证明方法，而是从广义的角度去理解，那么，推而广之到各种议论文，其实它们都包含有论点、论据、论证这三个基本要素，仅仅是表现形式的简单和复杂、显见和内隐的不同而已。

因此，关于如何写好议论文的指导，我们依旧按这“三要素”分而述之。

（一）论点方面的指导

论点的指导包括两个方面：论点的确立和大小论点间的自洽。

1. 论点的确立

确立论点应在“求准”“求深”“求新”上下功夫。

“求准”,是指论点必须正确,既要注意论点本身是言之在理,又要注意这一论点切合原材料的实际。中学生写作议论文易犯的毛病之一,就是对问题所作的判断、所下的结论显得武断、片面。比如说到学语文的重要性时,把它强调到不适当的程度,似乎除语文外,其他就可以不学;强调要守纪的时候,把不守课堂纪律的后果无限夸大,等等。这就是言不在理。易犯的毛病的另一种表现则是所提炼确立的论点游离了原材料本身所固有的思想意义而随意外贴,有生拉硬扯之嫌。这在供料议论文的写作中表现得更为明显。人们常说材料是第一性的,主题是第二性的,原材料本身所具有的思想意义对议论文论点的提炼和确立起制约的作用。材料的思想意义可能不止一个,但论点只能从其中选择,不能超出范围。

“求深”,就是强调立意的深刻性,能揭示事物的本质和深层意义,确立论点之前要经历一个“去粗取精、去伪存真、由此及彼、由表及里”的反复提炼的过程,不可浅尝辄止。古人曾说过:“每一题,必有庸人思路共集之处缠绕笔端,剥去一层,方有至理可言。犹如玉在璞中,凿开顽璞,方始见玉。不可以璞为玉。”(黄宗羲《论文管见》)

“求新”,强调的是意必己出,有独到的见解,这需要借助于发散思维,特别是求异思维去认识事物,见人所未见,发人所未发。例如有这样一个事例:美国友人史沫特莱女士与一个中国纺织女工交情甚笃。回国前,她要送一件贵重的礼物给女工留作纪念。在商场里,那女工却执意挑了一只不值钱的布娃娃。原来那女工小时候羡慕别的女孩有洋娃娃,自己家境窘迫买不起,此愿埋在心底几十年,这一次终于实现了。从这一材料中,常人也许都能认识到旧社会中国工人生活的贫困,或者女工碍于情面不好意思要贵重之物。而在鲁迅看来,那女工身上体现了中国工人阶级为了达到目的孜孜以求的精神,这精神正是中国的希望之所在。鲁迅的认识,就是一种真知灼见,它不仅正确,而且深刻、新颖。“求新”是一种“反常”,“反常”务必“合道”,“反常”如果不“合道”(合乎事理,合乎材料实际),所谓“新”论点就是一种悖论。

2.大小论点间的自洽

论点间的自洽,是指论点之间互相依存,互相贯通,成为一个联系紧密的有机的整体。中学生作文在论点问题上易犯的另一种毛病是论点间不能自洽,论点不经意间的暗转,文章无明确的论述目标和中心。且看下边的习作:

学习要循序渐进

学习应该做到循序渐进,而我正是缺少这种习惯。本来应该预习新课程,我却在做前面的作业,应该复习学过的知识,我却又去预习新课程了。

有一次数学测验，由于没看清题意，结果做错了，如果我能认真仔细一些，这道题是很容易做对的。还有自己学习很不扎实，往往是学了后面的，忘了前面的。我的写作水平之所以提不高，主要也是我没按写作的规律去做，好高骛远，基本的东西不去练，却想一口吃成胖子，成为作家，初中时花了很大精力和时间去写小说，结果小说没写好，基本的作文也写不好，这样的教训是深刻的。这些都说明自己在学习上没养成循序渐进的习惯。

习作的中心论点是"学习应循序渐进"，那么文章应该围绕"为什么要循序渐进""怎么样做到循序渐进"来谈。可是作者在提出这一论点后，论述时的观点被不断偷换掉了。学习的"计划性"与"循序渐进"含义是不同的，至于"粗心大意""学后忘前"更与中心论点风马牛不相及。出现这种情况，显然不是习作者弄不清楚"循序渐进"的含义，而是习作者不懂得议论文"立意要纯，一而贯摄"(刘熙载《艺概·经义概》)的道理。议论文应有明确的中心，中心论点与分论点之间、论点与材料之间应该自洽，即文章在展开论述的时候所确立的、或者由论据所引出的分论点，要服务于中心论点。否则，论点就会暗中偷偷转移，而论点一旦转移，就会使论点之间互不关涉，乃至互相抵牾，导致意多势必乱文。

(二)论据方面的指导

议论文讲究"言之有据"，需要运用事实论据和理论论据证明自己论点的正确或反驳别人说法的错谬。针对中学生习作在论据上易出现的问题，这里着重就事实论据的选择和使用提出几个值得注意的事项。

1.要注意不能以"叙"代"议"

作为论据的事实在议论文中的叙述，是一种概括性叙述，以能够有力地证明观点为准，需要对事实材料(尤其是具有故事性的材料)进行加工处理，使之能更好地服务于论点。切不可"鸡毛鸡肉一块炒"，把事实材料原封不动地照搬。比如说，有学生写读了《画蛋》以后发感想的作文，开头提出"做任何事情首先要打好基础"这个观点后，接着联系自己的实际，"让我讲述一下自己的经历吧"作过渡，余下的文字就是自己学装电灯的曲折经历。尽管这一经历也说明了打基础的重要性，但原原本本记叙一个故事，这就不是议论文所需要的，使文章"走体"了。

以"叙"代"议"的另一种情况表现为一篇文章论点提出后，接着就是罗列几个事例，"例如……又如……再如……"，每一个事例也许是概括的，全文堆砌事例却仍是不可取的。议论文的例证要少而精。其实例子举得再多，永远也无法穷尽所有的事例。既然不胜枚举，不如一以当十，择举一二做些分析，使论据更好地证明论点，既可避免行文的呆板，也可避免以叙代议的毛病。

2. 要注意论据的“定向叙述”

所谓“定向叙述”就是根据论点的需要，对所选用的事例做适当的取舍概括，并按论点规定的方向，进行有条理、有重点的叙述。初学写议论文者，很容易忽视这一点。不少习作所选用的事例，乍看似乎是典型的，论据与论点之间也并非风马牛不相及，只是由于“定向叙述”的失控，导致材料不能说明观点，两者之间产生一种若即若离的感觉，严重的甚至出现论点转移的毛病。

且看下边一例：

> 古人云：锲而不舍，金石可镂，无数历史事实都说明了这一点。我国著名数学家陈景润，小时候受人歧视，觉得自己是一只丑小鸭，养成了内向而又坚毅的性格。他不喜欢别的科目，唯独爱上数学。为此，在“文革”期间，他被打成“白专典型”，列为专政对象，被囚于一间仅有6平方米的小屋里，没有桌子，没有电灯，吃尽千辛万苦，身心遭受种种摧残。就是在这样的情况下，他勇敢而又艰难地攀登数学的高峰，并且获得了巨大的成功。

应该承认，选用“陈景润”这一事例，来证明“锲而不舍，金石可镂”这一论点，本无可非议。然而，上述文字没有注意“定向叙述”，与论点不相关的东西不作删略，而把叙述的重心落在“艰苦攻关”上。这就偏离了原论点所规定的叙述方向(咬定一个目标→矢志不渝→坚持不懈努力→最终取得成功)。

为什么要对论据进行“定向叙述”呢？

我们知道，许多尚未成为论据的处于自然状态的事例，其蕴蓄的意义，常常不是单一的，犹如多棱体一样具有多义性，关键在于从什么角度去看待它。列宁在谈到从具体事物中进行理论抽象时，曾举玻璃杯为例，他说：“玻璃杯既是一个玻璃圆筒，又是一个饮具，这是无可争辩的。可是一个玻璃杯不仅具有这两种属性、特质或方面……玻璃杯是一个沉重的东西，它可以作为投掷的工具。玻璃杯可以用来压纸，可以用来装捉到的蝴蝶。玻璃杯可以作为带有雕刻或图画的艺术品。”这说明，一个玻璃杯本身存在不同的属性和意义，从不同的目的(或饮具、或投掷物、或艺术品等)去看它，注意到的是它的不同的侧面，得出的是不同的印象。与此同理，像“陈景润”这一事例，除包含“锲而不舍，金石可镂”这层意义外，还寓含“世上无难事，只要肯登攀”“勤能补拙”“千里马要有伯乐相识”“要善于利用‘焦点’原理”“逆境成才”“要重视科学技术”等等意义。可见同一个事例，可以说明不同的观点。而写作议论文，在援引这类事例证明论点时，通常只取其一端，叙述的只是与论点相切的那部分意蕴有关的事实，不可能也不需要包罗该事例的全部意义，完整无缺地写出该事例的全部事实。

再者，议论文与记叙文的叙述方式也不一样。记叙文写人记事要求具体细致，含义较丰富，而议论文对有关论据大多采用概括叙述的形式。这种概括叙述，显然不是原封不动地照搬事例的自然状态，也不是与扩写、改写并列的“缩写”。论据的概括叙述，乃是按照论点的需要，对备用的原始事例进行筛选取舍，重新组织安排。文学评论中的“复述”是这样，一般议论文中论据的叙述也是这样。诚然，事实论据有时表现为众多事例的罗列，有时表现为重点事例的枚举，尽管两者概括性的程度不同，但它们都是定向的叙述，都需要援引者经历一番“再创作”的过程。经过定向概括叙述以后的事实论据，不仅在文字上较描述事例的原始状态简明扼要，而且寓意也只保留了同论点相通的那一侧面。倘若按事例的自然状态平铺直叙，甚至被事例中与论点无关的因素牵着鼻子走，那么，再好的事例，其证明论点的功能也会丧失殆尽，或者使议论文变相为记叙文。

“定向叙述”除了要控制叙述方向，始终沿着论点所规定的方向进行外，还要前后照应，注意叙述过程中的关键词句以及由论据演绎出的结论，跟论点之间的相互呼应。例如，钱伟长的《才能来自勤奋学习》一文，在援引有关事例证明论点时，是这么叙述的：

> 牛顿、爱因斯坦、爱迪生都不是“神童”。牛顿终身勤奋，很少在午夜两三点之前睡觉，常常通宵达旦工作。爱因斯坦在读中学时成绩并不好，考了两次大学才被录取，学习也不出众，毕业后相当一段时间找不到工作，后来在瑞士伯尔尼士利局当了七年职员。就是在这七年里，爱因斯坦在艰苦的条件下顽强地学习、工作着，利用业余时间勾画出了相对论的理论基础。发明家爱迪生家境贫苦，只上了三个月的学，在班上的成绩很差。但是他努力自学，对于许多自己不懂得的问题，总是以无比坚强的意志和毅力刻苦钻研。为了研制灯泡和灯丝，他摘下了四万页资料，试验过一千六百多种矿物和六千多种植物。由于他每天工作十几个小时，比一般人工作时间长得多，相当于延长了生命，所以他年纪七十九岁时，宣称自己已经是一百三十五岁的人。任何人付出和他们同样艰苦的努力，都能有这样那样的贡献，都会获得一定的才能。（文中着重点号系引者所加）

这段文字所引述的三个事例，有略有详，它们都是“定向叙述”。每一事例的叙述均依次为：“不是神童”→“勤奋努力”→“作出贡献，获得才能”，而这一次序，正是论点“才能来自勤奋学习”所规定的方向。同时，每一个事例的叙述以及最后得出的结论，又无不与论点相照应（见文中加着重号的那些词句），从而使论据紧扣论点，更好地为论点服务。例证法不等于论点与事例的简单相加，事例要证明论点，“定向叙述”就是联系两者的纽带和桥梁。写作议论文，厚积材料固然重要，但有材料而不会应用，这就好比有钱不会花一样，失去了其原有的价值。

3. 要注意论据的典型性和多样化

典型性，也就是代表性。一个论据，是否典型，一是看其在本质上与论点相切的程度，能不能有力地证明论点；二是看其有没有普遍意义，能否代表大量的未被选用的同类事例。如前所说，议论文的论据不是以量取胜，而是以质取胜，精心挑选论据以求一而当十，这是选择论据的一个重要原则。那些与论点切合不紧的事例固然不行，而属于偶然性的、个别性的，缺少概括力和不能说明普遍真理的事例，同样也不行。一个典型的论据，在其背后往往有大量的同类性质的事例在支持着它。论据的选择是痛苦的，需要忍痛割爱，不能敝帚自珍。论据的选择又是一种精心的比较，阮囊羞涩，比较也就无从谈起；随手抓一个充数，这就是列宁曾批评过的玩"儿戏"，甚至连儿戏都不如。看下边一例：

> 《后汉书》里有这样一句话："有志者事竟成也。"这说明有志是事业能否成功的关键。志是一个人的灵魂，有了志，生活就有了目标，前进就有了动力。我国明代著名的地理学家徐霞客，由于年轻时就立下了走遍三山五岳的宏愿，所以在后来的考察旅行中尽管数次遇险，几丧生命，但是他，始终没有畏惧，一直奋斗到生命的最后一刻。我的舅舅吴友仁，在年轻时就立志从事化学研究，可是多次被当作"白专典型"批判，没有实验室，他自己省吃俭用买来实验用品在家搞实验，也被禁止；没有参考资料，他写信向国外有关的研究单位索购，被当作"里通外国"而遭到监禁，最后壮志未酬、含恨而死。以上例子说明，一个人只有立下壮志，才能坚持从事自己的事业，至死不渝，并取得非凡的成就。

且不说这段文字中的两个事实论据与论点中的"事竟成"能否相切，光看"舅舅"一例，显见习作者是在手头材料不多的情况下，未做挑选而信手拈来滥竽充数的。这样的例子必然缺乏典型性。

论据的选用，不仅要强调典型性，而且要力求丰富多样。有些习作，例子很多，但所举例子都是同一性质或同一平面的，那么也会影响例证的说服力。相同性质、相同平面的例子，不论举多少，其说服力只相当于一个例子的作用。中学语文课本中的《谈骨气》一文，举了孟子的一段话（理论论据）、"嗟来之食"（寓言故事）、文天祥（古代民族英雄）、闻一多（现代民族英雄）等 4 个论据，这些例子就注意到多样性，注意到了从不同角度论证观点。

（三）关于论证的指导

狭义的"论证"，指的是议论三要素中用论据来证明论点的方法，诸如例证法、引证法、比喻法、类比法、对比法、反证法等等。倘若从广义的角度看"论证"，它不仅指的是方法，还包括议论文在论证展开过程中的相关问题。

1. 学会分析，以理服人

议论文需要通过分析而讲清道理，来证明自己的观点或批驳别人的悖论，使人“有所信”。所谓“分析”？词典是这样解释的：“分解辨析。今指把一件事物、一种现象、一个概念分成各个部分，找出这些部分的本质属性和彼此之间的关系。”(《汉语大词典》)议论文的写作过程，始终贯穿着分析。一个论点或论题的提出，需要建立在对现象分析的基础上；对论点或论题的证明或阐述(即论证部分)，也是一个具体的分析过程；至于结论，更是在分析的基础上得出的。有些习作，往往不加分析，就“上纲上线”。

议论文论证要深刻、有力、在理，就得学会分析。学会分析，就是学会具体问题具体对待，学会辩证地看问题。对一个观点、一个事物，要多问几个“为什么”，既要看到它的这一面，又要看到它的另一面；既要注意到它的结果，又要注意到它产生的特定的历史、条件、原因以及与其他事物之间的联系，等等。因此，我们说，议论文的论证，其实不是简单地运用什么论证方法的问题。论证的过程，本身就是一个具体分析的过程。初学写作议论文，常常观点不新颖，见解不深刻，思路展不开，文章少生气，原因固然是多方面的，但最根本的还是缺乏具体分析的能力。反之，如果善于分析，即使老观点、旧材料，都能翻出新意，思路一开阔，文章就变得鲜活起来。

我们说论证过程就是一个具体分析的过程，不仅如上述，而且还表现在运用论据证明论点时，往往也是通过对论据，特别是重点论据的具体分析使论据与论点相照应的。比如前边所举《我看〈竹篮打水〉》一文，在扼要引述了柳宗元文章中的种树人的事例后，接着就分析“别人种的树都不如他好”“他有什么法力”的原因，通过分析使所引例子紧扣论点；同样，文中举的“揠苗助长”“南辕北辙”的故事，虽未作具体引述(因是熟事，故略用)，但作者对它们也作了分析，使之与论点相切。光举例，而对事例不作分析，论据就容易与论点游离。这也是在论证时要注意的。

2. 论如析薪，有条有理

议论文的常规性论证思路是“提出问题—分析问题—解决问题”，这一思路反映到结构安排上就是所谓的“引论—本论—结论”三个部分。

引论部分：提出观点或引出论题。提出观点按性质分为确立正面观点(作者自己认为的正确看法)和亮出反面观点(别人的错误看法)。引出论题，通常是自己不明确说出看法，而只是引出一个话题。观点和论题，有时可一开始直接摆出，有时也可以通过摆现象、讲故事，或者概述所供的材料，从中引出。这两种引出论点或论题的方法，各有千秋，前者开门见山，直入正题，后者迂回绕道，在于引人。一般直接命题式作文，这两种方法都可以用；供料而写成评论性议论文常采用后一种方法。

本论部分：分层论证、阐释观点或论题。学写议论文，这一部分的分层论述主要掌握两种层次安排方式：一种是并列式，就是把一个问题从不同角度分解成几层意思，几层意思之间是一种并列的关系。运用这一种论证方式，文章的首尾（特别是开头）部分有总提或总结的性质，所以，全文有总有分，所谓“总—分—总”式，就是指的这个意思。第二种是递进式，即前后层次之间表现为一种逐步推进、逐层深入的关系，相互间不能颠倒互换，否则思维就混乱。如由现象到本质、由“是什么”到“为什么”再到“怎么样”，等等。在递进式层次关系中，有一种由主到次的层次安排，由于其先后关系只能如此，因此，可以视为递进式的一种变式（递减式）。但有一点要注意，用“首先”“其次”“再次”等语言标志的文章，有的实际上是并列式。

在实际写作中，并列式和递进式常常结合使用。前后两层可能是递进关系，而其中一层的内部有可能为并列关系；反之，有时从表面看是并列关系，实际上几层意思又有递进的关系。

练习性议论文的条理是否清楚，论证是否严密，很大程度上取决于本论部分的层次安排是否得当。

结论部分：收拢全篇，或小结自己的论点（引论只提出论题，结论须点明观点），或进一步以启发性问题让人思索，或提出建议、希望等。结论尽量要照应引论，使首尾圆合。

有人把议论文的结构归结为“四步十三句”“议论文五格局结构”等模式，其实也就是上述引论、本论、结论的具体诠释和图解。

中学作文教学的练习性文体，我们主要介绍了上述三类。还有一类应用文，本章没有论及，这并不意味应用文不重要，可以在中学作文教学中不重视。只是这一体类较为复杂，它不是以表达方式为分类标准，而是仅从据以办事，解决实际问题的功能和惯用格式上区别于其他三类。除公文等特殊文书外，很多应用文其正文的内容和表达都与记叙文、议论文、说明文有相通之处。比如演讲稿、书信、日记等。而且，应用文在本书又已自成一章，可作为中学作文教学的参考。在此特做补充说明。

思考与练习

一、结合本章所学的知识，请体会中学作文教学中的练习性记叙文、议论文、说明文与广义的记叙文、议论文、说明文之间的异同。

二、马克思在《资本论》中说过："在科学上没有平坦的大道，只有不畏劳苦沿着陡峭山路攀登的人，才有希望达到光辉的顶点。"

毛泽东有一句诗："世上无难事，只要肯登攀。"

请比较两者在表述上有什么不同，为什么？

三、黑格尔曾在一篇文章中说过这样一件事：在市场上，一个顾客对一个女商贩说你的鸡蛋是臭的。那女商贩勃然大怒，破口大骂：你才是臭的呢，你浑身都发出臭气，你们一家，你的娘家人都是臭烘烘的。

请思考，这女商贩的说法存在什么问题？

四、1859 年达尔文《物种起源》出版，1860 年，威尔福勃斯主教对拥护达尔文的赫胥黎进行恶毒攻击：

> 赫胥黎就坐在我身边，他是想等我一坐下来就把我撕成碎片的，因为照他的信仰，他本来是猴子变的嘛！不过，我倒要问问，这个猴子子孙的资格，到底是从他祖父那里得来呢，还是从他祖母那里得来的呢？

试分析威尔福勃斯主教的话存在的问题。

五、请综合运用议论文的相关知识，分析《三种诸葛亮》一文的特色，并写作一篇不少于 800 字的评议性议论文。

三种诸葛亮

马南邨

我想谈谈三种诸葛亮，即：事前的诸葛亮、事后的诸葛亮和带汁的诸葛亮。

人所共知，传说中的诸葛亮料事如神，不论遇到什么事情，他差不多都能够预先做出种种安排。所以，一般人提到诸葛亮，总认为他有先见之明。并且由此推论，凡是有先见之明者，都可以称之为诸葛亮，这就是我们说的事前的诸葛亮。这种诸葛亮当然是最可贵的了。

为什么会有先见之明呢？是不是因为他懂得天文地理，熟悉阴阳五行，甚至于真的会呼风唤雨，驱使六丁六甲之类的天兵天将，简直像神仙一样的呢？当然不是。他之所以会有先见之明，主要的还是因为他平素注意调查研究各种情况，熟悉各地山川形势、道路里程、民情风俗等等，并且有丰富的知识，对于政治、经济、历史的背景，了如指掌。如果缺乏这些条件，任何先见之明就都不过是吹牛而已。

但是，诸葛亮的先见之明也不宜于过分加以夸大。实际上，他并非在任何时候对任何事情都有先见之明的。误用马谡，以致失守街亭，这不是缺乏先见之明吗？不过，话又说回来了。我们评论古人，如果提出这样的要求，也未免太苛刻了吧！

说一句公平话，在千变万化的新事物面前，我们也不必过分强调事前的诸葛亮，宁可多一些事后的诸葛亮，倒也不坏。问题就要看我们对于事后的诸葛亮，究竟应该如何看法。

常常可以听见，有些人把事后诸葛亮当作了一种讽刺。如果对于那种光在旁边说风凉话，临事毫无主张，事后就哇啦哇啦的人，讽刺是应该的。否则就是不应该的，因为诸葛亮的先见之明，不能不是从无数次事后研究各种经验教训中得来的。有许多事情，在它们没有发生的时候，根本无法预断它们是什么样子；只是当它们已经发生了，至少是已经露出了萌芽之后，才有可能对它们进行分析研究，才有可能做出某种判断，估计它们的发展前途。

因此，应该承认，在这种意义上，事后的诸葛亮还是有用处的。由事后的诸葛亮到事前的诸葛亮，这是一个正常的必经的认识过程。

只有带汁的诸葛亮是最要不得的。这个名目见于岳飞的孙子岳珂的《桯史》第十五卷《郭倪自比诸葛亮》的一条记载中。据称："郭棣帅淮东，实筑二城，倪从焉。……议论自负，莫敢撄者。一日，持扇题其上曰：三顾频繁天下计，两朝开济老臣心。意盖以孔明自许。……余至泗，正暑，见其坐上客扇，果皆有此两句，然后知所闻为不诬也。倬既溃于符离，僎又败于仪真，自度不复振，对客泣数行。时彭瀍传师为法曹，好谑，适在座，谓人曰：此带汁诸葛亮也。传者莫不拊掌。倪知而怒，将罪之，会罢去，遂止。"

像郭倪这种带汁的诸葛亮，简直令人发笑，也令人发呕。然而，这也证明，冒充诸葛亮，假装诸葛亮是吓不住人的，总会有一天要原形毕露，被天下人所耻笑。

（选自《燕山夜话》，有删节）

六、假如你是一位语文老师，如何指导学生根据下边的漫画，分别写作记叙文、议论文和说明文？请说说具体的指导意见。

将来，我要当作家、画家……　过去，我要当个实干家就对了……

《年轻时爱想将来……》

后　记

这里主要说明一下本教材修订的情况。

本教材初版执笔人员的分工情况如下(以执笔章节先后为序):

黄建成:绪论,第十章,第十一章,第十二章

芮　瑞:第一章,第二章,第六章第三、四节

王洪秀:第三章,第四章

李　源:第五章,第七章

刘海霞:第六章第一、二节,第九章

刘　颖:第八章

初版执笔的六位教师,除芮瑞外,均已退休或调离,不能参加修订工作。经过研究,本次修订工作由芮瑞在综合各位初版执笔教师和目前写作课程任课教师意见的基础上完成。

编　者

2017 年 6 月